Arabesken – Studien zum interkulturellen Verstehen

Europäische Hochschulschriften
Publications Universitaires Européennes
European University Studies

Reihe XI
Pädagogik

Série XI Series XI
Pédagogie
Education

Bd./Vol. 715

PETER LANG
Frankfurt am Main · Berlin · Bern · New York · Paris · Wien

Hiltrud Schröter

Arabesken

Studien zum interkulturellen Verstehen
im deutsch-marokkanischen Kontext

PETER LANG
Europäischer Verlag der Wissenschaften

Die Deutsche Bibliothek - CIP-Einheitsaufnahme

Schröter, Hiltrud:
Arabesken : Studien zum interkulturellen Verstehen im deutschmarokkanischen Kontext / Hiltrud Schröter. - Frankfurt am Main ; Berlin ; Bern ; New York ; Paris ; Wien : Lang, 1997
(Europäische Hochschulschriften : Reihe 11, Pädagogik ; Bd. 715)
Zugl.: Frankfurt (Main), Univ., Diss., 1997
ISBN 3-631-31806-5

Umschlagabbildung: Arabeske. Aus: Karl Gerstner,
Du sollst dir kein Bildnis machen.
In: du – Die Zeitschrift der Kultur, 1994, Heft 7/8.

Die Dissertation entstand im Rahmen des Forschungsprojektes *Umgang mit fremder Kultur lernen*, das von der Berghof-Stiftung für Konfliktforschung in Berlin gefördert wurde.

D 30
ISSN 0531-7398
ISBN 3-631-31806-5
© Peter Lang GmbH
Europäischer Verlag der Wissenschaften
Frankfurt am Main 1997
Alle Rechte vorbehalten.

Das Werk einschließlich aller seiner Teile ist urheberrechtlich geschützt. Jede Verwertung außerhalb der engen Grenzen des Urheberrechtsgesetzes ist ohne Zustimmung des Verlages unzulässig und strafbar. Das gilt insbesondere für Vervielfältigungen, Übersetzungen, Mikroverfilmungen und die Einspeicherung und Verarbeitung in elektronischen Systemen.

Printed in Germany 1 2   4 5 6 7

Wahrheit und Irrtum wohnen beieinander an den Schnittpunkten zweier Kulturen, sei es, daß unsere Bildung uns verbirgt, was es zu erkennen gilt, sei es umgekehrt, daß sie – im Verlaufe eines Lebens *sur le terrain* – zu einem Mittel wird, die Differenzen des Anderen zu gewahren. Als Frazer von der Feldforschung sagte, "Gott behüte mich davor", beraubte er sich nicht nur bestimmter Tatsachen, sondern einer Erkenntnisweise. Es ist selbstverständlich weder möglich noch notwendig, daß derselbe Mensch alle Gesellschaften, von denen er spricht, aus Erfahrung kennt. Es genügt, daß er überhaupt einmal und lange genug gelernt hat, sich von einer anderen Kultur belehren zu lassen; denn von da ab verfügt er über ein neues Erkenntnisorgan, er hat von neuem Besitz ergriffen von der wilden Region seiner selbst, die nicht in seiner eigenen Kultur eingeschlossen ist und über die er mit den anderen Kulturen in Verbindung steht. Fortan kann er selbst, an seinem Arbeitstisch und selbst aus weiter Ferne die Korrelationen einer noch so objektiven Analyse anhand einer wahrhaften Wahrnehmung überprüfen.

Merleau-Ponty[*]

---

[*] Maurice Merleau-Ponty, Von Mauss zu Claude Lévi-Strauss, in: Alexandre Métraux und Bernhard Waldenfels (Hrsg.), Leibhaftige Vernunft – Spuren von Merleau-Pontys Denken, 1986, S.21.

Inhalt

Vorwort 13
Ausgewählte Begriffe aus der arabischen Sprache.................. 15
Einleitung 17
1. Genese der Forschungsarbeit 17
2. Erkenntnisinteresse und Praxisbezug................................ 18
3. Aufbau der Arbeit.. 19

Teil I
Methodisches Verstehen fremder Kultur und der Transformationsprozesse im Kontext von Arbeitsmigration

1.	Das Problem	21
2.	Datenbasis	21
3.	Auswertungsverfahren...	24
3.1	Methodenwahl und -wechsel....................................	24
3.2	Phänomenologische Vorgehensweise	26
3.3	Methode der objektiven Hermeneutik.......................	29

Teil II
Raum – Blick – Körper
Eine phänomenologische Studie zu Begegnungen mit der Berberkultur im Rif und im Rahmen von Arbeitsmigration

1.	**Allgemeine Überlegungen**	35
1.1	Blickvarianten	37
1.1.1	Der ästhetische Blick...	37
1.1.2	Der kontrollierende Blick..	38
1.1.3	Der schamhafte Blick	38
2.	**In der Berberkultur im Rif**.................................	43
2.1	Raum	43
2.1.1	Der ländliche Raum...	43
2.1.1.1	Der private Innenraum	43

2.1.1.2	Der private Außenraum	44
2.1.1.3	Der öffentliche Raum mit sozialer Kontrolle	44
2.1.1.4	Der öffentliche Raum ohne Kontrolle	45
2.1.2	Der städtische Raum	46
2.1.2.1	Der private Innenraum	46
2.1.2.2	Der öffentliche Raum	46
2.1.2.3	Der offizielle Raum	48
2.1.2.4	Die Dunkelheit – Raum der Männer	48
2.2	Blick	49
2.2.1	Der weibliche Blick	49
2.2.2	Der männliche Blick	52
2.3	Körper	53
2.3.1	Die Einheit von Blick und Motorik beim Mann im kontrollfreien Raum	53
2.3.2	Der gezähmte Körper der Frau	54
2.3.3	Körper und Zeit	55
3.	**Reflexionen – Verstehensarbeit**	57
3.1	Zum männlichen Blick	57
3.2	Zum Zusammenspiel von Sensomotorik, Umwelt und Symbolbildung	60
3.3	Zur Zivilisation von Blick und Körper	64
4.	**Befremdungen – Szenen aus dem Kontext von Migration**	67
4.1	Eine Unbekannte	68
4.2	Lubna	70
4.3	Najima	70
4.4	Subida	70
4.5	Latifa – eine marokkanische Kollegin	71

Teil III
"Es war schwarz und weiss"
Rekonstruktion der Geschichte einer Migrantenfamilie aus dem Rif im Zeitraum von 1968 bis 1994 mit Hilfe der Methode der objektiven Hermeneutik

Einleitung		73
1.	**Fallanalyse der Tochter Aischa**	75
1.1	Datenbasis: Biographisches Interview	75
1.1.1	Entstehung des Interviews	75
1.1.2	Gesamtgestalt des Interviews	75

1.1.3	Zur Transkription	76
1.2	Analysen und Strukturhypothesen	76
1.2.1	Analyse der Interaktionseinbettung	76
1.2.1.1	Vorbereitung des Interviews	76
1.2.1.2	Analyse der Eröffnungsfrage Ergebnis: Eröffnung einer Praxis, biographisches Interview, Experteninterview.	77
1.2.1.3	Implikationen	80
1.2.1.4	Erste Strukturhypothese zum Fall Aischa	81
1.2.2	Sequenzanalyse der ersten beiden Seiten des Interviews	81
1.2.2.1	Ergebnis: Individuelle Fallstruktur Aischas Autonomie und Authentizität im Denken, Sicherheit in der Nähe-Distanz-Regelung, präzise Gestaltwahrnehmung, entwickelte Urteilskraft, dramatischer Transformationsprozess, die "widersprüchliche Einheit".	94
1.2.2.2	Nebenergebnis – Verhalten der deutschen Nachbarn und Zustand der Schule	96
1.3.	Aischa – ein einmaliger Fall? Ein Erfahrungsbericht zu Fall und Forschungsmethode	97
2.	**Interpretation der objektiven Daten zur Geschichte der Aischa-Familie**	98
2.1	Traditionale und moderne Arbeitsmigration der Rifberber	98
2.2	Objektive Daten der Aischa-Familie – 26 Jahre Arbeitsmigration (1968 – 1994)	100
2.3	Interpretation der Daten – Entwurf einer typischen Geschichte	103
2.4	Strukturhypothese – rasanter Transformationsprozeß – vom Prinzip der Patrilokalität zu universalistischer Bildung der Töchter / – von der Rücksichtnahme auf traditionale Normen zu personalisierten Beziehungen / – von Bildung als Anpassung zu Bildung als Individuierungsprozeß / – von der Großfamilie zur modernen Kleinfamilie	106
2.5	Falsifikationsversuch Strukturhermeneutische Analyse einer Rückkehrsequenz aus dem Aischa-Interview – Ergebnis: überwiegende Bestätigung der Strukturhypothese, Synthese aus Altem und Neuem, ein ungeklärter Rest: die Bindkraft der großen Familie.	107
2.6	Konsequenz für das weitere Vorgehen	108
3.	**Analyse der Beschreibung einer sadaqa**	109
3.1	Kultur und Umgang mit dem Tod	109
3.2	Anmerkungen zu Material und Methode	110

3.3	Sequenzanalyse	110
3.3.1	Analyse der Überschrift	110
3.3.2	Sadaqa – Umschreibung der Wortbedeutung	111
3.3.3	Strukturhypothese – muslimische Bewährungslogik und Vergemeinschaftung – Vermischung der Welt der Ökonomie und der Gefühle	113
3.3.4	Dichte Analyse der Beschreibung der sadaqa	113
3.3.5	Zusammenfassung und Reflexion der Analyseergebnisse Eigenarten des Islam, Eigenarten der Berberkultur, Besonderheiten im Migrationsprozeß, Dialektik von Allgemeinem und Besonderem	135
3.3.6	Hypothesen	137
3.3.6.1	Zur Wir-Ich-Balance in traditionaler Vergemeinschaftung	137
3.3.6.2	Zum Zusammenhang von traditionaler Vergemeinschaftung und Gestaltwahrnehmung und Urteilskraft	138
3.3.6.3	Zu Kulturabstand und Kulturwechsel	140
3.3.6.4	Zur Dialektik von Allgemeinem und Besonderem	142
3.3.6.5	Zum Verhältnis von Erzählfigur, Beziehungsstruktur und Körperbild	143
Schluß von Teil III – Krise und Transformation		144

Teil IV
Schatz, Pforte und Puppenspiel
Ein Beitrag zur Frau in der Frauentauschlogik

Einleitung: Heiratsmarkt mit Bräuten – Was steckt dahinter?		147
1.	**Mädchensozialisation und weibliche Habitusformation in der Logik des Frauentausches** – Strukturhermeneutische Analyse	149
1.1	Material und Vorgehensweise	149
1.2	Mädchenkindheit und Puppenspiel Erste Annäherung an das Phänomen mit Hilfe eines Themenausschnitts aus dem Aischa-Interview und phänomenologisch orientierter Interpretation	150
1.3	Schatz und Pforte, Puppen und Bräute Strukturhermeneutische Analysen von Aufzeichnungen aus Marokko-Tagebüchern	151
1.3.1	Puppen ohne Kopf	152
1.3.2	Schatz, Pforte und Bräute	153

1.3.3	Zusammenfassung des Analyseergebnisses – Strukturhypothese: Frauentauschlogik, Vermischung der Welt der Ökonomie und der Welt der Gefühle, spezifische Nähe-Distanz-Regulierung, Abschleifen der Individuationstendenzen in der Mädchensozialisation, weibliche Habitusformation: archaische Autonomie oder Angsttrauma; männliche Habitusformation: Jäger, Besitzer, Beschützer. –	162
1.4	Frauentauschlogik und Modernisierung	163
1.4.1	Frauentauschlogik und Modernisierung im Herkunftsland	163
1.4.2	Frauentauschlogik und Modernisierung im Gastland	165
2.	**Frauentauschlogik und Anerkennungslogik im Alten Testament, Neuen Testament und im Koran**	168
2.1	Klärung der Begriffe	168
2.2	Prämissen, Quellen, Vorgehensweise	171
2.3	Frauentauschlogik und Anerkennungslogik im Alten Testament	172
2.4	Anerkennungslogik im Neuen Testament	175
2.5	Frauentauschlogik im Koran	176
2.6	Umgang mit Archaismen	180
3.	**Der Mythos vom Untergang des Vaters durch die Autonomiebildung der Tochter** – Eine Erzählung aus dem Rif –	181
Schluß von Teil IV – Weisheit archaischer Kultur und Wissenschaft		186

Teil V
Pädagogische Reflexionen
Evaluation von Forschungsergebnissen und -methoden aus pädagogischer Sicht

Einleitung: Das maieutische Prinzip		191
1.	**"Verstehen lehren" und methodisches Verstehen lernen** – Zur Übereinstimmung der Didaktik Martin Wagenscheins mit der Methode der objektiven Hermeneutik von Ulrich Oevermann	194
2.	**Maieutisches Prinzip und objektive Hermeneutik in der Pädagogik**	205
2.1	Umsetzungs- und Anwendungsmöglichkeiten	205
2.2	Das maieutische Prinzip in der Praxis	206
2.2.1	Fünfstufiges Problemlösungsmuster maieutischer Pädagogik – In den Erläuterungen mit besonderer Berücksichtigung der Situation marokkanischer Mädchen –	206
2.2.2	Von der Perspektive zur Sache – Sieben Aspekte forschenden interkulturellen Lernens–	209

2.3	Objektive Hermeneutik und Erforschung von schulpädagogischer Praxis – exemplarisch aufgezeigt–	211
2.3.1	Erfahrungshintergrund und Zielvorstellung	211
2.3.2	Acht Praxisprotokolle: Arbeit in einer Seiteneinsteigerklasse im Schuljahr 1986/87	213
2.3.3	Strukturen von Lehrerhandeln	220
2.4	Objektive Hermeneutik und Professionalisierung von Lehrerhandeln – Perspektive für die Zukunft	226
Schluß von Teil V – Lernen von archaischer Kultur?		230

Arabesken
– Sinnliche Repräsentanz muslimischen Philosophierens, objektiver Hermeneutik, Wagenscheinscher Didaktik und Weg für das Lernen und Forschen über kulturelle Grenzen hinweg. – 231

Literatur 233

Anhang 250

Fotos

Berberhaus aus Lehm, in traditionaler Bauweise, Außenansicht	271
Berberhaus, Innenhof	272
Zimmer	273
Lehmofen zum Brotbacken	274
Drei Generationen ohne Arbeitsmigration	275
Händewaschung	276
Puppe aus dem Rif	277
Alte Berberin mit Gesichtstätowierung	278

Vorwort

Die der Dissertation zugrundeliegenden Forschungsarbeiten wurden drei Jahre von der Berghof-Stiftung für Konfliktforschung, Berlin, finanziell gefördert. Dafür sage ich der Stiftung Dank.

Die Wurzeln der Forschungsarbeit reichen bis in das Jahr 1986, in dem meine ersten Begegnungen mit Menschen aus der Berberkultur im Rif im Rahmen meiner schulpädagogischen Praxis liegen, denen später viele folgten. Ohne diese Menschen aus der mir bis dahin unbekannten Kultur wären Projekt und Studie nicht entstanden. Ich danke den Berberinnen und Berbern, die durch ihre Aufgeschlossenheit, Gastfreundschaft und Hilfsbereitschaft meine Neugier gegenüber diesem Fremden, ohne eine Mühe zu scheuen, zu befriedigen suchten und all das, was mich irritierte, geduldig zu erklären sich bemühten. Mein Dank gilt besonders den drei Familien in Marokko, die mich liebevoll als Gast aufnahmen und an ihrem Familienleben teilnehmen ließen.

Eine Brücke zur Berberkultur war mir meine marokkanische Projektmitarbeiterin Louiza Kardal, die viele Kontakte vermittelte, durch ihre bilinguale Kompetenz auf den Forschungsreisen ins Rif Gespräche ermöglichte und Lieder, Märchen und Weisheiten aus dem Berberischen ins Deutsche übersetzte.

Den Einstieg in die Forschungsarbeit nach 25-jähriger Praxis in Schule und Lehrerausbildung habe ich Herrn Professor Dr. Horst Rumpf zu verdanken. Seine Seminare zu phänomenologisch-ästhetisch orientierter Wahrnehmung und Interpretation von Welt und seine Unterstützung meines Forschungsvorhabens waren grundlegend für das Zustandekommen und richtungsweisend für den Verlauf des Projekts.

Ich danke Herrn Professor Dr. Ulrich Oevermann und seiner Forschungsgruppe, an deren Arbeit ich teilgenommen habe, für die Einführung in die objektive Hermeneutik und die Hilfe bei den strukturhermeneutischen Materialanalysen. Die Erfahrung dieser forschungspraktischen Arbeit eröffnete mir neue Möglichkeiten zu lesen und zu denken.

Dank sage ich meinen Projektmitarbeiterinnen Christiane Giese und Barbara Wirkner für ihre geduldige, kritische und kreative Unterstützung meiner Arbeit.

Ich danke auch meinem Arabischlehrer Herrn Riad Kheder, der mir über die Sprache einen Zugang zur arabisch-muslimischen Welt ermöglichte, und Herrn Karim A., meinem wichtigsten Informanten aus dem Rif.

Nicht vergessen habe ich jene Studentin, die im Wintersemester 1989/90 das Aischa-Interview durchgeführt hat und bald danach zur Fortsetzung ihres Studiums ins Ausland ging.* Leider ist der Kontakt zu ihr unterbrochen. Ich wünsche mir, ihr fiele einmal diese Studie in die Hände, so daß sie die Folgen ihrer Arbeit kennenlernen und den Kontakt zu uns wieder aufnehmen könnte.

Frankfurt am Main, im Juni 1996
Hiltrud Schröter

---

* Zur Wahrung der Anonymität der Aischa-Familie verzichte ich auf die Angabe des Namens der Studentin.

Ausgewählte Begriffe aus der arabischen Sprache

Arabisch	Transkription[*]	Erklärung	Schreibweise in dieser Studie[**]
الفاتحة	al-fātiḥa	Name der 1. Sure	al-fatiha
حَديث	ḥadiṯ(e) (Pl.)	Worte des Propheten	hadith
أحاديث	'aḥādiṯ (Pl.)	Worte des Propheten	'ahadith, Hadithe
حديث قدسي	ḥadiṯ qudsi	Hadith, in dem Gott selbst redet	hadith qudsi
حِجاب	ḥiǧāb	Kopftuch (Hülle, Vorhang, Trauerschleier)	hijab
خَمَدشى	Ḥamadšā	religiöse Bruderschaft in Marokko	Hamadscha
مُحَمَّد	Muḥammad	Mohammed	Mohammed
صَدَقَة	ṣadaqa	Totengedenkfeier; Almosen	sadaqa
تَسْطير	tasṭir	polygonale Arabesken	tastir
تَوريق	tauriq	florale Arabesken	tauriq

[*] Nach den Regeln der Deutschen Morgenländischen Gesellschaft.
[**] Die diakritischen Zeichen werden aus schreibtechnischen Gründen in dieser Studie weggelassen.

Einleitung

1. Genese der Forschungsarbeit

Die Wurzeln der Forschungsarbeit liegen in meiner schulpädagogischen Praxis. Nach rund zwanzigjähriger Arbeit an sieben verschiedenen Schulen (Volksschule, zwei Grundschulen, zwei Hauptschulen, Berufsfachschule, Gesamtschule) in Nordrhein-Westfalen und Hessen wurde ich in den Schuljahren 1986/87 und 1987/88 – wie andere LehrerInnen[1] auch – vor völlig neue Aufgaben gestellt. Einzelne oder einige ausländische Kinder in den Klassen zu haben war mir vertraut. Doch dann bekam ich zweimal für ein Jahr eine sogenannte Seiteneinsteigerklasse mit überwiegend muslimischen Kindern und Jugendlichen aus mehreren afrikanischen und asiatischen Ländern. Die sprachliche Situation war ähnlich der nach dem Turmbau zu Babel.[2]

Diese Zeit wurde zu einer meiner lernintensivsten Phasen innerhalb meiner Berufstätigkeit.

Einen besonders nachhaltigen Eindruck hinterließen in mir die Mädchen aus Berberkulturen in Marokko und ihre Familien. Die Intensität ihres Erlebens und Lernens war außergewöhnlich und weckte meine Neugier und Sympathie. Im Anschluß an diese Berufsphase arbeitete ich vier Jahre als pädagogische Mitarbeiterin mit dem Arbeitsschwerpunkt *Ausländische Kinder an unseren Schulen* am Fachbereich Erziehungswissenschaften an der Johann Wolfgang Goethe-Universität in Frankfurt am Main. Dort war die Berberkultur aus dem Rif 1988 noch eine nahezu unbekannte. Die Zahl ihrer Kinder und Jugendlichen wuchs in deutschen Schulen ständig und schnell an. Ich nutzte die Chance, mich im Rahmen meiner Arbeit mit diesem Fremden zu befassen und mich an die Eigenart

---

1 Da es mir wichtig ist, beide Geschlechter in dem vorliegenden Text sprachlich erkennbar zu machen, mir jedoch bei der Variante *die Forscherin, der Forscher / die Praktikerin, der Praktiker* die im Singular notwendig werdende Nennung beider Artikel stilistisch mißfällt, habe ich mich dazu entschieden, alternierend sowohl die männliche als auch die weibliche Form und an manchen Stellen die schriftsprachliche Regelung mit dem großen "I" zu verwenden.

2 Vgl. TEIL V. 2.3.2 ACHT PRAXISPROTOKOLLE: ARBEIT IN EINER SEITENEINSTEIGERKLASSE

der Kultur der Rifi[3] allmählich heranzutasten. Mit Hilfe von Studentinnen, die Kontakte zu Berberfamilien knüpften, z.b. über Hausaufgabenhilfe, fing ich an, eine Datenbasis anzulegen und in multikulturell besetzten Arbeitsgruppen im Gespräch Daten zu interpretieren.

Aus dieser Arbeit entwickelte sich mein dreijähriges Forschungsprojekt zum interkulturellen Verstehen mit dem Arbeitstitel *Umgang mit fremder Kultur lernen* unter der Leitung von Professor Dr. Horst Rumpf, gefördert von der Berghof-Stiftung für Konfliktforschung in Berlin.

Der im Juli 1996 der Berghof-Stiftung vorgelegte Forschungsbericht[4] enthält außer meinen eigenen Forschungsergebnissen Protokolle von Szenen aus dem Alltag im Kontext von Migration, drei phänomenologisch orientierte Textinterpretationen von Horst Rumpf mit methodischen und didaktischen Erläuterungen und einen Erfahrungsbericht von Christiane Giese aus der Arbeit in einem Frauenhaus und mit orientalischem Tanz.

Die in meiner Dissertation vorgelegten Arbeiten sind von mir verfaßte Texte aus dem Forschungsbericht, die aus eigenständig durchgeführter Forschungsarbeit hervorgegangen sind. Sie wurden für die Dissertation an wenigen Stellen geringfügig verändert.

2. Erkenntnisinteresse und Praxisbezug

Meine Forschungsziele liegen auf inhaltlicher, methodischer und pädagogischer Ebene.

Inhaltlich geht es mir um das Verstehen von Menschen und Phänomenen, die mir im Schulalltag erstmals begegnet sind: Menschen aus der Berberkultur im Rif, die durch Arbeitsmigration und Familiennachzug zu uns gekommen sind, um die Eigenart ihrer Kultur und der Transformationsprozesse und um Gemeinsamkeiten und Verschiedenheiten der fremden und der eigenen Kultur.

Methodisch soll die Erschließungskraft einer an Merleau-Ponty orientierten phänomenologischen Vorgehensweise und der strukturhermeneutischen Methode der objektiven Hermeneutik von Ulrich Oevermann erprobt werden.

Mein erziehungswissenschaftliches Erkenntnisinteresse richtet sich auf die Eigenart der geistigen Verwandtschaft von objektiver Hermeneutik und Wagen-

---

3 Rifi ist eine Bezeichnung für Angehörige der Berberkultur im Rif in Nordmarokko, die diese selbst anwenden.
4 Horst Rumpf und Hiltrud Schröter, Arabesken – Forschungsbericht zum interkulturellen Verstehen im deutsch-marokkanischen Kontext. Zum Forschungsbericht gibt es eine Anlage von Horst Rumpf mit einem Kommentar zum Projekt und drei Vorträgen. Nicht veröffentlicht.

scheinscher Didaktik und auf Anwendungsmöglichkeiten objektiver Hermeneutik bei der Erforschung pädagogischer Praxis und Professionalisierung von Lehrerhandeln.

Meine Arbeit steht im Dienst pädagogischer Praxis, besonders in der Schule. Wer im Praxisstreß dort arbeitet, kann nicht forschen, auch wenn es ihn noch so sehr drängt, irgendeine Sache aus der außergewöhnlichen Komplexität seines Berufsalltags methodisch – und das heißt vor allem in Ruhe – aufzuschließen. Mein Forschen ist daher verbunden mit dem Wunsch, es sozusagen stellvertretend zu tun und Daten, Forschungsweg und -ergebnisse so zu präsentieren, daß sie auch im Alltag helfen, wechselseitiges Verstehen zu vertiefen und die "Verstehenslust" (Wagenschein) zu stärken. Außerdem habe ich ein didaktisches Interesse. Ich möchte, vermittelt durch mein methodisches Vorgehen, anregen zu forschendem exemplarischem Lernen.

3. Aufbau der Arbeit

Der Text besteht aus fünf Teilen.

In Teil I werden Grundlagen der folgenden vier Studien vorgestellt und diskutiert:
die Problematik methodischen Verstehens von Fremdem, die Datenbasis und die Auswertungsverfahren:
– die phänomenologische Vorgehensweise,
– die Methode der objektiven Hermeneutik.

In Teil II wird in den ersten drei Kapiteln in einer phänomenologischen Studie anhand der Kategorien Raum, Blick und Körper Eigenart der Berberkultur im Rif auf der Ebene der Phänomene und der verkörperten Kultur dargestellt und mit Hilfe von ethnologischen, phänomenologischen, psychologischen und erkenntnistheoretischen Ansätzen nach Erklärungen gesucht. Das vierte Kapitel enthält eine kleine Auswahl von Protokollen von Befremdungen, deren Quelle im kulturell bedingten unterschiedlichen Umgang mit Raum, Blick und Körper liegt, besonders in der unterschiedlichen Konzeption von Sexualität.

In Teil III werden exemplarisch Lebenspraxis und Transformationsprozesse im Kontext von Arbeitsmigration nach Deutschland aufgezeigt anhand der Rekonstruktion der Familiengeschichte einer teilweise in Deutschland lebenden Migrantenfamilie aus dem Rif im Zeitraum von 26 Jahren, beginnend mit dem ersten Arbeitsvertrag des Vaters im Jahre 1968 und endend mit einer sadaqa (Totengedenkfeier) in Nador 1994, vier Monate nach dem Tod des Vaters. Die Fallrekonstruktion wird in drei Schritten durchgeführt:

1. strukturhermeneutische Analyse der individuellen Fallstruktur der Tochter Aischa,
2. Interpretation objektiver Daten zur Familiengeschichte und ein Falsifikationsversuch,
3. strukturhermeneutische Analyse der Beschreibung einer sadaqa.

In Teil IV wird ein für die Berberkultur zentrales und im Transformationsprozeß wichtiges Thema bearbeitet: Frau und Mädchensozialisation in der Logik des Frauentausches und der Übergang in die Logik der Anerkennung der Frau als Person. Die Sache wird auf drei Ebenen erschlossen:
1. auf der Ebene der Lebenspraxis mit Hilfe von strukturhermeneutischen Analysen von ethnographischen Tagebuchaufzeichnungen,
2. auf der Ebene von Altem Testament, Neuem Testament und Koran durch Textvergleich ausgewählter Sequenzen zum Verhältnis der Geschlechter,
3. auf der literarischen Ebene anhand einer mündlich überlieferten und ins Deutsche übersetzten mythenähnlichen Erzählung aus der Berberkultur im Rif.

In Teil V, dem eigentlich pädagogischen Teil, wird im ersten Kapitel die geistige Übereinstimmung der Methode der objektiven Hermeneutik von Ulrich Oevermann mit der Didaktik von Martin Wagenschein aufgezeigt. Im zweiten Kapitel werden Umsetzungs- und Anwendungsmöglichkeiten des maieutischen Prinzips und der objektiven Hermeneutik im pädagogischen Kontext vorgestellt. Die theoretischen Aussagen werden inhaltlich gefüllt mit Protokollen aus schulpädagogischer Praxis mit ausländischen Kindern und Erkenntnissen aus der Projektarbeit.

Eine kleine Betrachtung zur Logik der Arabeske beschließt die Arbeit. Die Arabeske wird als Symbol für die Einheit von Sinnlichkeit und Geist und für die Dialektik von Allgemeinem und Besonderem interpretiert. Auf der Einheit von Sinnlichkeit und Geist beruhen alle in dieser Arbeit gegangenen und empfohlenen Erkenntniswege. Ein Ergebnis der methodischen Erschließungsarbeit ist die Erkenntnis von der Dialektik von Allgemeinem und Besonderem als Grundlage für das Verstehen über kulturelle Grenzen hinweg und für Transformationsprozesse.

I. Methodisches Verstehen fremder Kultur und der Transformationsprozesse im Kontext von Arbeitsmigration

1. Das Problem

Wie ist methodisches Verstehen fremder Kultur und der Transformationsprozesse möglich ohne Verzerrungen durch die kulturelle Prägung der Perspektive, des Instrumentariums und der Deutungsmuster der Forschenden? Bei der Erforschung eines unbekannten Feldes mit Hilfe vorgefaßter Meßoperationen und durch Einsortieren der erhobenen Daten in eine vorgefaßte klassifikatorische Ordnung besteht die Gefahr, daß das Fremde nur als Abweichung vom Eigenen gesehen, als solches abgewertet und seine Eigenart nicht erkannt wird.[5]

Will man die Filter durch Operationalisierung und Standardisierung vermeiden, dann müssen die Erhebung der Daten und die Auswahl der Auswertungsverfahren so angelegt sein, daß die Erschließung der Eigenart einer spezifischen Lebenspraxis möglich ist. Wie ich das in meinem Forschungsprojekt zu realisieren versucht habe, beschreibe ich in den folgenden beiden Kapiteln.

2. Datenbasis

Lebenspraxis ist flüchtig und nicht wiederholbar und daher dem direkten methodischen Zugriff nicht zugänglich. Um sie methodisch erschließen zu können, benötigt man aufschlußreiche Niederschläge oder Spuren konkreter Praxis, die dann nachträglich in der vom Druck der Lebenspraxis befreiten Forschungssituation entziffert werden können. Am besten eignen sich dafür "natürliche" Protokolle,[6] da die Eigenlogik eines Falles in ihnen unverzerrt zur Sprache kommt.

---

5 Vgl. III. 1.3 AISCHA – EIN EINMALIGER FALL?
6 Der Begriff "natürliches" Protokoll ist der Sprache der objektiven Hermeneutik entnommen. Im Gegensatz zu standardisierten Verfahren der Erhebung "künstlicher" Daten, handelt es sich um nicht-standardisierte Techniken der Aufzeichnung von Vorgängen, Handlungen, Äußerungen durch technische Aufzeichnungsgeräte. Sie werden in der objektiven Hermeneutik Beschreibungen vorgezogen, da sie nicht durch Wahrnehmungs- und Deutungsselektivität verzerrt sind, also nicht eine durch intelligente Leistung verzerrte Wirklichkeit präsentieren, sondern Wirklichkeit authentisch zum Ausdruck bringen.

Zur Datensammlung des Projekts gehören Tonbandaufzeichnungen und Transkriptionen von
- biographischen Erzählungen von im Rif und in Deutschland lebenden Berberinnen,
- Gesprächen in Berberfamilien,
- mündlich überlieferten Märchen und Liedern aus dem Rif.

Zu meiner privaten Sammlung gehören Videoaufzeichnungen von Familienfesten in Nador, die von den Angehörigen selbst aufgezeichnet und mir geschenkt wurden, weil ich nicht dabei sein konnte.

Die Interviews wurden in keiner Weise forschungstechnisch standardisiert, sondern in Form einer Praxis durchgeführt. Das wird bei der Analyse der Eröffnungsfrage des Aischa-Interviews ausführlich expliziert;[7] ich verzichte daher an dieser Stelle auf eine Erläuterung.

Bei der Erhebung von Daten zur Lebenspraxis kann man jedoch nicht nur in dieser Weise vorgehen. Wollte man die Fülle und Komplexität als ausnahmslos "natürliches" Protokoll einfangen, so brauchte man eine technische Ausrüstung, bestehend aus mehreren Videokameras, Kassettenrekordern und dazu Bedienungspersonal, das die Forschenden ständig begleitet. Das aber würde die Lebenspraxis völlig verändern. Allein schon die Zubereitung der Datenfülle zum Zweck der Auswertung setzte eine riesige Textproduktion in Gang und erforderte einen enormen Arbeits- und Zeitaufwand, ganz zu schweigen vom Aufwand der Auswertung. Ein gangbarer Weg sind *dichte ethnographische Beschreibungen*[8] in Verbindung mit dichten Analysen.

---

7 Vgl. TEIL III, KAP. 1.2.1.2 ANALYSE DER ERÖFFNUNGSFRAGE.
8 Ich übernehme den Begriff "dichte Beschreibungen" von Clifford Geertz, der ihn von Gilbert Ryle übernommen hat, unterscheide aber – was Geertz nicht tut – zwischen dichten Beschreibungen und dichten Analysen. Vgl. Clifford Geertz, Dichte Beschreibung – Beiträge zum Verstehen kultureller Systeme, Frankfurt am Main, 1987, S. 10. – Oevermann erklärt die Problematik, die in Begriff und Anwendung steckt: "Der Begriff der 'dichten Beschreibung' (Clifford Geertz) hat hier in neuerer Zeit viel Verwirrung gestiftet. Darunter können nämlich drei ganz verschiedene Dinge verstanden werden. Zum einen eine tatsächlich literarisch gelungene Beschreibung einer zu protokollierenden Wirklichkeit, die den Namen 'Verdichtung' auch verdient. In ihr wird durch künstlerische Gestaltung eine Wirklichkeit nicht abgebildet, sondern zu einer eigenlogischen Wirklichkeit auf höchst subjektive Weise transformiert, aber gerade durch diese Subjektivität in eine erkenntnisträchtige, in sich stimmige Kohärenz gebracht. Zum anderen wird darunter das Resultat einer vom Forscher vorgenommenen Wirklichkeitsinterpretation verstanden, die ihrerseits schon auf irgendwelchen Daten beruht. Dann handelt es sich eigentlich nicht um eine Beschreibung, schon gar nicht um eine Technik der Protokollierung, sondern um eine Analyse. Schließlich wird drittens darunter eine ethnographische Beschreibung verstanden, die in besonderer Weise auf Prägnanz und Wesentlichkeits-

Zur Datenbasis gehören Beschreibungen von
- Lebenspraxis im Rif, u.a. in Form von Marokko-Tagebüchern (1989, 1993 Schröter, 1994 Giese, Pieroth, Schröter),
- befremdlichen Szenen im Alltag der eigenen Kultur, sowohl im Umgang mit Ausländern als auch mit Deutschen (Pieroth, Rumpf, Schröter),
- pädagogischer Praxis in der Schule (Schröter) und in einem Frauenhaus (Giese), sowie
- Beschreibungen von Praxis mit orientalischem Tanz (Giese).[9]

Unsere Tagebücher sind ihrer Gattung nach keine privaten Tagebücher, bei denen sich der Autor oder die Autorin über sich selbst klar werden will in einem Schreib- und Aufklärungsprozeß, der durch eine Krise ausgelöst sein kann, sondern in ihnen macht die Beschreibung von Fremdheit die Hauptaktivität aus, ergänzt durch Aufzeichnungen subjektiver Reaktionen, die nicht um ihrer selbst willen protokolliert sind, sondern als methodische Vorkehrungen zur Verstehenshilfe.

Da Beschreibungen in der vorgelegten Arbeit zur Datenbasis gehören, gehe ich auf ihre Eigenart nachfolgend näher ein. Sie werden bei den strukturhermeneutischen Analysen (Teil III und IV) konsequent berücksichtigt.

Das Problem bei Beschreibungen ist die *Differenz von Tatsächlichkeit und Text*. Sie läßt sich nicht vermeiden, kann aber durch genaue, neugierige Beobachtung und sprachlich präzise Wiedergabe des Wahrgenommenen auch in einer verdichtenden Darstellung in Grenzen gehalten werden. Sensibles und intensives Wahrnehmen, eine Grundtugend aus dem Formenkreis der ästhetischen Erfahrung, ist eine wichtige Komponente erfahrungswissenschaftlicher Forschung. Aus der medizinischen und neuropsychologischen Forschung kennen wir die

---

erfassung aus ist. Sofern es sich hier wirklich um eine Beschreibung handeln sollte, so ist ihr immer die Aufzeichnung vorzuziehen. Denn wenn sie wirklich 'dicht', also verdichtend sein sollte, und dennoch nicht literarisch oder schon eine theoriegeleitete Interpretation, so enthält sie immer schon Abkürzungen und selektive Zusammenfassungen, die später nicht mehr mit einem detaillierten 'natürlichen' Protokoll abgeglichen werden können und deren Subjektivität man deshalb unkritisch und unüberprüfbar ausgeliefert ist. 'Dichte Beschreibungen' sind also, wenn sie wirklich Beschreibungen sind und nicht schon methodisch kontrollierte Interpretationen oder Analysen, allenfalls als künstlerisch-literarisch gelungene von eigenem Wert." Ulrich Oevermann, Konzeptualisierung von Anwendungsmöglichkeiten und praktischen Arbeitsfeldern der objektiven Hermeneutik. (Manifest der objektiv hermeneutischen Sozialforschung.) Unveröffentlichtes Manuskript, März 1996, S. 23f (Unterstreichung im Original).

9 Vgl. Rumpf, Schröter, a.a.O., S. 251 – 257.

"Kunst der Beschreibung" besonders von Alexander R. Lurija und Oliver Sacks.[10]
Beschreibungen enthalten Implikationen, die bei der Interpretation berücksichtigt werden müssen:
- Auf der Seite des Beschreibenden haben sie höchst komplexe Voraussetzungen, z.b. seine psychische Verfaßtheit, seine Wahrnehmungs- und Beschreibungsselektivität und seine Deutungsmuster.
- Ethnographische Beschreibungen sind meist stark verdichtete Protokolle einer komplexen Praxis, an denen sich viel abgreifen läßt: die Struktur des Textes, der beschriebene Sachverhalt und die Einstellung des Autors oder der Autorin zur Sache. Daher ist eine sehr sorgfältige Analyse notwendig.
- Beschreibungen können wie natürliche Texte konkurrierende Lesarten zulassen, ohne jedoch im Gegensatz zu diesen Entscheidungshilfe für das argumentative Ausschließen nicht kompatibler und nicht zwingender Lesarten anzubieten.

Die in dieser Arbeit enthaltenen Beschreibungen entstanden im Anschluß an Situationen, in denen kein Tonband- oder Videogerät eingesetzt wurde. Die Gründe sind verschieden: Mir ging es meist darum, an Lebenspraxis, die unverzerrt ist durch technische Einrichtung, teilzunehmen. In anderen Fällen wurde schriftlich protokolliert wegen des unerwarteten Eintretens der Situation oder wegen ihrer Komplexität oder weil Pietätsgründe[11] den Einsatz von Technik verboten.

Zur Datenbasis gehören außerdem Fotos und von Hand angefertigte kulturelle Manifestationen aus dem Rif, zum Beispiel die Puppen der Mädchen.[12]

3. Auswertungsverfahren

3.1 Methodenwahl und -wechsel

Die Auswertung der Daten erfolgt mit Hilfe von zwei Interpretationsverfahren. (1) Phänomenologische Vorgehensweise (Teil II, Kap. 1 bis 3),

---

10 Alexander R. Lurija und F.-Ja. Judowitsch, Die Funktion der Sprache in der geistigen Entwicklung des Kindes, Düsseldorf 1970. Alexander Lurija, Romantische Wissenschaft – Forschungen im Grenzbezirk von Seele und Gehirn, Reinbek bei Hamburg 1993.
Oliver Sacks, Der Mann, der seine Frau mit einem Hut verwechselte, Reinbek bei Hamburg 1990.
11 Vgl. TEIL III, KAP. 3 ANALYSE DER BESCHREIBUNG EINER SADAQA.
12 Vgl. TEIL IV, KAP. 1.3.1 PUPPEN OHNE KOPF.

(2) Methode der objektiven Hermeneutik (Teil III und Teil IV),
Ich sehe in den beiden von mir gewählten Vorgehensweisen keinen Widerspruch, sondern wechselseitige Ergänzung, da sie unterschiedliche Ebenen der Kultur und des Verstehens erschließen. Meine phänomenologische Vorgehensweise ist beeinflußt durch die Phänomenologie Merleau-Pontys. Die von Ulrich Oevermann entwickelte objektive Hermeneutik ist eine rekonstruktionslogische und analytische Textwissenschaft, die auf dem strukturalistischen Denken basiert. In der Phänomenologie Merleau-Pontys ist das strukturalistische Denken bereits als starker Keim enthalten. In der Ablehnung der Subsumtionslogik stimmen Merleau-Ponty und Oevermann überein.[13] Seinen letzten philosophischen Essay, *Das Auge und der Geist,* beginnt Merleau-Ponty mit dem Satz: "Die Wissenschaft geht mit den Dingen um, ohne sich auf sie einzulassen." [Im Original: "La science manipule les choses et renonce à les habiter."][14] Gemeint sind jene Verfahren, die die Sequenzialität des Lebens zerstören und die Fragmente subsumtionslogisch kategorisieren. Merleau-Ponty vertritt bereits denselben dynamischen Strukturbegriff, der für die objektive Hermeneutik konstitutiv ist. Auch die Begriffe Sinn, Bedeutung, Gestalt und Ordnung sind zentral. Sein Philosophieren bedenkt auf vielfältige Weise das Zusammenspiel von Körper und Geist, Mensch und Welt, Wahrnehmung und Ausdruck, Sprache und Sinn und strebt nach Wiederherstellung dieser Einheit im Denken und kämpft gegen die Dichotomisierung von Sinnlichkeit und Geist, Subjekt und Objekt. Darin stimmt Merleau-Pontys Denken mit dem Geist der objektiven Hermeneutik überein. Aber das analytische Denken des Strukturalismus ist nicht seine Sache. Es ist, als ob die Welt einen in sie verliebten Blick an ihren Phänomenen gefangenhält, aber ihn auch gleichzeitig sehend macht und Denken und Sprechen in ein lebendiges Fließen versetzt, das sich an den Phänomenen orientiert, dabei immer wieder Neues entdeckt und nach Erklärung sucht. Dabei machte Merleau-Ponty die Erfahrung, daß zum Erklären der Phänomene die Phänomenologie nicht ausreicht. In seine Reflexionen bezog er daher Erkenntnisse mehrerer Einzelwissenschaften ein, der Physiologie, Neurophysiologie, Anthropologie, Ethnologie, Psychologie und besonders die Gestalttheorie. Seine Distanz zum analytischen Denken enthielt keine Ablehnung. Er hielt es für notwendig und unterstützte seine Entwicklung in Frankreich. Das zeigen seine Freundschaft und Zusammenarbeit mit Levi-Strauss, sein Engagement für die Einrichtung des ersten Lehrstuhls für strukturale Anthropologie in Frankreich am Collège de France

---

13 Im Forschungsbericht Arabesken wird von Horst Rumpf ein ebenfalls der Subsumtionslogik widerständiges Verfahren eingesetzt: die phänomenologisch orientierte Textinterpretation. A.a.O., S. 31 – 33, 76 – 94, 247 – 250.
14 Maurice Merleau-Ponty, Das Auge und der Geist, Hamburg 1984, S. 13.

und dessen Besetzung durch Levi-Strauss.[15] Für den Strukturalisten war das Denken des Phänomenologen nicht abschließend, sondern eröffnend:

> "Was für Merleau-Ponty eine Erklärung ist, das ist für mich alles in allem eine Problemstellung und die Abgrenzung eines phänomenalen Feldes, von dem aus eine Erklärung zu finden möglich und erforderlich ist."[16]

Die objektive Hermeneutik setzt das strukturalistische und analytische Denken fort, ohne die Einheit von Geist und Sinnlichkeit, Denken und Wahrnehmen aufzugeben.

3.2 Phänomenologische Vorgehensweise

Die französische Phänomenologie, an der ich mich orientiere, steht in einer Theorietradition, die von der Totalität der menschlichen Erfahrungsbezüge ausgeht. Sie operiert nicht mit dem sprachlichen Konstrukt "teilnehmende Beobachtung". Dieses künstliche Wortgebilde verschleiert das Ganzheitliche des Erfahrungsprozesses. Nach den Regeln der Sprache müßte das als Adjektiv verwendete Partizip Präsens das Substantiv näher bestimmen, eine Eigenschaft ausdrükken. Eine Beobachtung, die teilnimmt, ist aber nicht vorstellbar, da eine Aktivität des Menschen nicht allein an etwas teilnehmen kann. Beteiligt ist der ganze Mensch. Wenn der ganze Mensch beteiligt ist, dann ist das eine Praxis. Sie wird von allen Beteiligten beeinflußt, auch vom teilnehmenden Forscher. So wird der Begriff auch meist verstanden.[17] Mir ist er zu künstlich und drückt nicht das aus, was Sache ist.

Bei meiner phänomenologischen Vorgehensweise habe ich mich von der Eigenart des Forschungsobjekts leiten lassen: Mit der Auswahl einer weitgehend unbekannten oralen Kultur hat sich die Forscherin auf die Welt des Lebendigen und also Ephemeren eingelassen. Analysearbeit in Archiven oder Bibliotheken scheidet aus, da sie zur Gegenwart dieser Kultur nichts bringt. Das bedeutet: Man geht zunächst den Weg naturwüchsigen Verstehens, indem man sich hineinbegibt in das Fremde, sich ihm mit allen Sinnen wahrnehmend und denkend aussetzt – eben als ganzer Mensch.

---

15 Claude Levi-Strauss, Begegnungen mit Merleau-Ponty, in: Alexandre Métraux und Bernhard Waldenfels, Leibhaftige Vernunft – Spuren von Merleau-Pontys Denken, München 1986, S. 29 – 36. Merleau-Ponty, Von Mauss zu Claude Levi-Strauss, in: Métraux und Waldenfels, a.a.O., S. 14 – 28.
16 Levi-Strauss, a.a.O., S. 33.
17 So zum Beispiel bei Gertrud Beck und Gerold Scholz, Beobachten im Schulalltag – Ein Studien- und Praxisbuch, Frankfurt am Main 1995.

Wenn man die Sprache der Fremden nicht versteht, versteht man anders als üblich – ähnlich einem Kind, bevor es über die Muttersprache verfügt. Die Aufmerksamkeit richtet sich auf nicht-sprachliche Ausdrucksgestalten: auf Sichtbares, Hörbares (ohne Wortbedeutungen zu entziffern), Tastbares, Schmeckbares, auf Bewegung, Gerüche – auf alles sinnlich Wahrnehmbare. Das Verstehen geht andere Wege als gewohnt. Sinne und Körper verstehen die Zeichen der Körper, der Blicke, den Klang der Stimme, die Bewegungen des Kopfes, der Hände und der Füße, der Ordnung des Raumes – verstehen, weil da eine Ebene ist, auf der es Gemeinsames gibt. Die Bedeutung der nicht-sprachlichen Ausdrucksgestalten kann auf diese Weise weitgehend erschlossen werden – auch dann, wenn man aus fremder Kultur kommt. Es geht um Elementares, daher Gemeinsames, in kulturspezifischer Modulation, daher gleichzeitig Fremdes.

Eine Frau, die in die Berberkultur oder in die arabische Kultur kommt, erfährt sie anders als ein Mann, nicht nur weil sie vielleicht anders wahrnimmt, empfindet und denkt, sondern weil sich die Menschen ihr gegenüber anders verhalten als zu einem Mann; weil sie primär, und das ist dort selbstverständlich, an der Frauenwelt teilnimmt und nicht an der Männerwelt; weil sie an der Grenze dazwischen und bei ihrem Überschreiten andere Erfahrungen macht als ein Mann und Männer anders auf sie reagieren als auf einen Mann. Die Protokolle einer Forscherin sind daher Niederschläge der Erfahrungen einer Frau, so wie die Studie von Edward Hall über arabisches Raumverhalten auf den Erfahrungen eines Mannes basiert.[18]

Bei meiner phänomenologischen Vorgehensweise lassen sich drei Stufen unterscheiden:
1. *Teilnahme* an der fremden Lebenspraxis und Protokollierung. Bei den Beschreibungen wird Genauigkeit, Klarheit und Eindeutigkeit der Darstellung angestrebt.
2. *Reflexion* der Erfahrung und *Interpretation* der Texte in der Distanz zur fremden Lebenswelt, zu Hause. – Komponenten der Verstehensarbeit sind folgende:
   – Sorgfältige Durchsicht des Materials,
   – Strukturierung der Komplexität mit Hilfe der Kategorien Raum, Blick und Körper, die wie eine Imprägnation im Material enthalten sind,
   – Ergänzung und Vergleich mit Texten anderer AutorInnen zu diesen Kategorien,
   – Einbeziehung wissenschaftlicher Erkenntnisse, von denen nach sorgfältiger Prüfung angenommen wird, daß sie das Fremde erklären,

---

18 Vgl. hierzu II. 1. RAUM – BLICK – KÖRPER, S. 36, erstes Zitat von Edward Hall.

- In-Frage-Stellung von Theorien aufgrund abweichender "brute facts"[19] der Realität,
- Vergleich unterschiedlicher kulturspezifischer Zivilisierung von Sexualität und Blick.
3. *Darstellung* der Ergebnisse
   In der schriftlichen Darstellung der Ergebnisse werden Erfahrung, Beschreibungen und theoriegeleitete Reflexion in folgender Weise verwoben: Ausgegangen wird von allgemeinen Überlegungen zur Verkörperung von Kultur und zu den Phänomenen Raum, Blick und Körper. Ihnen folgen Beschreibungen berberkulturspezifischer Ordnung des Raumes, der Sexualität und der Modulation des Blicks. Besondere Beachtung findet dabei eine Eigenart des männlichen Blicks im sensomotorischen Zusammenspiel und seine Wirkung auf Frauen. Auf diese Weise entsteht m.E. ein Bild der fremden Kultur von innerer Logik und Stimmigkeit. Mit Hilfe ethnologischer (Paul Parin), phänomenologischer (Maurice Merleau-Ponty), psychologischer (Erwin Straus) und erkenntnistheoretischer (Francisco Varela, Evan Thompson und Eleanor Rosch) Arbeiten folgt theoriegeleitete Reflexion. Überlegungen zur Zivilisierung von Blick und Körper im Kulturvergleich anhand einer Zeichnung von Albrecht Dürer und einer tanzbiographischen Erzählung aus der Dissertation von Ursula Fritsch beschließen die Studie. Die Texte im folgenden Kapitel sind Ergänzungen in Form von Protokollen befremdlicher Szenen aus dem deutsch-marokkanischen Alltag.

Methodenkritik

Meine phänomenologische Vorgehensweise enthält viele subjektive und intuitive Anteile. Darin stimmt sie überein mit dem praktischen Verstehen, in dem Intuition wichtig ist. Sie unterscheidet sich vom praktischen Verstehen durch den nachträglichen intensiven Reflexionsprozeß aus der Distanz zur Lebenspraxis. Sie öffnet einen Zugang zu Erfahrungen und Verstehensprozessen auf einer elementaren Ebene, auf der wir sehr sensibel reagieren und wo Abweichungen vom Gewohnten schnell zu Konflikten führen und Aggressionen provozieren.[20] Aus diesem Grund halte ich es für berechtigt, in einer wissenschaftlichen Arbeit so vorzugehen, zumal dann, wenn das praktische Verstehen durch methodisches

---

19 Vgl. Charles Sanders Peirce, Lectures on Pragmatism – Vorlesungen über Pragmatismus, Hamburg 1973.
20 Vgl. II. 4. BEFREMDUNGEN – SZENEN AUS DEM KONTEXT VON MIGRATION UND II. 5. VERSTEHENSARBEIT – EXEMPLARISCH AUFGEZEIGT (HORST RUMPF), in: Rumpf, Schröter, a.a.O., S. 76 – 94.

Verstehen von Protokollen ergänzt wird, zum Beispiel mit Hilfe der objektiven Hermeneutik.[21]

3.3 Methode der objektiven Hermeneutik

Die methodischen Operationen und die theoretische Basis der objektiven Hermeneutik sind von Ulrich Oevermann, dem geistigen Vater der Methode, selbst oft ausführlich expliziert worden.[22]

Während der Projektarbeit ist mir aufgefallen, daß falsche Vorstellungen bezüglich der objektiven Hermeneutik verbreitet sind. Sie basieren sowohl auf der Unkenntnis der zur Methode entwickelten Fachsprache und dem spezifischen Begriffssystem als auch auf falschen Vorstellungen von Zielsetzungen und Operationen.

Um einen Einblick in letztgenannte zu geben, führe ich sie exemplarisch vor anhand der Interpretationen verschiedener Textsorten:
- die sequentielle Feinanalyse von Interviewabschnitten mit dem Ziel der Rekonstruktion einer individuellen Fallstruktur[23] und als Versuch der Falsifikation einer Hypothese,[24]
- die Analyse von Tagebuchaufzeichnungen, in die wörtlich protokollierte Gesprächsausschnitte aufgenommen sind, zur Bearbeitung eines Themas,[25]
- die Interpretation objektiver Daten als Teil der Rekonstruktion der Geschichte einer in Deutschland lebenden Migrantenfamilie aus dem Rif im Zeitraum von 26 Jahren (1968 – 1994),[26]
- die dichte Analyse einer "dichten Beschreibung" einer großen "sadaqa" (Totengedenkfeier) zur "Herausläuterung"[27] der Eigenart der fremden Kultur, besonders auf der Beziehungsebene, und der Transformationsprozesse.[28]

Ich gebe jeweils im Interpretationsteil Erläuterungen zum Vorgehen und verzichte aus Platzgründen hier auf eine Beschreibung der methodischen Opera-

---

21 Vgl. Teil III "Es war schwarz und weiss" und Teil IV Schatz, Pforte und Puppenspiel.
22 Vgl. Literaturverzeichnis zu Oevermann.
23 Teil III, Kap. 1. Fallanalyse der Tochter Aischa.
24 Teil III, Kap. 2.5 Falsifikationsversuch.
25 Teil IV, Kap. 1. Mädchensozialisation und weibliche Habitusformation.
26 Teil III, Kap. 2. Interpretation der objektiven Daten zur Geschichte der Aischa-Familie.
27 Das Wortgebilde *Herausläuterung* übernehme ich von Max Weber, Wirtschaft und Gesellschaft – Grundriß einer verstehenden Soziologie, Tübingen 1956, 2. Halbband, S. 385.
28 Teil III, Kap. 3. Analyse der Beschreibung einer sadaqa.

tionen. Die Analysen geben nicht in Form von Verlaufsprotokollen den Gang des konkreten Forschungsprozesses wieder, sondern es wird nur der Hauptstrang der Argumentation vorgestellt. An einigen Stellen wird der Umgang mit Lesarten vorgeführt: das regelgeleitete Sammeln und Ausschließen bis hin zum Verbleib *einer* konsistenten Lesart.

Hier nun beschränke ich mich auf eine knappe Explikation von Komponenten, die für die Methode konstitutiv sind, und der Begriffe aus der Fachsprache der objektiven Hermeneutik, die in den Studien II bis V vorkommen:

Die objektive Hermeneutik ist eine *Textwissenschaft*. Ihr Vorgehen ist *rekonstruktionslogisch*, rekonstruiert wird die Bedeutungsstruktur des Textes.

Anders als die Tiefenhermeneutik, die das subjektiv Latente aufzudecken sucht, oder Verfahren der empirischen Sozialforschung, die nach der Intention und dem subjektiv Gemeinten fragen, zielen die methodischen Operationen der objektiven Hermeneutik auf das Aufschließen *latenter objektiver und abstrakter Bedeutungs- und Sinnstrukturen* von Ausdrucksgestalten und der dem Fall immanenten *Eigenlogik*, der Fallstruktur. Die abstrakten Bedeutungen liegen natürlich außerhalb der sinnlichen Wahrnehmung. Sie sind aber erfahrbar, weil ihre Existenz gebunden ist an sinnlich wahrnehmbare materiale Ausdrucksträger. Die abstrakten Bedeutungen werden dem Material entnommen. Sie sollten so abstrakt sein, theoretisch sein, daß viele konkrete Möglichkeiten dazu passen. Sie sind keine formal klassifikatorischen Begriffe.

Ein Beispiel: Der Lehrer, der den Kindern den Text einer Mathematikaufgabe gibt, übermittelt mit diesem Text nicht nur seine Intention – das Erkennenlernen von in Situationen enthaltenen mathematischen Aufgaben und das Üben bestimmter Rechenoperationen –, sondern eventuell auch einen geheimen Lehrplan der Geschlechtererziehung oder der Konsumindustrie. Auch wenn diese Bedeutung des Textes weder dem Lehrer noch den Kindern bewußt wird, ist die objektive Bedeutung der Interaktionsstruktur dennoch vorhanden, wird (unbewußt) verstanden und wirkt in den Subjekten und deren Interaktionen weiter. – Die objektive Hermeneutik ist ein Verfahren, das objektiven Sinn aus je konkreten Texten intersubjektiv überprüfbar herausarbeitet. Sie macht es möglich, Interaktionen auf der Ebene der Struktur methodisch zu entziffern. Inhalt und Struktur einer (Sprech-) Handlung können völlig Entgegengesetztes ausdrücken: Zum Beispiel kann ein Buch, dessen wissenschaftlicher Inhalt zur Professionalisierung beitragen soll, auf der Strukturebene die Deautonomisierung des Denkens der Studierenden fördern. Die methodische Analyse von Interaktionsstrukturen ist für die Pädagogik wichtig.

Die wichtigste Komponente der Fallrekonstruktion ist die *Sequenzanalyse*, die sich an die reale sequentielle Entfaltung einer je konkreten Lebenspraxis anschmiegt. Bei der Sequenzanalyse wird mit Regeln operiert, die gleichzeitig algorithmische Erzeugungsregeln des Sprechhandelns sind, z.B. die Regeln der sprachlichen Syntax, die Regeln der Logik und die pragmatischen Regeln des Sprechhandelns. In der Forschungspraxis wird auch mit dem sog. *Urteil der Angemessenheit* gearbeitet, d.h. mit Sprachgefühl und Intuition. Dies kann man sich deshalb leisten, weil unsere Intuition nichts anderes ist als ein unbewußtes Operieren mit dem o.g. Regelsystem. Über diese Regelkompetenz verfügt sowohl der Autor des Textes als auch der Interpret. Bei Unklarheiten und in strittigen Fällen wird das Regelsystem eingesetzt. Der objektive Hermeneut scheut keine Mühe, einen Fall so lange sorgfältig zu analysieren und zu rekonstruieren, bis sich die Fallspezifik eindeutig herausschält und alle *Strittigkeiten argumentativ aufgelöst* sind.

Rekonstruieren bedeutet hier: Der Vorgang der Erschließung ist ein Argumentationsgang, der Schritt für Schritt durchsichtig gemacht wird. Er ist wiederholbar, intersubjektiv überprüfbar, korrigierbar und falsifizierbar.

Ergebnisse werden als *Hypothesen* formuliert. Sie sind nicht wie beim subsumtionslogischen Vorgehen Vorannahmen, auf denen die Operationalisierung des Forschungsunternehmens und -objekts beruht. Hypothesen enthalten implizit immer die Aufforderung, die Argumente zu überprüfen. Der *Falsifikationsvorbehalt* gilt grundsätzlich, verifizieren lassen sich Hypothesen nicht.

Für *Falsifikationsversuche* werden aus der Datenbasis Texte ausgewählt, von denen man annimmt, daß sie eine andere Fallstruktur enthalten als die erarbeitete. Man führt dann die genannten Operationen an diesem Material durch, vergleicht die Ergebnisse und arbeitet bei Differenz weiter.

Für die objektive Hermeneutik zählt der *Einzelfall*. Darin ist sie der Pädagogik verwandt und daher eine *für die Pädagogik geeignete Forschungsmethode*.[29] – *Fall* kann sehr Verschiedenes sein und auf unterschiedlichen Aggregierungsebenen liegen, z.B. eine Person, eine Familie, eine Schulklasse, eine Kultur.

Die von der Einzelfallrekonstruktion ausgehende Generalisierung oder Typenbildung besteht in der Erarbeitung der Strukturierungsgesetzlichkeit, die die Reproduktion und Transformation der Struktur des Einzelfalles bestimmt. Die *Strukturgeneralisierung* hat nichts zu tun mit empirischer Generalisierung von Befunden, die eine Funktion der Häufigkeit der gemessenen Ergebnisse ist.

Mit der Erarbeitung der *Struktur* unterscheidet sich die objektive Hermeneutik radikal vom subsumtionslogischen Vorgehen. Letzteres zerstört die Struktur durch Zerteilen und weist den Elementen Bedeutungen zu. – Die objektive Hermeneutik hat einen eigenen Strukturbegriff, der sich nur auf Fälle mit eigener Bildungs- oder Individuierungsgeschichte bezieht. Die Struktur eines Falles ist immer Prozeß, und zwar Bildungsprozeß. Sie ist sequentiell strukturiert und

---

29 Vgl. Teil V. PÄDAGOGISCHE REFLEXIONEN.

folgt in ihrer Strukturiertheit selbstoperierenden Regeln, die einem Algorithmus vergleichbar sind. Sie wird daher auch *Fallstrukturgesetzlichkeit* genannt. Nach genau denselben Regeln ist die Fallstruktur – die die Identität ausmacht – rekonstruierbar. Sie ist nicht identisch mit dem Bild, das der Fall subjektiv von sich selbst hat. Die Rede von der Reproduktion der Strukturen enthält eine vereinfachende Abstraktion von den *Transformationsprozessen* einer Fallstruktur. In der Forschungspraxis wird zunächst die aktuelle Strukturiertheit bestimmt, erst danach die Transformation.

Analytische Grundeinheit bildet die *Interaktion*, nicht das Einzelhandeln. Sie wird als die nicht weiter zerlegbare Grundform von Sozialität angesehen, die soziale Welt als ein ununterbrochener Fluß von Interaktionen, aus dem sich individuelle Handlungen unter spezifischen Kontextbedingungen herauslösen lassen. Im Protokoll einer Interaktion zeigen sich mehrere Fallstrukturen gleichzeitig: die der Interaktanten, die des Interaktionsgefüges, das sie bilden, und eventuell auch die der größeren Interaktionssysteme, in die es eingebettet ist.

Zu den *Prinzipien* der objektiven Hermeneutik gehört, daß vor der materialen Analyse der *Interaktionsrahmen* expliziert wird. *Interaktionseinbettung, Eröffnung* und *Beschließung* einer Interaktion sind aufschlußreich bezüglich mehrerer Fallstrukturen. Rahmungen gehören zur Pragmatik des Falls und müssen sorgfältig mitinterpretiert werden. Im Umgang mit den Rahmungen unterscheidet sich die objektive Hermeneutik von jenen Verfahren empirischer Sozialforschung, die schnell auf den Inhalt eingehen.

Die *Regelgeleitetheit* lebenspraktischen Handelns und der methodischen Operationen hat nichts mit Regelmäßigkeit oder Normiertheit zu tun. Sie ist vergleichbar der Funktion eines *Algorithmus*[30] und bildet die Begründungsebene für die *Urteile der Angemessenheit* sowohl in der Lebenspraxis als auch bei der nachträglichen Interpretation ihrer Spuren. Für die Sprachanalyse muß einzelsprachliches Regelwissen vorhanden sein.

Die objektive Hermeneutik arbeitet mit einem erweiterten Textbegriff. *Text* ist alles, was symbolische Bedeutung enthält. Anders gesagt: Texte sind alle Ausdrucksgestalten menschlicher Praxis. Unter *Protokoll* wird die materiale Seite des Textes verstanden: der zeichenhafte Niederschlag der Symbolkonfiguration.

Zum Verständnis der *künstlichen Naivität* des objektiven Hermeneuten bei der Sequenzanalyse muß man unterscheiden zwischen äußerem Fallwissen, dem durch die Sequenzanalyse selbst erschlossenen inneren Kontext- und Fallwissen und dem gesicherten äußeren Kontextwissen. Das läßt sich vereinfachend erklären mit Hilfe eines Beispiels aus der Arbeit des Detektivs, die mit der Arbeit des

---

30 Vgl. Schlußkapitel: ARABESKEN.

objektiven Hermeneuten gewisse Ähnlichkeit hat: Ein Detektiv, dem das Tagebuch eines des Mordes Verdächtigen vorliegt, wird sich bei der Entzifferung des Textes nicht vom Gerede der Nachbarn und den Schlagzeilen in der Presse (äußeres Fallwissen) beeinflussen lassen. Seine Erkenntnisse aus der Analyse der ersten Zeilen (inneres Kontext- und Fallwissen) wird er jedoch beim Weiterarbeiten berücksichtigen. Wenn er dabei feststellt, daß im Tagebuch der 29. Februar fehlt, obwohl es sich um ein Schaltjahr handelt, wird dieses Wissen (gesichertes äußeres Kontextwissen) in die Fallrekonstruktion einbezogen werden.

Aus dieser Logik folgt, daß die *Menge der Lesarten* je nach Position der Sequenz im Text variiert. Mit dem Fortschreiten der Analyse wird sie kleiner, bis eine *konsistente Lesart* übrigbleibt.

Zwischen dem *Umfang des Datenmaterials* und der für die exemplarische *Analyse geringen Textmenge* klafft eine Diskrepanz. Im Gegensatz zu quantifizierenden Verfahren der empirischen Sozialforschung analysiert der objektive Hermeneut nicht das gesamte Material, sondern wählt wenige Stellen für Feinanalysen aus. Dazu gehört immer der Anfang eines Protokolls. Das übrige umfangreiche Fallmaterial dient gezielten Falsifikationsversuchen, für die auch wieder nur relativ wenig Datenmaterial benötigt wird. Es kann so vorgegangen werden, weil sich die Struktur eines Falles bereits in einem relativ kurzen Textabschnitt zeigt und sich im Text vergleichbar einem Ablaufmuster reproduziert. *Abbruchkriterium* der methodischen Operation ist das Vorliegen einer konvergenten Explikation der Struktur des Falles.

Die Ebene der Bedeutung einer Interaktion ist eine andere als die der Deutungsmuster. Zum Beispiel kann die Struktur einer Interaktion Gewalt sein, im magisch-religiösen Denken kann ein Deutungsmuster sie als Kreuzzug, Opfer oder Reinigung interpretieren und auf diese Weise legitimieren. Interpretationen von Texten können sich das Erschließen der Bedeutung und/oder der Deutungsmuster zum Ziel setzen. Alle strukturhermeneutischen Interpretationen mit Hilfe der objektiven Hermeneutik analysieren die allgemeine Bedeutung der Interaktion.

Wie bereits gesagt, rekonstruiert die objektive Hermeneutik Einzelfälle. Diese scheinbar harmlose Feststellung enthält wichtige wissenschaftstheoretische Implikationen: Die objektive Hermenutik ist – und das ist auch ihr Selbstverständnis – innerhalb der Forschungslogik im Bereich der *Abduktion* zu verorten, nicht bei induktiven und nicht bei deduktiven Verfahren. Sie führt über die regelgeleitete Analyse von Einzelfällen zur Aufstellung von Hypothesen. Diese können Ausgangspunkt induktiver Forschungsvorhaben sein.

II. Raum – Blick – Körper

Eine phänomenologische Studie zu Begegnungen mit der
Berberkultur im Rif und im Rahmen von Arbeitsmigration

1. Allgemeine Überlegungen

Kultur zeigt sich nicht nur in ihren offensichtlichen und großen Manifestationen, sondern auch in den feinen Spielarten des Körpers – seiner Haltung, seinen Bewegungen, im Spiel der Hände und Füße, in Blick und Mimik, im Klang der Stimme und in Hörempfindsamkeiten, in Gerüchen, Sinneswelten, Wahrnehmung und Empfindung, Raum- und Bewegungsbedürfnissen und in der Regulierung der Sexualität.

Das filigrane Gewebe habituierter Kultur beachten wir kaum, es sei denn, daß gemeinsames Handeln mißlingt, ein interkulturelles Projekt scheitert, Konflikte ausbrechen und eskalieren, bikulturelle Familien zerbrechen, erste und dritte Immigrantengeneration sich nicht mehr verstehen, Hoffnungen in Scherben fallen – und niemand weiß so recht warum. Die feinen Spielarten sind aus kleinsten Facetten zusammengefügt und gestalten unentwegt Universelles in kultureller und individueller Besonderheit. Auf Störungen im Raum-Blick-Körper-Gefüge reagieren wir sensibel, weil sie nicht äußerlich bleiben, sondern unter die Haut gehen, unsere Identität treffen, die auf diese Weise leicht verletzbar zu sein scheint. Es hat den Anschein, als sei eine Umstrukturierung dieses Komplexes, der bereits in der Primärsozialisation sein Grundmuster erhält, unmöglich.

Die Analyse von Alltagsszenen hat gezeigt, daß durch die Differenz zwischen berberischem und deutschem Raumempfinden und Raumbedürfnissen und den damit zusammenhängenden Bewegungswünschen und -gewohnheiten und Körpergefühlen von Frauen Konflikte entstehen können, die sich auf mehreren Ebenen abspielen und nicht einvernehmlich zu lösen sind.[31]

Blick, Körper und sozialer Raum sind Grundphänomene des Lebens mit modellierbaren und variablen Eigenschaften.

Kinder machen aus der Triade Spiele. Die Bewegung des Körpers im Raum, das Verstecken und das Suchen bereiten Lust und wecken immer neue Spielfreude und -ideen. Aus den "Spielen" der Erwachsenen werden Rituale, Tänze, Kampfstrategien, alltägliche Umgangs- und Verkehrsformen, Kunst, Wissen-

---

31 Vgl. Rumpf, DRAUSSEN – DRINNEN, in: Rumpf, Schröter, a.a.O., S. 76 – 86.

schaft und Freizeitgestaltung, in denen die Grundfiguren immer stärker ausdifferenziert und "verstrickt" werden.

In seiner Studie über den Raum und das proxemische Verhalten schreibt Hall:

"Das zentrale Thema dieses Buches ist der gesellschaftliche und der persönliche Raum, und wie der Mensch ihn wahrnimmt. Für die untereinander zusammenhängenden Beobachtungen und Theorien bezüglich der Handhabung des Raumes seitens des Menschen als eine besondere Ausprägung von Kultur habe ich den Begriff Proxemik (proxemics) geprägt."[32]

"Man kann die Kultur nicht abstreifen
Möglichst kurz ausgedrückt lautet die Botschaft dieses Buches, daß es für den Menschen, ungeachtet seines heftigen Bemühens, unmöglich ist, sich von seiner eigenen Kultur loszusagen, da sie ihn bis zu den Wurzeln seines Nervensystems durchdringt und darüber bestimmt, wie er die Welt wahrnimmt. Der Großteil der Kultur liegt im Verborgenen und außerhalb der Kontrolle durch den Willen, indem sie das Gewebe der menschlichen Existenz ausmacht. Selbst wenn kleine Fragmente der Kultur in die Bewußtheit emporgehoben werden, sind sie schwierig zu verändern, nicht nur, weil sie so persönlich erlebt werden, sondern auch, *weil die Menschen, außer durch das Medium der Kultur, in garkeiner Weise sinnvoll agieren oder interagieren können.*"[33] [34]

"Die Entdeckung des Selbst auf der Ebene der Kultur ist möglicherweise sogar noch dringender als auf der individuellen. Immerhin aber sollte die Schwierigkeit dieser Aufgabe uns nicht dazu verleiten, ihre Bedeutung zu ignorieren."[35]

Kultur prägt uns bis in die feinsten Poren und Spuren unseres Körpers. Hall zeigt kulturelle Modulationen des "Raumsinns"[36] und wie allein dadurch das gesellschaftliche Gewebe strukturiert ist. Raumsinn, Blick, Bewegungen und Geschlechterverhalten sind nicht nur miteinander verflochten, sondern bedingen einander wechselseitig. Anhand vieler Beispiele verdeutlicht Hall diverse kulturelle Prägungen von Wahrnehmung, Empfindung, Bewertung und Ordnung des Raumes und Ursachen gestörter Kommunikation bei differierenden Raumbeziehungen. Hall hält es für eine wichtige interkulturelle Aufgabe, diese Differenzen zu erforschen, um sie im Umgang berücksichtigen zu können.

"Dieses Buch betont, daß faktisch alles, was der Mensch ist und tut, mit der Raumerfahrung zusammenhängt. Der Raumsinn des Menschen ist eine Synthese vieler sensorischer Inputs: visuelle, auditive, kinästhetische, geruchs- und temperaturmäßige. Jeder da-

---

32 Edward T. Hall, Die Sprache des Raumes, Düsseldorf 1976, S.15.
33 Hall, a.a.O., S. 185.
34 Hier und im folgenden werden Ungenauigkeiten in Orthographie und Zeichensetzung in der jeweiligen Originalquelle nicht korrigiert.
35 A.a.O., S. 184.
36 A.a.O., S. 179.

von konstituiert nicht nur ein komplexes System – wie zum Beispiel die verschiedenen Weisen der visuellen Tiefenerfahrung -, sondern ist auch durch die Kultur geformt und mit einem Muster versehen. Folglich gibt es keine Alternative zur Anerkennung der Tatsache, daß die Angehörigen verschiedener Kulturen in verschiedenen Sinneswelten leben."[37]

Hall beschreibt Besonderheiten der arabischen Sinneswelt, besonders des Raumsinns. Seine Beobachtungen beziehen sich ausnahmslos auf den Mann. Das Besondere der arabischen und berberischen Proxemik ist jedoch m.E., daß sie aus zwei Welten besteht. Die männliche Raumbeziehung ist eine andere als die weibliche; dazu gehören geschlechterspezifische proxemische Erziehung, Wahrnehmung, Empfindung, Verhaltensweisen, Denkmuster und Kinästhetik. Die Hallschen Raumgedanken bedürfen der Ergänzung des weiblichen Raumsinns, sonst fehlt die halbe Welt, und das Spezifische der männlichen Welt wird auch nur begrenzt deutlich, denn es existiert nicht isoliert, sondern bildet sich in der Beziehung zum anderen Geschlecht, auf das es in einer Gesellschaft mit Geschlechtersegregation in besonderem Maße eigene Anteile projiziert.

Gemeinsam mit Raum und Proxemik hat der Blick kulturelle und individuelle Steuerfunktion und Macht. An drei Blickmodulationen, die in unserer Kultur typisch sind, werde ich dies verdeutlichen:

1.1 Blickvarianten

1.1.1 Der ästhetische Blick

Dem Blick des Kindes verwandt ist der ästhetische Blick, wie ihn zum Beispiel Schiller versteht. Nach seinem ersten Treffen mit Goethe schreibt Schiller diesem in einem Brief:

"Ihr beobachtender Blick, der so still und rein auf den Dingen ruht, setzt Sie nie in Gefahr, auf den Abweg zu geraten, in den sowohl die Speculation als die willkührliche und bloß sich selbst gehorchende Einbildungskraft sich so leicht verirrt (...)."[38]

Es ist der "stille", zweckfreie, herrschaftsfreie und sich den Dingen anschmiegende Blick, der Schiller an Goethe beeindruckt hat. Ein Blick, der bei den Dingen verweilt und ihren Eigenarten so inständig folgt, daß ein geistiges Abirren in wilde Spekulation unmöglich ist. Durch diesen Blick bleibt das Denken gleichsam geerdet, der Sache verbunden, von der es spricht. So "still" dieser

---

37 Ebda.
38 Brief vom 23.08.1794, zitiert nach Georg Picht, Kunst und Mythos, Stuttgart ³1990, S. 169.

Blick auch ist, er scheint eine nahezu wundersame Macht auf das Innere des Menschen ausüben und kreative Potentiale wecken zu können.

1.1.2 Der kontrollierende Blick

Ganz anders der kontrollierende Blick, der überwacht, prüft und den anderen als sein Objekt erfaßt. Das erschreckendste Beispiel der Instrumentalisierung des Blicks zum Zweck der Kontrolle über den menschlichen Körper ist das Bentham'sche Panopticon.[39] Das Gefängnis ist architektonisch so konstruiert, daß auf zynischste Weise das Zusammenspiel von Blick und Sichtbarkeit ausgenutzt werden kann zur permanenten Kontrolle des Gefangenen, der ständig im Hellen ist. Schützende Hüllen, wie Mauern, Türen und Dunkelheit, existieren nicht. Der Gefangene ist jeglicher Intimität beraubt. Immer im grellen Licht ist er immer entblößt und hat selbst keine Möglichkeit zu erkennen, was im Dunkel der Wachzentrale geschieht. Dieser Blick hat die Macht zu vernichten.

1.1.3 Der schamhafte Blick

Der schamhafte und der schamlose Blick verraten Körpersensationen und Gefühle von Ohnmacht und Herrschaft, Beschämungsangst und Gier. Was da im Menschen eigentlich passiert, wenn er sich schämt, ist nicht geklärt. Es scheint, als ob einer unergründlichen, archaischen Körperdynamik plötzlich ein Siegesdurchbruch durch die zivilisatorische Panzerung des Leibes gelingt.

Aus den vielen Versuchen, das Unfaßbare zu fassen, wähle ich einige aus, die eine Annäherung an das Schamphänomen ermöglichen. Merleau-Ponty sieht Scham und Schamlosigkeit in der dialektischen Spannung zwischen Ich und anderem, Blick und Nacktheit des Körpers, Sehen und Sichtbarkeit, Herrschaft und Sklaverei. Das schamlose Auge kann in dem sichtbaren Körper die Scham verursachen und den schamhaften Blick. Der scheue Körper hat im "abtastenden fremden Blick" das Gefühl, zum Objekt zu werden. Es steht aber auch in der Macht des schamlosen Körpers, den anderen zu beherrschen.

"Der Mensch zeigt für gewöhnlich nicht seinen Körper, und wenn er es tut, so bald scheu, bald in der Absicht zu faszinieren. Der seinen Körper abtastende fremde Blick scheint ihm ihn sich selbst zu entziehen, oder aber er meint im Gegenteil, die Exhibition seines Leibes werde ihm den anderen Menschen widerstandslos ausliefern, so daß es der Andere sein wird, der ihm zum Sklaven verfällt. Scham und Schamlosigkeit haben somit ihren Ort in einer Dialektik von Ich und Anderem, die die von Herr und Knecht ist: inso-

---

[39] Vgl. Michel Foucault, Überwachen und Strafen – Die Geburt des Gefängnisses, Frankfurt 1977.

fern ich einen Leib habe, kann ich unter dem Blick des Anderen zum bloßen Gegenstand herabsinken und nicht mehr als Person für ihn zählen, oder aber ich kann im Gegenteil zu seinem Herrn werden und ihn meinerseits anblicken, (...)."[40]

Zur Schamreaktion gehören sichtbare Zeichen: der gesenkte Blick, der nach unten geneigte Kopf, das Erröten, manchmal die Unbeweglichkeit. Außerdem empfindet der Beschämte eine fremde Körperdynamik im eigenen Leib, über die er keine Kontrolle hat. Den Zeitpunkt ihres Rückzugs bestimmt die fremde Macht selbst, ebenso die Stärke ihres Durchbruchs. Das Unangenehmste ist, daß sich das gesamtkörperliche Ereignis nicht verbergen läßt. Die Scham verrät den Körper und ist dem Beschämten wie ein feuriges Menetekel ins Gesicht geschrieben. Er möchte am liebsten im Boden versinken, da weder er selbst noch andere ihn aus der als peinlich empfundenen Lage befreien können.

In seinem Blick-Kapitel in "Das Sein und das Nichts" umspielt Sartre in vielen Variationen das Phänomen. Er schreibt:

"Durch den Blick des anderen erlebe ich mich als mitten in der Welt erstarrt, als in Gefahr, als unheilbar."[41]

"Die reine Scham ist nicht das Gefühl dieses oder jenes tadelnswerte Objekt zu sein, sondern überhaupt *ein* Objekt zu sein, das heißt, mich in diesem verminderten, abhängigen und erstarrten Objekt, das ich für den Andern bin, wiederzuerkennen. Die Scham ist Gefühl eines Sündenfalls, nicht weil ich diesen oder jenen Fehler begangen hätte, sondern einfach deshalb, weil ich in die Welt 'gefallen' bin, mitten in die Dinge, und weil ich die Vermittlung des Andern brauche, um das zu sein, was ich bin."[42]

Abhängigkeit vom anderen als eine existentielle Notwendigkeit kommt hier auch noch ins Spiel.

Es mutet schon seltsam an, dieses unergründliche Phänomen, das jede zivilisatorische Decke zu durchbrennen vermag, bereits in der Genesis thematisiert zu finden. In der sperrigen Buber-Übersetzung der Geschichte von Kain und Abel heißt es:

"Der Mensch erkannte Chawwa, sein Weib,
sie wurde schwanger, und sie gebar den Kajin.
Da sprach sie:
Kaniti –
Erworben habe ich
mit IHM einen Mann.
Sie fuhr fort, zu gebären, seinen Bruder, den Habel.

---

[40] Maurice Merleau-Ponty, Phänomenologie der Wahrnehmung, Berlin 1965, S. 199.
[41] Jean-Paul Sartre, Das Sein und das Nichts – Versuch einer phänomenologischen Ontologie, Reinbek bei Hamburg, 1991, S. 483.
[42] Sartre, a.a.O., S. 516.

Habel wurde Schafhirt, Kajin wurde ein Diener des Ackers.
Nach Verlauf der Tage wars,
Kajin brachte von der Frucht des Ackers IHM eine Spende,
und auch Habel brachte von den Erstlingen seiner Schafe, von ihrem Fett.
ER achtete auf Habel und seine Spende,
auf Kajin und seine Spende achtete er nicht.
Das entflammte Kajin, und sein Antlitz fiel.
ER sprach zu Kajin:
Warum entflammt es dich? Warum ist dein Antlitz gefallen?
Ists nicht so:
meinst du Gutes, trags hoch,
meinst du nicht Gutes aber:
vorm Einlaß Sünde, ein Lagerer,
nach dir seine Begier –
du aber walte ihm ob.
Kajin sprach zu Habel, seinem Bruder.
Aber dann wars, als sie auf dem Felde waren:
Kajin stand wider Habel seinen Bruder und tötete ihn."

Genesis, 4;1 – 4;8 (Buber)[43]

Die Umwandlung von Scham in Schuld, von Ohnmacht in Wut und Mord hat anscheinend im Moment entlastende Wirkung für das beschämte Subjekt, das die Zuwendung des anderen, die es so dringend für sein Selbstbewußtsein gebraucht hätte, nicht bekam. Scham und Brudermord liegen hier dicht beieinander. Wie kann das sein? Was hat uns das heute zu sagen? Geht es hier um nicht erfolgte Ablösung vom anderen? Um Reste von symbiotischem Einssein? Um die innere Abhängigkeit dessen, für den der andere der verlängerte Narzißmus ist? Ist Scham ein Amalgam aus Symbiose und Narzißmus? Zu dessen Auflösung der Mann in Richtung Gewalt und Schuld tendiert? Um seine Ehre und die seiner Familie wiederherzustellen, wie es in den Kulturen mit einem Moralkonzept nach dem Ethos der Ehre heißen würde? Bilden Scham, Ehre, Symbiose und Narzißmus ein mächtiges Bündnis, das die Jahrtausende seit der Genesis überdauert?

Schäm Dich! ist das Leitmotiv von Sozialisation im Kontext der Ehre.[44]

---

43 [Die Zitation der Bibelstellen erfolgt – in Abweichung von der bisherigen Vorgehensweise – direkt im Text im Anschluß an die jeweiligen Verse. Z.B.: Genesis, 4;1 – 4;8 (Buber). Die Angabe in Klammer weist auf die jeweils zugrundeliegende Bibelübersetzung hin. Genauere Literaturangaben sind im Literaturverzeichnis unter *D – Die Bibel* und *Die Schrift* zu finden.] Vgl. Till Bastian und Micha Hilgers, Kain – Die Trennung von Scham und Schuld am Beispiel der Genesis; in: Psyche 44. Jg. 1990, Heft 12, S. 1100 – 1112.

Ein Blick auf die Scham in der weiblichen Adoleszenz:
Beschämungsängste sind in der Adoleszenz, besonders bei Mädchen, von Bedeutung. Das Gefühl, im eigenen Körper fremd zu sein und sich dem Auge des anderen in einem fremden Körper zu präsentieren, führt häufig zu "Innenwendung der weiblichen Jugendlichen mit narzißtischem Rückzug, abgewertetem Selbst und ausgeprägten Beschämungsängsten", schreibt Streek-Fischer.[45] Ein gegen die Zähmung rebellierender Körper ist in besonderer Weise scham- und angstanfällig. Sowohl bei weiblichen wie bei männlichen Jugendlichen weckt er nagende und quälende Ängste vor Beschämung. Die Reaktionen darauf scheinen aber – folgt man der Genesis, der Psychoanalyse und den Alltagserscheinungen – geschlechterdifferent zu sein. Der aggressiven Entlastung durch die Umwandlung von Scham in Schuld beim Mann steht bei der Frau eher der Rückzug als Ausweg aus der Scham – zumindest als adoleszente Passage – gegenüber. An dieser Differenz setzt Sozialisation an: In Kulturen, für die Geschlechterdifferenz und -trennung in Verbindung mit dem Ethos der Ehre konstitutiv ist, fördert sie die Innenwendung der Frau und Außenwendung der Aggression beim Mann. Anders in Kulturen, in denen sich das Verhalten der Geschlechter tendenziell einander angleicht; dort strebt Sozialisation danach, die Reaktionen auf Beschämung durch Rationalisierung zu vermeiden – was nicht immer gelingt.

An dem sensiblen Zusammenhang von Sehen und Sichtbarkeit, Blick und Scham, Körper und Raum setzen Religionen, Kulturen und Erziehung an, um die in ihrem System gewünschten Charaktere zu formen. Über die Modellierung des Blicks beeinflussen sie das Verhältnis des Menschen zu sich selbst, zu anderen, zu den Dingen, evtl. zu Gott. Wer Menschen und Kulturen formen will, kann im Blick ein machtvolles Instrument haben. Ein Beispiel für einen geschichtsträchtigen Zugriff auf den Blick und über ihn auf den Körper ist die Koran-Sure 24, 30f:

> "30 Sag den gläubigen Männern, sie sollen (statt jemanden anzustarren, lieber) ihre Augen niederschlagen, und sie sollen darauf achten, daß ihre Scham bedeckt ist (w. sie sollen ihre Scham bewahren). So halten sie sich am ehesten sittlich (und rein) (w. das ist lauterer für sie). Gott ist wohl darüber unterrichtet, was sie tun. 31 Und sag den gläubigen Frauen, sie sollen (statt jemanden anzustarren, lieber) ihre Augen niederschlagen, und sie sollen darauf achten, daß ihre Scham bedeckt ist (...)."
>
> Sure 24;30f (Paret)[46]

---

44 Vgl. z.B. Schiffauer für Anatolien, Matani für Syrien, Palästina, Jordanien (s. FN 146, S. 127), Bourdieu für die Kabylei und Jamous, Joseph und Waltner fürs Rif in Marokko.

45 Annette Streek-Fischer, Entwicklungslinien der Adoleszenz – Narzißmus und Übergangsphänomene; in: Psyche 48. Jg. 1994, Heft 6, S. 520.

46 Die Zitation der Koranstellen erfolgt – in Abweichung von der bisherigen Vorge-

In diesem Vers ist die ganze Dramatik von Gott und Mensch, Blick und Körper, Herrschaft und Scham, Geschlecht und Moral enthalten sowie das Wissen um die subtile Lenkbarkeit dieses Zusammenhangs über den Blick. Er ist Impulsgeber: Dem gesenkten Blick folgen die geneigte Kopfhaltung, die nach vorn gezogenen Schultern, das Einziehen des Körpers, der Rückzug aus der Außenwelt, die Beschränkung auf wenig Raum, die Demut, der Gehorsam und die Scham. Ganz anders würde der Körper antworten, wäre der Blick ausschweifend und durchflöge frei wie ein Vogel den Raum. Dies wollte der Prophet offensichtlich nicht. Die Freiheit ist dem Muslim immer suspekt.[47] Die Scham ist ein verbreitetes Sozialisationsinstrument. Schäm Dich! So lautet besonders bei muslimischen Mädchen die gängige Ermahnung. Scham und Schuld sind Verhaltensregulatoren in jeder Kultur, aber sie sind unterschiedlich ausbalanciert, was Parin veranlaßte, zwischen "Scham- und Schuldkulturen" zu unterscheiden.[48]

Wie auch immer die kulturelle Entwicklung verläuft und damit ihre Modulation des Blicks, entziehen kann sich der einzelne dem nicht. Was Hall für die Proxemik sagt, daß sie uns prägt bis an die Nervenwurzeln, gilt auch für den Blick. Den kulturellen Kompositionen aus Blick, Körper und Raum entrinnt keiner. Sie schlagen sich nieder als inkorporierter Zustand und dauerhafte Dispositionen. Fremdartige Blicke, Körperbedürfnisse und -reaktionen können daher Störungen im gewohnten Fluß der Interaktion bewirken, die sich multikultureller Leichtigkeit und sozialpädagogischer Machbarkeit entziehen.

An dieser Stelle breche ich die allgemeinen Überlegungen ab und wende mich Besonderheiten der Berberkultur zu, wie sie sich in erzählten Lebensgeschichten und Protokollen aus meinen Marokko-Tagebüchern zeigen. Theoretische Ergänzungen zu Sensomotorik und einem spezifisch männlichen Blickphänomen folgen nach Darstellung der Phänomene.

---

hensweise – direkt im Text im Anschluß an die jeweiligen Verse. Z.B.: Sure 4;24 (Henning). Der in Klammer angegebene Name weist auf die jeweils zugrundeliegende Koranübersetzung hin. Genauere Literaturangaben sind im Literaturverzeichnis unter *Der Koran* zu finden.

47 Vgl. Fatima Mernissi, Die Angst vor der Gedankenfreiheit; in dies.: Die Angst vor der Moderne – Frauen und Männer zwischen Islam und Demokratie. Hamburg, Zürich 1992, S. 121 – 146.

48 Paul Parin, Der Widerspruch im Subjekt – Ethnopsychoanalytische Studien. Neuauflage Hamburg 1992.

2. In der Berberkultur im Rif

Sozialer Raum, Blick und Körper sind in der Berberkultur anders modelliert als bei uns und zu einem Zusammenspiel besonderer Eigenart komponiert. Leitmotiv ist dabei die Sexualität – zugespitzt: die Scheu der Frau vor dem Mann und die Hemmungslosigkeit seines Blicks.

Universal ist die Neigung, räumliche Schutzhüllen um unseren Körper zu bilden, außerdem das Bedürfnis, den Raum so zu ordnen und zu gestalten, daß er mit Gefühl und Vorstellung von uns selbst übereinstimmt. Wir färben über unsere Körpergrenzen hinaus den Raum mit uns ein.

Die alten Siedlungen der Rifi zeigen uns, wie das Selbstbild, das subjektive Empfinden der Verletzbarkeit, die Imagines von Mann und Frau, das Ethos der Ehre, die strenge Trennung von Privatheit und Öffentlichkeit und das große Bedürfnis nach Intimität in die Gestaltung und Ordnung des Raumes einfließen. Das proxemische Grundmuster wird, soweit wie eben möglich, auch in die modernen Häuser und Siedlungen übernommen, solange der Habitus im Sinne einer verkörperten Kultur noch nicht zerbrochen ist.

2.1 Raum

2.1.1 Der ländliche Raum

Ich skizziere grob vereinfachend das alte Raummuster.
Der ländliche Raum läßt sich in vier Bereiche aufteilen:

2.1.1.1 Der private Innenraum

Das Wohnhaus (dar) – die alten aus Lehm gebaut und weiß verputzt – bildet oft ein Viereck mit Innenhof. Die Außenmauern sind nur durch eine Tür durchbrochen. Es ist, als ob das Haus dem Feld den Rücken zukehrt. Alle Fenster gehen zum Innenhof, das Leben spielt sich innen ab, niemand hat die Möglichkeit, von außen einen Blick hineinzuwerfen. Das Haus ist der Raum der Familie, der Intimität, den Fremde nur als Gast betreten können. Es ist das Arbeitsfeld der Frauen – die jedoch auch außerhalb mitarbeiten – ihr Bereich der Machtentfaltung, Versorgungszentrum für alle, von alt bis jung, für Gesunde und Kranke. Männer sind am Tag weitgehend ausgesperrt.

Verletzung dieses Raumes durch unaufgefordertes Betreten bedeutet Verletzung der Ehre und forderte nach der alten Ordnung Wiederherstellung der Ehre durch den Mann mit Gewalt.

2.1.1.2 Der private Außenraum

Zu ihm gehören der Garten, die Tiere (ein paar Hühner, Ziege, Schaf, Esel), evtl. Ställe, oft eine Zisterne, in der das Regenwasser gesammelt wird, früher ein Lehmofen zum Brotbacken, Obstbäume. Alles ist umgeben von einer breiten und dichten Hecke aus Agaven und Kakteen, an deren schmalem Durchlaß man sich bemerkbar macht, wenn man Einlaß in die private Schutzzone wünscht. Sie ist durch Felder oder unbebautes Land vom "Nachbarn" deutlich entfernt.

2.1.1.3 Der öffentliche Raum mit sozialer Kontrolle

Der öffentliche Raum mit sozialer Kontrolle: das Dorf (marokkanisch-arabisch: duar, rifberberisch: dschar).

Die Siedlungsstruktur ist regional unterschiedlich. Besonders im gebirgigen Westen der Provinz Nador, im Gebiet der Ait Uariaghar (arab. Beni Uriaghel), und im Osten, im Gebiet der Ikebdanen (arab. Kebdana), hat sich eine Siedlungsform gebildet, die das spezifische Nähe- und Distanzempfinden ihrer Bewohner zum Ausdruck bringt: Es ist die Streusiedlung.

Waltner schreibt dazu:

"Die Streusiedlung, in der die Abstände zwischen den Häusern mindestens 300 Meter betragen, reflektiert das ausgeprägte "Schamgefühl" der Hochrifi, das die Frauen des Hauses auch in ihrem unmittelbaren Aktionsradius ums Haus herum vor den Blicken "fremder" Männer geschützt wissen will. Hier war aber vor 'Abd el-Krims Zeiten auch die Blutsfehde besonders lebendig, so daß die Streusiedlung auch strategisch begründet sein kann."[49]

Aber: Sind Schamgefühl und Blutsfehde zwei verschiedene Sinnregionen? Sind sie nicht vielmehr eine Variation des Kain-Dramas, der Umwandlung von Scham in Schuld, die dann "spätarchaisch" zur weiteren Entlastung des Subjekts in Ehre verwandelt wird? Dort, wo schon der Blick als körperlicher An- und Übergriff auf die Frau, ihre Aura, ihre Umgebung empfunden wird – liegt bei Verletzung körperliche Gegenreaktion nahe. Scham und Ehre bilden im Empfinden der Rifi eine Einheit. Das sensible Ehrgefühl des Mannes reagiert wie ein aufmerksamer Wächter, immer bereit zum Schutz der höchsten Werte: der Frauen, der Privatzone und damit der Ehre der Familie.

---

49 Peter Waltner, Migration und soziokultureller Wandel in einer nordmarokkanischen Provinz – Strukturelle und kulturelle Aspekte der Aus- und Rückwanderung marokkanischer Arbeitskräfte vor dem Hintergrund von Unterentwicklung und wiedererwachtem islamischem Selbstbewußtsein. Eine empirische Untersuchung, Kirchentellinsfurt 1988, S.325. 'Abd el-Krim war 1923-1926 Führer der Rif-"Ripublik".

Der Mann ist am Tag draußen. Es gehört sich für ihn, sich den Blicken zu stellen, öffentlich sichtbar zu sein und mit Blicken die Region und die Menschen zu kontrollieren.[50]

2.1.1.4 Der öffentliche Raum ohne Kontrolle

Der öffentliche Raum ohne Kontrolle: das freie Land und die Dunkelheit:
Dem freien Land ist die Dunkelheit gleichzusetzen, da in ihr der Blick das Verhalten der Menschen nicht überwachen kann. Dort halten sich Männer auf. Frauen meiden diese Räume (es sei denn, sie sind in männlicher Begleitung oder im Auto).
Die Raumordnung spiegelt gleichzeitig Segregation und Symbiose der Geschlechter.

Zum Mann gehören:	Zur Frau gehören:
Außen	Innen
Weite	Nähe
unbegrenzter Raum: Feld, Straße	begrenzter Raum: Haus, Garten
Wachsamkeit und Schutz	Schutzlosigkeit
Unruhe	Geborgenheit
raumgreifende Bewegung	Bewegung auf kleinstem Raum

In den Gegensätzen erscheinen Ambivalenzen des Lebens: die auseinanderstrebenden Bedürfnisse nach Nähe und Distanz, Geborgenheit und Grenzenlosigkeit, Heimat und Fremde, die in ein und demselben Menschen miteinander streiten. Ähnlich wie in der arabischen Kultur haben die Rifi in ihrer alten Ord-

---

50 Bourdieu schreibt Ähnliches über die Kabylen:
"Die Behauptung, daß die Frau im Hause eingeschlossen sei, ist nur dann begründet, wenn man zugleich feststellt, daß der Mann, wenigstens tagsüber, vom Hause ausgeschlossen ist. (...) Wer tagsüber zu oft und zu lange zu Hause bleibt, macht sich verdächtig oder lächerlich: er ist 'der Mann im Hause', wie man den Störenfried nennt, der unter den Frauen bleibt und 'zu Hause brütet wie die Glucke im Nest'. Der Mann, der auf sich hält, muß sich zeigen, sich ständig dem Blick der anderen stellen, ihnen die Stirn bieten, ihnen gegenübertreten *(qabel)*. Er ist Mann unter Männern *(argaz yer irgazen)*."
Pierre Bourdieu, Entwurf einer Theorie der Praxis auf der ethnologischen Grundlage der kabylischen Gesellschaft, Frankfurt 1976, S. 54. Von "qabel" ist das Wort Kabyle abgeleitet.

nung den kulturellen Weg gewählt, die Spannungspole auf die Geschlechter zu verteilen – womit sie sie gleichzeitig getrennt und symbiotisch aneinander gebunden haben. Der Mensch, egal ob Mann oder Frau, ist Teil eines gemeinsamen Ganzen und fühlt sich nur in der Beziehung mit dem anderen als komplementärer Ergänzung vollständig.[51]

2.1.2 Der städtische Raum

In der Provinzhauptstadt Nador – einer in den letzten Jahrzehnten aus einem ehemaligen Fischerdorf entstandenen Stadt – fließen drei Kulturen zusammen:
1. die berberische familienzentrierte Kultur,
2. die arabische auf der offiziellen Ebene mit Amtssprache, Schulsprache, Institutionen und überall vertretenem staatlichem Gewaltmonopol und
3. die von in Europa lebenden Arbeitsmigranten, Studenten und Akademikern der Berberbevölkerung ins Heimatland getragene europäische Kultur in Gestalt von Autos, industriellen Massenkonsumprodukten – der Negativseite des Abendlandes –, die außerdem via Satellit und Bildschirm in die Wohnungen und Cafés einzieht.

In diesem Strudel, so könnte man meinen, werde die alte Ordnung total aufgerieben. Dem ist nicht so. Es gibt Verschiebungen, Ungleichzeitigkeiten und Neuerscheinungen, die Grunddynamik aus Geschlechtertrennung, Innen-Außen-Schema und sexueller Konnotation des Raumes ist geblieben. Es gibt Zonen, da ist diese Spannung fast verschwunden, dafür feiert sie in anderen Bereichen groteske Siegeszüge.

Behält man als Strukturierungsschema die Vierteilung des Raumes bei, so läßt sich die Ordnung der Stadt wie folgt typisieren:

2.1.2.1 Der private Innenraum

Er beginnt an der Etagentür oder Haustür. Dahinter ist das Hoheitsgebiet der Frauen, Nest und Versorgungsstation der Familie. Hier versorgen Frauen Alte und Kinder, Kranke, Männer und Gäste.

2.1.2.2 Der öffentliche Raum

Für den öffentlichen Raum – die Straßen – fühlt sich niemand verantwortlich. Es ist der Raum der Männerdominanz und der Straßencafés, durchkreuzt von zielstrebig und zügig im Arbeitsprozeß sich befindenden Frauen und von Schülerin-

---

51 Vgl. Bourdieu, a.a.O., S.35f. und S.39.

nen des Lycées. Frauen prägen in spezifischer Weise das Stadtbild mit. Einerseits treten sie dort in zunehmendem Maße auf, was als Schritt zur Eroberung des Raumes zu deuten ist, andererseits demonstrieren die meisten bei ihren Auftritten durch Kleidung, Haltung und Bewegung Geschlechterdifferenz und das sogar in zunehmendem Maße. So geht zum Beispiel seit dem Frühjahr 1994 die weibliche Intelligenz, wenn sie nicht die traditionelle Djellaba trägt, mit Kittel über Rock oder Jeans ins Lycée. 1988 sah ich in Nador keine verschleierte Frau, 1993 in zwei Wochen zwei, und 1994 hörte ich am sechsten Tag meines Aufenthaltes dort bei 20 auf zu zählen.

Ende August 1995 berichtete unsere marokkanische Mitarbeiterin L. Kardal nach ihrem Heimaturlaub in Nador völlig Neues zum Thema: Der Schleier vor dem Gesicht sei nur vereinzelt zu beobachten, aber der hijab, der auf der Stirn bis zu den Augenbrauen fest aufliegt, die Seiten des Gesichts, Haare und Hals völlig verdeckt und nur das vordere Gesicht freiläßt, werde massenhaft getragen. Das erste Anlegen des hijabs werde verbunden mit dem Gelübde, ihn lebenslänglich nicht mehr abzulegen. Als Rechtfertigung für diese Neuerung würden iranische und saudi-arabische Fernsehsendungen angegeben (nicht marokkanische) und die Aufklärung durch nach Europa emigrierte Freunde und Verwandte.

Zu dieser "Aufklärung" ist folgendes zu sagen:

Muslime in Europa orientieren sich oft an der durch ihre Missionstätigkeit bekannten Ahmadiyya.[52] Sie propagiert den hijab und sogar den Schleier vor dem Gesicht. Sie verteilt Broschüren, in denen die Lehre der Ahmadi-Muslime allgemein verständlich dargestellt ist. Danach demonstriert die den Schleier tragende Frau den muslimischen Glauben, Keuschheit und Verzicht auf Flirt, ihr Bekenntnis zur Familie, ihre Übungen des Dhikr (des ständigen Betens zu Gott) und ihre "moralische und spirituelle Verantwortung für ihre männliche Umwelt".[53] Zentraler Wert ist die Familie, und die Betonung dieses Wertes ist eine Reaktion gegen die Auflösungstendenz von Familien in Deutschland. Yalniz schreibt:

"In der Bundesrepublik Deutschland wird zur Zeit jede dritte Ehe geschieden – bei steigender Tendenz (...). Da aber die Familie, die kleinste Zelle, der Baustein der Gesellschaft, ist, in der soziales Verhalten geübt wird, muß ein Volk, dessen Familien zerstört sind, ebenfalls untergehen."[54]

---

52 Vgl. hierzu Annemarie Schimmel, Der Islam, Stuttgart 1990, S. 121f.
53 Rabia Yalniz, Über den Schleier. Ein Plädoyer für den Schleier, Frankfurt ⁴1993, S. 10 (Broschüre, 16 Seiten).
54 A.a.O., S. 13.

Angesichts der "Aufklärung" vom Bildschirm und aus Europa zerbricht die archaische geistige Autonomie vieler Frauen in Nordmarokko. Man kann beides bei den Frauen gleichzeitig beobachten: zunehmende Bildung im westlichen Sinn und zunehmende Neigung zur muslimischen Orthodoxie.[55]

2.1.2.3 Der offizielle Raum

Im offiziellen Raum dominiert die arabische Welt. Dazu gehören ein koedukatives Schulsystem und Behörden, in denen arabisch gesprochen wird, wo Männer und Frauen zusammen arbeiten, besonders Frauen mit hoher beruflicher Qualifikation – Berberinnen, die sich im arabischen Bildungssystem qualifiziert haben.

2.1.2.4 Die Dunkelheit – Raum der Männer

Der Verlust an Männerprivilegien und -vorherrschaft auf Ebene drei wird hier – besonders im Sommer – ausgeglichen. Dazu eine Tagebuchaufzeichnung:

"Freitag, 6. August 1993
<u>Abend- und Nachtvorstellung:</u>
<u>Wenn es Nacht wird in Nador</u>
Am Abend bietet die Provinzhauptstadt ein besonderes "Theater". Mit Djamila bin ich zu einer Frau eingeladen, deren Balkon Einblick in die Rue Youssef-Ben-Tachefine bietet. Es wird sehr früh dunkel durch zwei Stunden Zeitverschiebung und die kurze Dämmerung im Süden. Wir haben unsere Sitze mit Kissen hoch gepolstert und blicken von unseren Logeplätzen auf die Bühne hinab. Dort breitet sich ein Theaterstück mit ausnahmslos männlichen Akteuren aus. Ihre Bühnenkleidung besteht aus Metall: moderne europäische Autos. Mindestens jedes zweite ein Mercedes, die Modelle größtenteils von jener Spitzenklasse, die man in Deutschland nur selten zu sehen bekommt. Manchmal ein Kabriolett mit weit aufgedrehter Stereo-Musikanlage. Die jungen Helden im Alter von 20 bis 40 gleiten, ihren Luxus präsentierend, durch das nächtliche Nador, parken wo und wie es ihnen gefällt, lehnen lässig an ihrem Statussymbol oder schlendern umher.
Zwei Ausnahmen: Zwei Männer, die müde und mit letzter Kraft ihren halb ausverkauften Holzkarren – der eine mit Melonen, der andere mit Mandeln, Nüssen, Bonbons – nach Hause schieben und damit das Gleiten des Hauptstroms stören. Keiner der Schlendriane hilft ihnen. Es ist wohl als ihre eigene Dummheit zu betrachten, wenn sie auf der-

---

55 Genau dasselbe Phänomen beobachtet und beschreibt Annemarie Schimmel: "Die Anzahl der an westlichen Universitäten studierenden muslimischen Frauen ist erstaunlich hoch (...). Freilich ist bei den Musliminnen im Westen, auch und gerade bei den Konvertiten, eine zunehmende Neigung zur Orthodoxie bemerkbar; besonders in der Diaspora möchte man sich mit den eigenen Idealen identifizieren, und so tragen mehr und mehr Mädchen (zumindest in Amerika) hijab, das jedes Haar bedeckende Kopftuch, und einen langen Mantel." Schimmel, a.a.O., S. 127.

art reelle Weise versuchen, zu kleiner Münze zu kommen. Das ausnahmslos männlich besetzte Theaterstück dauert viel länger, als wir ihm zuschauen wollen. Die Akteure haben viel Zeit für ihren Auftritt. Da die Uhren in Marokko zwei Stunden zurückgestellt werden, beginnt die Dunkelheit bereits um 19 Uhr. Dann kommen die "Hühner" hinter die Kulissen, und die Männer betreten die Bühne. An diesem Abend wird mir klar, mit welcher Absicht Marokko die Uhren zwei Stunden zurückstellt.

Uns schräg gegenüber die Umrisse einer Frau, die unter dem halb heruntergelassenen Rolladen hindurch einen Blick auf die Bühne wirft, vielleicht auch auf uns. Nur allzu verständlich ist, daß eine traditionelle muslimische Familie ihre Frauen und Mädchen in diese Welt nicht mehr hinunterläßt."[56]

2.2 Blick

Zur Ordnung des Raumes gehören spezifische Blickmodulationen je nach Geschlecht. Alle Blickvariationen sind fremd im Vergleich zu den von uns gewohnten Blickroutinen in unserer Kultur.

2.2.1 Der weibliche Blick

Der weibliche Blick im privaten Bereich ist einfühlend, verschmelzend und völlig schutzlos – dies in einer Intensität, wie er bei uns selbst in der Symbiose von Mutter und Kind nicht zu beobachten ist. Manche junge Mädchen haben diesen Blick auch in der Öffentlichkeit. Es könnte sein, daß es Mädchen sind, die keine Schule besuchen, bei denen ich dies beobachtet habe. Ihr offener Blick erschreckt mich jedesmal, da ich es kaum für möglich halte, daß diese Mädchen widerstandsfähig gegen Verführung sein können. Der weibliche Blick behält den empathischen Ausdruck bei erträglichen Lebensbedingungen mehr oder weniger immer. In meinen Tagebüchern finde ich immer wieder Notizen dazu, zum Beispiel:

"Dieser offene Blick der Frauen und Mädchen ist gleichzeitig hemmungslos. Er verbindet sich mit meinen Augen, als ob er liebevoll darin lesen wolle und könne, und ich wundere mich, daß ich diesen Blick aushalten und erwidern kann. Oft endet er mit einem stillen kleinen Lächeln der Übereinstimmung, und ich setze danach die Augenlektüre mit einem anderen Menschen fort.
(...)
Heute haben mir zwei Frauen gesagt, ich sei ein guter Mensch, weil ich mich einfühlen könnte. Wir hatten gar nicht miteinander geredet, aber sie meinten, sie könnten das sehen, an meinem Blick.
(...)

---

56 Schröter, Marokko-Tagebuch, 1993.

"Ich könnte mir vorstellen, daß bei uns der Ablösungsprozeß zwischen Mutter und Kind gar nicht so sehr durch äußere Trennung herbeigeführt wird, sondern durch den 'modernen' Blick, der immer – im Vergleich zum 'archaischen' Blick der Berberinnen – Distanz enthält, und daß der verschmelzende Blick der Frauen dort die symbiotische Einheit erhält."[57]

In Schule und Beruf bekommt der Blick einen Hauch von Sachlichkeit. In Europa geht das Verschmelzende verloren. Am Blick läßt sich die Biographie einer Frau ablesen. Unter schlechten Lebensbedingungen verwandelt sich der weibliche Blick in Haß und bodenlose Angst.

"Während wir an der Grenze zwischen Melilla und Nador warten, beobachte ich den Strom der Fußgängerinnen, der nur in eine Richtung geht, von Melilla nach Nador. Es ist später Nachmittag. Fast alle, die sich in diesem breiten Fluß bewegen, sind Frauen. Sie haben harte Gesichter, ihre Blicke treffen mich bohrend, unfreundlich, ablehnend, vielleicht ist sogar Haß in ihnen. Das habe ich nicht erwartet. Ist es durch den Kontrast? Sie bepackt, manche mit Lasten in Säcken und Kartons auf dem Rücken, alle hetzend – und wir: Reisende, ans Auto gelehnt, teils mit Zigarette, nichtstuend.

Seit Tagen verfolgt mich der Blick einer Frau, die nachts in einem Karton, an eine Hauswand gedrückt, auf der Straße lag und uns mit angstaufgerissenen Augen anstarrte, als wir an ihr v o r b e i g i n g e n."[58]

Berberinnen in Nador haben Gewohnheiten, mit denen sie sich dem Blick fremder Männer entziehen und einen Haltungs- und Bewegungscode, mit dem sie sich wappnen. So geht die Berberin nicht auf der Straße spazieren – schon gar nicht alleine. Sie schreitet stolz oder huscht scheu, zielstrebig und schnell, mit nach vorn gerichtetem Blick, deutlich signalisierend, daß sie sich im Arbeitsprozeß befindet und nicht etwa wegen kinästhetischer Lust das Terrain betreten hat, durch die Straßen der Stadt. Eine Geschlechtertrennung mit fließenden Übergängen läßt besondere Spielräume und individuelle Variationen im Umgang mit dem anderen Geschlecht zu – natürlich nur innerhalb der kulturellen Regeln. Bei diesen riskanten Balanceakten werden die einen so unsicher, daß sie sich nicht mehr allein hinauswagen, andere exekutieren perfekt das Reglement und überwachen dessen Einhaltung, wieder andere treiben ein lustvolles Spiel mit Augen, Gesten, Stimme, Scham und Geschlecht. Segregation kann durchaus amüsant und kreativ-spielerisch sein.

"Nachmittags Marktgang mit fünf Frauen. Jetzt sind viele Frauen auf der Straße. Sie gehen alle schnell und zielstrebig, oft zu zweit oder zu dritt und auffallend dicht beieinander. Auf dem Souk in Nador umfängt uns dichtes Gedränge, Lärm und arabische Musik

---

57 Schröter, Marokko-Tagebuch, April 1994
58 Ebda.

aus allen Richtungen. Es dröhnt in meinen Ohren. Zu kaufen gibt es alles: vom frischen Fisch bis zum Schreibcomputer. Die Verkäufer sind ausnahmslos Männer, auch für die Dessous der Frauen sind sie zuständig. Das Verkaufsszenario ist bühnenreif: liebenswürdig lächelnde Händler, aufmerksam den Wünschen der Kundinnen lauschend, ein langes Hin und Her im Austausch von Fragen und Beratung, im Präsentieren, Betrachten, Befühlen, Begutachten immer neuer Objekte, (gespielte?) Kompetenz und Souveränität auf beiden Seiten, verzückte, ablehnende, abwartende Gesten, endlich ein befriedigendes Ergebnis auf beiden Seiten, oder auch nicht, oder jetzt noch nicht, vielleicht später bei einem zweiten Versuch in der Verhandlungskunst. Geht es hier nur um Kauf und Verkauf? Findet nicht die lustvolle Zelebrierung einer sonst unmöglichen Begegnung zwischen den Geschlechtern statt?

Zu meiner "Frauengruppe" gehört eine irgendwie Verwandte der Familie, die heute mit Tochter (oder Hausmädchen?) zu Besuch gekommen ist. Sie ist eine der zwei Frauen, die mir mit Halbschleier begegnet sind, einem Tuch, das sie auf der Straße trägt, unterhalb der Nase spannt, damit Männer ihren Mund nicht sehen. (Im allgemeinen tragen Berberinnen in Nador keinen Schleier.) Ihr dunkelbraunes Kopftuch ist gefaltet wie ein Häubchen mit abstehenden seitlichen Ecken. Dazu trägt sie eine gleichfarbige Djellaba. Ihr nonnenhaftes Äußeres konrastiert kraß mit ihrer Gier, mehr als alle anderen in den Verkaufstischen zu wühlen und die Lust des Verkaufsrituals auszudehnen, es zu genießen und in immer neuen Varianten durchzuspielen. Je kitschiger die Kleider, Nachthemden, Pantoffeln, Lampen und Stoffblumen für mein Empfinden sind, um so magischer wird diese "Nonne" von ihnen angezogen und um so ausdauernder und brillanter wird ihr Spiel. Ihre Augen leuchten. Leider kann ich ihren Mund nicht sehen und ihre Worte nicht verstehen. Am Ende haben wir alle eine jener schwarzen Plastiktüten in der Hand, die in ganz Nador herumfliegen, gefüllt mit neuen Schätzen dieser Frau. Die jüngste von uns trägt stolz einen vergoldeten, verschnörkelten Kronleuchter mit langen Glasperlenschnüren nach Hause."[59]

Eines der Lieblingswörter so mancher Berberin ist "l'hubb". Sie übersetzten es mir mit "Liebe machen im Sinne von Locken mit allen Reizen", dabei strahlten ihre Augen.

Der Souk-l'hubb ist eine moderne Möglichkeit des heimlichen Spiels der Geschlechter. Früher erledigten Männer das Einkaufen, Frauen gingen im Rif nur auf Frauenmärkte.

Das Schicksal der weiblichen Spielarten des Blicks an der Grenze zwischen den Geschlechtern bleibt immer riskant. Wo der Blick bereits als ein Zugriff auf den Körper empfunden wird und die traditionelle Ethik von Ehre und Gewalt gilt, entscheidet letztendlich der Mann darüber, ob das Spiel ein Spiel bleibt, ob es in die rituelle Scham übergeht oder ob dem Spiel die Gewalt der Ehre folgt. Eine Variante aus dem Spektrum männlicher Antworten, die des in der alten Tradition stehenden und in ihrem Sinne gut erzogenen Mannes, beschreibt Waltner:

---

59 Schröter, Marokko-Tagebuch, 1993.

"Der rücksichtsvolle Mann vermeidet es, einer Frau so nah zu kommen, daß eine Blickverständigung im Bereich des Möglichen liegt, wodurch er sie zwingen würde, die Arbeit abzubrechen und sich zurückzuziehen. Die Dachterrasse ist in erster Linie Arbeitsplatz: Es wird dort die Wäsche gewaschen und zum Trocknen aufgehängt; das gewaschene Getreide zum Trocknen und Verlesen auf Matten ausgebreitet. Bei diesen Arbeiten ist die Frau in ihren häuslichen Gewändern. Das üblicherweise zu Hause getragene Kopftuch verhüllt nur ungenügend Kopf und Haare. In solcher Bekleidung darf sie sich einem fremden Mann nie zeigen. Da also Anstand und Rücksicht dem Mann gebieten, das Dach zu meiden, konnte sich in der Stadt so etwas wie eine Von-Dach-zu-Dach-Gesellschaft unter den Frauen entwickeln. Die Mauern sind in der Regel nicht so hoch, daß man nicht mit Hilfe von Hockern und Stühlen darüberweg einen Schwatz halten oder sie auf einen Tee oder Kaffee und für gelegentliche Hilfeleistungen sogar übersteigen könnte.

An dieser urbanen Frauengesellschaft partizipieren zu können, setzt freilich zweierlei voraus: Zum einen darf der Gemahl nicht zu jenen Sittenstrengen gehören, für die jeder nicht hermetisch abgeschirmte Aufenthalt der Frau unter freiem Himmel Anlaß zu erhöhter Wachsamkeit ist und die also auch die Arbeiten auf der Dachterrasse auf das unumgängliche Minimum beschränkt wissen wollen."[60]

2.2.2 Der männliche Blick

Die Palette des männlichen Blicks zeigt andere Töne und manchmal chamäleonähnliche Verwandlungskunst. Die weichen und warmen Nuancierungen, die im Familiären den Blick prägen können, wechseln über in den gesenkten Blick, die vom Koran vorgeschriebene rituelle Scham, z.B. am Arbeitsplatz Schule gegenüber Kolleginnen. Die Straßen dagegen sind angefüllt mit hemmungslosesten, bohrendsten, stechendsten Blicken, die Frauen erfassen und verfolgen.[61] Dieser aggressive Blick kann sich in Sekundenschnelle verwandeln in eine sanfte, freundliche, anziehende Geste, und zwar dann, wenn die Umgebung sich aus einer anonymen Welt in eine Welt persönlicher Beziehung verwandelt.[62] Der Eintritt eines Menschen, zu dem der Mann eine freundschaftliche Beziehung hat, in das Blickfeld bewirkt diesen Umbruch in einer Radikalität, die nichts zu tun hat mit der Veränderung des Blicks in unserer Gesellschaft beim Übergang vom distanzierten Beobachten zum teilnehmenden Anschauen.

---

60 Waltner, a.a.O., S.586f.
61 Zum Blickphänomen bei arabischen Männern vgl. z.B. Hall, a.a.O., S.163 und Assia Djebar, Die Schattenkönigin, Zürich 1991.
62 Dieses Phänomen beschreibt auch die türkische Schriftstellerin Aysel Özakin in ihrem Roman: Die Leidenschaft der anderen, Hamburg, Zürich 1992, Kapitel 15.

2.3 Körper

2.3.1 Die Einheit von Blick und Motorik beim Mann im kontrollfreien Raum

In Räumen ohne soziale Kontrolle – in der Landschaft, zwischen Feldern – ist ein Phänomen zu beobachten, das es in unserer Kultur nicht gibt, das man auch in Nordmarokko nur erfahren kann, wenn man weiblichen Geschlechts ist und sich ohne männlichen Schutz dort bewegt. Das Phänomen ist daher auch nirgendwo in der ethnologischen Literatur beschrieben, da die Autoren in der Regel männlich sind. Es handelt sich um die Einheit von Blick und Motorik bei Männern, also um einen sensomotorischen Zusammenhang, der dann ins Spiel kommt, sobald ein Mann eine Frau oder mehrere wahrnimmt und sich gleichzeitig außerhalb sozialer Kontrolle weiß. Der männliche Blick erfaßt sein Objekt, läßt dieses nicht mehr los, und der Körper folgt dem Blick, zielstrebig und ohne Zögern, vom Affekt getrieben.

"Da wir zu dritt sind, hoffe ich nun endlich dahin gehen zu können, wohin ich schon sooft gehen wollte. Aischas Bruder Mohammed hatte mir gesagt, von Karia aus den Strand entlang in Richtung Westen zu gehen sei besonders schön, dort seien Felsen. Er joggt manchmal dahin.
Glücklich, ein Mann hier zu sein!
Mehrmals habe ich es versucht. Jedesmal das gleiche: Wie überall, wenn ich allein durch die Landschaft ziehen möchte, schießen bald Männer wie Pilze aus dem Boden. Es ist unglaublich, wenn man es nicht selbst erlebt hat, und erleben kann man es wohl nur als Frau. Sie peilen mich an. In der Stadt nur mit Blicken, aber hier draußen passiert etwas anderes: Sie setzen sich in Bewegung wie zu einem Sternmarsch, zielstrebig, ohne Pausen, ohne Richtungswechsel. Ich komme mir vor wie ein Sog. Jedesmal ergreife ich die Flucht.
(Sehen und Bewegen müssen einmal ein einziger Sinn gewesen sein. Irgendwann wurden sie getrennt. Hier draußen nicht. Ein schnelles Reaktionsvermögen ist vielleicht ein Residuum dieser alten Einheit.)"[63]

Um die Tagebuchaufzeichnungen abzukürzen: Auch dieser Versuch endete mit einem erzwungenen Rückzug der Frauen.

Ich habe dies im Laufe von sechs Jahren allein und zusammen mit anderen Frauen aus Deutschland mehrfach erlebt. Manchmal reichte der entschlossene Rückzug, um die Männer allmählich die Verfolgung aufgeben zu lassen, in anderen Situationen half nur Rennen – Wettrennen zwischen Angst und Gewalt. Die Reaktion von Frauen ist jedesmal Entsetzen, Angst und panikartige Flucht, verbunden mit dem Vorsatz, sich nie wieder auf ein solches Risiko einzulassen, was Berberinnen ja auch nicht tun würden.

---

63 Schröter, Marokko-Tagebuch 1994.

Ich habe diese "Versuche" unternommen, weil ich wissen wollte, warum die Frauen der fremden Kultur, die auf mich einen sehr eigenständigen und vernünftigen Eindruck machen, das Haus kaum verlassen und immer von Angst und Bedrohung reden, wenn ich dies tue. Sollten sie etwa alle verrückt sein oder neurotisch? Sollten kulturelle Regeln nichts als Willkür sein? Ich habe das einfach nicht glauben wollen. Die Antwort, die ich gefunden habe, lautet:

Die Einheit von männlichem Sexualtrieb, Blick und Motorik, die in unserer Kultur weitgehend aufgelöst wird, ist in Nordafrika Quelle und Dynamik der spezifischen Kulturentwicklung mit mehr oder weniger strenger Segregation der Geschlechter. Die nicht vorhandene innere Barriere beim Mann muß durch eine äußere – die räumliche Trennung – ersetzt werden, die dann sozialer Kontrolle unterliegt. Wo in der Sozialisation von Jungen die Einheit von Trieb, Blick und Motorik nicht durchtrennt wird, braucht man Frauen nicht einsperren. Sie fliehen von alleine ins Haus oder verlassen es erst gar nicht. Frauen gestehen dies nicht explizit ein. Ihre konsequente Warnung und ihre dauernde Angst um meine Sicherheit bei meinen kleinen Ausflügen verrät mir jedoch, daß sie den wahren Grund ihres räumlich so beschränkten Lebens ahnen.

2.3.2 Der gezähmte Körper der Frau

Frauen werden von Kind an daran gewöhnt, mit wenig Raum und Bewegung zu leben. Ein Mädchen kann dabei anscheinend sogar glücklich und kreativ sein, es erfindet den "Spaziergang im Sitzen":

"Meine Kindheit war glücklich, weil sie kristallklare Grenzen hatte. Die erste davon war die Schwelle, die den Wohnraum meiner Familie vom großen Innenhof trennte. Solange Mutter morgens schlief, durfte ich nicht auf den Innenhof hinaus, das bedeutete, daß ich mich von sechs bis acht Uhr selbst beschäftigen und dabei mucksmäuschenstill sein mußte. Ich durfte mich zwar auf die kalte, weiße Marmorschwelle setzen, aber es war mir verboten, mich meinen älteren Cousinen zuzugesellen, die schon draußen spielten. 'Du weißt noch nicht, wie man sich verteidigt', sagte Mutter. 'Selbst das Spielen ist eine Art Krieg.' Ich hatte Angst vor dem Krieg, und so legte ich mein kleines Kissen auf unsere Schwelle und spielte 'l-msaria b-lglass', wörtlich 'Spaziergang im Sitzen', ein Spiel, das ich mir damals ausgedacht habe und selbst heute noch recht nützlich finde. Man benötigt dreierlei, um es zu spielen. Erstens muß man irgendwo sein, von wo man nicht wegkann; zweitens braucht man einen Platz, wo man sich hinsetzen kann; und drittens muß die eigene Gemütsverfassung demütig sein, um die Wertlosigkeit der eigenen Zeit zu akzeptieren. Das Spiel selbst besteht darin, eine vertraute Umgebung so zu betrachten, als sei sie völlig fremd.

Ich saß dann also auf unserer Schwelle und schaute unser Haus an, als hätte ich es nie zuvor gesehen. Vor mir lag der quadratisch strenge, ganz von Symmetrie beherrschte Innenhof. Selbst der unaufhörlich sprudelnde weiße Marmorspringbrunnen in seinem Zentrum schien gezähmt und gezügelt. Der Brunnen war von einem schmalen Fayencefries in

Blau und Weiß umsäumt, auf dem sich zwischen den quadratischen Marmorplatten das Intarsienmuster des Bodens wiederholte. Der Innenhof wurde nach seinen vier Seiten hin von auf jeweils vier Pfeilern ruhenden Arkaden begrenzt. Sockel und Kapitell der Säulen waren aus Marmor; die blau und weiß gefliesten Schäfte zeigten noch einmal das Ornament des Brunnens und des Bodens. Hinter den Säulengängen lagen unsere vier großen Wohnräume, die Salons, einander paarweise gegenüber. Sie alle öffneten sich zum Innenhof hin mit einem gewaltigen Portal in ihrer Mitte und riesigen Fenstern links und rechts davon. In den frühen Morgenstunden und im Winter waren die mit reichem Blumenrelief verzierten Zedernholzflügel der Tore zu den Salons fest verschlossen. Im Sommer standen die Türen offen, und es wurden Vorhänge aus schwerem Brokat, Samt und Spitze so vor den Öffnungen drapiert, daß sie den Luftzug durchließen, Licht und Lärm jedoch fernhielten. Innen hatten die Fenster ähnlich geschnitzte hölzerne Läden wie die Türflügel, aber von außen sah man nur silberplattierte schmiedeeiserne Gitter, über die sich Bögen aus wundervoll gefärbtem Glas erhoben. Ich liebte dieses bunte Maßwerk wegen seiner Farbenspiele in der Morgensonne, die das Rot und Blau in immer wechselnden Tönungen erstrahlen ließ, während das Gelb langsam verblaßte. Wie die Türflügel der Portale standen die Fenster im Sommer weit offen; nur nachts und während der Mittagsruhe wurden die Vorhänge herabgelassen, damit man ungestört schlafen konnte.

Wenn ich meine Augen zum Himmel erhob, sah ich einen eleganten, zweigeschossigen Bau, dessen Obergeschoß das Quadrat der Innenhofarkaden wiederholte und durch eine Brüstung aus silberplattiertem Schmiedeeisen vervollständigte. Und dann der Himmel selbst, der über allem hing, ebenso streng quadratisch geformt wie alles andere und fest eingerahmt von einem hölzernen Fries mit verblassenden, gold- und ockerfarbenen geometrischen Mustern.

Es war eine überwältigende Erfahrung, vom Innenhof aus hoch in den Himmel zu schauen. Auf den ersten Blick wirkte er – wegen seines künstlichen, quadratischen Rahmens – ebenfalls gezähmt. (...)"[64]

Es ist kaum faßbar, wie der Körper seine Bedürfnisse den Bedingungen anpaßt und als Glück empfindet, was er bei anderer kultureller und frühkindlicher Prägung als äußerste Qual empfinden würde.

2.3.3 Körper und Zeit

Für einen europäischen Mann ist das affektgetriebene Verhalten, wie es sich bei nordafrikanischen Männern zeigen kann, zwar auch erkennbar, aber es hat nicht die bedrohliche Komponente, die es gegenüber einer Frau hat. Für den Mann ist es eher eine Erinnerung an eine von der Zivilisation verdeckte Schicht der Kindheit des Menschen, der er mit Irritation, mit einer gewissen Sehnsucht und mit der Ahnung um einen Verlust zusieht. Auf seiner Nordafrika-Reise 1920 schreibt C.G.Jung:

---

64 Fatima Mernissi, Der Harem in uns, Freiburg, Basel, Wien 1994, S. 11-13.

"Was der Europäer als orientalische Gelassenheit und Apathie empfindet, erschien mir als Maske, dahinter witterte ich eine Rastlosigkeit, ja Erregung, die ich mir nicht recht erklären konnte."[65]

"Das war für mich eine Lektion: Diese Leute leben aus ihren Affekten, d.h. sie werden von ihnen gelebt. Ihr Bewußtsein vermittelt einerseits die Orientierung im Raum und die von außen stammenden Eindrücke, andererseits ist es bewegt von inneren Antrieben und Affekten; aber es reflektiert nicht, und dem Ich fehlt jede Selbständigkeit. Sehr viel anders verhält es sich beim Europäer auch nicht, aber ein wenig komplizierter sind wir doch. Jedenfalls verfügen wir über ein gewisses Maß an Willen und überlegter Absicht. Eher gebricht es uns an Intensität des Lebens."[66]

"Meine Begegnung mit der arabischen Kultur hatte mich offenbar überwältigend getroffen. Das emotionale, lebensnähere Wesen dieser aus Affekten lebenden, nicht reflektierenden Menschen hat einen starken, suggestiven Effekt auf jene historischen Schichten in uns, die wir eben überwunden haben, oder wenigstens überwunden zu haben glauben. Es ist wie das Kindheitsparadies, dem man sich entronnen wähnt, das uns aber bei der leisesten Provokation wiederum Niederlagen beibringt. Ja, unsere Fortschrittsgläubigkeit steht in Gefahr, sich umso kindischeren Zukunftsträumen hinzugeben, je stärker unser Bewußtsein von der Vergangenheit wegdrängt."[67]

Das ist lange her, wird man sagen. Es gibt jedoch Gegenden und Menschen in Marokko, in denen die Zeit gleichsam stehengeblieben ist. Nicht nur Körper, Blick und Raum sind kulturell geprägt, sondern auch die Zeit. Ähnliche Zeiterfahrungen, wie sie Jung 1920 machte, kann man auch heute noch auf dem Land haben.

"Ich frage Louiza, die ich auf etwa 50 Jahre schätze, wie alt sie sei. Sie antwortet: 'Ich bin geboren am Tag des Stiefkindes.' Ich bitte sie, mir das zu erklären. 'Der Tag des Stiefkindes ist der 1. Tag nach dem Fest am Ende des Ramadan.' Ich: 'In welchem Jahr war das? Wieviel Jahre bist du alt?' Louiza: 'Ja, das weiß ich nicht.'"[68]

Auf dem Land in Marokko – nicht in der Stadt – kann man diese Zeitlosigkeit immer noch finden. Am häufigsten trifft man sie in dem Satz: "Das ist so, wir sind so." Unhintergehbar bricht jedoch die moderne Zeit auch in das Leben der Menschen auf dem Land ein.

"Louiza hat 10 Kinder. Die beiden jüngsten sind Mädchen, sie gehen zur Schule nach Mellila. In Mellila gibt es ein Internat für Mädchen, wodurch Mädchen, die in Marokko auf dem Land leben, die Chance geboten wird, eine Schule zu besuchen. In der Provinz Nador gibt es nur Internate für Jungen. In Mellila werden die Kinder vom 1. Schultag an

---

65 C.G.Jung, Reisen – Nordafrika, in: Aniela Jaffé (Hrsg.), Erinnerungen, Träume, Gedanken von C.G.Jung, Freiburg im Breisgau [7]1990, S. 242.
66 Ebda., S. 245f.
67 Ebda., S. 247f.
68 Schröter, Marokko-Tagebuch 1994.

in 2 Fremdsprachen – Spanisch und Arabisch – und in 2 Schriftsystemen alphabetisiert. Das geht problemlos und schnell. Zur Beschulung ihrer jüngsten Kinder sagen die Eltern: 'Das wird für uns alle gut sein. Die Zeit sitzt uns im Nacken.'"[69]

Zum Wechsel der Zeit schreibt C.G. Jung in Nordafrika:

"Während ich noch unter dem überwältigenden Eindruck unendlich langer Dauer und statischen Seins stand, entsann ich mich plötzlich meiner Taschenuhr und wurde an die beschleunigte Zeit des Europäers erinnert. Das war wohl die beunruhigende dunkle Wolke, die über den Köpfen dieser Ahnungslosen drohte. Sie kamen mir plötzlich vor wie Jagdtiere, die den Jäger nicht sehen, ihn aber mit unbestimmter Beklemmung wittern, den Zeitgott nämlich, der unerbittlich ihre noch an Ewigkeit erinnernde Dauer in Tage, Stunden, Minuten und Sekunden zerstückeln und zerkleinern wird."[70]

3. Reflexionen – Verstehensarbeit

3.1 Zum männlichen Blick

Bei seinen Forschungen in Schwarz-Afrika, besonders bei den Dogon, beobachtete Parin einen Verhaltensmechanismus, den er "Clangewissen" nannte und so beschreibt: "Das Clangewissen besagt, daß das Überich nur innerhalb einer ganz bestimmten sozialen Struktur funktionstüchtig ist."[71] Parin sieht einen engen Zusammenhang zwischen dem Verhaltensregulator Überich, dem Gewissen, und der für den einzelnen bedeutsamen Bezugsgruppe. Das Überich bleibe – so Parin – nur funktionstüchtig, wenn der Dogon sich in seinem gewohnten Clan[72] oder Dorf befinde. Ohne diese Einbettung könne es versagen, und der Vereinzelte könne seinen Affekten und den Einflüssen der Umwelt hilflos ausgeliefert sein. Das moralische Verhalten des einzelnen sei nur gesichert, wenn die Einbindung in die gewohnte Gemeinschaft bestehe. Die Orientierung an kulturellen Regeln und Prinzipien allein funktioniere nicht. Beim Clangewissen würden äußere Instanzen ganz oder teilweise an die Stelle des Überichs gesetzt. Die Externalisierung, die auch in unserer Gesellschaft erfolgen könne, geschehe automatisch und gewähre Partizipation an Macht, Prestige, Moral einer Gruppe (Clan, Jugendgruppe, Bande, Berufskollegen ...). Das Ich stabilisiere sich dabei und das Über-

---

69 Schröter, Marokko-Tagebuch 1994.
70 C.G.Jung, a.a.O., S. 243.
71 Parin, a.a.O., S. 189.
72 "Clan" verwendet Parin wie folgt: "Clan ist in seiner allgemeinen, nicht in der engeren ethnologischen Bedeutung gemeint, und anstatt Gewissen hieße es besser Überich, da das Clangewissen wie dieses Bewußtes und Unbewußtes erfaßt. Doch hat sich der Ausdruck inzwischen eingebürgert." A.a.O., S. 157, Fußnote 3.

ich werde entlastet. Bei Übereinstimmung von äußerer Moral und individueller sei der Mechanismus stabil und relativ wenig irritierbar.[73]

Parin schreibt:

"Ein zum Teil an andere Personen (an die Gesellschaft) delegiertes Überich von Afrikanern haben wir, in Anlehnung an Freuds Ausdruck 'Tabu-Gewissen', *Clan-Gewissen* genannt (Parin/Morgenthaler 1956/57; Parin 1958; 1961).[3] Wo es zu beobachten ist, hat sich das Individuum in den für die Ausbildung des Überich entscheidenden Lebensjahren und Objektbeziehungen als Mitglied einer organisierten Gruppe entwickelt, die größer ist als die Elementarfamilie. Ideale, Regeln und Verbote, die bei uns verinnerlicht sind, sind bei Trägern des Clangewissens nur innerhalb einer Gemeinschaft wirksam. Die Leitung des Verhaltens geschieht dabei durch Angst, Scham, durch Identifikation oder verschiedene Formen der Abhängigkeit, weniger durch Straferwartung oder Schuldgefühle."[74]

In der Berbergesellschaft wachsen Kinder in großen Familienverbänden auf. Zur Kernfamilie gehören meist viele Kinder. In polygamen Familien kommt eine zweite Ehefrau mit ihren Kindern dazu. Großeltern und Urgroßeltern leben in den Familien. Verwandte und nichtverwandte alleinstehende Personen, meist Frauen, werden aufgenommen.

Einer der wichtigsten Verhaltensregulatoren ist in der Berbergesellschaft die Scham. Unterscheiden lassen sich drei Arten von Scham:
(1) die rituelle Scham,
 gemäß Sure 24,30f (s.o.), die eine kontrollierte Scham ist,
(2) die unkontrollierbare Scham,
 jenes als peinlich empfundene gesamtkörperliche Ereignis mit Erröten, Versinkenwollen, Erstarren und Ansteckung (s.o.) und
(3) die Angst vor Beschämung, ich nenne sie soziale Scham.

Diese Form der Scham spielt in der Rif-Gesellschaft eine zentrale Rolle. Sie ist eins mit der Angst vor sozialer Degradierung, vor Liebesverlust und schlimmstenfalls vor Isolation, was als der soziale Tod empfunden wird. Sie kann m.E. nur dort auftreten, wo der Mensch sich mit der Gruppe, die über seinen sozialen Status zu entscheiden vermag, identifiziert und wo Verhalten gemessen wird an Gruppennormen, an die bedingungslose Anpassung gefordert wird. Eine Ablösung von der Gruppe, die Beendigung der Abhängigkeit, müßte diese Form der Scham verschwinden lassen.

In der sozialen Scham sind alle Momente enthalten, die Parin für die Regulation des Verhaltens durch ein Clangewissen nennt: Angst, Scham, Identifikation und Abhängigkeit. Man könnte sie als das Bindeglied zwischen externalisiertem Gewissen und Subjekt bezeichnen. Ausgestattet ist sie mit äußerster Wachsam-

---

73 A.a.O., S. 93-95.
74 A.a.O., S. 157f.

keit, Empfindlichkeit und mit Ehrgefühl. Soziale Scham stabilisiert kontinuierlich die Gruppe und das Clangewissen. Eine Gruppe, die das externalisierte Gewissen ist, hat Stützfunktion für das Ich, sie bietet ihm identifikatorische Beziehungen an. Parin spricht von einem "Gruppen-Ich".[75]

Clangewissen und Gruppen-Ich könnten eine Erklärung für das Verhalten von Männern im Rif im unkontrollierten Raum sein.

Nach der Erfahrung der verfolgenden und bohrenden Männerblicke stellt sich mir die Frage, ob dieser Blick eine kulturspezifische Modellierung ist oder ob die Geschichte des männlichen Blicks allgemein eine andere ist als die vom "teilnehmenden Anschauen" zum Beobachten, wie ihn sozialgeschichtliche Betrachtungen vielfach darstellen.[76] Wäre dem beobachtenden Blick weniger das Schauen vorausgegangen, sondern mehr der vom Sexualtrieb beherrschte Blick, so ließe sich manches aus der Frauengeschichte verstehen: der Rückzug in den

---

75 Parin schreibt zum Gruppen-Ich:
"Das Gruppen-Ich ist durch seine Bereitschaft charakterisiert, ganz bestimmte identifikatorische Beziehungen herzustellen, unter denen die Identifikation mit der hierarchisch organisierten Väter-Brüder-Reihe und die 'horizontale' mit der Altersklasse (*tumo*) die wichtigsten sind. Personen der Umwelt, die diese Identifikationen zulassen, und Gelegenheiten, solche immer neu herzustellen und die eine Identifikationsform gegen die andere auszutauschen, sind die wichtigsten Vorbedingungen für das autonome Funktionieren des Einzelnen und für das Zusammenspiel der Gesellschaft. Soweit bei den Identifikationen nicht Personen, sondern überlieferte Wertsysteme eine Rolle spielen, wird das Clangewissen angesprochen. Gerade der Einklang mit den Alten, welche die Träger der Tradition sind, hat eine Überich-Bedeutung. Als Folgen eines Konfliktes mit den Alten treten depressive Gefühle der Vereinsamung und Angst auf (analog zum Schuldgefühl der Europäer)." a.a.O., S. 159.
76 Ich übernehme hier eine Fußnote aus Fritsch: Tanz, Bewegungskultur, Gesellschaft. Frankfurt am Main und Griedel 1988, S. 80f., Fußnote 3:
"Diese Unterscheidung zwischen einem teilnehmenden Anschauen und einem 'kalten' Beobachten tritt immer wieder auch in sozialhistorischen Betrachtungen auf. Danach wird deutlich, daß sich die Funktion des Gesichtssinns im Laufe des Zivilisationsprozesses geändert hat: zunehmend ist ein distanziertes, überwachendes und kontrollierendes Sehen wichtig geworden und hat das teilnehmend-anschauende Sehen in seiner Bedeutung zurückgedrängt, vgl. dazu z.B.:
M.FOUCAULT: Die Geburt der Klinik. Eine Archäologie des ärztlichen Blicks, Frankfurt/Berlin/Wien 1976.
Ch.WULF: Das gefährdete Auge. Ein Kaleidoskop der Geschichte des Sehens, in KAMPER/WULF (Hg.), Frankfurt 84.
M.PUTSCHER (Hg.): Die fünf Sinne. Beiträge zu einer Medizinischen Psychologie, München, 1978."

Schutz des Hauses und sogar der Griff nach dem Schleier.[77] Der Wandel vom mitfühlenden Anschauen zum Beobachten ist ein Prozeß, der sich bei allen Frauen aus der fremden Kultur beim Übergang in die Schriftkultur, besonders die europäische, beobachten läßt. Er ist kein männliches Phänomen.

3.2 Zum Zusammenspiel von Sensomotorik, Umwelt und Symbolbildung

Ein weiterer Verstehenszugang zum männlichen Verhalten gegenüber Frauen in sozial nicht kontrollierten Räumen der Rif-Region scheint mir möglich zu sein über phänomenologisch (Merleau-Ponty), psychologisch (Erwin Straus) und erkenntnistheoretisch (Varela und Thompson) orientierte Aufmerksamkeiten. Die genannten Autoren verdeutlichen drei Aspekte dieses Zusammenspiels:
1. die Einheit von Wahrnehmung, Empfindung und Motorik
2. die wechselseitige Beeinflussung von Wahrnehmung und Umwelt
3. die Transformation der Bewegung in symbolische Geste.

In seinem zweiten großen Werk, der "Phänomenologie der Wahrnehmung", schreibt Merleau-Ponty:

> "Die Empfindungen bzw. die "Sinnesqualitäten" reduzieren sich also keineswegs auf das Erlebnis gewisser unsagbarer Zustände oder eines bloßen *quale*, sie haben ihre motorische Physiognomie und eine sie umfassende lebensmäßige Bedeutung. Man weiß seit langem, daß Empfindungen ihre "motorischen Begleiterscheinungen" haben, daß Reize "Bewegungsansätze" auslösen, die sich den Empfindungen bzw. Qualitäten assoziieren und sie mit einem Hof umgeben, daß die perzeptive und die motorische "Seite" des Verhaltens miteinander kommunizieren."[78]

Perzeption, Empfindung und Motorik werden hier als Einheit gesehen. Diesem Gedanken zu folgen fällt nicht schwer, wenn wir uns das kleine Kind vorstellen. Es sieht ein lockendes Objekt, krabbelt hin und greift zu. Die Sozialisation innerhalb unserer Zivilisation setzt an diesem Zusammenspiel an, greift regulierend ein, indem sie erwünschte sensomotorische Zusammenhänge trainiert und unerwünschte abdressiert. Die Ruhigstellung des "Lernkörpers" eines jeden Schulkindes zielt darauf ab, spontane Bewegung zu unterdrücken. In gewissen Spielarten des Sports ist es aber gerade der sonst verpönte Wahrnehmungs- und Bewegungszusammenhang, durch den sich der Spitzensportler auszeichnet.

---

77 Die Marokko-Tagebücher der Frauen aus der Forschungsgruppe dokumentieren: Diese hemmungslosen und sie verfolgenden Männerblicke wirken schockierend und wecken das Bedürfnis nach einem Schleier. Siehe Rumpf, Schröter, a.a.O., S. 69.
78 Merleau-Ponty, Phänomenologie der Wahrnehmung, Berlin 1965, S.246f.

Blitzartig wie eine Raubkatze auf das Objekt der Wahrnehmung zu reagieren verspricht dann Medaillengewinne und Bewunderung.

In derartigen zivilisationsspezifischen Modulationen der Sensomotorik fehlt jedoch das Empfinden, das eigentlich Menschliche im Zusammenspiel von Wahrnehmung und Bewegung, worauf Merleau-Ponty hinweist. Ähnlich wie er argumentiert Erwin Straus, der der Neuauflage seines Buches "Vom Sinn der Sinne" 1978, also nach zwanzig Jahren, ein Kapitel über den "Zusammenhang des Empfindens und Sich-Bewegens" hinzufügt und darin von der "Einheit des Empfindens und Sich-Bewegens" spricht. Da heißt es:

"Wie nun die Einheit der Sinne nicht auf einer Gleichheit der Empfindungen beruht, sondern auf einer Gemeinschaft des Sehens und Hörens, als Variationen der Kommunikation von Ich und Welt, ebenso ist die Einheit von Empfindung und Bewegung nicht in irgendeiner partiellen Gleichheit der Empfindungsvorgänge und der Bewegungsvorgänge zu suchen, sondern in einer Einheit des Empfindens und Sich-Bewegens. Nicht die Vorgänge im Organismus bilden eine Einheit, sondern die Weisen des In-der-Welt-Seins, die wir als Empfinden und Sich-Bewegen an einem beseelten Wesen unterscheiden. Wir können daher das Empfinden nur ganz verstehen, wenn wir die beseelte Bewegung verstanden haben."[79]

Straus unterscheidet zwischen dem "Subjekt der Reflexbewegung", die er auch die "mechanische Bewegung" bezeichnet, und dem "Subjekt der willkürlichen Bewegung", die er auch "beseelte Bewegung" nennt. Im einen Fall sei das Subjekt der "Muskel oder das Senso-Motorium", im anderen "das Tier oder der Mensch". Aus der Komplexität von Muskeln und Reflexen werde keine beseelte Bewegung, auch nicht bei "Beteiligung des Bewußtseins".

"Weil es sich bei der mechanischen Bewegung und der beseelten Bewegung um verschiedene Subjekte handelt, darum allein schon ist es widersinnig, eine Reihe zu bilden, die mit zunehmender Komplikation ihrer Glieder von der Reflexbewegung zur willkürlichen Bewegung aufsteigt."[80]

Straus ist es wichtig, das empfindende Subjekt und die beseelte Bewegung als Einheit verstehen zu lernen.

Varela und Thompson gehen in ihrer Kognitionstheorie noch ein Stück weiter. Sie entwickeln ein "Inszenierungskonzept", in dem die Einheit von Wahrnehmung, Motorik, Subjekt und Objekt der Wahrnehmung, Aktion und Reaktion konstitutiv ist. Sie zitieren in ihren Ausführungen eine Passage aus Merleau-Pontys frühem Werk, "La Structure du Comportement" (1942), die sie als

---

79 Erwin Straus, Vom Sinn der Sinne – Ein Beitrag zur Grundlegung der Psychologie. Berlin, Heidelberg, New York ²1978, S. 243.
80 Ebda.

"visionäre Passage"[81] bezeichnen. Ich übernehme die Passage aus der deutschen Übersetzung des Werks von Merleau-Ponty:

"'... Die Verhältnisse des Objekts und die Intentionen des Subjekts mischen sich nicht nur ..., sondern fügen sich auch zu einem neuen Ganzen zusammen.'[9] Wenn Auge und Ohr ein flüchtiges Tier verfolgen, so läßt sich bei dem Austausch von Reizen und Reaktionen unmöglich sagen, 'wer angefangen hat'. Da alle Bewegungen des Organismus stets durch äußere Einflüsse bedingt sind, kann man durchaus, wenn man so will, das Verhalten als eine Wirkung der Umwelt behandeln. Doch da alle Reize, die der Organismus aufnimmt, ihrerseits erst ermöglicht wurden durch die vorausgehenden Bewegungen, die schließlich das Rezeptionsorgan den äußeren Einflüssen aussetzten, könnte man gerade so gut sagen, das Verhalten sei die Primärursache aller Reize. So wird die Reizgestalt durch den Organismus selbst geschaffen, durch seine eigentümliche Art und Weise, sich den äußeren Einwirkungen auszusetzen. Zweifellos muß er, um überhaupt bestehen zu können, um sich herum eine bestimmte Anzahl physikalischer und chemischer Agenzien antreffen. Doch er ist es, der entsprechend der eigentümlichen Natur seiner Rezeptoren, den Schwellen seiner Nervenzentren und den Bewegungen der Organe aus der physischen Welt die Reize auswählt, für die er empfänglich ist[10]. Man könnte sagen, 'daß die Umwelt sich durch das Sein des Organismus aus der Welt herausschält, unpräjudizierlicher, daß ein Organismus nur sein kann, wenn es ihm gelingt, in der Welt eine adäquate Umwelt zu finden ...'[11]."[82]

Merleau-Ponty beruft sich auf Weizsäcker und zitiert: "Der Mensch ist 'Reizgestalter'."[83]

Varela und Thompson schreiben dazu:

"In einem solchen Ansatz ist die Wahrnehmung also nicht nur in die Umwelt eingebettet und von ihr geprägt, sondern trägt auch zur Inszenierung dieser Umwelt bei. Wie Merleau-Ponty feststellt, gestaltet der Organismus seine Umwelt und wird von ihr beeinflußt. Merleau-Ponty erkannte also, daß wir die wechselseitige Spezifikation und Selektion von Organismus und Umwelt begreifen müssen."[84]

Auf dieser Erkenntnis basiert das "Modell der Inszenierung". In ihm stehen Wahrnehmung und Umwelt in Wechselbezüglichkeit zueinander, sie verhalten sich reziprok. Durch die Aktivität des Wahrnehmenden ändert sich die Situation, und die sich verändernde Umwelt steuert die Wahrnehmung. Beide Seiten sind

---

81 Varela, Francisco J.; Thompson, Evan; Rosch, Eleanor: Der mittlere Weg der Erkenntnis – Die Beziehung von Ich und Welt in der Kognitionswissenschaft – der Brückenschlag zwischen Theorie und menschlicher Erfahrung, Bern, München, Wien 1992, S. 239.
82 Merleau-Ponty, Die Struktur des Verhaltens, Berlin, New York, 1976, S.14. Fußnote 9 und 10: Weizsäcker, Reflexionsgesetze, Fußnote 11: K.Goldstein, Der Aufbau des Organismus.
83 Weizsäcker, zit.n. Merleau-Ponty, a.a.O., S. 13, Fußnote 8.
84 Varela u.a., a.a.O., S.240.

eng miteinander verflochten. Überträgt man den Gedankengang auf konkrete Situationen, so würde das z.b. bedeuten: Ein Berber, der auf der Straße erstmals eine Frau allein sieht, wird diese anders wahrnehmen als 20 Jahre später, wenn am selben Ort die Anwesenheit einzelner Frauen zur Gewohnheit geworden ist, und gleichzeitig wird sich das Verhalten der Frauen ändern.
Ist es so einfach?

Zu den beiden Aspekten,
(1) der Einheit von Senso-Motorik und
(2) der wechselseitigen Beeinflussung von Wahrnehmung und Umwelt,
füge ich nun den dritten angekündigten Aspekt hinzu:
(3) den Zusammenhang von Bewegung und Symbolbildung.
Anders gesagt: die Transformation von Bewegung in symbolische Geste.
Ich beziehe mich noch einmal auf Merleau-Ponty. In seinen Vorlesungen sagte er:

"Wir sind bewußt, weil wir beweglich sind, oder wir sind beweglich, weil wir bewußt sind."

Denn es gibt

"die engen Bande von Motorik und der Gesamtheit symbolischer Funktion".

Und durch

"Mutation und Sublimation (...) (wird) im Menschsein Motorik in symbolische Gestik (...) verwandelt".[85]

Merleau-Ponty verdeutlicht seinen Gedankengang am Beispiel der Malerei:

"Die Malerei bildet Bewegung nicht einfach im augenblicklichen Zustand ab; sie vermittelt auch keine Bewegungszeichen. Vielmehr erfindet sie Embleme, die die Bewegung wesenhaft vergegenwärtigen sollen. Sie bekundet Bewegung wie durch eine 'Metamorphose'[27] (Rodin) des Gebarens in ein anderes Gebaren[28],"[86]

Ohne auf die genannten drei Aspekte im einzelnen näher einzugehen, kann man wohl sagen:
Das Zusammenspiel von Sensomotorik, Wahrnehmung und Umwelt, Bewegung und symbolischer Geste bildet ein universales dynamisches Grundmuster menschlichen Verhaltens, das je nach kultureller Einbettung und individueller Fallstruktur variiert. Im Zivilisationsprozeß unserer Schriftkultur mit Entkörper-

---

85 Merleau-Ponty, Vorlesungen I, Berlin, New York 1973, S. 56.
86 A.a.O., S.57.

lichung, Geschlechtsneutralität und hochentwickelter Symbolwelt[87] wird es andere Kompositionen entwickeln als in einer oralen Kultur mit kaum vorhandener vom Körper abgelöster Symbolebene, wo das wichtigste "Instrument" – die erste Geige der Kultur sozusagen – der Körper ist, und zwar als ein geschlechtlicher. Segregation bedeutet nicht nur Trennung, sondern auch erhöhte Spannung zwischen den Geschlechtern. Aus ihr emergieren Formen von Lust und "l'hubb",[88] aber auch von Bedrohung und Angst, realitätshaltiger und imaginierter. Ist die Grenze zwischen den Geschlechtern unklar und diffus, so ist sie eine Zone des Risikos für Frauen. Die Überlegungen zum Clangewissen (in Anlehnung an Parin)[89] werden hier wichtig. Wo das Gewissen externalisiert ist und die soziale Kontrolle fehlt, sollten Frauen einkalkulieren, daß sie als Freiwild betrachtet werden können, wenn sie sich nicht an die traditionalen kulturellen Regeln halten.

Ein arabisches Sprichwort lautet: Eine Frau allein gehört allen.

3.3 Zur Zivilisation von Blick und Körper

Charakteristisch und vielsagend für unseren Zivilisationsprozeß ist ein Holzschnitt von Albrecht Dürer aus dem Jahre 1538: In einem Raum liegt links auf einem Tisch vor einem Fenster mit offener Landschaft gelöst eine nackte Frau. Rechts im Bild ein Maler, hochaufgerichtet sitzend, blickt er über einen Peilstab auf die Frau. Zwischen beiden ein Gitter, dessen Schatten wie Begrenzungen von Planquadraten auf das Zeichenpapier fällt. Der Maler zeichnet mit Hilfe der Apparatur exakt den Körper der Frau ab. Blick und Bewegung sind gefesselt und gelenkt durch das Instrumentarium. Nach meinem Verständnis will Dürer mit diesem Holzschnitt sagen, daß dieser Zeichenakt eine der unendlich vielen Distanzierungs- und Triebkontrollübungen ist, die uns unser Zivilisationsprozeß zumutet, zu denen er zwingt. Der natürliche Zusammenhang von Wahrnehmung, Motorik und Trieb wird hier zerstört und sublimiert zu Kunst.

Das Dürerbild ist in den muslimischen Kulturen nicht denkbar. Die ikonographischen Potentiale fließen z.B. in der arabischen Schriftkultur ein in Kalligraphie und in das Ornament, meist zu Ehren Allahs. Das Malen eines Gesichts oder gar eines nackten Körpers ist verboten. Alles sichtbar Verführerische wird gemieden. In der oralen Berberkultur ist selbst die Kalligraphie als "Ventil" nicht vorhanden. Möglichkeiten der Transformation von Triebdynamik in vom Körper

---

87 Vgl. Norbert Elias, Der Prozeß der Zivilisation, Frankfurt am Main, 1976.
88 Vgl. TEIL II 2.2.1 DER WEIBLICHE BLICK, S. 45f.
89 Vgl. TEIL II 3.1 ZUM MÄNNLICHEN BLICK, S. 51f.

abgelöste Symbolik sind nicht entwickelt worden. Disziplinierung der Sexualität heißt dort Vermeidung der Gefahr. Bei uns: Sich der Gefahr aussetzen und ihr widerstehen. Aus der gleichen Dynamik und dem gleichen neurophysiologischen Zusammenspiel wird in der einen Kultur Geschlechtertrennung mit weitreichend separater Männerwelt und Frauenwelt, die im Rahmen von Familie zueinander finden und dann deren Disziplin unterworfen sind, in der anderen ein gemeinsames gesellschaftliches Unternehmen mit strenger Selbstdisziplin.

Abbildung 1: Albrecht Dürer, Der Zeichner des liegenden Weibes; aus: Underweysung der Messung, Nürnberg 1538; Holzschnitt.[90]

Wie schnell es in unserer Zivilisation zu "Pannen" kommen kann, wenn die Sozialisation die Möglichkeit zu zivilisationskonformer Körperdressur nicht bietet, zeigt sehr schön eine tanzbiographische Erzählung eines Mannes aus der Dissertation von Ursula Fritsch. Ich will hier keine neue Interpretation des ganzen Textes vorlegen, sondern nur auf das Grundproblem hinweisen, das sich bereits nach zwei Sätzen klar abzeichnet. Alles weitere sind Vatiationen zum Thema. Der erste Satz der Erzählung lautet:

"Tanz ist eine Möglichkeit, mit Mädchen in Kontakt zu kommen."[91]

Hier wird eine Definition vorgelegt, die Tanzen nicht als Bewegung im Rhythmus von Musik charakterisiert, sondern als Kontaktmöglichkeit mit dem

---

90 Die Kopie wurde mit freundlicher Genehmigung des Autors entnommen aus: Werner Kutschmann, Der Naturwissenschaftler und sein Körper, Frankfurt am Main, 1986, S. 21.
91 Fritsch, a.a.O., S.97.

anderen Geschlecht. Wer so spricht, für den dominiert beim Tanzen das sexuelle Moment.

Der Gesellschaftstanz unserer Kultur – ein Paartanz – setzt voraus und trainiert Affektkontrolle. Selbst bei engem Körperkontakt – "Hüftkontakt" und kontrollierter Umarmung – wird Geschlechtsneutralität demonstriert. Das Problem des jungen Mannes ist die völlige Blockade seines Körpers im Augenblick des Gesellschaftstanzes. Er kann nicht mehr tanzen und schon gar nicht die von ihm erwartete Führung übernehmen. Er verliert seine Souveränität. Tanzen kann er durchaus in anderen Situationen.

"Das Gegenbeispiel: einmal beim Skikurs, da wurde abends spontan getanzt, und da habe ich auch den ganzen Abend mitgetanzt – da war ich sogar der Letzte, der mittanzte. Das waren Tänze, bei denen man auch ohne Partner getanzt hat, oder in spontanen Großgruppen."[92]

"Tanzsituationen haben mir dann manchmal Spaß gemacht, wenn diese Anschmiegtänze kamen, und man sich gegenseitig darauf eingelassen hat. Da konnte man seinen Körper wieder einbringen, aber da spielte die Bewegung dann kaum noch eine Rolle. Das waren die ganz langsamen Schleicher, da hat man sich zum Teil nur auf der Stelle hin- und hergewiegt. Man hat seinen eigenen Körper und den der Partnerin gespürt als angenehm gespannt. Es war spannend bei einer unbekannten Partnerin, ob es gelang, daß sie und wie sie zurückreagierte."[93]

Warum scheitert der junge Mann beim Standardtanz?
Der zweite Satz seiner tanzbiographischen Erzählung nennt den Grund für die Fragilität seines Tanzkörpers:

"Ich war als Schüler in einem Internat mit nur Jungen."[94]

Jungeninternatserziehung ist Jugendzeit mit Geschlechtersegregation, eine Erziehung, die das Einüben affektfreien Umgangs mit dem anderen Geschlecht verhindert – wie in der Berbergesellschaft. Eine Frau im Arm zu haben, dabei die sexuelle Lust nicht zu empfinden, sondern den Tanzregeln mit Lust und Perfektion zu folgen – das ist ein schwieriges zivilisatorisches Kunststück, das subtiler und konsequenter Dressur des Körpers bedarf.

Wir sind leicht geneigt zu glauben, unsere Lebensweise sei für andere erstrebenswert, besonders für Frauen aus muslimischen Kulturen. Dazu hier ein kleiner Dialog, den ich Kismet Gössinger, einer im Frankfurter Raum lebenden ägyptischen Psychologin, verdanke. Sie erzählte:

---

92 A.a.O., S. 98.
93 A.a.O., S. 99.
94 A.a.O., S. 97.

"Ich habe Besuch von meiner Freundin aus Kairo. Sie ist zum ersten Mal in Europa. Als wir hier unseren ersten Spaziergang machten, blieb sie mehrmals stehen und schaute sich um.
'Was hast du? Was ist mit dir? Hast du was verloren?' fragte ich sie.
'Wo sind denn die Männer?'
'Da sind sie doch! Da steht einer, da geht einer, da ist einer mit dem Fahrrad.'
'Aber sie starren uns nicht an, pfeifen nicht, laufen uns nicht nach. Sind sie krank?'
Ich klärte sie auf über Geschlechtsneutralität und Sexismus. Darauf antwortete sie entsetzt:
'Das ist ja schrecklich, da fehlt ja das Leben!'"

4. Befremdungen – Szenen aus dem Kontext von Migration

Im Umgang mit Blick, Raum und Körper zeigt sich die Dialektik von Universalität und historischer, kultureller und individueller Partikularität, anders gesagt, von Allgemeinem und Besonderem. Aus dem universellen Potential, über die elementare Trias verfügen zu können, entfalten Menschen und Kulturen ihre Eigenart, die nicht statisch, sondern Prozeß der mehr oder weniger schnellen Transformation ist, sei sie nun von innen heraus motiviert oder mehr von außen angeregt oder gar erzwungen. Die Entwicklungsdynamik selbst ist universal, ihr Tempo kulturspezifisch und oft religiös motiviert. Vergleicht man diesbezüglich die jüdisch-christlich geprägten Kulturen mit den muslimischen, so stößt man auf unterschiedliche Logiken der Bewährung, deren Wurzeln hinabreichen bis zu den Mythen von Sündenfall und Vertreibung aus dem Paradies. Ausgesetzt in Freiheit und Arbeit sind die einen, den anderen ziemt der Gehorsam und das Versprechen Allahs, er werde sie versorgen.

Im Transformationsprozeß kann es zu Ungleichzeitigkeiten und Umbrüchen kommen, die Unsicherheit, Angst und Anomie auslösen. Vermag das Neue die Hoffnungen nicht zu erfüllen, so liegt der Rückgriff auf das bewährte und / oder idealisierte Alte nahe. Diese Reaktion ist in fundamentalistischen islamischen Bewegungen zu beobachten, aber auch im Kontext von Migration. Die in der Körper-Blick-Raum-Trias habituierte Kultur kommt dann verstärkt wieder ins Spiel.

Das Zusammentreffen diesbezüglich unterschiedlicher und als Normalität empfundener Gewohnheiten ist brisant, da Menschen auf diesem Feld hochsensibel reagieren. Ein fremdartiger Blick und eine andere Deutung und Ordnung des Raumes oder ein fremdes Arrangement zur Bändigung der sexuellen Triebdynamik, z.B. ein Schleier, genügen – und schon ist die Ruhe dahin.

Zu unserer Projektarbeit gehörte das Aufzeichnen von Befremdungen über mehrere Jahre. Bei der Durchsicht der Sammlung fällt auf, daß sie viele Texte enthält, in denen Blick, Raum und Sexualität von konstitutiver Bedeutung sind für Konflikte beim Zusammentreffen von Menschen aus verschiedenen Kulturen, sowohl beim Klammern an den alten Sicherheiten als auch im Transformationsprozeß. Beim Zusammentreffen stiften die Abweichungen vom Gewohnten Verwirrung, Affektwallungen, Widerstand und Aggression, sie werden als Streß empfunden und können latente Krisen auslösen. Beim Übergang in die Moderne treffen Chancen und Verluste Frau und Mann in unterschiedlicher Weise. Mit seiner Modernisierung erhält der Mann neue strategische Möglichkeiten zur Herrschaft über den Körper der Frau und ihre Mobilität. Sein kontrollierendes Auge wird ersetzt durch Institutionen und den Paß, den eine marokkanische Ehefrau nur bekommt, wenn der Mann das will. Ohne Paß sitzt sie fest – wie eh und je. An die Stelle der Logik der Ehre – zu der auch die Verantwortung des Mannes für seine Familie gehört – tritt die Logik der Indifferenz und des persönlichen Vorteils. Der Mann erhält die Möglichkeit der leichten Befreiung aus der Verantwortung für die Familie und der Verminderung der Belastungen und Unannehmlichkeiten.

Aus der Gewalt der Tugend wird die Gewalt des leichten Lebens und der Gleichgültigkeit – das ist ein Wechsel aus der archaischen Denkweise in die Postmoderne.

Von meinen Aufzeichnungen von befremdlichen Szenen aus dem deutsch-marokkanischen Alltag habe ich fünf ausgewählt. Die Texte werden hier nicht analysiert, weil das den Rahmen der Studie sprengen würde.[95]

Mit den Protokollen von Befremdungen soll nicht gesagt werden, daß Irritation und Abwehr die einzigen Reaktionen auf das Zusammentreffen mit Fremden sind. Auf dem weiten und reichen Feld der Lebenspraxis sind sie nur ein kleiner Teil. Es soll auch nicht gesagt sein, daß Befremdungen nur durch Fremde ausgelöst werden. Befremdet fühlen wir uns oft im Eigenen.

4.1 Eine Unbekannte

Pfingstmontag 1994, Ortsrand von Frankfurt-Niederursel, Nachmittag.
Hinter den letzten Häusern liegen Schrebergärten und ein Friedhof, dahinter Felder, durchzogen von Feldwegen und einspurigen asphaltierten Straßen für den landwirtschaftlichen Verkehr. An der Straße zwischen dem Friedhof und den Gärten steht nahe dem Ortausgang eine Bank, von der Straße ein bis zwei Meter zurückversetzt, seitlich von Büschen eingerahmt, daher von der Straße aus erst einsehbar, wenn man davor ist.
Ich mache einen Spaziergang, lasse die letzten Häuser hinter mir und bin im Bereich der Gärten. Aus einem schallt Musik, Jugendliche – etwa 15 bis 18 Jahre alt – sitzen auf

---

95 Interpretationen hierzu: vgl., Rumpf, Schröter, a.a.O., S. 76 – 94 und S. 247 – 250.

der kleinen Rasenfläche, andere reden stehend miteinander, ein langer Tisch mit Speisen und Getränken.

Zurück komme ich auf der Rückseite der Gärten. Mein Blick fällt auf die Bank. Ein junger Mann und ein junges Mädchen sitzen dort, zwischen ihnen mindestens ein Meter Abstand. Er blond, sie dunkelhaarig, ein Berberinnengesicht, wie sie mir aus dem Rif vertraut sind. Sie sprechen miteinander. Das ungewohnte Bild läßt mich aufmerken. Auf der Kreuzung, auf die ich zugehe, erblicke ich sechs marokkanische junge Männer und einen etwa 40- bis 50jährigen Marokkaner. Sie gestikulieren wild und schimpfen in der Berbersprache Tamasight. Die Gruppe kommt mir entgegen, erst laut, wutgeladen, mit Drohgebärden, dann leiser werdend schleichen sie auf die Bank zu.

Der blonde junge Mann hat sie bemerkt. Er verläßt die Banknische und geht auf die Marokkaner zu. Er kennt sie, spricht sie freundlich mit Namen an, etwa so: "Hassan, Abdé, Moustafa, stellt euch doch nicht so an. Was ist mit euch? Was ist denn los? Wir sitzen hier und sprechen nur miteinander. Warum diese Aufregung?"

Ich bin stehengeblieben und beobachte. Wütende Beschimpfungen sind die Antwort. Die Rifi werfen mir unfreundliche Blicke zu. Zögernd ziehen sie sich zurück und beziehen wieder Position auf der Kreuzung. Inzwischen sind sie neun zu Fuß und vier im Auto.

Von links, ich vermute aus dem Garten mit der Jugendfete, kommen drei Mädchen, die zur Bank wollen. Das verhindern die Marokkaner. Eine scharfe Diskussion zwischen den Gruppen und Geschrei. Leicht und schnell geben sich die Mädchen nicht geschlagen. Schließlich ziehen sie sich machtlos zurück.

Nach einer Weile verlassen die Berberin und der Deutsche die Bank und gehen auf die Kreuzung zu – er auf der rechten Straßenseite, sie auf der linken, beide stumm, sie mit dumpfer Wut im Gesicht.

Außer mir ist noch ein Radfahrer stehengeblieben und beobachtet. Daß sich die Marokkaner beobachtet wissen, ist ihnen anzumerken.

Ich höre wieder die ruhige Stimme des Deutschen. Als Antwort wird er bespuckt und beschimpft. Er biegt nach rechts ab, sie nach links. Angegriffen wird sie nicht.

Als sie aus meinem Blick verschwunden ist, gehe ich eine Weile grübelnd hin und her. Dann – zu spät – bin ich entschlossen, ihr Hilfe anzubieten, falls sie welche braucht. Ich empfinde Bitterkeit und Haß bei dem Bewußtsein, daß ihre Landsmänninnen sie wohl im Stich lassen werden. Ich folge ihr. Aber sie ist nicht mehr zu sehen. Ist sie im Garten? Dort sehe ich nur noch männliche Jugendliche. Die Mädchen scheinen im Gartenhaus zu sein, vielleicht die Berberin auch.

Unsicher blicke ich zurück. Das Auto, das auf der Kreuzung stand, ist verschwunden. Die Männerfront ist verändert: beweglich, gelockert, entspannt.

Ich erzähle einer marokkanischen Studentin den Vorgang, und sie bespricht ihn mit ihren Brüdern. Danach teilt sie mir mit: "Meine Brüder haben gesagt, mit einem solchen Mädchen macht man nichts. Man läßt es einfach fallen. Wäre sie unsere Schwester, sie existierte nicht mehr für unsere Gemeinschaft."

Ich: "Warum wehrt ihr euch nicht?"

Sie: "Wir können nicht. Wir sind Ware auf dem Heiratsmarkt. Dieses Mädchen hat seinen Wert verloren. Wenn wir uns wehren, geht es uns genauso. Aber wir wollen alle heiraten."

Männer im Bann der Ehre reagieren auf derartige Ereignisse nicht nur mit Aggression, sondern auch auf Dauer mit physischen Symptomen, z.B. mit Schlaf- und Appetitlosigkeit, Schweißausbrüchen und Zittern.

4.2 Lubna

Sie ist die älteste von sieben Geschwistern. Ihre sechs Brüder hat sie zusammen mit der Mutter versorgt. Trotz der häuslichen Belastung war sie eine gute Schülerin und hätte sehr gerne das Abitur gemacht. In der Gesamtschule, auf die sie ging, wußte man das und kannte ihr Problem: Nach der Mittleren Reife sollte sie verheiratet werden. "Ich muß einen Cousin heiraten, der in Belgien lebt und den ich noch nie gesehen habe. Ich kann doch kein Foto heiraten," klagte sie verzweifelt.

In den Sommerferien im Rif wurden sie verlobt. Sie nahm Goldgeschenke an. "Ich konnte nicht anders, es gab keinen Ausweg."

Im Sommer danach sollte die Hochzeit sein. Ein Jahr lang flehte sie, die Verlobung lösen zu können. Aber eine Verlobung ist bei den Rifi endgültig – für eine Frau.

Sie hoffte bis zum letzten Moment, daß ihre Eltern ihre Not erkennen und ihr helfen würden. Umsonst. Während das Auto für die Heimreise zur Hochzeit gepackt wurde, floh sie.

Seitdem sind fünf Jahre vergangen. Lubna hat eine Lehre gemacht, danach geheiratet, hat einen Sohn und ist glücklich – bis auf den Schmerz: Sie kann zu ihrer Familie nie mehr Kontakt aufnehmen. Niemand aus ihrem marokkanischen Kreis darf wissen, wo sie lebt – wegen der Ehre.

4.3 Najima

Mit 19 Jahren zog sie gegen den Willen der Familie aus in eine kleine Wohnung, die sie sich mit ihrer deutschen Freundin gemietet hatte. Die Lehre hatte sie erfolgreich beendet und das selbstverdiente Geld reichte für die Miete und den Lebensunterhalt. Ihr kleines Versteck mit Schminksachen und Modeschmuck unterm Dach im Wohnblock konnte sie nun aufgeben. Wir hörten ihre Schreie nicht mehr, die wir immer gehört hatten, wenn der Vater sie prügelte. Ihm war polizeilich verboten, die Wohnung seiner Tochter zu betreten. Etwa ein halbes Jahr nach dem Umzug sagte Najima: "Es wird schlimm mit mir enden. Mein Vater und mein Bruder verfolgen mich." Wenige Tage später, in der Nacht vom 23. zum 24. Dezember 1994, lag sie auf den Schienen und wurde vom Zug zerbröselt. Ihre Reste wurden in Nador beerdigt.

Als die Familie nach einigen Wochen wieder in Deutschland war, lebte sie weiter, als wäre nichts geschehen. Man hörte den Vater sagen: "Es geht mir gut. So mußte ich nur einmal weinen, sonst hätte ich mein Leben lang weinen müssen."

Beweisen konnte man nichts.

4.4 Subida

Am 28.08.1995 kam er allein von der Reise ins Heimatland nach Dortmund zurück. Seine Frau und den elfjährigen Sohn hatte er in Marokko gelassen. "Ich habe Schluß gemacht," erklärte er locker den erstaunten Nachbarn.

Fünf marokkanische und zwei deutsche Nachbarinnen, Frauen von der Caritas und von der Sozialstation und die Lehrerin schalteten sich ein. Abwechselnd telefonierten die

Berberfrauen mit Subida, die heulte und unbedingt nach Frankfurt zurück wollte. Ihre ersten beiden Kinder waren in Marokko an Diabetes im Säuglingsalter gestorben. Der Jüngste, mit der gleichen Krankheit geboren, war in Deutschland täglich beim Arzt gewesen und hatte nun keine medizinische Versorgung mehr. Es gehe ihm zusehends schlechter, klagte die Mutter. Sie wolle ihr Gold verkaufen, um das Flugticket zu bezahlen, aber ihr Mann habe ihren Paß mitgenommen. Sie habe nur eine Fotokopie, die sie vorsorglich mal in Dortmund gemacht und in Nador versteckt hatte. Aber das reiche nicht aus für das Visum. Sie werde jedoch weiter darum kämpfen.

Eine Nachbarin bat den Arzt um einen Brief zum Gesundheitszustand des Kindes, um Druck auf den Vater ausüben zu können. Das könne er nicht, das verstoße gegen die ärztliche Schweigepflicht. Wenn die Mutter käme, dann ...

Der Schulleiter wurde um Mithilfe gebeten. Mit Verstoß gegen das Schulpflichtgesetz könne er doch dem Vater Angst machen. Das könne er nicht, das Kind sei am zweiten Schultag nach den Sommerferien vom Vater abgemeldet worden.

Am 8.9. erhielt Subida ein Visum, das Kind jedoch nicht. Dazu sei das Einverständnis des Vaters notwendig, die Mutter allein, ließen die marokkanischen Behörden wissen, könne darüber nicht entscheiden.

Am 11.9. lernt Malika auf der Sozialstation, daß man der Frau von hier aus nicht helfen kann, da sie kein eigenes Aufenthaltsrecht hat.

Im Oktober schrieb der Arzt auf Bitten der Frauen hin doch einen Brief: Der Junge brauche lebensnotwendig ärztliche Behandlung. Aufgrund persönlicher Kontakte einer Marokkanerin zum marokkanischen Konsulat wurde das Schriftstück mit dem Stempel des Konsulats versehen. Nach einem Postweg von drei Wochen erhielt Subida den Brief und beantragte in Rabat ein Visum fürs Kind. Nach Überprüfung mit Hilfe des Computers wurde ihr mitgeteilt, ihr Mann habe inzwischen Frau und Sohn in Deutschland abgemeldet. Ihr Visum sei daher ungültig, und der Sohn könne keines bekommen.

Im November erkundigte sich Latifa nach den Chancen im Fall einer Einladung aus Frankfurt. Die marokkanische Behörde teilte der Frau mit, daß sie überhaupt nicht ohne die Zustimmung ihres Mannes ins Ausland reisen könne, solange sie verheiratet sei. Wenn sie geschieden sei, könne sie darüber selbst entscheiden. Scheidungsgründe, die der marokkanische Staat anerkennen würde, hat Subida jedoch nicht.

Ende November starteten die Frauen in Dortmund dennoch den Einladungsversuch – ein kompliziertes bürokratisches Verfahren, wie sich bereits am Anfang zeigte. Der Antrag für ein Besuchsvisum wurde abgelehnt, weil die Zustimmung des Ehemannes fehlte.

4.5 Latifa – eine marokkanische Kollegin

Latifa aus Nador studierte in Marokko arabische und französische Literatur und unterrichtete in Tanger an einer Privatschule. Nach Deutschland kam sie, weil sie einen Cousin heiratete, der in Köln aufgewachsen ist und in Aachen Architektur studiert hat. Zunächst wollte ihr Mann nicht, daß sie in Deutschland arbeiten ginge, da das so aussehe, als könne er sie nicht ernähren. Latifa litt darunter. Das ersehnte Kind blieb aus. Sie lernte sehr schnell Deutsch. Ihr Mann gab schließlich sein Einverständnis zur Arbeitsaufnahme.

Latifa erteilt an zwei Schulen Alphabetisierungskurse für Erwachsene. In die eine Schule geht sie allein, in die andere bringt sie ihr Mann und holt sie zwei Stunden später wieder ab. Er macht das so, weil in der Nähe der Schule die Moschee ist. "Die Marokkaner sollen sie nicht allein auf der Straße sehen, sie könnten denken, sie sei ein leichtes Mädchen geworden." So begründet er sein Verhalten. Latifa hat Angst, sie könne die Arbeit wieder verlieren; denn sie darf die Kurse nur solange geben, wie sich kein marokkanischer Mann anmeldet. Das ist die Bedingung, die ihr Ehemann stellt.

(09.05.93)

Die Texte fordern heraus, was das Schlagwort von der "multikulturellen Gesellschaft" verschleiert: die Entscheidung zwischen Multikulturalität im Sinne eines Pluralismus der Herkünfte oder Solidarität mit den Unterdrückten – egal aus welcher Kultur.

Solange wir Frauen und Töchter von Arbeitsmigranten kein eigenes Aufenthaltsrecht gewähren, behandeln wir sie so wie z.B. das algerische Familienrecht von 1984, das sich am Scharia-Recht orientiert: Dort existieren Frauen nur als Ehefrau, Tochter oder Mutter. Außerdem bedarf es der Anerkennung frauenspezifischer Asylgründe, wie sie z.B. die USA und einige westeuropäische Länder festgeschrieben haben.

III. "Es war schwarz und weiß"

Rekonstruktion der Geschichte einer Migrantenfamilie aus dem Rif im Zeitraum von 1968 bis 1994 mit Hilfe der Methode der objektiven Hermeneutik.

> "Denn wohl vermag der Geist es nicht, die Totalität des Wirklichen zu erzeugen oder zu begreifen; aber er vermag es, im Kleinen einzudringen, im Kleinen die Masse des bloss seienden zu sprengen."[96]

Einleitung

Durch Arbeitsmigration und Familiennachzug hat sich der sehr langsam dahinfließende Strom der Geschichte der Rifberber in Nordmarokko teilweise in eine Sturzflut verwandelt: Die archaische, orale und muslimisch geprägte Kultur erfährt den Umbruch in die okzidentale Moderne.

Für mich – auch als Pädagogin – stellen sich spannende Fragen:

Wie schaffen es Menschen, trotz radikal sich verändernder Bedingungen ihres Lebens eine menschenwürdige Lebenspraxis zu gestalten, ungeahnte Fähigkeiten zu entwickeln, sich im Alten wie im Neuen zurechtzufinden, an beidem aktiv und gestaltend teilzunehmen und dabei ihre leiblich-seelische Integrität zu wahren? Wie schaffen sie es, Transformations- und Bildungsprozesse leibhaftig zu leben, vor deren Dramatik und Dynamik wir nur staunend, bewundernd und fragend stehen können? Wie bringt ein Mensch das alles zusammen, ohne dabei zu zerfließen, sondern vielmehr als individuierte Person aus diesem Wirbel hervorzugehen? Was passiert, wenn Menschen daran zerbrechen?

Theorien zur Konstitution von Erfahrung haben Antworten gegeben. Nach Freud folgt neue Erfahrung stets den durch die von bereits gemachten Erfahrungen gelegten Bahnungen. Sie wird nach Piaget an die erworbenen Schemata assimiliert, die zugleich per Akkomodation transformiert werden. Sie stellt nach Mead die Rekonstruktion des zerbrochenen Handlungskreises aus seinen bereits vorhandenen Komponenten in Verbindung mit dem neuen Moment dar. Einfach

---

96 Theodor W. Adorno, Die Aktualität der Philosophie, 1931, in ders: Gesammelte Schriften I – Philosophische Frühschriften, Frankfurt/Main 1973, S. 344.

ausgedrückt: Lebendige Erfahrung strukturiert das Denken um.[97] Was heißt das konkret? Wie kann das in einem spezifischen Fall aussehen?

Die Studie "Es war schwarz und weiß" ist der Versuch, exemplarisch durch Rekonstruktion eines Falles Transformations- und Bildungsprozesse im Kontext von Arbeitsmigration aufzuzeigen.

Bei dem hier vorliegenden Fall handelt es sich um eine Berberfamilie aus dem Rif, die durch Arbeitsmigration teilweise nach Deutschland gekommen ist. Rekonstruiert wird die Geschichte dieser Familie von 1968, dem Jahr, in welchem der Vater den ersten Arbeitsvertrag abschloß, bis zu einer sadaqa[98] im April 1994 – vier Monate nach seinem Tod, Ende 1993 – also über einen Zeitraum von 26 Jahren.

Unsere Sammlung von Daten und Analysen hat großen Umfang angenommen: Für diese Studie wurde eine kleine Auswahl getroffen, die m. E. so aufschlußreich ist, daß die charakteristischen Züge der Gesamtgestalt für den Leser und die Leserin erkennbar werden.

Ausgewählt wurden folgende Daten:
1. Interview mit der Tochter Aischa.

Es dokumentiert meine Erstbegegnung mit der Familie, gewährt Einsicht in den vom Transformationsprozeß am stärksten beteiligten Teil der Berbergesellschaft, die Frauen, und ist aufgrund der außergewöhnlichen bilingualen Sprachkompetenz Aischas, besonders der Kompetenz in der Zweitsprache Deutsch, ein ideales Material für eine objektiv hermeneutische Analyse.
2. Objektive Daten zur Familiengeschichte aus der Zeit von 1968 – 1994.

Sie ermöglichen die Rekonstruktion der Familiengeschichte vom Beginn der Arbeitsmigration des Vaters bis kurz nach seinem Tod Ende 1993.
3. Tagebuchaufzeichnung einer sadaqa in der Aischa-Familie in Nador vom 6.4.94.

Sie vermittelt Einblick in die berberkulturspezifische Weise des Umgangs mit dem Tod und der Gestaltung menschlicher Beziehungen. Diese Beziehungsgewebe mit ihrer Bindekraft sind einerseits die stabile Grundlage für Migration und Veränderung, andererseits wirken sie hemmend auf den Transformationsprozeß, der genau diese Grundlage zu zerstören droht.

Alle Daten werden strukturhermeneutisch mit Hilfe der Methode der objektiven Hermeneutik ausgewertet.

Alle Namen, ausgenommen die Ortsnamen in Marokko, wurden geändert.

---

97 Das ist auch der Kern der Didaktik Wagenscheins. Vgl. Teil V.1. "VERSTEHEN LEHREN" UND METHODISCHES VERSTEHEN LERNEN.
98 Vgl. Kap. 3 in diesem Teil.

Die Studie besteht aus drei Teilen:
1. der Fallanalyse Aischa,
2. der Analyse der objektiven Daten und einem Falsifikationsversuch der Strukturhypothese,
3. der Analyse der Beschreibung einer sadaqa.

1. Fallanalyse: Aischa

1.1 Datenbasis: Biographisches Interview

Biographisches Interview mit einer in Köln lebenden Berberin aus Nordmarokko, Provinz Nador (Rif).

1.1.1 Entstehung des Interviews

Das Interview wurde 1990 von einer Studentin innerhalb der Arbeitsprogrammatik eines von mir angebotenen Seminars[99] zur Situation ausländischer Kinder und Jugendlicher durchgeführt mit der Intention, Aufschlüsse über die Lebenswirklichkeit marokkanischer Frauen und Mädchen im Kontext von Arbeitsmigration zu erhalten, zu entziffern und die Ergebnisse pädagogisch fruchtbar zu machen. An dem Seminar nahmen ausnahmslos – auch ausländische – Frauen teil. Sie stellten Kontakte zu marokkanischen Immigrantinnen her und führten Interviews in deutscher Sprache durch, die auf Tonband aufgezeichnet wurden. In einigen Fällen konnten auf Wunsch der marokkanischen Frauen nur Mitschriften angefertigt werden. Beim vorliegenden Protokoll handelt es sich um die Transkription einer Tonbandaufnahme.

1.1.2 Gesamtgestalt des Interviews

Das gesamte Interview dauert 114 Minuten, transkribiert wurde es auf 57 Seiten. Im Anschluß an die Eröffnungsfrage erzählt Aischa ihre Lebensgeschichte in 62 Minuten, transkribiert auf 30 Seiten. Danach folgen 17 Fragen der Interviewerin, von denen Aischa 12 sehr ausführlich beantwortet (S. 31 – 57, 52 Minuten). Für die Beantwortung der letzten Frage nimmt sich die Interviewte besonders viel Zeit. Sie sinnt den Schwierigkeiten ihrer bikulturellen Vergangenheit nach und

---

99 Hiltrud Schröter, Zur Situation ausländischer Kinder und Jugendlicher an unseren Schulen, Universität Frankfurt/Main im Fachbereich Erziehungswissenschaften, Wintersemester 1989/90. Der hier analysierte Interviewauszug ist im Anhang I einzusehen.

verdeutlicht mit Hilfe von Beispielen die ganz alltägliche Dramatik. Aischa bringt ihre Darstellung zum Abschluß mit einer sensiblen Betrachtung über ihr Alter (22 Jahre) zum Zeitpunkt des Interviews und der Frage, ob sie noch ein Mädchen oder schon Frau sei. Ihr letzter Satz hat den Charakter der Beschließung einer Erzählung: Er bindet das aktuelle Moment in den Fluß der Lebenspraxis und der erzählten Lebensgeschichte ein. Gleichzeitig bringt er die Anerkennung der Wichtigkeit der eigenen Lebenspraxis zum Ausdruck:

"Aber das sind so Sachen, die, denke ich, schon ganz wichtig sind."[100]

1.1.3 Zur Transkription

Aischa erzählt in fließender Sprache und ohne Unterbrechungen. Wir haben uns daher für die Verwendung der regelhaften Zeichensetzung, ergänzt durch eine Pausenmarkierung, entschieden:
.. kleine Pause (etwa 1 Sek.)
Verwendet werden zwei Abkürzungen:
A = Aischa
I = Interviewerin

1.2. Analysen und Strukturhypothesen

1.2.1 Analyse der Interaktionseinbettung

1.2.1.1 Vorbereitung des Interviews

Die Vorbereitung verlief in vier Phasen:
1. Gespräch zwischen der Interviewerin und einer dritten Person, B., über das Vorhaben und über eine mit B. befreundete Marokkanerin: Aischa. Eine entsprechende Anfrage von B. bei Aischa wird vorgesehen.
2. Gespräch zwischen B. und Aischa: Erläuterung des Vorhabens, Stellen der Initiationsfrage mit dem Ergebnis der Bereitschaft Aischas zur Kontaktaufnahme mit der Interviewerin: "Sie soll mich anrufen."
3. Anruf der Interviewerin bei Aischa: Erläuterung des Hintergrundes und des Vorhabens, auf Nachfrage Aischas Bestätigung der ausschließlich weiblichen Zusammensetzung des Seminars, Terminabsprache.

---

100 Die Beantwortung der letzten Frage befindet sich im Anhang V – Auf die Beschließung wird bei der Interpretation der erzählten Lebensgeschichte noch einmal eingegangen (S. 74f.)

4. Treffen in der Wohnung von Aischa. Erneute Klärung des Kontextes. Dabei zeigt sich, daß die Geschlechtszugehörigkeit der Seminargruppe für Aischa von besonderer Relevanz ist. Unter der Bedingung, daß das Interview für eine Frauengruppe ist, wird die Initiationsfrage bejaht.[101] Die Zeitplanung übernimmt Aischa; sie sieht eineinhalb Stunden vor, danach habe sie einen Termin. Im Anschluß an diese Vorkehrungen signalisiert sie ihr Einverständnis zum Einschalten des Recorders.

1.2.1.2 Analyse der Eröffnungsfrage

Die Initiationsfrage, die bewußt wörtlich und vergleichbar gehalten wurde, lautet: *Bist du bereit, uns deine Lebensgeschichte zu erzählen, sowohl dein Leben hier wie auch in Marokko?*

Zur Verdeutlichung des Eigencharakters dieser Frage erfolgt ein Vergleich mit anderen Interview-Eröffnungsfragen:
a) Das Forschungsinterview der empirischen Sozialforschung beginnt meist so:
Wir wollen wissen ... wir untersuchen ...
oder
Wir sind daran interessiert zu erfahren, wie Angehörige Ihrer Generation ...
oder ähnlich.
Hier wollen die Forscherin oder der Forscher etwas wissen und benennen das Thema. Die oder der Befragte wird nicht als Person gefragt – das Auswahlverfahren kann eine Zufallsstrichprobe gewesen sein – sie oder er ist austauschbar. Auf seiten des Interviewees fehlt die Motivation in der Regel.
b) Beim narrativen Interview nach Fritz Schütze sind zwei Möglichkeiten für die Eröffnung vorgesehen:
– eine "Erzählaufforderung"[102],
Bitte erzählen Sie doch mal ihr Leben. Zusatz: *Ich halte mich da ganz zurück, erzählen Sie mal nur.*

---

101 1994, also fünf Jahre nach dem Interview, gab uns Aischa ihr Einverständnis für die Verwendung ihrer erzählten Lebensgeschichte im Rahmen dieser Studie. Der hier interpretierte Interviewauszug ist im Anhang I einzusehen.
102 "Auf eine autobiographisch orientierte Erzählaufforderung (...) folgt als erster Hauptteil die autobiographische Anfangserzählung, die – sofern sie zum Erzählgegenstand tatsächlich die Lebensgeschichte des Informanten hat und so verständlich abläuft, daß ihr der Zuhörer folgen kann – vom interviewenden Forscher nicht unterbrochen wird." Fritz Schütze, Biographieforschung und narratives Interview, in: Neue Praxis 1983, Heft 3, S. 285.

- eine "erzählgenerative Anfangsfrage", die den Informanten zu einer Stegreiferzählung persönlicher Erlebnisse zu einem vorgegebenen Thema veranlassen soll. [103]
  Bei der "Technik des autobiographisch-narrativen Interviews"[104] ergeben sich zwei Schwierigkeiten:
  1. Bei der Aufforderung fehlt die Fraglichkeit, die erzählstiftend ist. Die Interviewten werden dann mit Recht irritiert sein. Eine typische Reaktion ist es, von sich aus die Fraglichkeit einzurichten, z.b. indem die Frage gestellt wird: *Was wollen Sie denn wissen?* Die InterviewerIn verläßt dann ihre Bahn.
  2. Auf den Abruf der Stegreiferzählung zu einem Thema wird eine fertige Erzählung präsentiert, die sich aus Erlebnis und Erinnerung herauskristallisiert hat. Es wird keine spontane Praxis evoziert. Eine Technik ist keine Praxis.[105]

c) Anders als das Forschungsinterview ist das Erstinterview in der therapeutischen Praxis. Hier ist die Person, die befragt wird, diejenige, die etwas will. Sie ist motiviert. Es geht im Grunde um einen Problemfall, der eröffnet wird. Die Eingangsfrage: *Bist du bereit, ... ?* ist von anderer Art.
- *Bist du bereit?* fragt explizit nach Kooperationsbereitschaft.

Es ist eine Formulierung, die in der Praxis verwendet wird, z.B.: *Bist du bereit, mir das Fahrrad zu halten?* Die Frage des Forschungsinterviews – *Ich wüßte gerne von Ihnen ...* – ist auf die Praxis des Fahrradhaltens nicht übertragbar. Daran läßt sich der Unterschied erkennen. Durch *Bist du bereit, ... ?* wird eine direkte Praxisform eröffnet. Es ist die präzise und knappe Ankündigung eines Begehrens, das die Interviewerin hat, das gleichzeitig Distanz

---

103 "Das narrative Interview ist ein sozialwissenschaftliches Erhebungsverfahren, welches den Informanten zu einer umfassenden und detaillierten Stegreiferzählung persönlicher Ereignisverwicklungen und entsprechender Erlebnisse im vorgegebenen Themenbereich veranlaßt. Es sieht eine erzählgenerative Anfangsfrage vor, die sich auf eine wohlabgegrenzte 'autohistorische' bzw. autobiographische, interaktions- bzw. beziehungshistorische oder (kollektiv-)historische Geschichtegestalt bezieht, deren Ereignissubstrat der Informant selbst erlebt hat und die sich im aktuellen Erleben und in der nachträglichen Erinnerung an dieses nach und nach auskristallisiert hat. Nachdem der Informant begonnen hat, seine Geschichte zu erzählen, sieht das Interviewverfahren vor, den Informanten ohne irgendwelche forscherseitige thematische Interventionen bis zum natürlichen Ende seiner Geschichte erzählen zu lassen." Fritz Schütze, Das narrative Interview in Interaktionsfeldstudien: erzähltheoretische Grundlagen, Studienbegleitbrief der Fernuniversität – Gesamthochschule Hagen, 1989, S. 49 (Unterstreichung im Original).
104 Schütze, Biographieforschung und narratives Interview, a.a.O.
105 Vgl. hierzu Teil V 1. "Verstehen Lehren" und methodisches Verstehen lernen, S. 192f. Struktur von Lebenspraxis nach Wagenschein und Oevermann.

signalisiert und wahrt und die Entscheidungsautonomie der befragten Person respektiert, indem ihr die Möglichkeit der Verweigerung eingeräumt wird. *Bist du bereit*, enthält eine implizite Aufforderung und ist tätigkeitsunspezifisch. Das kann sowohl eine praktische Handlung sein als auch Erzählen. Die interviewte Person, die kooperationsbereit erzählt, beteiligt sich an der Erfüllung eines praktischen Begehrens.

(2) Die eigene Lebensgeschichte erzählen ist kein Thema.
Es ist in sich eine praktische Handlung und die Fortschreibung einer Totalität. Lebensgeschichte ist wie Geschichte eine Totalität. Diese unterscheidet sich von einem Thema dadurch, daß sie kein Ausschnitt, nicht klassifizierbar und nicht unter einen Oberbegriff einzuordnen ist. Lebensgeschichte und Kultur verhalten sich zueinander als zwei Totalitäten, zwar ist die eine der anderen übergeordnet, jedoch nicht im Sinne einer hierarchischen Klassifikation, in die sich ein Thema einbetten läßt. Lebensgeschichte ist immer eine Totalität, und eine Totalität entbindet immer eine Praxis.

Die Initiationsfrage ist also in doppelter Weise eine Praxisformeröffnung:
1. weil das Interview in die Form eines praktischen Begehrens gegossen wird und
2. weil zum Vollzug einer praktischen Handlung – Lebensgeschichte erzählen – aufgefordert wird und nicht zu einer Auskunft.

Wichtig ist, es ist kein typisches Forschungsinterview mehr. Aber: Es ist motiviert auf seiten der Interviewten, und das kommt ihm zugute.

Interessant ist nun folgendes:

Eine Lebensgeschichte ist zwar kein Thema, sie ist jedoch Teil einer Thematisierung, etwa Biographie. Wenn nun die Befragte dem Begehren nachgibt, ihre Lebensgeschichte erzählt, so ist dies thematisch ein biographisches Interview, nicht im Hinblick auf einen bestimmten Ausschnitt, etwa Berufsausbildung oder Familienstatus, sondern implizit das ganze Leben, die Totalität. Das Begehren ist evident durch den Kulturabstand. Indirekt erhält die Befragte die Aufforderung, als Mitglied einer fremden Kultur, für die sich andere interessieren, im Sinne des exemplarischen Informantentums aufzutreten. Dieses biographische Interview wird – wiederum indirekt – durch die gewählte Praxisaufforderungsrahmung zu einem Experteninterview; denn diejenige, die in diesem Sinne ihre Lebensgeschichte erzählt, präsentiert sie als Informantin einem Fremden. Einem Eingeborenen, z. B. einem Wetterauer, könnte eine Forschungsgruppe die Frage – *Sind Sie bereit ...?* – vergleichsweise nicht so einfach stellen. Man müßte dann vorweg die Kultur der Wetterauer exotisiert oder befremdlich gemacht haben. Dem eingeborenen Interviewten fehlt die Motivation. Er sieht mit Recht nicht ohne weiteres ein, warum der Wissenschaftler aus der eigenen Kultur ihm eine solche Frage stellt.

1.2.1.3 Implikationen

Die Bereitschaft zum Experteninterview, basierend auf kultureller Distanz, in der Praxisform 'Lebensgeschichte erzählen' enthält mehrere Implikationen bzgl. des Informantentums und der Gestaltung des Interviews:
(1) Die oder der Interviewee sieht sich viel eher als bei anderen Interviewformen verpflichtet, eine der Totalität Lebensgeschichte entsprechende komplette Erzählung zu liefern.
(2) Auf der Ebene der Praxis – als InformantIn – wird sie sich bemühen, eine gültige VertreterIn ihres Milieus zu sein. Den Typus, das eigene Milieu möglichst schlecht zu vertreten, gibt es nicht. Kann es nicht geben. Das eigene Milieu schlecht zu vertreten wäre eine ähnlich kaputte Handlung wie die Aussage: "Ich verspreche dir, das Geld am Monatsende zurückzugeben, aber ich beabsichtige es nicht ernsthaft."[106] Die RepräsentantIn ihres Milieus wird sich aufgerufen fühlen, dieses Milieu zu typisieren und Besonderheiten mit deskriptiver Sorgfalt herauszuarbeiten. So ließe sich u.a. erklären, warum im vorliegenden Interview die Erzählerin so lange redet.
(3) Wenn man sein Milieu, das man repräsentiert, kritisiert, wird man verständnisvoll kritisieren. Andernfalls würde man das Informantendasein implizit abweisen, weil man die kulturelle Distanz als Voraussetzung für das Gespräch nicht mehr gelten läßt. Der oder die Befragte würde sich auf den unterstellten Standpunkt des Interviewers oder auf irgendeinen dritten Standpunkt stellen.
(4) Man kann nicht InformantIn über das eigene Privatleben sein. Das ist ein Widerspruch in sich. Wenn das Privatleben vernünftig und nicht krank ist, kann man darüber keine Informationen erteilen. Etwas anderes ist es, wenn bei Beginn einer Intimbeziehung zum Privatleben Aussagen gemacht werden.
(5) Die Bindung der Erzählbereitschaft an das Geschlecht – Frauen – spricht dafür, daß Aischa Sorge trägt für den Erhalt der Integrität ihrer Herkunftskultur. Außerdem für kulturspezifische Eigenart: Eine Erzählung über das ganze Leben, wozu dann auch Geschlechtsspezifisches gehört, kann möglicherweise durch eine Frau nur dann erfolgen, wenn gesichert ist, daß die Lebensgeschichte unter Frauen bleibt. Andernfalls würden kulturelle Regeln verletzt und die Dignität der Kultur. Man kann eine Kultur nur repräsentieren, wenn man ihre Regeln auch einhält. Sonst ist man kein Repräsentant mehr.

---

106 Ein von Ulrich Oevermann häufig gegebenes Beispiel für eine kaputte Handlung. Zur Zitation von Oevermann siehe folgende Fußnote.

(6) Aus der Sicht eines Marginalisierten kann das biographische Interview eine spezifische Modellierung erhalten, die sich thematisieren läßt als Problem unter dem Gesichtspunkt des Verlustes der alten Kultur oder primär unter dem Gesichtspunkt des Noch-nicht-in-die-neue-Kultur-hineingenommen-Seins. Das sind zwei Varianten, die typischerweise auch immer wieder auftauchen. Die Befragte kann sich aufgerufen fühlen, die Kategorie der Entwurzelten als eine schon bestehende Kategorie, als einen Typus zu repräsentieren. Das kann dann aber auch in die Richtung eines klinischen Interviews tendieren, weil es im Grunde genommen um einen Problemfall geht, und einen Problemfall kann man nicht repräsentieren, den kann man nur eröffnen.

1.2.1.4 Erste Strukturhypothese zum Fall Aischa

Die Absicherungen, die Aischa trifft, sprechen für Autonomie und Souveränität.

Ihre Art der Beteiligung an den Vorgesprächen spricht gleichzeitig für Distanz und Offenheit.

Die Bindung der Zusage an das Geschlecht könnte darauf hinweisen, daß Aischa aus einer Kultur kommt, in der das Geschlecht Steuerfunktion für die Strukturierung des sozialen Gebildes hat, und zwar in der Weise, daß tendenziell zwei Welten entstehen: eine männliche und eine weibliche.

Aus der Bereitschaft, das Interview in deutscher Sprache zu geben, läßt sich schließen, daß Aischa entweder zu einer Immigrantengruppe gehört, die ihre Frauen nicht einsperrt, oder zur sogenannten zweiten Generation, die überwiegend in Deutschland aufgewachsen und hier zur Schule gegangen ist, wodurch sie ihre Zweitsprachenkompetenz erwerben konnte.

1.2.2 Sequenzanalyse der ersten beiden Seiten des Interviews

Ja, .. soll ich anfangen?

Typischerweise könnte diese Frage zum Beispiel auch jemand stellen, der zum Vorsingen in die Oper kommt. Gemeint ist dann: Sind Sie bereit zum Zuhören? Ein anderes Beispiel: Mündliche Prüfung, die Frage der KandidatIn bedeutet dann sinngemäß: Sind Sie bereit zum Prüfen / Protokollieren? Haben Sie Ihr inneres Ohr geöffnet? Können Sie Ihren Part spielen?

Die Frage präsupponiert, daß es etwas Verabredetes gibt, ein Arbeitskonsens abgeschlossen ist. Sie impliziert die Anerkennung eines Gefälles zwischen dem, der etwas wissen will, und dem, der präsentiert, und der Strukturierungsfunktion des Ablaufs durch den, der aufnimmt. Sie ist eine Bewegung in der Nähe-Distanz-Regelung und spricht für ein klares Distanzempfinden.

In der konkreten Interviewsituation erfolgt die Frage auf das Drücken der Starttaste des Recorders. Das "Ja" ist Markierung parallel zum Tastendrücken. Die üblichen Unsicherheiten bei diesem Startsignal werden in die Frage nach einer zusätzlichen Lizensierung transformiert. Wie in den vergleichbaren Situationen sind ein klares Distanzempfinden und souveräne Distanzregelung typisch für diesen Anfang, sonst würde die Informantin es so nicht machen.

"Die Vergleichbarkeiten verweisen auf sehr abstrakte Ähnlichkeiten, die sozusagen Strukturähnlichkeiten sind und die auch kulturübergreifend sind. Da merkt man, daß das Problem der Kulturspezifizität überhaupt keins ist. Natürlich gibt es Kulturspezifisches, aber trotzdem kann man problemlos vergleichen. Und sehr interessant ist eben, daß diese archaische Kultur diese Distanzregelung ganz klar hat."[107]

Da hörbar keine Antwort der Interviewerin erfolgt, können wir schließen, daß sie genickt hat.

Also, mhm ..

Der Einsatz des Also als Eröffnungspartikel zeigt bereits, daß das Erzählschema der Zweitsprache beherrscht wird. Gesetzt wird eine erste Rahmung, die Erzählung ist eingeleitet. Da aus Platzgründen die Analyse des Schlusses der erzählten Lebensgeschichte hier nicht abgedruckt wird, teile ich an dieser Stelle das Ergebnis mit, auf das ich in der Skizze zur Gesamtgestalt bereits verwiesen habe: Aischa nimmt auch die Beschließung ihrer Erzählung souverän selbst vor.[108]

ich bin erst mal, ..

Mit diesem ersten Element erfolgt sofort eine Sequenzierung. Es ist aufschlußreich für eine Informanten-Lebensgeschichte, was als Anfang gesetzt wird. Denkbar ist, daß die Informantin die Erzählung mit einer Generalkontextuierung beginnen will – Marokkanerin, Berberin, aus dem Stamm der ..., dann würde sie den Anfang mit einer Situierung als Informantin gegenüber der Interviewerin verknüpfen.

ja, ich bin jetzt 22 Jahre alt und bin im April 67 geboren,

---

107 Ulrich Oevermann, Forschungspraktikum Fachbereich Soziologie, Johann Wolfgang Goethe-Universität, Fankfurt am Main 1994, 25.11.94. Die Arbeit im Forschungspraktikum ist mit Tonbandaufzeichnungen, welchen *alle* nachfolgenden Zitate in dieser Analyse entnommen wurden, dokumentiert. Die hierfür verwendete Zitation wird sich auf die Angabe: Oevermann, a.a.O. beschränken.
108 Siehe Anhang V.

Der Ansatz der Generalkontextuierung wird abgebrochen. Möglicherweise hat die Sprecherin gemerkt, daß dies erstmal zu komplex und nicht in einem Satz zu fassen ist. Es folgt ein neuer, ganz anderer Anfang. Der Erzählbeginn wird an eine normale, nicht bikulturelle Lebensgeschichte angepaßt. Zu ihm gehört das Geburtsjahr. Im April ist eine Zusatzinformation, die auf Genauigkeit der Sprecherin schließen läßt. Wahrscheinlich deutet der Abbruch auf einen Konflikt hin, in dem sich die Sprecherin am Anfang ihrer Erzählung befindet, zu dem folgender Fragenkomplex gehört:

Wie beginnt ein Mensch aus einer anderen Kultur die Erzählung seiner Lebensgeschichte? Ordnet er sich, wenn er mit der Paßidentität beginnt, nicht in eine universalistische Kultur ein? Beginnt er mit einer Generalkontextuierung – wie kann er die Komplexität kurz und präzise fassen?

das heißt, ich werde jetzt schon wieder 23 (lachen)

Diese interessante sprachliche Formulierung geht möglicherweise auf das Nichtmuttersprachliche zurück.

Sie enthält Zyklisches: wieder 23 erinnert an Wiedergeburt; und Bedauern: schon wieder drückt aus, daß die Zeit zu schnell vergeht. Was schon wieder kommt, ist verfrüht und noch nicht erwünscht. Das zeigen Vergleichskontexte: Schon wieder Weihnachten! Bist du schon wieder da?!

Übertragen auf den konkreten Fall kann das bedeuten: Aischa hat eine selbstironisierende Schlußfolgerung gezogen im Sinne von: *Der Alterungsprozeß geht schnell voran.* Sie lacht auch an der Stelle.

Berücksichtigt man den heimatlichen Kontext, so ist auch eine andere Lesart möglich: Trotz verschiedenster Modernisierungseinflüsse, Transformationen und Ungleichzeitigkeiten ist 23 schon ein spätes Heiratsalter für eine Frau. Da Aischa nicht mehr ganz dazu gehört, ironisiert sie diese Lebenspraxis. Auf der Handlungsebene kann sich längst eine veränderte Realität eingestellt haben, obwohl auf der Ebene des Wissens und der Werte die alten Orientierungsmuster weiter vorhanden sind. Dieses Auseinanderlaufen könnte hier mitspielen.

und ja, ich bin mit sechs Jahren, also 1973 bin ich hergekommen.

Hier wiederholt sich die Präferenz, historische Angaben mit Lebensalter zu verbinden. Zuerst erfolgt die Orientierung am eigenen biographischen Kalender, danach die Einordnung in den Kollektivkalender. Die objektiven Daten lassen sich interpretieren:

Entwicklungspsychologisch gesehen, wenn wir in den Stadienmodellen operieren, ist Aischas Leben genau geteilt, nicht nach Jahren, aber nach Bedeutsamkeit der Stadien, frühe Kindheit in der Herkunftskultur, Latenz und Adoleszenz in der hiesigen Kultur. Mit sechs Jahren hat man die Muttersprache gelernt. Die primäre Spracherwerbsphase – Beherrschung der Regeln des Sprechens, der Sprachproduktion und -rezeption – ist abgeschlossen. Bis zum Ende des primären Spracherwerbs haben die Kinder keine Mühe, mehrere Sprachen zu erlernen. Die Geschmeidigkeit im Sinne der Fähigkeit zum Sprachenerwerb bleibt bis zur Pubertät noch erhalten, danach wird das Erlernen von Fremdsprachen schwer, und der Erfolg hängt ab von der kulturspezifisch geprägten Haltung gegenüber Sprachen.

Aischa kam im Einschulungsalter nach Deutschland. Das ist günstig. Sie wurde der Schwierigkeit enthoben, im Schulalter die Kultur wechseln zu müssen. Die Einschulung fällt zusammen mit dem Kulturwechsel. Der Zeitpunkt ist auch relativ günstig für den Erwerb der Zweitsprache. Eventuell haben die Eltern das mitberücksichtigt. Das Problem ist ihnen aus der Heimat bekannt. Dort werden die Kinder auch mit sechs Jahren eingeschult und dann in der Fremdsprache Arabisch alphabetisiert. Die Muttersprache der Rifi ist Tamasight, eine mündlich überlieferte Sprache ohne Schrift.

Also in Marokko hat es mir

Aischa hat bisher nur ihr Alter und den Kulturwechsel benannt. Naheliegend wäre weitere Auskunft über die Paßidentität (Schule, Berufsausbildung, Eltern, Geschwister, Heimatort ...) im Sinne von objektiven Daten des Lebenslaufs. Nichts dergleichen geschieht. Es beginnt ein neuer Teil der Erzählung, der durch also markiert wird. Normalerweise folgt in einer biographischen Erzählung ein eingebettetes also nur resümierend, also wenn schon etwas Nennenswertes erzählt worden ist, z.B. nach der Darstellung einer biographisch schwierigen Phase: *Also, da habe ich viel Pech gehabt.* In Aischas Erzählung ist jedoch nichts passiert. Folglich kann es sich nur um eine Neueröffnung einer Geschichte handeln, um eine eingebettete Neueröffnung, die ein ganz anderer Typus, ein ganz anderer Teil der lebensgeschichtlichen Erzählung sein muß.

Es folgt an einer außergewöhnlich frühen Stelle eine subjektive Situierung, die Bezug nimmt zur Herkunftskultur.

Auf der Strukturebene bestätigt sich die Interpretation, daß sich Aischa bei dem Erzählen der Lebensgeschichte als Informantin angesprochen fühlt. Daß sie so früh sich schon zu einer Bewertung aufgerufen fühlt, spricht für einen inneren Druck, die Handlung des Kulturübertritts irgendwie zu rechtfertigen. Und das kann man im Prinzip nur auf zweierlei Weise: Wenn man an der Herkunftskultur festhält, erklärt man den Wechsel als notgedrungen. Oder aber, und dann hat man gleichzeitig die Herkunftskultur abgewertet, man begründet den Wechsel damit, daß man von der Zielkultur überzeugt war.

Im Fall Aischa fallen beide Möglichkeiten aufgrund ihres Alters weg. Jetzt, mit 22 Jahren, bleibt ihr nur folgende Rechtfertigungsmöglichkeit: Zwar Kultur gewechselt, aber das ist nicht ein Votum gegen meine Herkunftskultur. Und genau das erfolgt jetzt. Daß es so früh erfolgt, spricht für das Kompulsive, die Herkunftskultur verteidigen zu müssen und zu wollen. Daß man dafür Sorge tragen muß, daß Kulturwechsel nicht identisch wird mit einer Entwertung.

Damit stoßen wir auf ein allgemeines Dauerproblem von MigrantInnen, das nicht explizit benannt ist, aber aus der Art der Präsentation – auf der Strukturebene – abzulesen ist. Ungewöhnlich für ein biographisches Interview ist der frühe Abbruch der Paßidentität und die frühe Selbstrepräsentation als Informantin der Herkunftskultur. Dahinter muß ein drängendes Problem stehen: Der Verrat der ersten Gemeinwohlbindung. Weggehen heißt verlassen. Es ist erstmal ein Votum gegen das, was man zurückläßt. Das kann unterschiedlich gerechtfertigt sein (Verfolgung, Not ...). Dennoch bleibt es moralisch Verrat. Wer seine Herkunftskultur verläßt, die der materiale Sitz der ersten Gemeinwohlbindung ist, handelt häufig im Eigeninteresse und setzt dies damit über das Gemeinwohl. Darunter leiden die meisten Menschen, die ihre Kultur verlassen haben. Sie stehen unter enormem Rechtfertigungsdruck. Die wirkliche moralische Rechtfertigung wäre, wenn man mit dem, was man im Gastland erworben hat, die Gemeinwohlbindung zur alten Kultur zu einem späteren Zeitpunkt wieder aufnähme, z.B. als Ärztin oder Arzt. Das gibt es aber ziemlich selten. Ersatzweise wird der Erfolg im Gastland angestrebt. Weil in dem Maße, in dem die MigrantInnen im Gastland erfolgreich sind, kontrastiv zu den nicht möglichen Erfolgen in der Herkunftskultur, der Verrat an der Herkunftskultur ersatzweise ausgeglichen wird.

Wir berühren hier ein allgemeines Phänomen der Migration: die katastrophalen Folgen für die Herkunftskulturen, deren Probleme sich immer mehr verschärfen, weil die qualifiziertesten Menschen das Land verlassen. Eine Lösung der Probleme ist angesichts der sich beschleunigenden Emigration nicht mehr sichtbar. Hinzu kommt ein anderes Problem: Das Aufzeigen dieser Entwicklung löst sofort eine Verdächtigungswelle aus, und man wird als reaktionär abgestempelt.

zum Teil ..

Im Sinne dessen, was wir über das Informantenwesen gesagt haben, daß man seine Kultur gut repräsentieren muß, müßte man etwas Positives erwarten. Die Einschränkung zum Teil .. mit anschließender Pause, was nur selten im Text vorkommt, spricht dafür, daß die Informantin nicht pauschale Urteile abgeben will, sondern aus distanzierter Einstellung sehr nachdenklich nach präzisen Angaben sucht.

im nachhinein,

Auch hier zeigt sich wieder, daß Aischa außerordentlich genau ist. Im nachhinein heißt soviel wie: *aus der Erinnerung an meine Kindheit.* Gegenwartsstandpunkt und Vergangenheitsobjekt fließen hier ineinander. Eine Bewertung des Vergangenen ist immer eine Synthese aus beidem.

wenn ich jetzt darüber nachdenke,

Wenn ich jetzt ist eine Verstärkung von im nachhinein. Darüber nachdenken ist wohl weniger als eine Art Erkenntnisoperation zu verstehen, sondern eher im Sinne von gedanklich in der Kindheit verweilen und darüber nachsinnen.

Hier bestätigt sich unsere Interpretation, daß die Bitte, Aischa solle ihre Lebensgeschichte erzählen, gleichzeitig die Bitte enthält, die eigene Kultur zu repräsentieren. Sofort hat Aischa das Problem, sonst würde sie diese Äußerungen, die für eine biographische Erzählung an dieser Stelle ganz ungewöhnlich sind, nicht machen.

fand ich es sehr schön, meine Kindheit sehr schön,

Wir stoßen hier auf die universale Tendenz, Kindheit zu idealisieren.

weil ich im Freien aufgewachsen bin

Die Begründung ist mehrdeutig. Konkret heißt es: im Freien draußen. In der ideellen Sphäre: nicht im Gezwungenen, nicht im Gefesselten, sondern frei. Ein freies und ungebundenes Leben. Eindeutig wird hier idealisiert. Wir neigen dazu, genau das zu idealisieren, was in einem Kontrast zu unserer Lebenswelt steht. Der Städter die griechische Insel, der Inselbewohner die Stadt. Dasselbe erscheint, aus der Ferne betrachtet, ganz anders. So scheint es auch hier zu sein. Mit einiger Wahrscheinlichkeit kann man annehmen, daß Aischas hiesige Existenz tendenziell gefesselt und die Großstadt ihre Lebenswelt ist.

und .. wir haben also wirklich unser Brot sogar in Lehm, so in 'nem Lehmöfchen gebacken, und irgendwo war das, also ich war wirklich mit der Natur eins,

Als Beleg für das Aufwachsen im Freien und das sogenannte Einssein mit der Natur fällt Aischa ein konkretes Bild ein, das mit Erinnerung an mit allen Sinnen durchlebte Szenen verbunden sein wird, in denen sie sich wohlgefühlt hat. Es ist nicht schwer, sich das vorzustellen. Die Lehmöfen, kegelförmig, stehen wie kleine Zelte im Freien, und die Frauen backen grundsätzlich täglich frisches Brot. Der Satz klingt fast sehnsuchtsvoll. Er enthält die typische Idealisierung und Musealisierung der sicher schwierigen Lebensbedingungen auf dem Land, in denen Mensch und Natur nicht eins sind, aber der Mensch zu einer an der Natur orientierten Lebensweise finden muß, wenn er überleben will. Abgesehen von der Idealisierung sagt der Text auch, daß das Kind Aischa empfänglich gewesen sein muß für die Schönheit der Natur in seiner Heimat im Ostrif, wo es in einer für die Menschen dort typischen Streusiedlung in einem Lehmhaus mit einem Innenhof mit Blumenbeet aufgewachsen ist.

wenn man so sagen darf...

Aischa sieht durchaus das Problematische an ihrer Formulierung.

Wir sind hier wieder auf universale Strukturen gestoßen: Auf die Bedeutung der Kindheit im allgemeinen und besonders in der Fremde. Wenn man in einer fremden Kultur lebt, ist man ja auch Fremder in einer Gastkultur und hat das Gefühl des Fremdseins. Dann ist die Kindheit ein wertvoller Besitz, den man höherwertig machen und verteidigen muß, weil einem ja die Kindheit aus dem Gastland fehlt. Das liegt der Idealisierung zu Grunde. Mutterprache und Kindheitsmilieu prägen uns lebenslänglich, und ihre Plätze in uns sind unwiederbringlich besetzt. Durch das eine erhalten wir unser universelles Sprachvermögen, durch das andere unsere soziale Geburt, werden handlungs- und gesellschaftsfähig. Beides greift ineinander.

"Wir kommen alle aus unseren kleinen Kinderwelten. Die sind regional, sozialschichtspezifisch, konfessionell, religiös, sprachlich und durch Stadt-Land-Unterschiede strukturiert. Das sind die Lebenswelten, die eine habitusprägende Funktion ihr ganzes Leben lang behalten. Und das nimmt mit dem Alter überhaupt nicht ab, nimmt eher zu. Das lockert sich nicht, im Gegenteil, das wird eher starr mit dem Alter. Methusalemgesetz."[109]

Die unterschiedlichen fallspezifischen Einstellungen zur Kindheit sind Variationen eines Grundmusters, zu dem immer zwei Komponenten gehören:
(1) die objektive Verhaftetheit und
(2) die Stellungnahme im Lichte der Gegenwart mit ihren neuen Realitäten.

Beides muß man zu einer Synthese bringen, worin dann die Herkunftskultur, die Kindheit – sei es idealisierend affirmativ, ironisierend oder nostalgisch-musealisierend – eingebaut ist. Man kann versuchen, die Kindheit durch Distanzierung abzuschwächen, dann muß man sie eingrenzen. Es gehört dann zur ak-

---

[109] Oevermann, a.a.O.

tuellen Identitätsformel eine Metamarkierung, die die Stellung, die man zu seiner Kindheitskultur einnimmt, anzeigt, z.B.: *Ich komme von daher, das müssen Sie verstehen.*

In diesem Sinne bleibt Aischa immer Marokkanerin, da sie eine marokkanische Kindheit hat. Das hat mit Diskriminierung und Etikettierung überhaupt nichts zu tun.

Autos hast du nur hin und wieder mal gesehen, und wenn, dann war das ein Ereignis, und sonst bin ich eigentlich nie in Großstädten gewesen und so.

Aischa verwendet hier das frankfurterische oder jugendjargonhafte generalisierende Du. In Langschrift heißt das: *Du würdest das genauso sehen, dich genauso fühlen, wenn du in diesen Situationsbedingungen wärst.* Die Äußerung bezieht ihren Sinn aus dem Vergleich Kultur A – Kultur B, früher und heute. Das Auto ist Indikator für den Modernisierungsgrad. Der Text ist wie eine ethnographische, verdichtete Aufzeichnung, die auf Darstellung des Kontrastes angelegt ist.

Na ja, und dann hat man uns gesagt, weil mein Vater war schon hier, und der wollte uns nachholen,

Aus der Komplexität und den Schwierigkeiten, die es beim Nachzug eines Familiensegments sowohl innerhalb der Familie in Marokko (zwei Ehefrauen, elf Kinder)[110] als auch beim bürokratischen Gang in Deutschland gegeben haben muß, wählt Aischa souverän die Daten aus, die aus der Perspektive der Gegenwart von Bedeutung für ihre Lebensgeschichte geworden sind. Über das Privatleben der Familie in dieser sicher sehr schwierigen Entscheidungsphase berichtet sie nichts. Es bestätigt sich hier die oben genannte Implikation des Informantendaseins: Über sein Privatleben kann man nicht informieren.

Die Sequenzstelle verweist auf Fremdbestimmung. Es ist der Wille des Vaters, durch den der Nachzug ermöglicht wird: und der wollte uns nachholen. Der Vater muß den Antrag auf Familiennachzug gestellt haben. Die Mutter kann nicht an die Stelle des Vaters treten, weder im Rahmen der Familie noch auf dem bürokratischen Weg im Gastland. ... und dann hat man uns gesagt, könnte auf eine anonyme Macht verweisen aber auch einfach auf einen Boten, der die Nachricht überbracht hat.

und dann waren wir ganz aufgeregt, meine Mutter als auch ich.

---

110 Vgl. TEIL III, KAP. 2. OBJEKTIVE DATEN DER AISCHA-FAMILIE, im folgenden Kapitel.

Das kann man sich gut vorstellen und ausmalen. Die knappe Markierung genügt. Als auch ich, ist eine ellyptische Form, die vielleicht nur jemandem mit Deutsch als Nicht-Muttersprache möglich ist.

Na ja, und dann kam dieser wundervolle Tag, an dem ich jetzt hierherfliegen sollte. ..

Eine sehr dichte und schön gemischte Formulierung. Sie drückt ein froh gestimmtes Empfinden aus, das vielleicht schon ein bißchen ironisch gebrochen ist, und kontrastiert es mit der Fremdbestimmtheit: *Der wunderschöne Tag, an dem ich etwas sollte.*

Das bin ich dann auch. ..

Gegen die Fremdbestimmung wird ein Stück Eigenständigkeit gesetzt. Die Formulierung präsupponiert: *Es ist nicht ganz automatisch, daß ich da tue, was ich tun sollte.* Wer so spricht, legt Wert auf seine Souveränität und Eigenständigkeit und ist sehr integriert.

Mir war schlecht, ich habe gekotzt, (lachen)

Wieder ein Kontrast: Neben Vorfreude und Neugier eine negative Reaktion.

und ja, und dann bin ich hier angekommen,

Lakonisch verdichtete Schilderung.

und es war wirklich so, daß ich mhm ja, 'ne ganz andere Welt.

Also ein abrupter Kontrast.

Es war schwarz und weiß,

Diese Formulierung ist ganz außergewöhnlich und sehr plastisch in mehrerer Hinsicht:
(1) Es zittert das Abrupte des Übertritts nach.
(2) Sie drückt den enormen Kontrastreichtum der durchtechnisierten Welt aus.
(3) Sie stilisiert die für das Stadtbild typische Reduktion der Farbenwelt im Gegensatz zur Natur. Im Vergleich zu im Freien aufgewachsen und mit der Natur eins spricht eine Welt, die als schwarzweiß charakterisiert wird, von Denaturierung durch eine Digitalisierung der Farbwerte. Der Farbenreichtum der Natur, die Farbvaleurs, die Übergangsfarben in allen Nuancen – das fehlt. Die Farben der Stadt empfindet ein an die Wahrnehmung der Natur gewohn-

ter Mensch ähnlich wie die Farben des Bildschirms: plakativ und platt, nur schreiend, weil kontrastierend und ohne Übergänge.

"Die Natur ist nur Übergang. die Kontraste bauen sich aus der Übergänglichkeit auf. Sie sind eigentlich das, was ich in die Natur hineinlese. In der Stadt ist es umgekehrt. Es gibt scharfe Kanten, scharfe Konturen, Hell-Dunkel-Differenzen, das alles führt zu Schwarzweißbildern. In der Natur ist das ganz anders. Wenn Sie sich nur einen Baum als Beispiel nehmen, ob Sie den nun mit dem Licht oder gegen das Licht betrachten, wieviel Lichtbrechungen und Farbbrechungen sind darin enthalten. (...) Aber auch im Tagesrhythmus die Farbübergänge an denselben Plätzen. (...) Und wenn Sie als Kind in der Natur aufgewachsen sind, das ist natürlich etwas, das man nicht vergißt."[111]

Das Kind Aischa ist in der Farbenwelt des Ostrifs aufgewachsen. Es hat den Farbenreichtum dort erlebt, besonders im Frühjahr, wenn sich auf der roten Erde ein Teppich von Blumen ausbreitet und die Vielfalt der Grüntöne auf dem Land übergeht in die Blau-, Grün- und Violettfarben des Meeres. Dieses Kind empfindet, als es nach Frankfurt kommt, das Farbbild der Stadt als totale Reduktion der Farbenwelt. Sechzehn Jahre später findet die junge Frau spontan dafür diesen sehr plastischen und verdichtenden Ausdruck: Es war schwarz und weiß.

es war so viele Autos, Flugzeuge, und ich meine Flugzeuge, ich hab' die noch nie gesehen gehabt. Ich habe noch nie in meinem Leben ein Flugzeug gesehen gehabt. Und dann saß ich drin und dann dieser riesengroße Flughafen in Frankfurt und ich so klein und überhaupt, ich kam mir da echt wie so eine Ameise vor. ..

Wieder arbeitet sie mit Kontrasten: das Überwältigende der technisierten Welt und darin das eigene Kleinwerden. Wieder ein vielsagendes Bild für den Wechsel von Mensch in der Auseinandersetzung mit der Natur zu Mensch in der modernen Stadt: Ameise.

Na ja, und dann sind wir hier angekommen, und also die Nachbarn wußten schon, daß wir kommen, also von meinem Vater her,

Das Soziale in der neuen Lebenswelt wird nun geschildert.

und die haben uns auch wirklich, die waren echt total neugierig.

Interessant ist hier, daß Aischa ein Wort und damit eine Vorstellung benutzt, die es in ihrer Muttersprache und im Denken dort nicht gibt: *Neugier*. Alle sprachlichen Formulierungen, die auf das Umfeld dieses Phänomens weisen, sind ausnahmslos negativ besetzt, genau wie im Arabischen. Unser Denken, in dem Neugier als Mutter der Frage, des Entdeckens und der Erkenntnis verstan-

---

111 Oevermann, a.a.O.

den wird, hat in Aischas Denken einen Platz eingenommen, dessen sie sich wahrscheinlich gar nicht bewußt ist.

> Damals waren hier in der Umgebung noch sehr wenig Ausländer da, und da war ich wirklich 'ne Attraktion.

Für die Neugier der Deutschen.

> Ganz dunkel und ganz dunkelhaarig, also wirklich alles dunkel an mir.

Jetzt füllt sie, was sie mit Attraktion meint, eben ihr nordafrikanisches Aussehen.

> Klein und, ich meine, munter war ich auch dazu. Also, das war natürlich auch ganz gut.

Aischa schlüpft bei der Bewertung ihrer Qualitäten in die Perspektive der Deutschen. Ähnlich wie bei neugierig unternimmt sie spontan, mit spielerischer Leichtigkeit, unauffällig und perfekt einen Kulturwechsel im Denken. *Ein munteres Persönchen*, so sagt man hier und verbindet damit eine positive Wertvorstellung. Ob dies in der Herkunftskultur ebenso gilt, ist fraglich. Auf der Kategorieebene wird meist das hoch bewertet, was nicht selbstverständlich ist, was man als Leistung herstellen muß. Da, wo die Persönchen alle munter sind, wird man das nicht noch als positive Bewertungskategorie herausstellen.

Das Interessante an der Formulierung ist das Oszillieren zwischen zwei Kulturen.

> Und da hat mich wirklich jeder willkommen geheißen, gehießen, na ja, und das war so, daß wir uns recht gut eingelebt haben zum Teil. Die Nachbarn, die waren wirklich so lieb und so nett, und die wollten alle, alle wollten mir Deutsch beibringen. Und dann haben sie mir alles Mögliche gezeigt. Und wirklich die, ich habe echt die ganze Zeit bei den Nachbarn verbracht und habe so unwahrscheinlich schnell Deutsch gelernt.

Das kann man sich gut vorstellen. Für die Familie erwächst daraus eine Umkehrung der alten Ordnung. Das Kind wird plötzlich in einer wichtigen Sache den Eltern überlegen. Das ist schön, aber auch sehr konflikträchtig.

> Und meine Mutter hat sich so langsam auch so ein bißchen gemacht.

Normalerweise sagen das Eltern über ihre Kinder. Hier sagt es das Kind über die Mutter. Das dokumentiert genau die Statusumkehrung, die passiert. Das Kind kommt in die Lage, die Entwicklung der Mutter zu beurteilen.

Ich weiß nicht, .. ich würde meine Mutter doch für unsere Verhältnisse, .. für die Verhältnisse auch in dieser Generation, für eine emanzipierte Frau halten.

Bei der Einschätzung ihrer Mutter operiert Aischa mit zwei Bezugsgrößen: Herkunftskultur und Generation. Wenn auch m.e. unklar ist, ob beim zweiten Vergleich die Generation der Mutter in Marokko, in Deutschland oder universal gemeint ist, so ist eindeutig, – und das ist für die Eigenart der Fallstruktur wichtig – daß hier überhaupt mit unterschiedlichen Bezugsgrößen gearbeitet wird. Diese relativ komplexe kognitive Operation in einer spontan erzählten Lebensgeschichte spricht wieder für die Autonomie der Autorin und ihren hohen Anspruch an sich selbst, sowohl über die Herkunftskultur als auch über den Kulturwechsel präzise und mit Sorgfalt zu informieren.

Die sich dann auch gleich aufgetan hat

Eine wunderschöne und treffende Formulierung, die sagt: Die Mutter hat sich geöffnet für die neuen Erfahrungen. Sie ist wach und mit offenen Sinnen dem Neuen begegnet.

und also nicht einsperren ließ, ..

Diese Äußerung präsupponiert, daß Aischa um das Einsperren von Frauen weiß. Es ist nicht möglich zu entscheiden, ob sie sich auf die Verhältnisse in Marokko oder das Verhalten muslimischer Migranten, die in europäischen Großstädten leben und deren Gefahren fürchten, bezieht, da es dafür keine Markierung gibt. Wichtig ist, Aischa charakterisiert ihre Mutter als eine autonome Frau, die sich nicht beherrschen läßt.

ist dann auch mal in der Stadt 'rumspaziert mit mir und ein bißchen Frankfurt kennengelernt,

Mutter und Tochter verändern sich gemeinsam. Der Transformationsprozeß, der bereits mit Planung, Vorbereitung und Reise nach Deutschland für beide begonnen hat, während alle anderen Familienmitglieder in Marokko geblieben sind, könnte ungewollt ein Schritt in Richtung Kleinfamilie sein. Mutter und Tochter bilden dabei eine aus dem Familienclan herausragende Einheit. Auf der Handlungsebene vollzieht sich ganz Untypisches, was auf der Wissensebene noch keine Rolle spielt.

und ich habe dann auch ein paar Freunde gekriegt, auch nur Deutsche. ..

Ein weiterer Transformationsschritt: ein muslimisches Mädchen, das ausländische Freunde hat. Offen ist, ob dies außerhalb der Kontrolle des Elternhauses, etwa in der Schule, oder sogar mit Einverständnis der Eltern geschieht.

Und na ja, das ging dann halt ganz gut.

Sie hatte keine größeren Probleme dabei.

Ich bin dann in die Schule. Erst mal war ich in der Vorklasse, und dann bin ich in die Schule gekommen, in die Grundschule; das ging auch recht gut. Und nach einer gewissen Zeit habe ich mich auch so als eine sehr gute Schülerin entpuppt und hab' auch so das beste Zeugnis gehabt und so (flüstert), das habe ich gar nicht so richtig mitgekriegt, aber irgendwie war das schon so. Na ja, und dann hab' ich, bin ich ins Gymnasium 'rüber und ja und dazu gesagt, .. irgendwie das einzige, was für mich, .. also, was ich wollte, so von meiner Mutter sozusagen motiviert, war Schule .. eine schulische Karriere machen, ja?

Karriere machen heißt, erfolgreich sein, aufsteigen, eine herausragende Position erwerben, Macht erhalten. Schule beinhaltet außer dem Erwerb spezifischer Kompetenzen immer auch Disziplinierung, Affektkontrolle, Trennung.

Das Karriere-Modell, das in Aischas erzählter Lebensgeschichte erkennbar wird, basiert auf der Mutter-Tochter-Beziehung, und zwar der Mutter als Motor und der Tochter voller Ehrgeiz. Das Mädchen Aischa hat keine Probleme im deutschen Schulsystem. Sie teilt dies mit ohne Selbstinszenierung, eher objektivierend.

Wir stoßen hier auf ein bei uns bekanntes Phänomen in Schulalltag und Berufsausbildung: Berbermädchen machen keine Probleme und sind erfolgreich. Bei Jungen ist das oft anders, wenn sie selbst oder ihre Eltern nicht schon einen Vorlauf im arabischen Schulsystem haben.[112]

Der Erfolg Aischas und anderer Berbermädchen basiert, abgesehen von den individuellen Möglichkeiten, auf dem Grundmuster der Mädchensozialisation in der Herkunftskultur. Danach müssen sich Mädchen schon früh in die traditionelle Frauenrolle einleben und einarbeiten, und das ist verbunden mit lückenloser Disziplinierung und Unterdrückung aller Wünsche, die nicht zum Frauenbild der Kultur passen. Wichtigste Lehrerin ist die Mutter. Disziplinierungsmacht haben alle dem Mädchen in der hierarchisch strukturierten Familie übergeordneten Personen. Ausgeübt wird sie von Frauen, allein schon deshalb, weil Mädchen – wie die Frauen – zu Hause und Männer am Tag draußen sind. An der Kontrolle sind alle beteiligt. Dieses familieninterne Bildungssystem bietet Schutz und Aufstiegs-

---

112 Vgl. Studie von Claudia Weigt und Beate Loerke, Junge Marokkaner zwischen Schule, Betrieb und Konstabler Wache. Eschborn bei Frankfurt/Main 1994.

chancen und bei herausragenden Leistungen für das Gemeinwohl der Gruppe Respekt, Vertrauen und Macht innerhalb des Familienclans.
In unserem Schulsystem treten an die Stelle der komplexen lebensweltlich orientierten Bildungsinhalte die der modernen Gesellschaft. Strukturell haben beide Systeme Ähnlichkeit. Im Wunsch Aischas, eine schulische Karriere zu machen, verbindet sich beides: Das mitgebrachte Karriere-Denken einer familienzentrierten, traditionalen Kultur, in der die Frauen für das Überleben eine bedeutende Rolle spielen, mit den modernen Bedingungen und Möglichkeiten.

Für uns, in unserer Umgebung gab es sehr wenig Mädchen, in Marokko gab es sehr wenig Mädchen, die in die Schule gegangen sind; und wenn, dann sind sie gerade bis zur Grundschule, und danach hätten sie dann in die Großstadt gehen müssen, das war einfach zuviel.

In konzentrierter Form werden die eingeschränkten Möglichkeiten der Mädchen vom Land zur Teilnahme am arabischen Schulsystem aufgezeigt. Das war einfach zuviel, ist eine verständnisvolle Reaktion auf ein Scheitern. Man sagt das zum Beispiel dann, wenn man mit einer Arbeit zum vorgesehenen Termin nicht fertig geworden ist, weil die Belastung größer war, als die Kräfte zuließen. Mißlingen wird dann nicht mit Schuldzuweisung und Abwertung des gescheiterten Subjekts verbunden, sondern mit dem Blick auf die Verhältnisse, die die Verhinderung in sich tragen.
Hier bestätigt sich, was wir zum Informantenwesen gesagt haben: Die RepräsentantIn ihrer Herkunftskultur, die diese kritisiert, wird sie verständnisvoll kritisieren.

1.2.2.1 Ergebnis: Individuelle Fallstruktur Aischas

Die Interviewte verhält sich entsprechend den Regeln des Informantenwesens. Sie tritt auf als Repräsentantin ihrer Herkunftskultur.
Ihre Formulierungen zeugen von außergewöhnlicher Kompetenz in der deutschen Sprache, ihrer Zweitsprache.
Sie verfügt über eine geschärfte Wahrnehmung und die Fähigkeit, mit "physiognomischem Blick" das Charakteristische einer Gestalt – Person, Szene, Stadt-Land-Kontrast, ... – zu erkennen, es mit wenigen Strichen nachzuzeichnen, es mit treffenden Worten, aufschlußreichen Bildern knapp und präzise darzustellen. Sie legt Wert auf Genauigkeit. Bei der Regelung des Nähe-Distanz-Komplexes verhält sie sich eindeutig und souverän. Insgesamt zeigt sie Autonomie im Denken und vermittelt ein Bild von Authentizität und Einheit.

Entwicklungspsychologisch gesehen ist ihr Leben nach Bedeutsamkeit der Stadien genau geteilt: Frühe Kindheit in der Herkunftskultur, Latenz und Adoleszenz in der Zielkultur.

Das Lebensweltliche der Kindheitskultur wird verhaftet bleiben und wird als kostbarer Besitz eher an Bedeutung zunehmen. Insofern bleibt Aischa immer eine Marokkanerin.

Durch den Kulturwechsel und den Auseinandersetzungsprozeß haben bei Mutter und Tochter enorme Individuierungsschübe stattgefunden.

In der Schule und durch das Hochschulstudium erwirbt Aischa einen neuen Habitus, den universeller Rationalität.

Beides – Individuierung und Rationalisierung – lassen sich nicht zurückdrehen.

Die Transformationen sind Mutter und Tochter sehr wahrscheinlich gar nicht bewußt, zumindest nicht in ihrem vollen Ausmaß. Besonders ihr Beginn, der bereits mit der Abreise aus Marokko zusammenfällt, wird von ihnen als solcher nicht erkannt worden sein.

Auf der Ebene des Wissens und der Werte können noch lange die alten Orientierungsmuster, Wertvorstellungen und damit auch die alte Verwandtschaftsordnung Bestand haben, unberührt bleiben und sogar vehement verteidigt werden.

Zwischen den verschiedenen Ebenen – des Wissens, des Handelns und der Werte – bestehen zwar Relationen, aber es gibt keine strenge Implikation. Entwicklungen können sogar in entgegengesetzte Richtungen verlaufen. Dann kann es furchtbar knirschen.

Die Interviewte zeigt sich als integrierte Persönlichkeit, die Einheit wird jedoch immer eine widersprüchliche Einheit[113] bleiben.

---

113 Den Begriff "widersprüchliche Einheit" verwende ich im Oevermannschen Sinne: "Die Denkfigur der widersprüchlichen Einheit ist hier immer so gemeint, daß auf der einen Seite eine Struktur durch in der Tat logisch widersprüchliche, im logischen Widerspruch zueinander stehende Komponenten geprägt ist, andererseits aber genau dieser Widerspruch für den Bestand der Struktur als solcher konstitutiv ist, d.h. man kann an ein solches Gebilde nicht etwa in einer ideologiekritischen Attitüde herangehen und sagen: 'Na ja, beseitigen wir doch mal den Widerspruch, weil das ein Manko ist, unter der Maxime Widerspruchsfreiheit zu erreichen.' Dann würde man die Struktur als ganze beseitigen. Die Struktur, die als Einheit von widersprüchlichen Elementen gerade in dieser Eigenschaft bestimmte Funktionen erfüllt." Oevermann, Professionalisierung der Pädagogik – Professionalisierbarkeit pädagogischen Handelns. Vortrag am Institut für Sozialpädagogik und Erwachsenenbildung der Freien Universität Berlin, Sommersemester 1981. Vgl. V. 2.3.3 STRUKTUREN VON LEHRERHANDELN, S. 230.

1.2.2.2 Nebenergebnis – Verhalten der deutschen Nachbarn und Zustand der Schule

Und da hat mich jeder wirklich willkommen geheißen, gehießen, na ja, und das war so, daß wir uns recht gut eingelebt haben zum Teil. Die Nachbarn, die waren wirklich so lieb und so nett, und die wollten alle, alle wollten mir Deutsch beibringen. Und dann haben sie mir alles Mögliche gezeigt. Und wirklich, die, ich habe echt die ganze Zeit bei den Nachbarn verbracht und habe so unwahrscheinlich schnell Deutsch gelernt.
(...) und ich habe dann ein paar Freunde gekriegt, also auch nur Deutsche...
(...) Ich bin dann in die Schule. Erst mal war ich in der Vorklasse, und dann bin ich in die Schule gekommen, in die Grundschule; das ging auch recht gut. Und nach einer gewissen Zeit habe ich mich auch so als eine sehr gute Schülerin entpuppt und hab' auch so das beste Zeugnis gehabt und so (flüstert), das habe ich gar nicht so richtig mitgekriegt, aber irgendwie war das schon so. Na ja, und dann hab' ich, bin ich ins Gymnasium 'rüber (...).

Der Text dokumentiert die freundschaftliche und hilfsbereite Aufnahme durch die deutschen Nachbarn, die schnelle Bildung freundschaftlicher Beziehungen zwischen der Ausländerin und Deutschen und die intensive Förderung der Entwicklung des Kindes in der Schule. Die Schule muß Bedingungen geschaffen haben, die dem Kind die Entfaltung seiner Fähigkeiten ermöglichten. Von Diskriminierung im Bildungssystem aufgrund des Ausländerstatus ist im gesamten Interview keine Spur zu finden.

Die Dokumentation stimmt überein mit den Aussagen in meiner gesamten Datenbasis, bestehend aus Interviews mit ausländischen Frauen und Aufzeichnungen von multikulturell besetzten Seminaren in der Universität, auch mit meinen Erfahrungen in der Nachbarschaft, zu der viele marokkanische Familien gehören.

Sie stimmt ebenfalls überein mit einem Forschungsergebnis aus einem Forschungsprojekt der Gesamthochschule Kassel: *Lebenssituation und Lebensentwürfe junger türkischer Frauen der zweiten Migrantengeneration.* Im 1988 veröffentlichten Forschungsbericht schreiben Schaumann, Haller, Geiger und Hermann: "Eine wichtige Rolle spielen in dem Interviewmaterial zufällige Hilfen von deutschen, meist älteren Frauen in der Nachbarschaft, die eine Art Mentorenverhältnis zu türkischen Mädchen eingehen, ihnen in den schulischen Anforderungen zur Seite stehen, Vertrauenspersonen darstellen, aber auch sonst immer engere Austauschkontakte mit der türkischen Familie herstellen. Die Parteinahme für das Mädchen, aber auch die zunehmend konkretere Identifikation mit der Sicht auf Probleme mit türkischen Augen lassen diese Frauen zu Freunden der Familie werden."[114]

---

114 Lena Schaumann, Ingrid Haller, Klaus F. Geiger, Harry Hermann, Lebenssituation und Lebensentwürfe junger türkischer Frauen der zweiten Migrantengeneration,

1.3 Aischa – ein einmaliger Fall?
– Ein Erfahrungsbericht zu Fall und Foschungsmethode –

Bevor ich die Tonbandaufzeichnung mit dem Aischa-Interview bekam, hatte ich bereits Berberinnen im Rahmen meiner Berufstätigkeit als Lehrerin in Frankfurt am Main, in meinem Freundeskreis und auf einer Studienreise des Hessischen Instituts für Lehrerfortbildung in den Osterferien 1989 nach Nordmarokko kennengelernt. Der Eindruck, den viele dieser Frauen auf mich machten, paßte überhaupt nicht zu meinem Bild von der unterdrückten und deshalb leidenden muslimischen Frau. Vielmehr waren diese Frauen trotz schwerer Arbeit voll Lebensfreude, hatten ein starkes Selbstbewußtsein und bewiesen erstaunliche Eigenständigkeit im Denken. 1989 erwog ich erstmals, diesem Phänomen methodisch nachzugehen. In der subsumtionslogisch orientierten empirischen Sozialforschung fand ich dazu jedoch keine Methode. Das Phänomen lasse sich nicht messen, so etwa endeten die Diskussionen. Ich gab das Vorhaben auf. Aber das Phänomen selbst hörte nicht auf, mich zu beschäftigen, zumal es mir immer wieder sehr lebendig und überzeugend begegnete – in Marokko und in Deutschland, sei es in Gestalt von Müttern mit vielen Kindern oder Studentinnen.

Im Rahmen meines Projekts zum interkulturellen Lernen stieß ich auf die strukturhermeneutische Methode der objektiven Hermeneutik, und das längst aufgegebene Vorhaben wurde plötzlich und unerwartet realisiert mit Hilfe der Forschungsgruppe von Professor Oevermann. Um selbst eine gründliche Lektion im methodischen Vorgehen zu erhalten, legte ich der Gruppe das Interview vor, ohne meinen Eindruck davon mitzuteilen. Sie präparierte mit Akribie genau die Strukturen heraus, die ich intuitiv erkannt hatte bei vielen Begegnungen mit Berberinnen. Phänomen und Textstruktur stimmten überein.

Gewiß ist Aischa ein besonderer Fall. Aber Autonomie im Denken in Verbindung mit authentischer Lebenspraxis ist bei nordafrikanischen Frauen verbreitet – trotz aller kulturtraditionalen Unterdrückung. Die gleichen Strukturen wie im Aischa-Protokoll fand ich in anderen Interviews wieder, in der Forschungsarbeit bei Oevermann z.B. auch bei der Analyse von Interviews mit tunesischen Bäuerinnen im Rahmen einer Dissertation.[115]

Ein Forschungsergebnis ist abhängig von der Methode, mit der man arbeitet. Latente objektive Strukturen lassen sich weder durch Abfragen noch durch In-

---

Forschungsbericht, Herausgegeben von der Bevollmächtigten der Hessischen Landesregierung für Frauenangelegenheiten, Wiesbaden 1988, S. 93f.
[115] Dorothee Dersch, Transformation und Autonomie, Dissertation am Fachbereich Soziologie der Johann Wolfgang Goethe-Universität, Frankfurt am Main 1996, noch nicht veröffentlicht.

haltsanalyse herausarbeiten, da sie den in ihnen Agierenden und sie Reproduzierenden in der Regel nicht bewußt sind.

2. Interpretation der objektiven Daten zur Geschichte der Aischa-Familie

2.1 Traditionale und moderne Arbeitsmigration der Rifberber

Der Nordosten Marokkos galt bis etwa 1980 als das Armenhaus des Landes. Die natürlichen Ressourcen reichten nicht aus, um die in bäuerlicher Tradition lebende Bevölkerung der Gebirgsregionen zu ernähren. Viele Monate lang anhaltende Trockenheit verhindert in manchen Jahren das Austreiben der Saat und das Wachsen der Pflanzen, auch in den Ebenen mit fruchtbarem Boden östlich der Stadt Nador.

Spätestens seit dem 19. Jahrhundert gehört Arbeitsmigration zum Leben der Rifberber.[116] Die alte, traditionale Arbeitsmigration zeigt zwei Züge, die sie von der modernen unterscheidet:
1. Sie war Sache der Männer,
2. sie war zeitlich befristet und auf Rückkehr angelegt.

Die Binnenwanderungen führten in die Landwirtschaft in den großen und fruchtbaren Ebenen Marokkos und in die großen Städte am Atlantik. Arbeit im Ausland wurde in Algerien während der Kolonialzeit, in Libyen, Spanien, Gibraltar, Frankreich, Belgien und Holland gefunden.

Die Migration nach Deutschland begann in den fünfziger Jahren, zunächst ungeregelt.[117] Diese Pionierzeit wurde beendet durch die deutsch-marokkanische Anwerbevereinbarung vom 21.5.1963, geändert in der Fassung vom 4.3.1966 und vom 2.7.1971 und Erlasse des Innenministeriums für die Ausländerbehörden. 1963/1964 vermittelte die Auswahlgruppe der Bundesanstalt für Angestellte (BfA) 1800 Arbeitsverträge für den Steinkohlebergbau. Angeworben wurden Männer aus der Provinz Nador. Die meisten von ihnen waren arbeitslos geworden, als die Förderung von Eisenerz, die während der Protektoratszeit von den Spaniern westlich der Stadt Nador intensiv betrieben worden war, zum Stillstand kam. Diese Arbeitsverträge wirkten wie eine Initialzündung. Ihnen folgten u.a.

---

116 Eine ausführliche Darstellung der natürlichen Bedingungen im Rif und der Entwicklung der Arbeitsmigration findet man in der Dissertation von Peter Waltner, Migration und soziokultureller Wandel in einer nordmarokkanischen Provinz. Kirchentellinsfurt 1988.

117 Erste Deutschlanderfahrungen hatten Rifi als Soldaten in der französischen Armee im Zweiten Weltkrieg gemacht, und manche haben Besatzungskinder hier zurückgelassen.

Verträge mit der Autoindustrie, mit den Stadtwerken und der Flughafen AG in Frankfurt.

Das traditionale Migrationsverhalten änderte sich 1973 mit dem Anwerbestop. Gab es bis zu diesem Zeitpunkt nur vereinzelt Familiennachzug, so setzte dieser nun kräftig ein. Für die nachwachsende Generation war es der einzige legale Weg zum Arbeitsmarkt Deutschland. Ein weiterer wichtiger Impuls für den Nachzug der Kinder waren Änderungen im Kindergeldgesetz und im Steuerrecht, wonach Kinder von ausländischen Arbeitnehmern nicht mehr berücksichtigt werden, wenn sie im Herkunftsland leben.

So wurde
aus Kurzzeitaufenthalt	⇒ Langzeitaufenthalt
aus Männermigration	⇒ Familienmigration
aus der Zuwanderung von Erwerbspersonen	⇒ Zuwanderung überwiegend Nichterwerbstätiger

Die sozialversicherungsrechtlichen Angelegenheiten wurden zwischen der BRD und dem Königreich Marokko im Abkommen über soziale Sicherheit vom 25.3.1981 geregelt, das am 1.8.1986 in Kraft getreten ist.[118] – Die marokkanische Bevölkerung in der BRD wächst seitdem kontinuierlich. In Frankfurt am Main lebten 1995 etwa 12.000 MarokkanerInnen.

Der Exodus der Rifberber führt auch nach Spanien, Frankreich, Belgien, Holland, Luxembourg und nach Skandinavien. In die Lücken im Heimatland strömt arabische Bevölkerung nach, die heute oft wesentlich ärmer ist als die durch Arbeitsmigration zu einem gewissen Wohlstand gelangte Berberbevölkerung. Diese stirbt jedoch im Heimatland keinesfalls aus. Die Zahl der Geburten übersteigt die der Auswandernden bei weitem. Für Rückkehrwillige wird der Rückweg immer schwerer. Nach einem Bildungsprozeß in einer Schriftkultur kann man nicht mehr zurück in eine orale Kultur. Die Arabisierung hat für Rückkehrwillige zwei Seiten: Einerseits bringt sie eine gewisse Modernisierung und ist damit Brücke zur europäischen Bildung. Andererseits erfahren Heimkehrende durch sie die Heimat als ein fremdes Land, in dem sie sich wieder wie Analphabeten vorkommen und entsprechend behandelt werden.

Die folgenden Daten dokumentieren Stationen im Leben einer Berberfamilie aus dem Rif. Dieses "Gerippe" läßt sich mit "Fleisch" füllen, weil man sich hin-

---

118 Landesversicherungsanstalt Schwaben; Bundesbahnversicherungsanstalt; Bundesknappschaft; Bundesversicherungsanstalt für Angestellte; Seekasse (Hrsg.), Merkblatt zum Abkommen über Soziale Sicherheit zwischen der Bundesrepublik Deutschland und dem Königreich Marokko, Augsburg 1986.

ter den Daten die Lebenspraxis vorstellen kann. Die Interpretation der objektiven Daten ist der Entwurf einer typischen Geschichte. Aus ihr läßt sich eine Strukturhypothese zum Transformationsprozeß herauspräparieren. Sie wird einem Falsifikationsversuch ausgesetzt mit dem Ergebnis der Bestätigung der Hypothese. Dennoch bleibt ein ungeklärter Rest.

2.2 Objektive Daten der Aischa-Familie
26 Jahre Arbeitsmigration (1968 – 1994)

Die Daten wurden dem Aischa-Interview (von 1990) entnommen und 1995 auf Nachfrage hin ergänzt.

	Mustafa – Aischas Vater
1936	geboren im Ostrif, keine Schule
1957	Heirat mit Kautar (geb. 1939)
1957 – 1967	Arbeit als Busfahrer, drei Söhne, zwei Töchter
1966	Heirat mit Fatima (Zweitfrau)
1967	Geburt eines Sohnes von Kautar und einer Tochter von Fatima: Aischa (im Abstand von einem Monat)
1968	Arbeitsmigration nach Deutschland, Arbeitsvertrag mit der Deutschen Bundesbahn
1973	Familiennachzug von Fatima und Aischa nach Köln
1974	Scheidung von Kautar
1977	Geburt der zweiten Tochter aus der Ehe mit Fatima: Djamila
1983	Schlaganfall, Frührentner
1993	Tod im Dezember, Beerdigung in Marokko

	Fatima– Aischas Mutter
1940	geboren im Ostrif, fünf Schwestern, früher Tod des Vaters, keine Schule
1956	Heirat mit Mohammed (geb. 1920), Zweitfrau, eine Tochter, drei Söhne
1964	verwitwet, verläßt die Familie des Mannes
1964 – 1966	Arbeit in spanischer Familie an der Grenze nach Melilla
1966	Heirat mit Mustafa, (Zweitfrau)
1967	Geburt der Tochter Aischa
1973	Fatima und Aischa folgen Mustafa nach Deutschland
1974 – 1983	Halbtagsarbeit
1977	Geburt der Tochter Djamila

1991	Führerschein in Deutschland, fährt nur in Marokko Auto
1993	verwitwet
1994	Nach der Beerdigung Mustafas Rückkehr nach Deutschland

Aischa
1967	geboren im Ostrif
1967 – 1973	Khebdana, Streusiedlung im Ostrif, typisches Berberhaus aus Lehm, ohne Elektrizität, Zisterne. Im Haus leben Vater, Mutter, Mutter des Vaters, Kautar und deren Kinder
1973	Migration nach Deutschland
1973 – 1994	Vorschule, Grundschule, Gymnasium, MTA-Ausbildung, Medizinstudium seit 1992.

Djamila – Aischas Schwester
1977	geboren in Deutschland
1983 – 1994	Grundschule, Gymnasium

Die anderen Kinder Mustafas und Fatimas:

In den 80er Jahren: Besuche der Kinder aus der Ehe Mustafa – Kautar und der Kinder aus der ersten Ehe Fatimas in Köln;
  Familiennachzug der Söhne Fatimas;
  Heirat des Ältesten mit einer Deutschen;
  Heirat des Jüngsten mit einer Marokkanerin, die in Nador bleibt.
  Alle Söhne wohnen bei der Mutter, auch nach der Verheiratung.

In den 90er Jahren: Der zweite Sohn Fatimas kehrt nach Marokko zurück.
  Bau eines großen Gebäudekomplexes in der Stadt Nador.
  Dort ziehen ein:
  Fatimas Mutter,
  Fatimas älteste Tochter mit drei Kindern,
  Fatimas zweiter Sohn
  Fatimas Schwiegertochter, die marokkanische Ehefrau des dritten Sohnes, mit Kind.
  Außerdem zwei alleinstehende Frauen aus der weiteren Verwandtschaft.

Zur Veranschaulichung der wichtigsten Daten habe ich ein Genogramm entworfen, welches auf der nächsten Seite einzusehen ist.

GENOGRAMM:

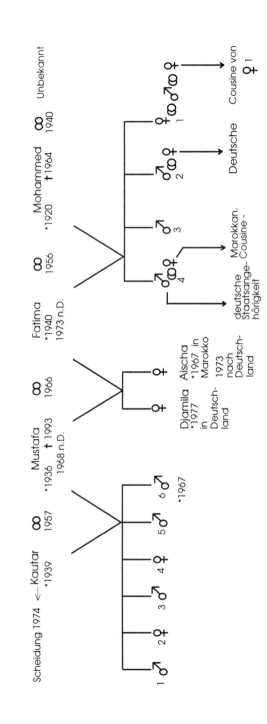

2.3 Interpretation der Daten – Entwurf einer typischen Geschichte

Fatimas und Mustafas Leben verläuft in jungen Jahren in den Bahnen der Tradition, die durch Patrilinearität und -lokalität geprägt ist.
Fatima wird mit 16 Jahren als Zweitfrau mit einem wesentlich älteren Mann verheiratet und wechselt über in dessen Familie. Ihren fünf Schwestern geht es ähnlich. Durch den frühen Tod des Vaters und das Fehlen von Brüdern fehlt Fatima der Schutz der Herkunftsfamilie, den eine Frau in der Regel in der Berberkultur hat. Die schnell hintereinander folgenden Geburten – eine Tochter und drei Söhne – bessern den Status der jungen Frau in der Familie des Mannes auf. In der hierarchisch geordneten Frauengemeinschaft hat sie dennoch aufgrund ihres jugendlichen Alters den Älteren zu gehorchen. Die Härte wird gemildert sein durch die bevorzugte Behandlung durch den Mann, der sich zu der jungen Frau wahrscheinlich stärker hingezogen fühlt als zur älteren. Fatimas Position unter den Frauen wird das eher verschlechtern. Obwohl dem Mann Gleichbehandlung seiner Frauen nach dem Koran vorgeschrieben ist, kann der Umgang mit ihnen nicht gleich sein.

Mit 24 Jahren ist Fatima verwitwet. Nach der Logik der Obhutspflicht bei Patrilinearität hat sie nun zwei Möglichkeiten: Verbleib in der Familie des Mannes und damit bei ihren vier Kindern, die dieser Familie gehören, oder Rückkehr in die Herkunftsfamilie. Die zweite Möglichkeit scheidet für Fatima aus, da ihre Familie aus den bereits genannten Gründen praktisch nicht mehr existiert. Fatimas Verlassen der Familie und der Schritt in die Erwerbstätigkeit zur Sicherung des eigenen Lebensunterhalts ist 1965 noch völlig unüblich,[119] da eine Frau Anspruch auf Versorgung durch die Familie hat und ohne den Schutz der Familie praktisch vogelfrei ist. Fatima geht ein großes Risiko ein. Ihre Entscheidung beweist Mut und Aufbruchsgeist, aber auch große Not. Der Ausbruch ist möglich, weil Fatima Arbeit in einer spanischen Familie findet, bei der sie auch wohnen kann. Dort an der Grenze zwischen Nador und Melilla, die Grenze zwischen zwei Kulturen ist, verläßt die junge Frau ihre Herkunftskultur zum ersten Mal. Sie geht allein. Dabei begegnet sie Mustafa.

Auch Mustafa ist ein Grenzgänger. Auf der privaten Ebene seines Lebens reproduziert er die alte Ordnung. Verheiratet mit der jungen Kautar, die ihm in acht Jahren fünf Kinder schenkt, lebt er im Lehmhaus mit Zisterne und ohne Strom in einer Streusiedlung in Khebdana. Mit im Haus lebt Mustafas Mutter. Er ist nach dem Tod seines Vaters bei ihr geblieben, ganz nach dem Muster der Patrilokalität. Mit der Arbeit als Busfahrer hat er sein bäuerliches Milieu verlassen. Er gewinnt Einblicke in andere Welten, lernt fremde Menschen kennen und ist

---

119 Daran hat sich bis heute nicht viel geändert.

informiert über die Neuigkeiten. Sein Leben ist geregelt: privat nach der alten, beruflich nach einer neuen Ordnung. Er hat Bewegungsfreiheit, seine Frau mit fünf Kindern nicht. Sie muß es hinnehmen, als Mustafa 1966 Fatima heiratet, sie als Zweitfrau in sein Haus holt und das Haus neu aufteilt: zwei Zimmer für Kautar und die Kinder, eines für die Mutter, eines für Fatima, die Küche ist gemeinsam. Der Mann hat keinen eigenen Wohnbereich. Tagsüber ist er draußen, die Nächte verbringt er abwechselnd mal bei der einen, mal bei der anderen. Im Abstand von einem Monat werden 1967 zwei Kinder geboren: ein Sohn Kautars, das letzte gemeinsame Kind aus der Verbindung Mustafa – Kautar, und Aischa, das erste Kind aus der Ehe Fatimas und Mustafas.

Fatima wird trotz ihrer neuen Familieneinbettung, durch die sie wieder ein Zuhause und den Schutz eines Mannes hat und Mutter praktisch sein kann, unter der Trennung von ihren vier Kindern aus erster Ehe leiden und insgeheim den Wunsch nach Zusammenleben haben – wie diese Kinder auch.

Mustafa hat nun zehn Menschen zu ernähren: seine Mutter, seine zwei Frauen und seine sieben Kinder. Es gibt Sorgen und Konflikte. Mustafa wird ahnen, daß sie anwachsen werden, wenn er nicht eine neue Lösung findet. Der Druck, der auf ihm lastet, wird so groß sein, daß er zu radikalen Veränderungen bereit ist. In dieser Zeit hört er von den Arbeitsangeboten aus Deutschland.

1968 geht Mustafa nach Deutschland und schließt einen Arbeitsvertrag für mehrere Jahre mit der Deutschen Bundesbahn ab. Zum Vertrag gehört ein Sozialpaket: Kranken-, Renten-, Sterbeversicherung und Kindergeld. Ein derartiges Angebot an sozialer Sicherheit ist für die Rifi neu. Der Vertragsabschluß spricht dafür, daß Mustafa auf Sicherheit Wert legt. Er ist kein Abenteurer. Aber er ist ein Innovator. Er muß bereit sein für Neues. Er muß sich für das Neue öffnen, sonst würde er scheitern. Dabei geschieht mit ihm ein Transformationsprozeß, den er selbst nicht überblickt. Hier zeigt sich eine merkwürdige Dialektik: Stabilität, im Sinne von Verankerung in der Herkunftskultur, ermöglicht Transformation. Die Möglichkeit des Familiennachzugs ist ein weiteres Novum im Leben marokkanischer Arbeitsmigranten. Die deutschen Gesetze gestatten den Nachzug einer Ehefrau und der Kinder bis zum Alter von 18 Jahren. Familiennachzug bedeutet für die Arbeitsmigranten Befestigung der vorläufigen Existenz in eine weniger vorläufige und Befestigung der Transformation. Mustafa wird in erhebliche Entscheidungsschwierigkeiten gekommen sein. Er entscheidet sich für Familiennachzug und damit für die Logik des Gastlandes, der er sich anpassen muß. Nach der Logik seiner Herkunftskultur – Gleichbehandlung der Frauen bei Polygamie – müßte er entweder beide Frauen holen oder keine. 1973 holt er Fatima, seine Zweitfrau, zusammen mit dem gemeinsamen Kind, der sechsjährigen Tochter Aischa. Damit setzt ein Transformationsprozeß von der polygamen Großfamilie zur modernen Kleinfamilie ein, der den Beteiligten mit Sicherheit nicht bewußt ist. Nach Lévi-Strauss ist in jeder Kultur die Kleinfamilie im Keim vorhanden, da immer Unterschiede in den Beziehungen zwischen dem Mann und seinen Frauen gegeben sind. In Deutschland bekommt Mustafa eine moderne Legitimation für das, was er in Marokko vielleicht gefühlt hat.

1974 läßt sich Mustafa von Kautar scheiden. Nach marokkanischem Recht hat er für den Lebensunterhalt der Kinder weiter zu sorgen.

Von ihrem siebten Lebensjahr an lebt Aischa in der dreiköpfigen Kleinfamilie in einer Stadtwohnung mit zwei Zimmern, geht in die deutsche Schule und hat deutsche Freundinnen. Fatima geht halbtags arbeiten. In den ersten vier Jahren in der Fremde wird die kleine Triade aus Vater, Mutter und Tochter eng zusammengerückt sein, um sich gegenseitig zu stützen und zu schützen. Der Prozeß der Verkleinfamilialisierung wird sich kontinuierlich gefestigt haben. Wie bereits die Analyse des Aischa-Interviews gezeigt hat, ist das Kind bald die Stütze der Familie, besonders der Mutter, wenn es darum geht, die Gastkultur kennenzulernen und sich darin zurechtzufinden. Unter diesen Bedingungen entwickeln sich individuierte und personalisierte Beziehungen.

1977 wird Djamila geboren. Sie wächst in einer Kleinfamilie im deutschen Umfeld als Nachkömmling auf. Sie erlebt mit, wie die große Schwester erfolgreich ein deutsches Gymnasium besucht. Trotz marokkanischer Eltern – die ja auch für die neue Kultur aufgeschlossen sein müssen – kann man sagen, daß Djamila die erste Deutsche in der Familie ist.

In den folgenden Jahren kommen die in Marokko lebenden Kinder Fatimas und Kautars mit Besuchsvisum nach Deutschland. Als sich die Söhne Fatimas entschließen zu bleiben, beantragt Mustafa deren Aufenthaltserlaubnis im Rahmen des Familiennachzugs. Nach dem Umzug in eine größere Wohnung erhält die Familie die Nachzugsgenehmigung.

Die Söhne ziehen in den Haushalt der Mutter. Der mittlere geht 1990 nach Marokko zurück und baut in der Stadt Nador einen großen Gebäudekomplex für die ganze Familie.

Das Verhalten der Söhne Fatimas entspricht dem Muster der Arbeitsmigration. Der wirkliche Arbeitsmigrant lebt möglichst sparsam, um im Herkunftsland seine Ziele verwirklichen zu können. – In das neue Haus ziehen ein: Fatimas Mutter, Fatimas älteste Tocher mit "halbem" Ehemann[120] und drei Kindern, der zweite Sohn, die Frau des dritten Sohnes mit Kind – kurz: die Linie der Mutter. Das Prinzip der Patrilokalität ist völlig bedeutungslos geworden.

1983 erkrankt der Vater und wird invalidisiert. Als Rentner in Deutschland ist seine gesellschaftliche Position geschwächt, als marokkanischer Vater bleibt

---

120 Er lebt in Polygamie. Seine Erstfrau lebt 20 km entfernt in der Familie des Mannes. Er pendelt, wie der Koran es vorschreibt. Im Mercedes.

die Anerkennung in der Familie bestehen. Die Position der Mutter bei Entscheidungen und Außenvertretung der Familie wird gestärkt. Die Söhne können nicht die Machtposition des Vaters übernehmen. Nur aus traditionaler Sicht sind sie noch die Herren im Hause. Aus deutscher Perspektive sind sie ihren Schwestern mit hohem europäischem Bildungsniveau unterlegen.

1991 macht Fatima im Alter von 50 Jahren den Führerschein. Sie fährt seitdem in Marokko alleine Auto. Damit überfährt sie gleichsam die traditionale Ordnung: Der Mann als Beschützer wird durch das Auto ersetzt, und das frauenspezifische Verhalten im Raum gleicht sich an das männliche an.

Im Dezember 1993 stirbt Mustafa. Er wird nach Marokko überführt, wie es bei Marokkanern üblich ist, und auf einem Friedhof am Stadtrand von Nador beerdigt. Danach fährt Fatima mit ihren beiden Töchtern und mit zwei Söhnen nach Deutschland zurück.

Vergleicht man nun den ersten Flug der Mutter nach Deutschland mit diesem, so zeigt sich eine radikale Veränderung: 1973 flog sie mit der sechsjährigen Aischa zum Vater. In der Mutter-Kind-Symbiose erschlossen sich beide gemeinsam eine fremde Welt, und mit der kleinen Triade Vater, Mutter und Tochter differenzierte sich aus der polygamen Großfamilie eine Kleinfamilie aus. Der Flug nach Deutschland hat zwanzig Jahre später eine ganz andere Bedeutung: Mutter und Tochter fliegen nicht mehr zum Vater, sondern weg von ihm. Ausschlaggebend für die Rückreise der Mutter ist nicht der Vater, sondern der Erhalt der Bildungschancen für die beiden Töchter. Damit hat sich in zwanzig Jahren ein radikaler Wandel der Prioritäten vollzogen: vom Prinzip der Patrilokalität zur universalistischen Bildung der Töchter. Strukturalistisch gedacht kann man sagen: Die Tochter ist der Vater geworden.

2.4 Strukturhypothese – rasanter Transformationsprozeß

In nur fünfundzwanzig Jahren – vom ersten Arbeitsvertrag des Vaters (1968) bis zu seinem Tod (1993) – hat die Aischa-Familie einen radikalen Wandel vollzogen:
– vom Prinzip der Patrilokalität zu universalistischer Bildung der Töchter,
– von der Rücksichtnahme auf traditionale Normen zu personalisierten Beziehungen,
– von Bildung als Anpassung zu Bildung als Individuierungsprozeß,
– von der Großfamilie zur modernen Kleinfamilie.

Ermöglicht wird der Wandel durch stabile Verankerung in Familie und Herkunftskultur bei gleichzeitiger Offenheit für Neues. Darin zeigt sich eine Dialektik: Stabilität ermöglicht Transformation.

Stärker als die Männer sind die Frauen am Transformationsprozeß beteiligt. Dabei entwickelt sich eine starke personalisierte Beziehung zwischen Mutter und Tochter.

2.5 Falsifikationsversuch – Strukturhermeneutische Analyse einer Rückkehrsequenz aus dem Aischa-Interview

Es gibt Daten, deren inhaltliche Aussage die Richtigkeit des Analyseergebnisses in Frage stellt. Da ist zum Beispiel von Rückkehr die Rede und vom Haus in Nador für die ganze Familie.

Anhand einer Sequenz aus dem Aischa-Interview, in der die Rückkehr thematisiert ist, wird nun ein Falsifikationsversuch durchgeführt. Geht man inhaltsanalytisch an den Text heran, so sagt er: Im Grunde hat sich nicht viel geändert. Nach Aischas Ausbildungsabschluß gehen alle zurück. Die strukturhermeneutische Analyse führt zu einem anderen Ergebnis:

> **I:** Und wenn du zurückgehst nach Marokko, gehen deine Eltern dann eigentlich mit?
> **A:** Meine Mutter meint, sie wartet ja nur auf mich.

Aischa thematisiert nach einem modernisierten Muster, einem deutschen Muster: Wer die Zukunft der Familie trägt, der am besten Ausgebildete, nach dem muß sich alles richten. Das Entscheidungszentrum der Familie ist Aischa geworden. Sie gibt den Startschuß zur Rückkehr. Sie wartet ja nur auf mich, heißt, sie wartet auf sie als Person.

Strukturalistisch kann man so analysieren:

Die Mutter sagt: *Ich warte auf den Vater.* Das heißt, sie will schon immer zurück, aber sie wartet noch auf den Vater. Das ist das alte Muster der Herkunftskultur. In der Sequenz des Interviews ist Aischa strukturell der Vater. Sie steht in den Worten der Mutter an der Stelle des Vaters. Damit entsteht eine Mischung aus Altem und Neuem. Die Mutter sagt im Entwurf der Aischa das Alte und das Neue zugleich: *Ich warte auf den Vater, weil Aischa der Vater geworden ist.* Sie sagt zugleich: *Ich warte auf meine Tochter.* Aischa ist das neue und das alte Entscheidungszentrum der Familie zugleich. Das ist die Synthese.

Die Position der Mutter, die an den Familienentscheidungen beteiligt ist, spricht eher für partnerschaftliche Ehebeziehung als für traditionale.

> **I:** Ihr habt dann alle vor, schon wieder zurückzugehen?
> **A:** Ja, sie warten alle nur auf mich. .. Also ja, ich sage mir, mein Gott, warum wartet ihr auf mich? Wenn ihr wollt, könnt ihr wieder zurückgehen. .. Aber, dich können wir doch nicht alleine lassen! Würdest du denn hier alleine bleiben? meint meine Mutter.

Die Logik des Dialogs folgt der Logik persönlicher Rücksichtnahme zwischen selbständigen Personen. Der Dialog ist nicht motiviert durch die Angst vor Verletzung kultureller Normen. Die persönliche, individuierte Rücksichtnahme ist ein starker Indikator für Transformation.

Wenn Aischa nun im Interview einen Dialog mit der Mutter entwirft, so zeigt das ihre innige Verbundenheit und bestätigt unsere Interpretation. Mutter und Tochter haben sich in der Vergangenheit wechselseitig gestützt. Sie bildeten eine sich schützende und damit die Erkundung ermöglichende Gemeinschaft. In einem derart dramatischen Transformationsprozeß, der mit beiden geschieht, sucht ein Mensch auch Schutz. Mutter und Tochter sind dabei zusammengerückt zu einer Dyade, einer Symbiose – keiner pathologischen, dagegen spricht die Prägnanz und Souveränität der Antworten Aischas –, in der sie sich gegenseitig schützen.

Denkbar ist, daß Aischa eine vorübergehende Trennung von der Mutter leichter fällt als umgekehrt der Mutter von der Tochter. Zunehmend mehr wurde Aischa zur Tutorin ihrer Mutter. Für die Mutter könnte es wünschenswert sein, mit Aischa – ihrer Stütze – nach Marokko zurückzukehren, damit sie, die Mutter, nicht plötzlich wieder ungeschützt in der Traditionalität ist. Mit Aischa zusammen erhofft sie sich wahrscheinlich eine neue Synthese: in Marokko sein und wie in Köln leben.

Es kann nicht sein, daß das Alte, Traditionale verschwindet. Sie haben sich nicht so transformiert, als wären sie nun eine deutsche Familie. Sie haben eine Geschichte, und das bleibt. Das Alte und das Neue bilden eine widersprüchliche Einheit. Die Widersprüchlichkeit ist nicht zu lösen. Sie müssen mit ihr leben. Mal wird die eine Seite aktualisiert werden, mal die andere. In der in Deutschland geborenen Tochter Djamila, die wir als erste Deutsche in der Familie bezeichnet haben, werden beide Seiten aus dem Gleichgewicht geraten.

Die Strukturhypothese wurde weitgehend bestätigt. Dennoch bleibt ein ungeklärter Rest: Im Widerspruch zur These von der Verkleinfamilialisierung steht die Bindekraft der großen Familie, in deren Zentrum die Mutter steht.

2.6 Konsequenz für das weitere Vorgehen

Die Interpretation deutet zwei Strukturmomente an, die sorgfältig aufgeschlossen werden müssen, wenn man die Eigenart des Falles rekonstruieren will:
   die Dialektik von Stabilität und Transformation
   und die Bindekraft der Familie.

Worin besteht die Stabilität?

Worin besteht die Bindekraft?
Bilden beide vielleicht eine Einheit?
Für die traditionale Kultur der Rifberber ist Familie zentral, eigentlich alles. Sie ist eine Kultur der Familien. Jede Familie hat ihren eigenen Ideolekt und eigene Traditionen.
Um den oben genannten Fragen nachzugehen, habe ich in drei Berberfamilien im Rif gelebt. Ich war ihr Gast. Außerdem war ich mit zwei Frauen der Forschungsgruppe in der Aischa-Familie. Bei diesen Aufenthalten habe ich Tagebücher geschrieben.
Das folgende Kapitel enthält das Protokoll eines Abends in der Aischa-Familie in der Stadt Nador. Der Text wird objektiv hermeneutisch analysiert.

3. Analyse der Tagebuchaufzeichnung einer sadaqa

3.1 Kultur und Umgang mit dem Tod

Die Idee vom Weiterleben nach dem Tod und vom irdischen Leben als Bewährungszeit ist so alt wie Kultur. Vielleicht kann man sogar sagen, daß Kultur mit dieser Idee beginnt und sich aus ihr heraus entfaltet. Der Glaube an das Leben nach dem Tod prägt das Leben des Gläubigen. In seinem Denken, in Ritualen und Alltagspraxis werden diesseitiges und jenseitiges Leben ineinander verwoben.

Der Tod ist ein Grenzphänomen des Lebens, dem sich kein Mensch entziehen kann. Kulturelle Eigenart läßt sich erschließen am Umgang mit Grenzphänomenen. Auf welche Weise Menschen sich im Angesicht des Todes verabschieden – von den Lebenden bzw. von den Sterbenden – ist individuell verschieden, aber auch stark kulturell geprägt, ebenso der Umgang mit den Verstorbenen.

Zu einer autonomen Lebenspraxis gehört das Zulassen des Wissens von der Nähe des Todes. – Das Abschiednehmen kann leichter sein, wenn man das Leben als erfüllt betrachtet. Traditionale Lebensmuster können in einem Menschenleben erfüllt werden. Das erleichtert in Verbindung mit der Hoffnung auf das Weiterleben nach dem Tod den Abschied. Außerdem helfen traditionelle Rituale oder ritualisierte Lebenspraxis, die Trauer aktiv auszuleben und wieder offen zu sein für das Leben, für Neues, für den Nächsten.

Im folgenden Text wird der Umgang mit dem Tod in der Berberkultur im Rif exemplarisch aufgezeigt anhand meiner Tagebuchaufzeichnung[121] einer sadaqa

---

121 Die vollständige Tagebuchaufzeichnung kann im Anhang III eingesehen werden.

in der Aischa-Familie und der Interpretation dieser Beschreibung nach der Methode der objektiven Hermeneutik.

3.2 Anmerkungen zu Material und Methode

Datengrundlage ist meine Beschreibung einer "sadaqa" in der Aischa-Familie, zu der wir, die Frauen des Forschungsprojekts, während unseres vierzehntägigen Aufenthaltes 1994 in der Provinz Nador von Aischa eingeladen worden waren. Die Feier fand statt in einem Haus der Familie in der gleichnamigen Provinzhauptstadt.

Die objektiv hermeneutische Analyse wurde in einem Kolloquium unter der Leitung von Professor Dr. Oevermann am 18.05.95 begonnen und anschließend von mir fortgesetzt. Nach sorgfältiger Analyse des Anfangs wird dann nicht mehr ausführlich weiterinterpretiert, wenn sich Strukturen wiederholen oder für den Arbeitszusammenhang weniger von Bedeutung sind. Die Interpretation des sadaqa-Protokolls ist die letzte aus einer ganzen Reihe von Analysen, die teilweise hier vorgelegt wurden. Methodisch hat das Konsequenzen: Alle Daten und Forschungsergebnisse gehören zum inneren Kontext und können nun mitverwendet werden, um den Fall zu rekonstruieren.

3.3 Sequenzanalyse

3.3.1 Analyse der Überschrift

Unser letzter Abend in Nador 6.4.1994
"sadaqa"
– Feier für eine Tote –

Da ein Tagebuch normalerweise unter einer Kontinuitätsbindung steht und die Eintragungen keine Überschriften bekommen, läßt sich kontrastiv aus diesem Protokollbeginn schließen, daß es sich hier um ein besonderes äußeres, zum Forschungsfeld der Autorin gehörendes Ereignis handelt. Die fremdsprachlich gehaltene Überschrift deutet auf eine kulturelle Besonderheit hin, für deren Bezeichnung es im Deutschen kein adäquates Wort gibt. Der Untertitel hat erklärende Funktion, er rückt die sadaqa in die Nähe von Totenfeier, Exequiem, Trauerfeier und Requiem. Bei diesen Bezeichnungen handelt es sich um kulturzentrale Prädikate. Ein Prädikat ist immer zugleich Zeichen und Begriff, den es repräsentiert. Mit der Begriffsauslegung ist daher zugleich eine Realitätsauslegung gegeben, die für das Selbstverständnis einer Kultur aufschlußreich ist. Eine Trauerfeier und in der katholischen Kirche das Exequiem stehen in engem zeitlichen Zusammenhang mit Sterben und Beerdigung, und die Vergemeinschaftung dient primär der Unterstützung der trauernden Hinterbliebenen. – Die Totenmesse, das sogenannte Requiem – nach dem Eingangsgebet "Requiem aeternam dona eis Domine" benannt – dient nach mehrwöchgigem zeitlichen Abstand zum Todestag dem Totengedächtnis und nach katholischem Verständnis dem Seelenfrieden des Verstorbenen.

Ließe sich die sadaqa in diese Logik einfügen, so wäre sie nicht in einem ethnographischen Tagebuch thematisiert. Um die Eigenlogik der sadaqa zu erschließen, folgt nun eine Umschreibung der Wortbedeutung.

3.3.2 Sadaqa – Umschreibung der Wortbedeutung

Sadaqa ist ein Wort aus dem Arabischen, das die Rifberber übernommen haben. Ein adäquates Wort im Rifberberischen scheint es nicht zu geben, im Deutschen auch nicht.

Die arabische Wurzel bedeutet (nach Langenscheidt) zweierlei:
sdq = die Wahrheit sagen
= jemandem Glauben schenken

Es geht also jedesmal um die Einrichtung einer zwischenmenschlichen Beziehung des Vertrauens auf der Grundlage von Wahrheit und Ehrlichkeit. – Von derselben Wortwurzel ist das Wort sadiq = Freund abgeleitet. Interessanterweise verwenden die Berber für Brautpreis nicht das arabische Wort mahr, sondern sie sprechen im Mittleren Atlas von sadaq[122] und im Rif von sdaq. – Sadaqa verwendet man allgemein für eine Gabe, ein Geschenk im religiösen Kontext. Man spricht auch von der sadaqa fi sabili Allah (sabil = Weg, Quelle).

Die sadaqa ist nicht zu verwechseln mit zakat, der Armensteuer, die zu den Pflichten der Muslime gehört.[123] Die sadaqat sind freiwillige Gaben, allein die sadaqa am 40. Tag nach einem Sterbefall wird als verbindlich angesehen. Bei den sadaqat für einen Verstorbenen unterscheidet man zwischen großen und kleinen "Gaben". Eine <u>kleine sadaqa</u>, ein Almosen im Gedenken an den Toten, kann beliebig oft gegeben werden und ist unabhängig von einem Termin. Diese kleinen "Gaben" sind ganz freiwillig und werden meist unauffällig gegeben und in der Hoffnung, daß Allah das Almosengeben – genau wie das Beten – am Tag

---

122 Rosemarie Höll, Die Stellung der Frau im zeitgenössischen Islam – Dargestellt am Beispiel Marokkos, Frankfurt, Bern, Cirencester/U.K., 1979, S. 30 – 36.
123 Die Hauptpflichten sind das Glaubensbekenntnis, das tägliche Gebet (fünfmal), die Armensteuer, das Fasten im Monat Ramadan und die Wallfahrt nach Mekka. Diese Pflichten werden oft als die fünf Säulen des Islam bezeichnet.

der Auferstehung belohnt wird.[124] Die große sadaqa für einen Toten ist eine Gabe in Form einer Feier für die Menschen aus dem Umfeld des Toten, besonders für seine Verwandten und für Arme. Die erste große sadaqa hat nach verbreitetem muslimischem Brauch am 40. Tag nach dem Sterbefall stattzufinden. Das ist das Grundprinzip. Variationen in der Handhabung des Termins sowie der Auswahl und Einladung der Gäste sind in den verschiedenen islamischen Kulturen zu beobachten, besonders unter dem Einfluß von Migration. Weitere große sadaqat können folgen. Anzahl und Zeitpunkt sind den Hinterbliebenen freigestellt. Man kann zum Beispiel zwanzig Jahre nach einem Sterbefall zu einer sadaqa zu Ehren eines Toten einladen. Dies auch dann, wenn man nicht mit dem Verstorbenen verwandt ist. Zur ersten großen sadaqa lädt in der Regel die Familie des Verstorbenen ein, wenn sie dazu finanziell in der Lage ist. Andernfalls kann die sadaqa oder ihre Finanzierung auch von einer anderen Person übernommen werden. Diese sadaqa ist grundsätzlich offen; das bedeutet zum Beispiel: Ein eingeladener Gast kann weitere Personen mitbringen.

Zur ersten großen sadaqa für einen Toten gehören:
das Gespräch,
das Gebet,
das Essen.

Das Gespräch kreist überwiegend um den Toten, aber nicht nur. – Das Gebet, meist in Form von Gesängen, wird stellvertretend für den Toten von den Anwesenden an Allah gerichtet. Die Texte der Gesänge haben unterschiedliche Quellen: Koran, Hadithe und Volksdichtung. Die Männer singen überwiegend Korantexte. Das hängt damit zusammen, daß ihre Vorsänger meist aus dem Kreis der Vorbeter in der Moschee geholt werden. Die Gesänge der Frauen sind berberische Volksdichtung oder Hadithtexte. Die Vorsängerinnen sind Frauen, die sich zum Einüben der Gesänge aus eigener Motivation regelmäßig treffen. – Das Essen ist üppig, und angeboten wird viel Fleisch. Für Arme gehören diese sadaqat oft zu den wenigen Gelegenheiten, an denen sie sich mit Fleisch sattessen können.

---

124 Diese Hoffnung stützt sich auf viele Versprechen im Koran, z.B. in Sure 2, Vers 104: "Und verrichtet das Gebet und zahlt die Armenspende; und was ihr Gutes für eure Seelen voraussendet, das werdet ihr finden bei Allah. Siehe, Allah schaut euer Tun." Sure 2, Vers 274f: "(...) Und was ihr spendet an Gutem, siehe, Allah weiß es. 275: Die, welche ihr Gut spenden bei Nacht und bei Tag und im Verborgenen und öffentlich, die haben ihren Lohn bei ihrem Herrn; nicht soll Furcht über sie kommen, und nicht sollen sie traurig sein." Sure 3, Vers 86: "Nimmer erlangt ihr die Gerechtigkeit, ehe ihr nicht spendet von dem, was ihr liebt; und was immer ihr spendet, siehe, Allah weiß es." (Henning-Übersetzung).

3.3.3 Strukturhypothese

In ihrer inneren Logik unterscheidet sich die sadaqa von unseren Trauer-, Toten- und Gedenkfeiern. Sie hat eine dreifache Ausrichtung:
- auf die Pietätsgemeinschaft,
- auf die Gemeinschaft mit Gott nach der Auferstehung,
- auf die Gemeinschaft der Gläubigen, die Umma.

In der Amalgamierung der Aspekte zeigt sich die Besonderheit muslimischer Bewährungs- und Erlösungslogik: Soziale Unterschiede einerseits und Vergemeinschaftung über diese Unterschiede hinweg andererseits sind für sie konstitutiv.

In der sadaqa zeigt sich eine der Logik des Frauentauschs sehr ähnliche Struktur, nämlich die Verkopplung zweier Dimensionen, der Welt der Ökonomie mit ihren sozial-hierarchischen Verhältnissen und der Welt der Gefühle, wo in der Praxis des Gebens und Nehmens Gefühle erblühen können, die als befriedigend empfunden werden: der Güte, der Dankbarkeit, der Verbundenheit und der Religiosität.

3.3.4 Dichte Analyse der Beschreibung der sadaqa

Innerhalb von 40 Tagen nach einem Sterbefall "muß" (Aischa) die Trauerfeier stattfinden.

Aischa wird hier zitiert. Sie ist offensichtlich Informantin der Forschungsgruppe geworden.
Die Aussage "muß" ist eine implizite Verallgemeinerung. Sie weicht von der im Islam verbreiteten Regel "am 40. Tag" ab und verweist möglicherweise auf die Flexibilität des maghrebinischen Islam, besonders im Kontext von Migration.
Die Zahl 40 ist eine der magischen Zahlen im Islam und wird mit Tod und Auferstehung in Verbindung gebracht. Ein Beispiel:
In ihrer Auswahl von 40 heiligen Hadithen begünden die Herausgeber Ezzedin und Johnson-Davies die Anzahl mit folgenden Worten:

"(...) die Anzahl sollte auf vierzig beschränkt werden, womit wir dem Beispiel anderer Herausgeber kurzer Sammlungen von ahadit folgen, die sich nach dem Wort des Propheten richten. "Wer für mein Volk vierzig ahadit auswendig lernt und bewahrt, den wird Allah am Tag der Auferstehung zusammen mit den Rechtsgelehrten und den Religionsgelehrten auferwecken." Auch glauben wir, daß eine auf vernünftiges Maß beschränkte Anzahl eine leichtere Einführung für den Leser bietet und dazu ermutigt, mehr darüber zu lesen, und daß dennoch eine wohlerwogene Auswahl von vierzig ahadit eine entsprechende Zahl religiöser Grundlagen angemessen abdeckt."[125]

---

125 Ibrahim Ezzedin und Denys Johnson-Davies, Vierzig heilige Hadite. Aus dem Ara-

Auch im muslimischen Alltagsdenken begegnet uns die Zahl 40: ein Mann sollte 40 Jahre alt sein, wenn er eine für die Gesellschaft wichtige Aufgabe übernimmt. Eine Frau sollte nach einer Entbindung 40 Tage Schonzeit haben.[126]

In der Verbindung von magischer Zahl und Norm spiegelt sich für den Islam Charakteristisches: Der Islam ist ein Mischfall aus Systematik und Magie. Wie keine andere monotheistische Religion enthält ihre Systematik magische Elemente. Dazu gehört auch, daß die universalistische Logik mit Archaismen (Rachelogik,[127] Logik des Frauentauschs,[128] Männerkult mit Initiationsritual,

---

bischen von Ahmad von Denffer. Hrsg.: Verein zur Verbreitung der islamischen Kultur. Amt für Bau von Moscheen und islamischer Projekte, o.O und o.J. Aus dem Vorwort von Ahmad von Denffer: "Dieses Werk betrifft ein besonderes genre der hadit-Literatur, nämlich den sogenannten 'hadit qudsi', den heiligen hadit. Damit ist gemeint, ein Wort des Propheten Muhammad(s)2, in dem er Wort Gottes wiedergibt, im Gegensatz zum Wort des Propheten an sich, d.h. dem hadit, und im Gegensatz zum Worte Allahs an sich, d.h. dem Koran." A.a.O., S. 7.

126 In der orientalischen, besonders der altorientalischen Literatur, sind Zahlen oft nicht als absolute Zahlen zu lesen, sondern als Symbole. Sie enthalten Bedeutungen, die spielerisch denkend zu entschlüsseln sind. Die Zahl 40 ist eine Kombination aus den beiden Vollkommenheitszahlen 4 und 10 und eine für vieles zu gebrauchende beliebte Zeitzahl. Hier nur einige bekannte Beispiele:
40 Tage und Nächte ließ Gott es bei der Sintflut regnen (Exodus 7,4 und 7,12) [Exodus = das zweite Buch aus dem Pentateuch];
40 Tage und Nächte war Moses auf dem Berg Sinai (Exodus 24,18);
40 Tage und Nächte fastete Jesus in der Wüste (Matthäus, 4,2).

127 Der Koran verbietet einerseits das Töten, andererseits enthält er aber auch noch die im Denken der arabischen Stämme tief verwurzelte Logik der Wiedervergeltung und damit der Blutrache. In Sure 2 heißt es: "173. (178.) O ihr, die ihr glaubt, vorgeschrieben ist euch die Wiedervergeltung im Mord: der Freie für den Freien, der Sklave für den Sklaven, und die Frau für die Frau! Der aber, dem von seinem Bruder etwas verziehen wird, bei dem lasse man Güte walten; doch Entschädigung sei ihm reichlich. 174. Dies ist eine Erleichterung von euerm Herrn und eine Barmherzigkeit. Und wer sich nach diesem vergeht, den treffe schmerzliche Strafe. 175l (179.) Und in der Wiedervergeltung liegt Leben für euch, o ihr Leute von Verstand; vielleicht werdet ihr gottesfürchtig." Aus der Koran-Übersetzung von Max Henning. Die Aussage stimmt inhaltlich überein mit der Koran-Übersetzung von Rudi Paret (Versangabe in der Klammer) und der Übersetzung der Ahmadiyya-Bewegung, Sure 2, Vers 179. In der Übersetzung von Friedrich Rückert fehlen viele Verse der 2. Sure, u.a. auch 154 – 185.
Die Sure 2 wird, darin stimmen muslimische Traditionen und westliche Forschung überein, den medinensischen Suren zugeordnet. Sie ist also entstanden in den letzten zehn Jahren Mohammeds (vgl. hierzu Wolfdietrich Fischer, Erklärende Anmerkungen zum besseren Verständnis der Koranübersetzung von Friedrich Rückert, in: Der Koran, Übersetzung von Friedrich Rückert, Würzburg 1995, S. 494). Die Suren aus dieser Zeit knüpfen häufig an Tagesereignisse an und regeln den Alltag. Eine ganz andere Einstellung zur Rachelogik vertritt Mohammed in seiner Abschiedspredigt.

Unterwerfung des Sohnes unter den Vater, Idealisierung von Jungfrau und Mutter, Vorstellungen von Reinheit und Unreinheit, Reinigungsrituale) durchsetzt ist, wodurch sie sich repartikuliert und remarginalisiert. Innerhalb der christlichen Religionen kommt der Katholizismus dieser Mischung aus Systematik und Magie am nächsten.

Aischa argumentiert in der Logik der Herkunftskultur, in der sich die Struktur des Islam spiegelt: Mischung aus Systematik und Magie, universalistischen und partikularistischen Elementen.

Heute ist der 40. Tag nach dem Tod der Mutter von Aischas Vater. In diesem Jahr ist es schon die dritte sadaqa in der Familie. Zuerst starb der Vater, wenige Tage danach die Mutter von Aischas Mutter, dann die Mutter des Vaters.

Die Überführung von im Ausland Verstorbenen nach Marokko ist bei Berbern üblich. Als Grund geben sie den Seelenfrieden des Toten an, den dieser nur dort finden könne und nicht hier, in der Erde der Christen, obwohl, so heißt es dann einschränkend, Allah ja eigentlich überall in der Natur sei.

Aischas Vater starb im Dezember 1993 in Deutschland und wurde in Marokko beerdigt.[129]

Die Aischa-Familie reiste zu den drei Beerdigungen und sadaqat nach Nador.

Die Toten werden im Rif nicht in Särge gelegt, sondern in Leinen eingehüllt. Auf einer Bahre werden sie ans Grab getragen und in das nicht sehr tiefe Grab gelegt. Der Platz soll später nie umgegraben werden. An Beerdigungen nehmen traditionsgemäß nur Männer teil, auch wenn eine Frau beerdigt wird. Diese Sitte wird jedoch neuerdings von Frauen vereinzelt durchbrochen. Sie stehen dann bei den Männern oder in großer Distanz zu ihnen und zum Grab.

Die Daten lassen sowohl die starke Bindung an die Herkunftskultur erkennen als auch das Fortschreiten des Transformationsprozesses im Denken und Handeln. Aus ihnen spricht außerdem eine kulturspezifische Vorstellung von Natur. Natur ist für die Rifi zweierlei: zum einen die Basis für ihre Ernährung, und als solche wird sie bearbeitet, zum anderen der Ort, an dem die Ahnen und Gott sind. Man sagte mir: "Natur, das sind die Ahnen und das ist Gott." Zwischen diesen beiden Ebenen der Natur liegt die Kultur. Das heißt: Kultur kann nicht zur

---

Da heißt es: "Die Blutrache der Heiden ist aufgehoben, und die erste Blutrache, die ich aufhebe, ist das Blut Rabi'a ibn al-Hariths, der bei den Banu Sa'd aufgezogen und von den Hudhail getötet worden war. Die Wucherzinsen aus der Heidenzeit sind aufgehoben, und der erste Zins, den ich aufhebe, ist der, den 'Abbas ibn 'Abbas 'Abd al-Muttalib [zu empfangen hatte]. All das ist aufgehoben." Aus: Annemarie Schimmel, Und Muhammed ist sein Prohet – die Verehrung des Propheten in der islamischen Frömmigkeit, München ²1989, S. 238.
128 Siehe TEIL IV SCHATZ, PFORTE UND PUPPENSPIEL
129 Siehe TEIL III, KAP. 2 OBJEKTIVE DATEN.

Beherrscherin der Natur werden, weil die lebensotwendige Ausnutzung mit Ehrfurcht verbunden ist. Eine derartige Einstellung gehört nach Levi-Strauss zu den "tieferen Ursachen für den Widerstand gegen die Entwicklung" der Kultur. Am Erhalten und Dauern liegt diesen Kulturen mehr als am Fortschritt.[130]

Die Einladung an uns zur Teilnahme an der Feier erfolgte durch Aischa bereits mehrmals in Deutschland. Sie freut sich, daß wir dabei sein können, besonders daß wir den Trauergesang, der von einer Gruppe von Frauen angestimmt wird, miterleben werden.

Die Sequenz läßt mehrere Lesarten bezüglich der Einstellung Aischas zu ihrer Herkunftskultur zu, über die nicht entschieden werden kann, da das Protokoll keine entsprechenden Markierungen enthält.

Lesart 1: Die Autorin hat einen ethnologischen Blick und nimmt Aischas Zufriedenheit in diesem Sinne selektiv wahr.

Lesart 2: Aischa hat bereits einen ethnologischen Blick. Dann gibt es zwei Möglichkeiten
a) Sie sieht bereits selbst mit diesem Blick auf ihre Herkunftskultur.
b) Sie identifiziert sich noch mit dieser Kultur, nimmt aber vorübergehend im Sinne von rolltaking den ethnologischen Blick ein, weil sie weiß, daß die anderen ihn haben müssen, und freut sich für sie.

Die wahrscheinlichste Lesart ist die letzte. Sie paßt zum inneren Kontextwissen, besonders zu der Strukturhypothese von der widersprüchlichen Einheit,[131] zu der beide Kulturen im Leben Aischas integriert werden und deren Herstellung und Balance Aischas Identität und Autonomie auszeichnet.

Von den Vorbereitungen habe ich nur eins mitbekommen: Zufällig traf ich Aischas Mutter am Souk, als gerade ein ganzer Hammel und zwei große Fleischpakete in den Kofferraum ihres Autos geladen wurden. Ich: "Ist das für heute abend? Zerlegt ihr ihn selbst? Ich könnte das gar nicht. Soviel Fleisch essen wir in einem ganzen Jahr nicht." Fatima lachte: "Das ist doch nicht viel, das geht doch bei einem Essen weg."

In traditionalen Kulturen – auch im Rif – sind die Potlatschregeln[132] weit verbreitet: Bei Festen wird Reichtum demonstriert und Prestige erworben durch

---

130 Levi-Strauss vermutet drei "tiefere Gründe für den Widerstand" gegen den Fortschritt: 1. "Der Wille zur Einheit", 2. "Die Ehrfurcht vor der Natur" und 3. "Die Ablehnung der Geschichte". Claude Levi-Strauss, Strukturale Anthropologie II, Frankfurt/Main 1992, S. 357 – 362.
131 Siehe S. 95, FN 113, und V. 2.3.3, S. 230.
132 Potlatsch oder Potlatch bezeichnet eine Tradition der Nordwestküstenindianer. Bei großen Festen mit Geschenkverteilung geben die Gastgeber ihre gesamte Habe weg und erwerben dafür Prestige und die Zulassung als Nehmende bei den Festen der

die Fleischmenge, die zum Verzehr gebracht wird. Der "Üppigkeitstraditionalismus"[133] wetteifert in Überbietungsstrategien. Der darauf anspielende verdichtete Dialog läßt sich als eingespielte Kommunikation auf zwei kulturellen Ebenen lesen. Fatima wird als Kölnerin adressiert und gleichzeitig als Marokkanerin. Ihr Lachen zeigt, daß sie die Spielregeln versteht, und gekonnt spielt sie die Bälle zurück: Sie macht Vielessen zu einer Insiderkompetenz und diese zu einem Zugehörigkeitsmerkmal.

Dann stieg sie vorn links ein und kutschierte souverän nach Hause, die Frau, in deren Zimmer im Lehmhaus in Khebdana – ohne Strom und fließendes Wasser – wir vor einigen Tagen gesessen haben. Dort lebte sie vor gut zwanzig Jahren, vor ihrer Deutschland-Zeit.

Fatima hat 1990 im Alter von fünfzig Jahren in Deutschland den Führerschein gemacht, fährt aber nur in Marokko.[134]

Das Protokoll wechselt den Stil. Die Beschreibung von Fatimas Verhalten ist keine distanzierte, sondern eine stilisierende. Die Formulierungen "kutschierte" und "souverän" transportieren eine Einschätzung mit: Lässigkeit und Sicherheit im Umgang mit dem Auto. Fatima lebt auf ihre Weise mit zwei Kulturen. Sie scheint eine gewisse Kontrastivitätslust dabei zu empfinden, zu Potlatsch aus Marokko und zum Auto aus Deutschland zu gehören und beides im Griff zu haben. Sie markiert in der Herkunftskultur deutlich ihre Andersheit, stellt ihre Kompetenz und Unabhängigkeit unter Beweis und signalisiert, daß sie – auch als Witwe – in die moderne Kultur zurückfahren und dort zurechtkommen wird.

Das souveräne Kutschieren drückt jedoch noch mehr aus: Für eine Frau aus dem Rif ist das Auto eine fahrende Schutzzone und damit eine Revolution für das Geschlechterverhältnis. Der Rückzug in den Schutzraum ermöglicht nun gleichzeitig den Ausbruch. Diese Modernität kompensierend, tragen Frauen zunehmend mehr am Steuer einen hijab, auch dann, wenn sie dies sonst nicht tun.[135]

In Fatimas Verhalten lassen sich starke Indikatoren erkennen für
1. Marginalität / cross-cultural-identity, das heißt, man ist nirgendwo ganz aber überall zugehörig und
2. Autonomie, die in der Herstellung der Balance besteht.

Anderen. Potlatsch ist einem strengen Reglement unterworfen. Ähnliche Verhaltensweisen in anderen traditionalen Kulturen werden danach benannt.
133 Oevermann, a.a.O.
134 Vgl. Teil III. 2. OBJEKTIVE DATEN, S. 100f.
135 Vgl. Teil II. RAUM – BLICK – KÖRPER, 2.1.2.2 DER ÖFFENTLICHE RAUM, S. 46ff.

> Am frühen Abend gehen wir mit Aischa zum Haus der Verstorbenen. Wir tragen Djellabas – für langes Sitzen sind sie am bequemsten und außerdem schön.
> Ich: "Wie viele werden kommen?"
> Aischa antwortet etwa so: Es kommt die Cousine aus ... mit ihrer Mutter, die Tante von ..., die Nichte aus ..., die Nachbarin von ...
> Ich, sie unterbrechend: "Ich meine, wie viele?"
> Aischa: Da kommt die Schwester von ... mit ihrem Mann, der ein Cousin ist von ...
> Ich unterbreche wieder: "Aber ich wollte nur wissen wie viele!"
> Aischa; "Ach, du meinst die Zahl! So etwa sechzig."

Vermittelt durch einen Dialog, der sich aus einer bei Festen ganz üblichen Frage entwickelt, wird der Abstand zwischen den Kulturen vorgeführt am Beispiel des jeweils dominierenden Kategorisierungsmodus. Gegenüber stehen sich an die Konkretheit angeschmiegtes Denken und systematisches, in der Sprache der Logik gesprochen: extentionale und intentionale Definition. Nur durch hartnäckiges Bohren gelingt das Durchbrechen der Widerstände gegen den subsumierenden Kategorisierungsmodus, und der Umsprung in das abstrakte Denken erfolgt.

> Es ist eine kleine Feier diesmal. Wir haben erst vorgestern eingeladen und nur den engsten Kreis. Die Kölner sind ja zum Teil erst vorgestern gekommen, zum Beispiel meine Mutter und Djamila. Andere, die im Ausland leben, können nicht dreimal in so kurzer Zeit kommen."

"Die Kölner" könnte ein Berliner oder Frankfurter sagen. In der kleinen Szene zeigt sich die Kompetenz zur Organisation der kontrastierenden Systeme in einer Person. Weder Chaos noch Zerrissenheit sind hier zu beobachten, sondern es dominiert das erfolgreiche Streben nach Bewahrung der Identität und Integralität durch eine hohe Denkleistung. Die souveräne Verflechtung zweier Stimmen, in der jede ihre Eigenart bewahrt, ist eine Arbeit, die für den *marginal man* charakteristisch ist und die er ganz alleine leistet.[136]

---

[136] Ich verwende den Begriff *marginal man* hier so, wie er in der frühen amerikanischen Migrantenforschung gefüllt wurde: Der marginale Mensch ist der bikulturelle Mensch, der mit zwei Kulturen lebt. Im Gegensatz zum Fremden, der neu in eine Gastkultur kommt und dort eindeutig die Position des Nichteinheimischen einnimmt, ist der marginale Mensch bereits seit vielen Jahren im Aufnahmeland, und seine Kinder wachsen überwiegend in der neuen Kultur auf. Typisch ist dabei die Umkehr des Eltern-Kind-Verhältnisses, wie wir sie im Aischa-Interview vorgefunden haben. Sein Leben birgt in sich Risiken aber auch Chancen, die nur der bikulturelle Mensch hat. – Zu den grundlegenden Arbeiten in der amerikanischen Migrantenforschung gehören folgende: 1908 veröffentlichte der Soziologe und Philosoph Georg Simmel seinen "Exkurs über den Fremden", der zum Anstoß und zur Herausforderung der Migrantenforschung wurde. 1928 publizierte Robert E. Park im Rahmen seiner Forschungen über ethnische Minderheiten in Chicago den Aufsatz

Ich: "Warum hast du mir nicht gleich die Zahl genannt?"
Aischa: "Wir zählen Menschen niemals. Das wäre ein übles Vergehen. Wenn man zum Beispiel Gäste hat und den Tisch decken will, zählt man nie die Menschen. Man blickt in den Raum, schätzt und greift reichlich Gläser und Tassen und stellt sie auf den Tisch. Da bleibt dann immer was übrig. Nie werden Menschen gezählt! Das verstößt gegen ihre Würde!"

Das Nicht-zählen-Dürfen von Menschen wird explizit als Norm ausgegeben.[137] Es existiert ein Tabu des Subsumierens von Menschen unter eine Zahl. Diese Regelung impliziert dieselben Tendenzen, die auch im Aischa-Interview und im Hymenkomplex[138] enthalten sind:
1. Die Existenz der Leib-Seele-Einheit in ihrer Einmaligkeit zu schützen und
2. bei der Nähe-Distanz-Regelung zur Sicherung der Diskretheit eindeutige Grenzen zu markieren.

Daß dies durch eine derart starke Regel erfolgt, spricht für das Vorhandensein von Gegentendenzen – Verletzungswünschen –, die als bedrohlich empfunden werden. Eine tabuistisch garantierte Ethik hat eine große Macht, sie wird als zwingend und Verstöße werden als Verletzung der Humanität und Religiosität, als Greuel empfunden. Aus dieser Sicht wird auch verständlich, warum im Dialog ein derart hartnäckiges Fragen notwendig war, um den Widerstand zu durchbrechen.

Das Beispiel zeigt, wie die Distanzerhaltungsregel beim Umgang mit Gästen befolgt wird. Man verfährt nach dem Muster der Potlatsch-Regeln beim Essen: Immer mehr anbieten als nötig und immer etwas übrig lassen. Das zeigt aber auch, es wird quantifiziert, und zwar nach kulturspezifischen Regeln, die in archaischen Kulturen komplizierter als Abzählen und sozial höchst bedeutsam sein können, weil die öffentliche Meinung den Umgang mit der Kunst des Qantifizie-

---

"Human Migration and Marginal Man". Parks Schüler Everest Stonequist arbeitete intensiv an der Klärung der Problematik und veröffentlichte 1937 seine Studie "The marginal Man". Eine der wichtigsten Arbeiten danach ist 1944 der Aufsatz von Alfred Schütz, "Der Fremde". Der Begriff *marginal man* wurde 1956 von Aaron Antonovsky in dem Aufsatz "Toward a Refinement of the 'Marginal Man' Concept" um den Kultur-Aspekt erweitert, der bis dahin wenig beachtet worden war: das Verhältnis zwischen einer dominierenden Kultur und einer marginalen. Eine gute Einführung in die amerikanische Migrantenforschung enthält der Aufsatz von Jaqueline Giere: Fremdsein – Fluch oder Chance, ISS 1/88, S. 67 – 75. Aus diesem Aufsatz sind die Angaben zu Antonovsky und Stonequist entnommen; Angaben zu den anderen hier erwähnten Autoren befinden sich im Literaturverzeichnis.

137 Diese Norm ist im Rif nicht allgemein bekannt. Ich war in Familien, in denen Menschen gezählt werden, zum Beispiel beim Tischdecken für Besuch.
138 Vgl. hierzu TEIL IV. 1.3.2 SCHATZ, PFORTE UND BRÄUTE.

rens zum Maßstab für die Anerkennung von Ehre und Prestige macht.[139] Sehr deutlich wird die Mischung aus Ökonomie und Ehre beim Aushandeln des Brautpreises – des sdaq – und im Verhalten bei Hochzeitsgeschenken. Letztere sind oft Geldbeträge, die während der dreitätigen Feier deutlich sichtbar übergeben werden. Bei jedem Geldgeschenk schweigt die Musik, die Trommler markieren das Ereignis, die Tanzenden verharren, ein Ausrufer verkündet den Betrag, dann bricht das Juhuhen der Frauen aus, begleitet von Klatschen und anerkennenden Zurufen, und danach wird weitergetanzt. Das Ritual wird bei jedem Geldgeschenk wiederholt – aber es verstößt gegen ein Tabu, einen Menschen mit einer Zahl zu belegen.

Der kulturell unterschiedliche Umgang mit dem Quantifizieren zeigt die immer vorhandene Dialektik aus Universalität und Partikularität, die Dialektik aus einem allgemein menschlichen epistemischem Potential und dessen kulturspezifischen Ausprägungen.

Die Rifi verwenden keine Zahlwörter aus der berberischen Sprache. Meist kennen sie diese auch nicht. Numerale haben sie von den Arabern übernommen. Ist ihnen das Zählen nicht überhaupt fremd? Wer von den Älteren weiß schon sein Alter? So sagte zum Beispiel Tante Louiza, als wir sie nach ihrem Alter fragten, sie sei geboren am Tag des Stiefkindes, und das sei der Tag nach dem Fest am Ende des Ramadan. Auf meine Frage nach der Zahl ihrer Lebensjahre zuckte sie mit den Schultern.

Wenn Louiza bei der Frage nach ihrem Alter eher zyklisch als linear denkt, so sagt das etwas über die Eigenart ihrer Lebenswelt. Dort, wo man nur leben kann, wenn man sich an die Natur anpaßt, wo das Messen der linearen Zeit und das Festhalten dieser Daten nichts nutzt, wird das Zyklische der Natur das Denken beschäftigen. Lebt man in einer formalisierten, bürokratisch organisierten Lebenserfassung, so hat man die Daten präsent. Louiza ist eine von fünf Schwestern "unserer" Fatima, die mit fünfzig Jahren in Deutschland den Führerschein machte und deren Tochter Aischa Medizin studiert. Louiza ist nicht emigriert. Sie lebt auf einem einsamen Gehöft im Ostrif und hat zehn Kinder.

Der Übergang des Denkens von der Gebundenheit an das Konkrete in moderne Rationalität ist bei Veränderung der Bedingungen in kurzer Zeit möglich. Das zeigt die Fallanalyse der Aischa-Familie und darin besonders die Biographie Aischas. Genau das gleiche Phänomen können wir beobachten bei den jüngsten Töchtern Louizas, die in Mellila in ein Schulinternat gehen, in dem sie vom ersten Schultag an in zwei Fremdsprachen – Arabisch und Spanisch – und in zwei verschiedenen Schriftsystemen problemlos alphabetisiert werden. Diese Beob-

---

139 Zur Mischung von Ökonomie mit Ehre und Prestige bei Austauschbeziehungen in der kabylischen Gesellschaft, vgl. Bourdieu, a.a.O., S. 45f.

achtungen stimmen überein mit Forschungsergebnissen von Lurija aus den dreißiger Jahren in Usbekistan und Kirgisien. Bei Untersuchungen zur kognitiven Entwicklung in sozialen Umbruchphasen stellte er fest, daß sich das Denken sehr schnell den neuen Bedingungen anpaßt und umstrukturiert.[140]

Die Louiza-Sequenz, deren Protokollierung durch die bei der Forscherin erzeugte Irritation motiviert worden ist, macht deutlich, wie flexibel unsere epistemischen Systeme sind und wie unterschiedlich Kulturen in ihren Praktiken, Techniken, Normen, Institutionen die Universalien der Vernunft ausschöpfen. Dabei entstehen die Abstände. Magie und Rationalisierung, Verzauberung und Entzauberung sind wichtige Dimensionen dieses Abstandes.

Mehr zyklisches oder mehr lineares Denken sagt etwas aus über den Habitus der Kultur oder des Milieus. Rationalitätsschübe erfolgen schnell bei entsprechenden Bedingungen aufgrund der Universalität der epistemischen Systeme.

Als wir das Haus der Verstorbenen erreichen, legt sich meine Erinnerung vom vergangenen Sommer wie ein Schleier aus Bildern um mich: die schwache, schöne alte Frau, der Aischa so ähnelt ... das Bett mit den beiden in weiße Spitze und Duft gehüllten Omas mit den Babys dazwischen, ihre spielenden Hände ... die Frauen auf dem Boden um das Bett herum sitzend und liegend ... Aischas traurige Worte: Wir werden doch nicht mehr lange beisammen sein können.

Es waren die Tage der Bundestagsdebatten über die Pflegeversicherung, die man hier über Satellitenfernsehen mitbekam, nach deren Sinn man mich fragte und zu denen ich auf Unverständnis und Entsetzen stoßende Antworten gab.

Das Tagebuch nimmt die Erinnerung auf an einen Besuch in der Aischa-Familie in Nador im Juli/August 1993,[141] bei dem die Autorin die Erfahrung des Kulturkontrastes in äußerster Schärfe im Umgang mit alten und pflegebedürftigen Menschen machte: Zum einen die von Frauen übernommene Pflege in der

---

140 Nach Lurija beobachteten Cole und Gay bei Untersuchungen des afrikanischen Stammes der Kpelle teilweise eine höhere "Dynamik der Lernfähigkeit von Kindern aus 'zurückgebliebenen' Kulturen (...) als die bei europäischen oder amerikanischen Kindern." Lurija schließt daraus: "Folglich kann bei Kindern, die in einer 'zurückgebliebenen' Kultur leben, die 'Zone der nächsten Entwicklung' sogar ausgeprägter sein als bei Kindern in einer 'entwickelten' Kultur." Alexander R. Lurija, Die historische Bedingtheit individueller Erkenntnisprozesse. Weinheim 1986, S. 29. Originalausgabe, Moskau 1974. Seine eigenen Forschungsergebnisse faßt Lurija so zusammen: "Das Ergebnis war im Grundmuster stets das gleiche: Veränderungen der praktischen Tätigkeitsformen, besonders durch Schulbildung, riefen qualitative Veränderungen in den Denkprozessen der Menschen hervor. Außerdem stellten wir fest, daß sich die geschichtlichen Verhältnisse drastisch verändern." A. Lurija, Romantische Wissenschaft – Forschungen im Grenzbezirk von Seele und Gehirn, Reinbek bei Hamburg 1993, S. 92.
141 Schröter, Marokko-Tagebuch 1993, unveröffentlicht.

traditionalen Vergemeinschaftung, in der das soziale Handeln "auf subjektiv g e f ü h l t e r (...) Z u s a m m e n g e h ö r i g k e i t der Beteiligten beruht" und in der diese "ihr Verhalten aneinander orientieren", wie Max Weber sagt,[142] eine Definition, die auf die Familienverbände der Rifi präzise paßt, solange es ihnen gelingt, die fremdkulturellen Einflüsse mit ihrer Ausdifferenzierungsdynamik zu begrenzen. Zum anderen die Debatten um die gesetzliche Regelung der Pflegeversicherung in einer zu Versingelung tendierenden rationalisierten Kultur.

Pflegeversicherung präsupponiert dreierlei:
1. Es gibt keine Mehrgenerationenfamilie mehr, und
2. es gibt keine weiblichen Familienmitglieder mehr, die ständig zu Hause sind und bedingungslos die Pflege übernehmen.
3. Männer übernehmen nicht die traditionelle Frauenarbeit.

An die Stelle der persönlichen Sorge und eines Teils der Frauenkultur tritt die gesetzlich geregelte und institutionalisierte Pflege.

An dieser Stelle scheint es mir passend zu sein, einen Ausdruck, den W. Montgomery Watt geprägt hat und den ich von M. Rodinson übernehme, der ihn als "glücklich gewählt" bezeichnet, zu verwenden: "Stammeshumanismus". Rodinson schreibt zu den alten arabischen Stammeskulturen:

"Der Mensch war der allerhöchste Wert für den Menschen. Aber es handelt sich um den sozialen Menschen, den in eine Sippe, in einen Stamm einbezogenen Menschen."[143]

Dieser Humanismus anerkennt nicht den Menschen im Sinne des modernen ausdifferenzierten Subjekts, sondern den Menschen als Teil der Gemeinschaft. Eine Auffassung und Realität, die heute noch in der Berberkultur von Bedeutung sind.

Die traurigen Worte Aischas: Wir werden doch nicht mehr lange beisammen sein können, deuten auf emotionale Verbundenheit hin, die die durch Migration bedingte Trennung überlebt hat. Es ist der Aussage nicht zu entnehmen, ob sich Aischa auf den Tod oder die Rückreise nach Deutschland bezieht oder auf beides. "Wir sterben oft lange", sagte man mir, um zu verdeutlichen, daß die gesamte Zeit der Schwäche und des Krankseins im Alter als Sterben verstanden wird. Das bedeutet, daß man sich intensiv mit dem Sterben auseinandersetzt, daß das Sich-Befassen mit dem Tod quasi zu einer Lebensaufgabe wird, vor der man nicht ausweicht. Eine derartige Einstellung wird zur Intensität der Autonomie

---

142 Max Weber, Wirtschaft und Gesellschaft – Grundriß einer verstehenden Soziologie, 4. neu herausgegebene Auflage, besorgt von Johannes Winckelmann, 1. Halbband, Tübingen 1956, S. 21f (Hervorhebung im Original).
143 Maxime Rodinson, Mohammed, Luzern und Frankfurt/Main 1975, S.27f.

und Authentizität beitragen. Dabei geht es wieder, wie beim Subsumtionstabu um die Integralität, die Einheit von Körper und Seele.

In vielfältigen Details wird in den folgenden Sequenzen Eigenart muslimisch-berberischer Kultur vorgeführt:

> Im Erdgeschoß bereiten junge Frauen in mehreren Räumen das Essen vor, der erste Stock ist Frauenetage, im zweiten versammeln sich die Männer. Sie trauern getrennt – Männer und Frauen – ähnlich den Regeln der Geschlechterordnung bei Hochzeiten.

Die hier buchstäblich an der Basis arbeitenden Frauen sind die Garantie für Bestand und Reproduktion des Systems, was zum Selbstbewußtsein der Frauen beitragen dürfte. In die universale Struktur traditionaler Vergemeinschaftung ragt die islamisch begründete kulturelle Besonderheit hinein: die Geschlechtertrennung.

Die Begrüßungen erfolgen einzeln, von Frau zu Frau: lange Blicke – fragend, lächelnd, suchend, rätselnd –, Wangenküsse rechts und links, "Slema" – Frieden. Die Zwiesprache von Augen und Mimik setzt sich fort, als ich stumm zwischen ihnen sitze, manchmal eine Berührung mit der Hand, die Nähe herstellt und in mir das Empfinden: Ich gehöre dazu – trotz aller Fremdheit. [144]

Im Zuge der kulturspezifischen Nähe-Distanz-Regelung mit ihrer ausgeprägten Distanzierungsartifizialität und Diskretheit, die besonders zwischen den Geschlechtern sehr artikuliert ist, gibt es gleichzeitig innerhalb der Frauengemeinschaft eine ganz unbefangene Nähe mit körperlicher Berührung.

Nach einer vorläufigen Versammlung im Begrüßungszimmer (?) werden wir in einen anderen Raum gebeten. Er ist – wie die meisten Räume hier – länglich, mit Polsterbänken an allen Wänden entlang, in der Mitte runde Tische aneinandergereiht. Wir fremden Frauen setzen uns zusammen an eine Schmalseite des Raumes, ans Fenster, Aischa und Djamila neben uns. Vor mir breitet sich ein fremdes Geschehen aus: Frauen in farbigen, teils bestickten Gewändern, die Gesichter ein Spiegel der Schatten und Sonnenseiten des Lebens: Verwitterungsspuren, Strenge, Herrschaft und Ohnmacht, Stolz, Leid. Wenig Kinder – sich reibungslos einfügend, still, einzeln zwischen den Erwachsenen sitzend oder auf einem Schoß.

Die Szene berührt den Kontrast von Kindheit in traditionaler Vergemeinschaftung, in der es keine ausgegrenzte Kinderwelt gibt, und Moderne, in der Kinder und Erwachsene weitgehend in getrennten Welten leben. Die Anpassung an das vorgegebene Muster erfolgt dort relativ problemlos, zumal es auch außer Fügsamkeit keine sozial anerkannte Alternative gibt. Es existiert nur die eine Welt, an ihr kann das Kind im Schutz der Erwachsenen teilnehmen, und das gibt

---

144 Berberisch: slema = arabisch: salam = hebräisch: schalom.

ihm Sicherheit und Zufriedenheit. Teilhabe an der Erwachsenenwelt bedeutet für das Kind natürlich auch Lernen-Müssen. Das wird es auch irgendwie ahnen. Dennoch werden Kinder sich bei der Teilnahme an der Welt für alle nicht fremdbestimmt und gepreßt fühlen. Diese Gefühle haben Kinder erst in einer ausdifferenzierten Welt, in der ihre Teilnahme am Erwachsenenleben nicht erwünscht ist und dieses ihnen daher fremd bleibt. In den Sonderfällen der Zulassung und den institutionalisierten Vorbereitungs- und Qualifizierungseinrichtungen fühlen sie sich dann fremdbestimmt und werden zunehmend unfähiger zur Anpassung an ein vorgegebenes Muster.

Die Frauen sprechen miteinander, laut immer nur eine, für alle vernehmbar, auffallend die erwiderte Aufmerksamkeit. Es gibt herausragende Rednerinnen, aber auch andere, die immer schweigen. Gesprochen wird über die Verstorbene. Die Frauen greifen aus ihrem persönlichen Erinnerungsschatz eigene Erlebnisse mit der Verstorbenen auf und beschreiben sie. So entsteht ein mosaikartiges Bild der Toten, das nun in die Reihe der Ahnen, die hier von großer Bedeutung sind, gerückt wird.

Zum Verhaltensmuster einer versammelten Pietätsgemeinschaft gehören Disziplin und spontanes freies Erzählen. Der entscheidende Punkt ist: Die Verstorbenen bleiben in der Gemeinschaft als Ahnen, und ihr Tod ist Anlaß zur Festigung der Gemeinschaft der Lebenden.

Einige Frauen fallen mir besonders auf: eine liebevoll umsorgte zitternde Alte. Eine sehr selbstbewußt und besonders aufrecht sitzende und gleichzeitig in sich gekehrte Frau in der Mitte einer Langseite. Sie kennt kein Lächeln, ihre Worte sind sehr gefragt, immer wieder wird sie angesprochen. Eine Frau im Blumenkleid erscheint mir wie das personifizierte Leid. Zwei Frauen, ich nenne sie "Päpstinnen", mit hartem Kontrollblick und ohne Milde in ihren Zügen. Ich vermute in ihnen rigide und gefährliche Kontrollinstanz – weiblich besetzte Inquisitionsgerichte.

Bei Aischa und Djamila suche ich nach Orientierungshilfe.

Die zitternde Alte? "Sie hat Parkinson und dreißig Geschwister, alle vom selben Vater. Sie ist Hassans Mutter."

Die "Aufrechte"? "Sie ist die Vorsängerin. Sie ist leider heute allein gekommen, die Gruppe hat sich aufgeteilt, weil heute mehrere Trauerfeiern stattfinden."

Das "Blumenkleid"? "Sie ist eine der Frauen von Hassan, die, mit der er verheiratet wurde, als er noch ganz jung war, und die er nie geliebt hat."

Die zweite Frau? "Das ist die große Liebe. Sonst hätten sie das nicht gemacht. Die Frauen sind Cousinen. Als Kinder haben sie zusammen gespielt. Sie leben nun zwanzig Kilometer voneinander entfernt, und er pendelt von Nacht zu Nacht, von Frau zu Frau, von Kindern zu Kindern, wie der Koran es verlangt."

Die "Päpstinnen"? "Ich hasse sie! Warum fragst du gerade nach ihnen? Sie liegen immer auf der Lauer, um Stoff für üble Nachrede zu finden. Sie können dich ruinieren."

Die Stille neben mir? "Sie ist unsere Halbschwester, eine von fünf Kindern aus der ersten Ehe meines Vaters. Sie hat keinen Mann."

Ihre Mutter? "Sie sitzt der Sängerin gegenüber."

Das ist Kautar, die Frau, die ihre fünf Kinder nicht verlassen hat und dem Mann nicht nach Deutschland gefolgt ist, die geschieden ist und erlebte, daß ihre Mitfrau ihre vier Kinder aus erster Ehe in Marokko ließ, zu dem Mann nach Deutschland zog, dort ihren beiden jüngsten Kindern Schule und Ausbildung ermöglichte und allmählich die Familie wieder zusammenführte unter neuen Lebensbedingungen. Beide Frauen sprechen mehrmals miteinander – diagonal über den halben Raum hinweg – ruhig, ernst, auch lächelnd. Dabei gehört ihnen die Aufmerksamkeit der anderen. Wechselt diese über zu einem anderen Dialog, so verändert sich auch Kautar, ihre Haltung, ihre Mimik, ihre Hände, ihre Augen. Vermeintlich unbeobachtet zerbricht die kontrollierte Präsentation, sie erschlafft.

An der Aufteilung der Sängerinnengruppe kann man erkennen, daß die sadaqa keine Besonderheit der Aischa-Familie ist, sondern verbreitete Praxis.

Zu traditionalen Normen gehören auch immer Spezialisten der Interpretation, der Kontrolle und des Urteils. Die "Päpstinnen" üben diese wichtige Funktion aus. Das heißt: Die Welt der Frauen hat ihre eigenen Traditionswächterinnen und ihre eigene Sittenpolizei.

Wer sind diese Frauen? Was veranlaßt Frauen, eine solche Funktion zu übernehmen? Die "Päpstinnen" sind vierzig bis fünfzig Jahre alt und unverheiratet. Die eine war sehr jung verwitwet, die andere ist "Jungfrau". Möglicherweise haben sie sich durch die Übernahme dieser Funktion in einer Kultur, in der die Ehe praktisch zwingend ist, vor der Verheiratung schützen können.[145]

Wenn Aischa sagt, daß sie die "Päpstinnen" haßt, so zeigt dies einmal mehr ihre Distanz zur Herkunftskultur. In den Augen der weiblichen Inquisition wird sie eine Verräterin sein, die durch ihre Andersheit ihre Kultur in Frage stellt. Hier zeigt sich das Entstehen aggressiver Affekte an den Reibungsflächen zwischen Kulturen.

In der Figur des "Blumenkleides" begegnet uns die aus der Analyse des Genogramms bekannte Mitfrau von Aischas ältester Schwester wieder. Trotz durch den Koran legitimierter Polygamie und berberischer Verwandtschaftsorganisation zeigt sich hier eine Realität, für die es keine Normen gibt, aber ein Bewußtsein vorhanden ist: die reziproke Liebesbeziehung und die Tendenz zur Monogamie.

Sie hat keinen Mann, verweist darauf, daß dies bei der Kategorisierung von Frauen ein wichtiges Merkmal ist.

---

145 Eine algerische Parallele zu diesen "Päpstinnen" findet man bei Djebar, Die Schattenkönigin, in dem Kapitel: *Die Ausgestoßene* auf den Seiten 143 – 155. Dort ist es eine Witwe ohne Kinder, die "jeden Augenblick des Tages (...) belauerte", vor deren Bewachung und Macht sich alle Mädchen und Frauen fürchten und deren Urteil Männer zur Vollstreckung zwingt.

Die Anwesenheit Kautars spricht für die Priorität der Vergemeinschaftung vor Konflikten durch Polygamie und Scheidung. – Kontrolle und Disziplin bestimmen das Verhalten. Sie gehören zur Diskretheit.
Die Dialektik von Universalität und Partikularität zeigt sich in diesem Protokollabschnitt mehrfach. Beschrieben wird eine intakte traditionale Vergemeinschaftung mit universalen Strukturen und berberischen Besonderheiten.

Universale Strukturen traditionaler Vergemeinschaftung sind:
1. Vergemeinschaftung der Ahnen und Festigung der Gemeinschaft der Lebenden anläßlich eines Sterbefalles.
2. Geschlechterspezifische Arbeitsteilung mit Zuweisung der Reproduktionsarbeit an die Frauen.
3. Kindheit als Erlernen der Erwachsenenrolle durch Teilnahme an der ganzen Welt. Das gibt dem Kind Sicherheit und Zufriedenheit, Anpassung erfolgt problemlos, Fügsamkeit muß erhalten bleiben.
4. Gleichzeitigkeit von strenger Disziplin und spontanem freiem Erzählen.

Berberische Besonderheiten:
1. Geschlechtertrennung in dieser Schärfe;
2. Frauen mit Funktion in der Frauenwelt: Spezialistinnen der Interpretation, der Kontrolle und des Urteils. Anders gesagt: weibliche Traditionswächterinnen und Sittenpolizei.
3. Unbefangene körperliche Nähe bei gleichem Geschlecht;
4. Priorität der Pietätsgemeinschaft vor Einzelkonflikten durch Polygamie und Scheidung,
5. Polygamie.

Als die Männer mit dem Gesang beginnen, gehen wir mit Aischa und Djamila auf die Männeretage. Wir setzen uns im Treppenhaus in die Nähe der geöffneten Wohnungstür. Unsere Anwesenheit wird bemerkt, aber nicht sonderlich beachtet. Litaneienähnlicher Gesang aus kräftigen Stimmen schallt uns entgegen. Manchmal läuft ein Mann in die Küche und holt ein Tablett mit Getränken: Limo und Cola. Ist auf der Männerebene heute Kampfpause? ...
Ich beobachte seltene Bewegungen einzelner Männer zur Straße, seltenere von Frauen aufs Dach. Kleine Fluchten? Zigarettenpausen?
Meine Wahrnehmung verbindet sich mit dem im Rif Gelernten: "Sotra" ist das wichtige Wort, das bedeutet: Wenn du schon meinst, sündigen zu müssen, dann tue es heimlich, "im Schutz von Gott", sagten Aischa und Tlaytmas heute. Der Koran sei so ausgelegt worden: Sündigen solle man nicht öffentlich, wenn man anders nicht könne, seien Übertretungen erlaubt, aber nur heimlich. Man bittet Gott dann um Verzeihung und Schutz. Wird eine Sünderin ertappt, so sagen die Rifi: "Jetzt hat sie sich entblößt, hätte sie sich nicht schützen können?!" Man sündigt gegen die Gemeinschaft, verletzt sie dadurch und wird von ihr bestraft, schlimmstenfalls fallengelassen. Die Gemeinschaft ist

oberste Straf- und Kontrollinstanz, rigide und orthodox. Allah wird dagegen als verstehender, verzeihender und schützender Vater imaginiert.

Nach dem Gesang essen die Männer. Frauen aus der Kochzone und ein Mann laufen und bringen auf großen Tellern die Speisen, köstlich und dekorativ angerichtet.

Die verdichtete Interpretation enthält eine Auslegung muslimischer Ethik, die im Rif und dort besonders von Frauen vertreten wird. Ihr Kern ist die Imagination eines Schutzgottes, der ihnen bei persönlichem Kontakt in verständnisvoller Weise Hilfe bei der Geheimhaltung und Schutz vor der Gesellschaft als oberster kontrollierender und strafender Instanz gewährt. Diese keineswegs durch eine der islamischen Rechtsschulen legitimierte Auslegung des Korans enthält im Grunde genommen das allgemeine Modell traditionaler Vergemeinschaftung, vermittelt über den Umgang mit Normen: Wo rigide Normen herrschen, bleiben Übertretungen nicht aus, aber sie erfolgen diskret. Gelingt die Geheimhaltung nicht, so kommt bei der Reaktion der Öffentlichkeit die Geschlechtszugehörigkeit ins Spiel, denn diese Ethik ist – egal ob bürgerlich oder im Konzept der Ehre – partikularistisch in dem Sinne, daß es zum einen Normen für die Frau und andere Normen für den Mann gibt und zum anderen die Art und das Ausmaß der Strafe beim Vergehen für die Geschlechter differiert. Der Mann, der offiziell die Anerkennung der Normen demonstriert, bleibt trotz eines Fehltritts in der Gemeinschaft und behält sein Ansehen – egal ob Bauer, Pfarrer oder Mullah. Die Frau jedoch, die das uneheliche Kind bekommt, stürzt sozial zutiefst. Sie muß die Folgen allein tragen.

Neben diesem universalen Zug im Umgang mit Normen bei traditionaler Vergemeinschaftung gibt es kulturspezifische Ausprägungen und Inhalte. Im Rif gehört dazu die Ethik der Ehre, die von Ostanatolien über Vorderasien, ganz Nordafrika[146] bis zum Atlantik verbreitet ist. Nach diesem Moralkodex reißt ein sittliches Fehlverhalten der Frau die gesamte Familie vom Karriereweg der Ehre in die Schande, die nur beseitigt werden kann durch Bestrafung oder gar Tötung der Tochter oder Schwester. Wo heute das staatliche Gewaltmonopol letztere verhindert und verbietet, läßt man die Frau "nur" noch fallen – in den sozialen Tod. Die Ethik der Ehre ist eine kulturspezifische Variante des universalen Traditionalismus im Umgang mit Normen und eine radikale Verschärfung der Repression gegen die Frau. Unter diesem Druck ist die Schutzgottimagination eine Art Rettungsanker für die Seele der Frau oder des Mädchens, gleichzeitig

---

146 Vgl. Werner Schiffauer, Die Gewalt der Ehre – Erklärungen zu einem türkisch-deutschen Sexualkonflikt, Frankfurt/Main 1983. – Jutta Matani, Ethnologin aus Frankfurt am Main, berichtete mir darüber auf der Grundlage ihrer eigenen Forschungen bei der Landbevölkerung in Palästina, Syrien und Jordanien. Vgl. fürs Rif Jamous (s. Fußnote 150), für Algerien Bourdieu, a.a.O.

trägt sie zum Glauben an eine göttliche Besiegelung der Repression bei und verhindert die Revolte. Sie macht die Unterdrückung erträglich und führt zur Unterstützung des Systems, zum Beispiel durch weiblich besetzte Inquisitionsgerichte.

Verallgemeinert heißt das: Der Traditionalismus selbst ist nicht kulturspezifisch. Die Relation zwischen seinen universalen Mechanismen und seinen kulturspezifischen Inhalten ist vergleichbar der in den Mythen enthaltenen Dialektik: Die mythische Funktion ist universell, das heißt, jeder Mythos muß die Fragen beantworten: Woher kommen wir? Wer sind wir? Wohin gehen wir?[147] Der Inhalt der Antworten muß kulturspezifisch sein, sonst könnte der Mythos seine Funktion nicht erfüllen.[148]

Danach bei den Frauen das gleiche Programm:
Die Vorsängerin beginnt mit kräftiger Stimme und alle Frauen stimmen ein. Litaneienähnlicher Gesang, teilweise Wechselgesang zwischen einer Längsseite des Raumes und der anderen, Texte in Berbersprache und Arabisch, kein Textblatt, keine Noten, alles ist wie selbstverständliches Gebrauchsgut vorhanden. Keine Verlegenheit, kein Zögern, Sicherheit. Einfache Melodien, die in mich eindringen, harmonisch, ohne die Zwischentöne der arabischen Musik. Beim Ausklingen öffnen sich die Hände und werden wie eine Schale vor der Brust gehalten, dazu eine leichte, langsame Verneigung. Mir erscheint alles perfekt. Aber die Vorsängerin signalisiert deutlich Unzufriedenheit und ermahnt mehrmals zu besserem Gesang.

Die sadaqa hat Züge eines Rituals, in welchen man die Dialektik von Universalität und Partikularität wiedererkennt. Ein universaler Zug ist die vergemeinschaftende Kraft des Rituals. Islamisch ist die Geste der Öffnung als Zeichen des Gehorsams gegenüber Allah. Besonderheit der Berberkultur sind die ausnahmslos mündlich überlieferten Texte und die rein weibliche Besetzung des Rituals – kein Priester oder sonst eine männliche Vorreiterfigur, wie es bei Ritualen in Schriftkulturen üblich ist. Hier stehen Frauen nicht in einer hinteren Nische der Moschee, verhalten sich auch nicht wie Nonnen in einem Kloster, die sich für ihren rituellen und sakramentalen Bereich einen Priester holen, sondern sie inszenieren ihre religiöse Feier selbständig, autonom und äußerst diszipliniert. Die gleiche Habitusformation, die uns schon mehrmals begegnet ist, bisher einzeln,

---

147 Dies ist eine Formel, die in der Religionssoziologie bei Ulrich Oevermann häufig verwendet wird.
148 Blumenberg vergleicht die Mythen mit Musik, die aus einer Fülle von Variationen eines Grundthemas besteht. Der Mythos stellt nach Blumenberg Fragen, die die Wissenschaft nicht stellt: Er fragt nach den Abgründen des Lebens. Hans Blumenberg, Wirklichkeitsbegriff und Wirklichkeitspotential des Mythos, In: Manfred Fuhrmann (Hrsg.), Terror und Spiel – Probleme der Mythenrezeption – Poetik und Hermeneutik IV, München 1971, S. 21 und 35.

zeigt sich hier als habituelle Gruppenformation: Autonomie, Disziplin, Souveränität.

Totenlieder[149]

Wenn nicht meine Augen wären,
wenn nicht mein Mund wäre,
wenn nicht meine Hände wären,
wenn nicht meine Ohren wären,
würde ich ruhigen Gewissens
in mein Grab gehen.
(Berberisch)

Was soll ich tun, mein lieber Gott,
die Nacht allein in meinem Grab verbringen,
ohne meinen Vater,
ohne meine Mutter
und ohne Licht auf mir?
Was soll ich nur tun,
nur mit meinen Taten und Gott allein?
(Arabisch)

Die Texte sind in vielerlei Hinsicht aufschlußreich.

Als *Liedtyp* sind sie Totenlieder. Die Singenden identifizieren sich mit dem oder der Verstorbenen und singen stellvertretend.

Inhaltlich thematisiert der erste Gesang den Zusammenhang von Sinnlichkeit und Sündhaftigkeit, Körperlichkeit und Schuld. Das impliziert die Vorstellung von der Leib-Seele-Einheit. Der zweite Gesang symbolisiert die Einsamkeit des Menschen im Grab, seine Ratlosigkeit und Hilflosigkeit vor Gott. Die irdischen Beziehungen – selbst die fundamentalste, jene zwischen Eltern und Kind – zerrinnen im Tod in Nichtigkeit.

Die *Zweisprachigkeit* im religiösen Kontext erklärt sich mit der Zugehörigkeit der Rifberber zum Islam. Die Rifi verstehen sich als Muslime – wenn auch

---

149 Die folgenden arabischen Klagelieder, die auf einer sadaqa gesungen werden, sind mir erst nach Abschluß der hier vorgelegten Interpretation bekannt geworden. Ich möchte sie den Leserinnen und Lesern nicht vorenthalten und füge sie an dieser Stelle ohne Interpretation ein. Zur Erläuterung sei noch angemerkt, daß diese Klagelieder im Wechselgesang vorgetragen werden. Die mit (I) markierten Zeilen werden von einer, die mit (II) markierten Zeilen von einer zweiten Gruppe gesungen.
(I) Sieh, nur Erde und Steine
(I) weint meine Augen und weint noch mehr
(II) Für meine Liebe, meinen Liebling, der verreist ist.

(I) Was soll ich tun, mein Gott, in der Nacht meines Grabes allein,
(II) Ohne Vater, ohne Bruder, ohne Licht
(II) nur meine Taten mit Gott.

ihre Religiosität sehr eigene, durch den Maraboutismus[150] und pagane Elemente geprägte Wege geht – und so ist das Arabische für sie Sakralsprache.

Das *Protokoll* der Totenlieder spricht von *kultureller Eigenart* zweier Kulturen und dem *Abstand* zwischen ihnen. Ich verdeutliche dies ganz konkret anhand des ersten Liedtextes und indem ich mein Tun in die Analyse mit einbeziehe:

Im Protokoll des Liedes vermischen sich vier Medien: die berberische Sprache, die mündliche Überlieferung von Mund zu Ohr und wieder von Mund zu Ohr, die deutsche Sprache und die Schrift. Zum ersten Mal liegt das Lied in Zeichen geronnen auf einem Blatt Papier, und ein Mensch sitzt davor – allein – und begrübelt schweigend das Protokoll, dessen Worte bisher immer nur in Gemeinschaft gesungen wurden in einem Dialekt, der nie verschriftet wurde und zu dem es keine Hochsprache gibt. Er kann dies tun, weil er über die Sinne verfügt, die hier besungen werden: Augen, Ohren und Hände. Seine Ohren wurden noch in der sadaqa gebraucht, jetzt nicht mehr. Den Mund haben in gewisser Weise seine Hände übernommen, und das beschriebene Papier ist sozusagen zu einem Sprechorgan geworden. Verglichen mit der ganzkörperlichen Beteiligung der Sängerinnen, ist die Körperlichkeit des Wissenschaftlers reduziert auf die Feinmotorik seiner Hände und winzige Links-Rechts-Links-Bewegungen seiner Augen. Das Lied ist ein Lied der Frauen. In der Universalität des wissenschaftlichen Diskurses spielt die Partikularität des Geschlechts keine Rolle, die männliche Sprache gilt universal.[151] Die Forscherin hat Protokolle aus einer fremden Kultur und erprobt ein Verfahren der Textanalyse. Ihr Zugang zu Tradition und Wissen der oralen Kultur war – einen anderen gibt es nicht – ein Weg zu den Menschen

---

150 Die als Maraboutismus bezeichnete Form des maghrebinischen Islam hat sich im 14. und 15. Jahrhundert aus dem Sufismus entwickelt. Der Marabout kann dem sufischen Heiligen gleichgesetzt werden. Die arabische Wortwurzel *rbt* bedeutet *das Verbindende*, und Marabout ist der Ort (*m* ist Verweis auf den Ort), an dem der Mensch mit Gott in Verbindung tritt durch einen *baraka*-Träger (vgl. hierzu Fußnote 154 zu *baraka*). Dieser darf sich *scharif* nennen. Er und seine Nachkommen werden als Abkömmlinge Mohammeds durch seine Tochter Fatima und seinen Schwiegersohn Ali angesehen. Ethnologisch gesprochen bilden sie eine *maximal lineage*, die sich in patrilineare Einheiten aufteilt. Die Scharifen- oder Schorfafamilien im Rif leb(t)en außerhalb der Dörfer oft auf Dorf- oder Stammesgrenzen, heirateten innerhalb der eigenen Familie und betonten auf diese Weise ihren Sonderstatus in der segmentären Gesellschaft. In schweren Konfliktfällen wurde der scharif als friedenstiftender Vermittler von den streitenden Parteien gerufen, und sein Urteil wurde als bindend akzeptiert. – Wenn die Bedeutung der Schorfas heute durch das marokkanische Rechtssystem auch verschwindet, die Vorstellung vom Islam als einer friedenstiftenden Kraft ist im Rif lebendig vorhanden. Vgl. Raymond Jamous, Honneur et Baraka – Les structures sociales traditionelles dans le rif, Paris 1981, und Waltner, a.a.O.
151 Für Feministinnen nicht.

und ein Stück gemeinsamen Weges. Im Forschungsprozeß rückt der existentiell und emotional bewegende Zusammenhang von Leben und Tod, Körperlichkeit und Schuld, Diesseitigkeit und Transzendenz in die Diskretheit, Distanz und Unbefangenheit des forschenden Blicks. An die Stelle der Emotionalität tritt die Rationalität. In der Protokollform ist das Lied entpersönlicht, entörtlicht, entzeitlicht – Kopie. Die Kopie ist Objekt. Die dies schreibt, birgt in sich die lebendige Erfahrung, der dies lesen wird, macht tote Erfahrung. Letztere ist nur möglich, weil das Ephemere der oralen Kultur eingefangen und fixiert wurde dank des Rationalitätsvorsprungs, einschließlich der Fixierungspraktiken und -techniken, der Schriftkultur.

Das Protokoll thematisiert den Kulturabstand noch auf andere Weise indirekt: im Verhältnis zwischen Forscher und Informant. Derartige Aufzeichnungen macht kein Mitglied aus traditionaler Kultur. Die Zusammenarbeit ist immer ein Verhältnis der Asymmetrie, und der eingeborene Mitarbeiter bleibt Informant, auch wenn Ethnologen das bestreiten. Wäre das nicht so, dann brauchten wir keine Ethnologie, sondern die vergleichende Soziologie würde ausreichen.

Der *Rationalisierungsabstand* wurde bereits in einer anderen Sequenz deutlich thematisiert, ohne daß ich darauf eingegangen bin. Ich hole dies jetzt nach. Es geht um die Sequenz:

> Am frühen Abend gehen wir mit Aischa zum Haus der Verstorbenen. Wir tragen Djellabas – für langes Sitzen sind sie am bequemsten und außerdem schön.

Diese Aussage kann nur ein Mitglied einer rationalisierten Kultur machen, ein individuiertes Subjekt. Ein Mitglied einer traditionalen Kultur würde das nicht sagen, da anläßlich ritualisierter Feiern traditionale Bekleidung üblich ist. Die Rationalisierung und Ästhetisierung der Wahl des Kleidungsstücks kann gleichzeitig Ausdruck sein einer Art Authentizitätssynthese des sich in fremder Umgebung und asymmetrischer Beziehung befindenen forschenden Subjekts, das sein entstehendes mögliches Unbehagen durch persönliche Aneignung aufzufangen sucht.

Auch zur Frage des *Fremdverstehens* geben die Liedtexte eine Antwort. Sie zeigen sehr deutlich, daß es eine Verständigungsebene gibt, auch bei großem Kulturabstand. Worauf beruht sie in diesem Fall?

Die Texte sind authentisch. Authentizität entsteht aus dem Angeschmiegtsein an konkrete Lebensbedingungen, die aufgenommen werden und zum Ausdruck gelangen. Anders gesagt: Sie basiert auf lebendiger Erfahrung und ist sachhaltig hergestellt. Aus dem Stimmigkeitsverhältnis von Natur und Sinnlichkeit kann in Verbindung mit Disziplin eine Gestalt zum Ausdruck kommen, die in das Künstlerische hineinragt. Die Liedtexte tendieren in diese Richtung.

"Künstlerische Formen haben ihre Eigengesetzlichkeit. Es gibt keinen Ausdruck, der 'mehr oder weniger schön' ist: er ist entweder richtig oder falsch."[152] Die Lieder sind "Kunstwerke" archaischer Kultur, in der Kunst nicht aus der Lebenspraxis ausdifferenziert ist.

Kunst ist universalistisch und in dieser Hinsicht verwandt dem intellektuellen Universalismus. Beide überwinden die kulturell bedingten Verstehensgrenzen und damit die Grenzen des partikularistischen Denkens. Die Liedtexte liegen mit ihrer Authentizität auf der Ebene universalen Verstehens.

Dem archaischen Denken scheint – ähnlich wie dem Künstler – Strukturverlogenheit nicht möglich zu sein. In dieser traumwandlerischen Sicherheit sind beide jedoch gleichzeitig ungeschützt, sie können nicht täuschen. Die Resistenz *archaischer Autonomie und Authentizität* bricht gegenüber den Verführungen der Moderne zusammen. Das ist eine Tragik, die im Migrationsprozeß steckt. Sogar in dem faszinierend authentischen Text der biographischen Erzählung Aischas können wir eine Spur dieses Zusammenbrechens entdecken, eine Sequenz, in der die Argumentation auf eine ganz bestimmte Weise zerbricht.[153]

An die Stelle der (archaischen) Authentizität kann eine *Pseudoauthentizität* treten in Verbindung mit Pseudoindividuiertheit, die subjektiv als Individuiertheit erlebt wird, objektiv ist sie Kopie. Kopie sind auch die neuen Lieder der Berber, die es auf Kassette zu kaufen gibt, während die mündlich überlieferten Lieder der Frauen verlorengehen. Kopie ist in einer oralen Kultur nicht möglich. Sehr plastisch drückte das ein junger Berber in einem Gespräch mit mir aus. Er sagte: "Abends erzählte uns unsere Oma immer Geschichten. Das war jeden Abend eine Premiere."

> Dann das Essen. Dicht beisammen sitzen wir um einen großen runden Teller. Wie immer auch die Rituale, die in mir Assoziationen an biblische Zeiten und katholische Liturgie hervorrufen:
> – Händewaschung mit silbernem Geschirr,
> – Brechen und Verteilen des Brotes,
> – Essen mit drei Fingern der rechten Hand und mit Hilfe des Brotes,
> – Eintunken des Brotes in die Sauce.

"Wir sind die richtigen Moslems, nicht wie die Araber, denn wir schätzen das Brot, es hat einen besonderen Wert."

---

152 Hans Zender, Happy New Ears – Das Abenteuer, Musik zu hören. Freiburg, Basel und Wien, 1991, S. 94.
153 Vgl. TEIL IV. 1.4.2 FRAUENTAUSCHLOGIK UND MODERNISIERUNG IM GASTLAND.

Im Umgang mit Nähe und Distanz zeigt sich wieder die *Dialektik von Universalität und Kulturspezifität*. Distanzierungsvorkehrungen sind universal, ihre Inhalte kulturspezifisch. Im Orient ist den artifiziellen Regeln zur Distanzerhaltung zwischen den Geschlechtern konträr die unbefangene körperliche Nähe bei gleichem Geschlecht und manchmal zu den Dingen, so bei der verbreiteten Eßkultur. Ganz selbstverständlich sind das enge Zusammensitzen um den gemeinsamen Teller, wobei körperliche Berührung unvermeidbar ist, und das Zerlegen und Aufnehmen der Nahrung mit den Händen. Wo der Okzident seine artifiziellen Distanzierungen einbaut, läßt der Orient die Nähe zu und umgekehrt.

Jedoch sind die Grenzen zwischen den Kulturen nicht undurchlässig. Die vergemeinschaftende Funktion des Essens und die Eßsitten (Händewaschung, Brotbrechen, Verteilung des Brotes) in Verbindung mit dem Glauben an die Barakahaltigkeit[154] des Brotes, der bei den Arabern genauso verbreitet ist wie bei den Berbern – auch in Verbindung mit dem Glauben, die besseren Muslime zu sein –, haben Parallelen in den Riten der katholischen Kirche. Der Katholizismus birgt von allen christlichen Religionen die meisten Orientalismen in sich: im Ritual des Altarsakraments, in der Mischung aus systematischem und magischem Denken, im Kult von Jungfrau und Mutter und der Idealisierung der Mutter-Sohn-Beziehung. Das Ritual und das sakrale Brot sind nicht Attribute, sondern von fundamentaler Bedeutung für das Selbstverständnis und bei der Abgrenzung von den anderen christlichen Kirchen, genau wie zwischen Berbern und Arabern.

In der Beschreibung steckt noch ein wichtiges Moment: Das Essen mit der rechten Hand. Die linke ist unrein. Dies gehört zu dem kulturzentralen Komplex von *Reinheits- und Unreinheitsvorstellungen* und entsprechenden Praktiken.

Dies sagt die Großmutter von Elias, der uns auf dem Arm seiner jugendlich-schönen Mutter vorgestellt wurde. Was haben Moslems mit dem Brotkult zu tun? Gehört er nicht ins Christentum? frage ich mich. Und als ich bei dem Namen Elias stutze, weil er mich an

---

154 *Baraka* kann man mit Gnade oder Segen übersetzen. Sie ist in der arabischen und berberischen Heiligenverehrung und im Alltag von großer Bedeutung, vielleicht ist sie ebenso bedeutsam wie die Ehre. Das *baraka*-Konzept strebt die Überwindung der Trennung zwischen Irdischem und Göttlichem an und ist ein – wenn auch meist unausgesprochener – lebendiger Bestandteil muslimischen Selbstverständnisses bei Menschen aus dem Rif. – Geertz schreibt zur baraka: "Wie der Begriff der exemplarischen Mitte konzipiert auch 'baraka' einen Modus der Anwesenheit des Göttlichen in der Welt. Unentfaltet, unbestimmt und von aller Systematik weit entfernt, enthält auch er eine ganze 'Doktrin'.
Genauer gesagt, ist er eine Art der emotionalen, moralischen und intellektuellen Organisation menschlicher Erfahrung, eine kulturelle Verklärung des Lebens." Geertz, zit. n. Vincent Crapanzano, Die Hamadsa – Eine ethnopsychiatrische Untersuchung in Marokko, Stuttgart 1981, S.43f. Vgl. hierzu auch Jamous, a.a.O.

jüdisch-christliche Zusammenhänge erinnert, die aber hier niemand kennt, bekommen wir folgende Erklärung für die Namensgebung: "Als das Kind noch nicht geboren war, kam im Traum ein junges Mädchen zu mir und sagte, das Kind solle Elias heißen. Und da haben wir es so genannt." Dies sagte die Oma des Kindes, die Frau mit dem eintätowierten Lebensbaum auf der Stirn und dem Kreuz auf der rechten Wange.

Die Selbstverständlichkeit des Rückgriffs auf den Traum könnte auf einen Habitus der Kultur verweisen, der sich anstelle der Rationalität der Magie und dem Traum öffnet. In der Sozialisation bedeutet das dann auf der Stufe des selbständigen Denkens innerhalb der Normen der Kultur nicht das Erlernen der formal-logischen Operationen, sondern das Erlernen des selbständigen Gebrauchs von *Traum und Magie als Erkenntnis- und Deutungsoperation.*[155] Es wäre falsch, die Mischung aus Traum und Wirklichkeit in der Antwort der Großmutter so zu deuten, als sei die kognitive Entwicklung zurückgeblieben auf einem frühkindlichen Niveau, auf dem noch keine scharfe Unterscheidung zwischen Außenwelt und Vorstellungswelt, zwischen Wirklichkeit und Traum vorhanden ist.

---

155 Vgl. Lawrence Kohlberg, Stufe und Sequenz: Sozialisation unter dem Aspekt der kognitiven Entwicklung; in: ders.: Zur kognitiven Entwicklung des Kindes – Drei Aufsätze, Frankfurt am Main 1974, S. 7 – 32. Dieser Aufsatz enthält (S. 24 – 32) eine Zusammenfassung der Kohlbergschen Untersuchungen zur Entwicklung des Traumkonzepts bei amerikanischen und Atayal-Kindern. Die Atayal sind eine Volksgruppe malaysischen Ursprungs auf Formosa, die glaubt, während des Traumes verlasse die Seele den Körper und mache an entfernten Orten Erfahrungen mit Geistern. Der Traum wird als Realität angesehen. Die Untersuchung zeigt: Bei den interviewten Atayal-Jungen ist die Entwicklung der Traum-Sequenz zwar verzögert aber zunächst der Entwicklung bei amerikanischen Jungen ähnlich. Beide entwickeln in den gleichen Schritten eine subjektive Konzeption des Traumes. Im Alter von elf bis fünfzehn Jahren wird diese bei den Atayal-Kindern ersetzt durch magische Vorstellungen. Gleichzeitig mit der "Traum-'Regression'" wurde eine Abnahme des Vertrauens auf das eigene Urteil beobachtet. Nach Kohlberg gibt es eine universelle invariante Sequenz der Entwicklung des Traumkonzepts. Dazu gehören die Differenzierung der Irrealität des Traumbildes von der Realität, danach die Differenzierung der Internalität des psychischen Vorgangs von der Externalität physischer Vorgänge, dann die der Immaterialität und der Materialität und schließlich die Erkenntnis, daß der Traum selbst-verursacht ist. Dieser Prozeß scheint universal und naturwüchsig und von dem Konflikt zwischen Traum und Realität angetrieben zu sein. Er kann überlagert werden durch ein Lernen kultureller Inhalte, das der strukturellen Entwicklung entgegenläuft. "Das Lernen der Erwachsenen-Traumideologie bei den Atayal schien keine glatte und schmerzlose Überlagerung des sozialen Inhalts über eine kognitive Grundstruktur zu sein. Vielmehr schien sie Komplikationen und Konflikte in den kognitiven Reaktionen der Heranwachsenden hervorzurufen." A.a.O., S. 32.

Dieser aus der zeitlichen Distanz von einem Jahr erfolgte rationale, analytische Umgang mit dem Protokoll der Situation steht im Kontrast zu meiner spontanen Reaktion: Verwirrung.

Ist es da ein Wunder, wenn sich dabei mein Zeitsinn zersetzt, meine Raumordnung ins Wanken gerät, Emmaus und Nador, Abendmahl und Trauerfeier, alltägliche Essensrituale und liturgischer Kult sich vermischen und nach zwei Wochen die eigene Gedankenordnung anfängt, in der Weise durcheinander zu geraten, daß ich mich frage, ob hier Zeiten und Räume ineinanderfließen oder nur in meinem Gehirn, ob der Nebel aus Zeit und Raum nur ein Produkt unseres "normalen" Denkens ist – und eigentlich gar nicht existiert. Eine Zivilisationsleistung von fragwürdigem Wert? Bliebe ich hier, so wüßte ich wohl auch bald nicht mehr, in welchem Äon ich lebe und wieviel Jahre ich zähle. Wozu auch?

An dieser Stelle breche ich die Interpretation ab, ergänze aber den Schluß der ethnographischen Beschreibung aus dem Tagebuch:

Nach einem herzlichen Abschied verlassen wir die Frauen.
Aischas jüngster Bruder, der uns die Haustür aufhält, dem B. mit freundlichen Worten aber vergebens die Hand zum Abschied entgegenstreckt, würdigt sie keines Blickes. Ich gehe mit "Tschüß" an ihm vorbei. Gern würde ich jetzt zu Fuß zum Hotel gehen, aber Fahren ist für uns eingeplant. Der Arrogante (War er arrogant? Handelte er nicht einfach so, wie es sich hier gehört? Er ließ die Frau, die raucht, Alkohol trinkt, Leggings trägt, zwei Kinder hat und nicht verheiratet ist, fallen.) öffnet uns die Tür seiner neuesten Mercedes-Luxus-Limousine, und wir gleiten mit kaum vernehmbarem Surren durch Nador. Auch das ein fremdes Gefühl. Unterwegs sagt er: "Das ist der Unterschied zwischen euch und uns: Wir sind immer eine Gemeinschaft."[156]
Im Schutz des Mannes erreichen wir unser Hotel. Wir sind in einem Land, in dem die Menschenrechte der westlichen Kultur für Frauen nicht gelten. Unser Beschützer ist Marokkaner und Deutscher.

3.3.5 Zusammenfassung und Reflexion der Analyseergebnisse

Die Materialanalyse hat, obwohl abkürzend verfahren wurde, viele Eigenarten der Berberkultur, des Kulturkontrastes und des Transformationsprozesses aufgedeckt. Sichtbar geworden ist eine Lebenspraxis mit tiefer religiöser Verwurzelung im Islam, starken Bindungen in traditionaler Vergemeinschaftung, eigenständiger Herstellung eines menschenwürdigen Lebens, in das der Reichtum der traditionalen Kultur integriert wird, ergänzt durch Rationalitätsgewinne der okzidentalen Kultur. Erschütterungen und Brüche im alten Traditionalen und Di-

---

156 Im Rif und in dieser Familie ist es im Gegensatz zu Sitten in anderen muslimischen Kulturen üblich, daß Männer einer Frau zur Begrüßung die Hand geben.

stanzierungen vom Vergangenen wie vom Neuen sowie heikle Balancierungen, besonders im Bereich des Wir-Ich-Verhältnisses, zeigen die Bewegtheit des Lebens an den Grenzen zwischen Kulturen und den durch die Übergangsbedingungen geförderten intensiven Individuationsprozeß. Sichtbar wird die Fähigkeit der Menschen, die verschiedenen Elemente, Erfahrungen und Anforderungen zu einem sinnvollen Ganzen in sich selbst und in ihrer Lebenspraxis zu verarbeiten. Der Wechsel von einer archaischen Kultur in eine moderne erfordert eine außergewöhnliche Auseinandersetzungsarbeit und Integrations- und Individuationsleistung.

In der folgenden Zusammenstellung werden die analysierten Strukturen gebündelt. Was in der Praxis voller Leben miteinander verflochten ist und zusammenwirkt und in der Interpretation aufgefaltet wurde, erscheint nun analytisch getrennt, mit wenigen Worten begrifflich gefaßt, abstrakt.

(1) Eigenarten des Islam
  – Mischung aus Systematik und Magie,
  – Verkoppelung der Welt der Ökonomie und der Welt der Gefühle,
  – Gleichzeitigkeit von sozialer Hierarchie und affektiver Solidarität.
(2) Eigenarten der Lebenspraxis in der Berberkultur
  – Religiöse Verwurzelung im Islam,
  – Traditionale Vergemeinschaftung und ihre Bindekraft,
  – Bewußtsein von der Integralität des Körpers, der Geist-Körper-Seele-Einheit,
  – Ethik mit tabuistisch garantierten Normen zum Schutz der Integrität des Körpers, dazu gehören die Geschlechtertrennung und das Subsumtionstabu bezogen auf Menschen,
  – Denken in Konkretheit mit Elementen aus Traum und Magie,
  – Eigenständigkeit der Lebenspraxis, auch in der Frauenwelt,
  – Authentizität des Ausdrucks und der Gefühle,
  – Resistenz gegen den Fortschritt in der traditionalen Kultur, möglicherweise aufgrund einer spezifischen Auffassung von Natur und Kultur. Diese Resistenz bricht zur Zeit zusammen.
(3) Besonderheiten aus dem Migrationskontext und dem Transformationsprozeß
  – Kulturabstand zwischen archaischer und durchrationalisierter Kultur,
  – intellektuelle Integration bei gleichzeitiger sozialer und emotionaler Distanz,
  – Marginal-man-Phänomen.
(4) Dialektik von Allgemeinem und Besonderem als Grundlage für den Transformationsprozeß und das Fremdverstehen.

Trotz seiner Unvollständigkeit verdeutlicht dieses Strukturbündel die Komplexität von Lebenspraxis im Migrationskontext. Im Leben webt daraus jede einzelne Person und jede einzelne Migrantenfamilie ihre eigene individuelle und familienspezifische Fallstruktur – je nach konkreten Bedingungen und je nach individueller Vergangenheit, eigenen Zukunftsvorstellungen und je nach Persönlichkeit.

3.3.6 Hypothesen

Fünf Ergebnisse sind m. E. für Transformation und Reflexion von besonderer Bedeutung:

1. Hypothese: In der traditionalen Berberkultur wird die Wir-Ich-Balance hergestellt durch traditionale Vergemeinschaftung und Schutz der körperlichen Integrität.

2. Hypothese: Traditionale Vergemeinschaftung fordert und fördert die Entwicklung von Gestaltwahrnehmung und Urteilskraft.

3. Hypothese: Kulturabstand zwischen der traditionalen Berberkultur im Rif und unserer zeigt sich besonders auf den Ebenen von Beziehung und Denken. Bei Kulturwechsel verläuft der Transformationsprozeß auf den Ebenen des Denkens, der Moral, der Beziehungen und der Gefühle unterschiedlich schnell. Hohe intellektuelle Integration kann bei gleichzeitiger sozialer, moralischer und emotionaler Distanz zur neuen Kultur geleistet werden.

4. Hypothese: Die Dialektik von Universalität und Partikularität ist die Grundlage für den Transformationsprozeß und das Fremdverstehen.

5. Hypothese: Vermutet wird – sehr vage – eine Homologiebeziehung zwischen Erzählfigur, Beziehungsstruktur und Körperbild.

Ich erläutere dies nachfolgend im einzelnen.

3.3.6.1. Zur Wir-Ich-Balance in traditionaler Vergemeinschaftung

> In der traditionalen Berberkultur wird die Wir-Ich-Balance hergestellt durch traditionale Vergemeinschaftung und Schutz der körperlichen Integrität.

Zentral im Leben und Denken in der Berberkultur ist die Spannung zwischen den Polen Vergemeinschaftung einerseits und Schutz der Integrität des Körpers andererseits. Sie ist allgegenwärtig wirksam in allen Bereichen der Kultur, sei es Religion, Ethik, Umgang mit dem Tod, Alltag.

Gewollt ist immer gleichzeitig beides: Verschmelzung in der Gemeinschaft, die wie ein Organismus funktioniert, und sicherer Schutz des einzelnen Körpers.

Die Ablösung aus dem Organismus traditionaler Vergemeinschaftung ist problematisch, da sie starke Bindungen erzeugt und in Fleisch und Blut übergeht: "Ohne meine Familie wäre ich nichts." So drückt es eine Berberin, die in Deutschland lebt und studiert, aus.

3.3.6.2 Zum Zusammenhang von traditionaler Vergemeinschaftung und Gestaltwahrnehmung und Urteilskraft

> Taditionale Vergemeinschaftung fordert und fördert die Entwicklung von Gestaltwahrnehmung und Urteilskraft.

Wer permanent vom Urteil des anderen abhängig ist, wird Fähigkeiten entwickeln, durch die er mit heiler Haut – da Davonkommen nicht möglich ist – in diesem Zustand leben kann. Dazu gehören
– blitzschnelle gestaltrichtige Wahrnehmung der Situation,
– Urteilskraft,
– Autonomie im Denken und
– gegebenenfalls Präzision und Knappheit bei der Weitergabe der Erkenntnis.

Das sind genau die Fähigkeiten, die sich bei unseren Analysen von Interviews mit nordafrikanischen Frauen als herausragend gut entwickelt zeigten. Das Rätsel um den Grund für dieses Phänomen könnte in den Mechanismen der traditionalen Vergemeinschaftung, verschärft durch die Logik der Ehre, eine Lösung gefunden haben oder einen Teil einer Lösung.

Zu dieser Hypothese passen Ergebnisse neuer Hirnforschung, auf die ich nun kurz eingehen werde. Ich beziehe mich dabei überwiegend auf Arbeiten von Gerhard Roth.[157] Gestaltrichtige Wahrnehmung und Urteilskraft gehören nach Roth zu den "Meisterleistungen" des Gehirns. Ihre Ausbildung bringt er in Zusammenhang sowohl mit Überlebensstrategien in der eigenen Gruppe als auch gegenüber Außenstehenden. Das Leben in Gemeinschaften, die nicht nur den notwendigen Schutz bieten, sondern auch Kontroll- und Strafinstanz sind, erfordert lebensnotwendig diese "Meisterleistung", genau so, wie das Leben außerhalb des Gruppenschutzes in Kulturen, in denen der Fremde – und das kann schon der Nachbar sein – Feind ist. Es sind Kulturen, die nach dem Freund-Feind-Gast-Schema funktionieren. An der "Meisterleistung" haben Erfahrung und Gedächtnis einen entscheidenden Anteil. Roth bezeichnet das Gedächtnis sogar als das "wichtigste Sinnesorgan". Die Entwicklung der Urteilskraft ist an

---

157 Gerhard Roth, Das Gehirn und seine Wirklichkeit – Kognitive Neurobiologie und ihre philosophischen Konsequenzen, Frankfurt/Main 1995.

die Gestaltwahrnehmung gebunden und damit an die Konkretheit des Denkens.[158] So schreibt Oliver Sacks:

"Ein Urteil ist intuitiv, persönlich, umfassend und konkret: Wir 'sehen' die Beziehung der Dinge zueinander und zu uns selbst."[159]

Um den Zusammenhang zu verdeutlichen, füge ich drei Zitate von Roth ein:

"Die Fähigkeit unseres Gehirns, anhand weniger 'Eckdaten' eine komplette Wahrnehmungssituation zu erzeugen, gehört zu seinen Meisterleistungen, denn hierzu ist nicht nur ein sehr schnelles unbewußtes Einschätzen der Situation nach bekannt/unbekannt und wichtig/unwichtig nötig, sondern ein großer Vorrat an Vorwissen, der nahezu augenblicklich aktiviert werden kann. Die Überlebensanforderung, in möglichst kurzer Zeit (oder auf möglichst große Entfernung) verläßlich zu erkennen, 'was Sache ist', mag bei Primaten einer der wichtigsten Selektionszwänge für große und komplexe Gehirne gewesen sein. Hierbei muß das kognitive System einen schwierigen Kompromiß eingehen. Verläßliches Erkennen braucht üblicherweise Zeit; diese Zeit widerspricht aber der Maxime "möglichst schnell". Wenn ich als urzeitlicher *Homo sapiens* eine Gestalt heraneilen sehe, dann ist es von entscheidender Bedeutung, möglichst schnell zu erkennen, ob es sich um Freund oder Feind handelt. Warte ich solange, bis ich sein Gesicht oder die Stammeszeichen an seinem Körper erkennen kann, dann mag es zu spät sein. Umgekehrt kann ich es mir nicht leisten, vor jeder herankommenden Person fortzulaufen.

Eine noch kompliziertere Situation besteht für mich als Gruppenmitglied darin, rechtzeitig zu erkennen, ob in der Gruppe etwas gegen mich im Gange ist. Anhand kleinster Veränderungen in den Verhaltensweisen und den 'Zungenschlägen' der Gruppenmitglieder muß ich drohendes Unheil entdecken und mit geeigneten Maßnahmen zu vereiteln suchen. Wenn mir erst als Angeklagter im Kreis der Stammesmitglieder die Augen aufgehen, ist es meist zu spät. Umgekehrt kann sich eine ständige Wachsamkeit zu Argwohn und zu paranoidem Verhalten steigern, was ebenfalls mein Leben in der Gruppe unerfreulich macht.

Die Lösung dieses schwierigen Balanceaktes besteht darin, daß man immer mehr Erfahrungen gewinnt, die es erlauben, bei gleicher Reaktionszeit immer verläßlichere Einschätzungen zu erreichen oder bei gleicher Verläßlichkeit kürzere Reaktionszeiten. Dies bedeutet, daß mit zunehmendem Umgang mit meiner Umwelt das Gedächtnis eine immer größere Rolle bei der Gestaltung meiner Wahrnehmung spielt."[160]

"In das Gedächtnis geht das Begreifen der Welt durch Handeln, die erlebte Koinzidenz und Folgerichtigkeit von Ereignissen als 'Erfahrung' ein (einschließlich stammesgeschichtlicher Erfahrung). *Das Gedächtnis ist damit unser wichtigstes 'Sinnesorgan'*. Es ist zugleich aber, wie wir mehrfach gehört haben, nur ein Glied im Kreisprozeß von Wahrnehmung, Gedächtnis, Aufmerksamkeit, Erkennen, Handeln und Bewerten."[161]

---

158 Zur Konkretheit des Denkens, Roth, a.a.O., S. 34 und 37.
159 Oliver Sacks, Der Mann, der seine Frau mit einem Hut verwechselte, Reinbek bei Hamburg 1990, S. 36f.
160 Roth, a.a.O., S. 247f.
161 A.a.O., S. 242.

"Eine Darstellung, die uns anfangs trotz größter Anstrengung völlig ungestaltet erschien, wird *durch Erfahrung* zu einer stabilen und bedeutungsvollen Wahrnehmung."[162]

Das von Roth angesprochene Umkippen von Wachsamkeit in psychisch krankes Verhalten ist ein Phänomen, das in unseren Materialien zu finden ist, und zwar in Form von Angst als Dauerzustand bei Frauen. In diesem Zustand verwandelt sich die Welt in eine Art Panopticon, und das in seinen Ängsten gefangene Subjekt verhält sich so, als würde es ununterbrochen überwacht,[163] oder es zieht sich völlig in den Schutz des Hauses zurück.[164]

3.3.6.3 Zu Kulturabstand und Kulturwechsel

> Kulturabstand zwischen der traditionalen Berberkultur im Rif und unserer zeigt sich besonders auf den Ebenen von Beziehung und Denken. Bei Kulturwechsel verläuft der Transformationsprozeß auf den Ebenen des Denkens, der Moral, der Beziehungen und der Gefühle unterschiedlich schnell. Hohe intellektuelle Integration kann bei gleichzeitiger sozialer, moralischer und emotionaler Distanz zur neuen Kultur geleistet werden.

Mit dieser Hypothese wird auf ein Phänomen verwiesen, das wir immer wieder bei orientalischen Familien beobachten können: das Festhalten an der Familienstruktur. Ein bekanntes Beispiel dafür ist die Familie Einstein.[165] Beim Kulturwechsel hat der Übergang von Mündlichkeit zu Schriftlichkeit herausragende Bedeutung.

---

162 A.a.O., S. 241f. (Hervorhebungen im Original).
163 Vgl. hierzu Teil II, Kap. 1.1.2 DER KONTROLLIERENDE BLICK.
164 TEIL IV. 1.3.2 SCHATZ, PFORTE UND BRÄUTE, S. 151 und S. 153:
 "Vor jedem Marokkaner habe ich Angst."
 "Die Straße macht mir Angst. Das Schwarze kommt über mich."
165 Tilman, Allert, Familie und Milieu – Die Wechselbeziehung von Binnenstruktur und Außenbeziehung am Beispiel der Familie Albert Einsteins, in: Thomas Jung und Stefan Müller-Doohm (Hrsg.), 'Wirklichkeit' im Deutungsprozeß – Verstehen und Methoden in den Kultur- und Sozialwissenschaften, Frankfurt am Main 1993, S. 329 – 357.

Dominierende Strukturen und Tendenzen in	
Oralität	Literalität
– mündliche Überlieferung 　Träger: Gedächtnis	– schriftliche Überlieferung, 　Träger: Buch, elektronische Datenträger
– lebendige Sprache – Dialekte und Ideolekte – Sprechen und Hören – Mund und Ohr – ganzkörperliche Beteiligung – Vergemeinschaftung – Partikularität - z.b. Eigenwelt der Frauen – Einheit von 　Person 　Zeit 　Ort im Sprechakt	– in Zeichen geronnene Sprache – Hochsprache und Dialekte – Schreiben und Lesen – Auge und Hand – Feinmotorik – Vereinzelung – Universalität, besonders im 　wissenschaftlichen Diskurs – Entpersönlichung 　Entzeitlichung 　Entörtlichung 　bei der Produktion und Rezeption von 　Texten
– lebendige Erfahrung – Kontextgebundenheit – Anpassung an das Ephemere des Lebens – Konkretheit des Denkens 　imaginatives Denken 　magisches Denken	– tote Erfahrung – Textgebundenheit – Fixierung von Gedanken und Tatbeständen – Abstraktheit des Denkens 　sprachlogisches Denken 　analysierendes Denken 　subsumierendes Denken
– Rationalisierungsrückstand – Entfaltung der Welt der Gefühle – Beweis der Glaubwürdigkeit des 　Wortes durch: 　persönliche Legitimation 　persönliche Wahrnehmung 　persönliche Urteilskraft ⇓ direkter Kontakt zwischen Menschen und zwischen Menschen und Sache das fördert ⇓ Authentizität Gestaltwahrnehmung Urteilskraft	– Rationalitätsvorsprung – Marginalisierung der Gefühle – Beweis der Glaubwürdigkeit der 　Schrift durch: 　Absicherung durch Institutionen ⇓ indirekter Kontakt zwischen Menschen und zwischen Menschen und Sache das fördert ⇓ Unauthentizität Realitätsverlust Gläubigkeit gegenüber den Sozialwissenschaften Denken in Versatzstücken

In der vorstehenden Übersicht werden Strukturen und Tendenzen von oraler Kultur und Schriftkultur aufgelistet.[166] Für die Gegenüberstellung erhebe ich keinen Anspruch auf Vollständigkeit. Gegentendenzen in Schriftkulturen, die besonders im Bereich von Kunst und musischer Erziehung erblühen können, wo der ganze Mensch angesprochen ist, also auch und besonders seine Körperlichkeit und Sinnlichkeit sich diszipliniert entfalten können, werden nicht berücksichtigt.[167]

3.3.6.4 Zur Dialektik von Allgemeinem und Besonderem

Die Dialektik von Universalität und Partikularität ist die Grundlage für den Transformationsprozeß und das Fremdverstehen.

In der Sprache Wagenscheins heißt das: *"im 'Fremden' einen 'alten Bekannten' wiedererkennen".*[168]

---

166 Zu Oralität und Literalität vgl. Eugenio Coseriu, Sprachkompetenz – Grundzüge der Theorie des Sprechens, herausgegeben und bearbeitet von Heinrich Weber, Tübingen 1988.
Florian Coulmas, Über Schrift, Frankfurt am Main 1981.
Georg Elwert und Michael Giesecke, Technologische Entwicklung, Schriftkultur und Schriftsprache als technologisches System, in: Technik und sozialer Wandel – Verhandlungen des 23. Deutschen Soziologentages in Hamburg 1986, Frankfurt am Main, New York 1987.
Heinrich von Kleist, Über die allmähliche Verfertigung der Gedanken beim Reden, Kleine Schriften: Kunst und Weltbetrachtung, München, Wien 1982.
Brigitte Schlieben-Lange, Traditionen des Sprechens – Elemente einer pragmatischen Sprachgeschichtsschreibung, Stuttgart, Berlin, Köln, Mainz 1983.
167 Hier nähern wir uns einem wichtigen Strang der Pädagogik in einer modernen Schriftkultur: der musischen oder ästhetischen Erziehung. Siehe hierzu die Arbeiten von Horst Rumpf im Literaturverzeichnis.
168 Martin Wagenschein, Verstehen lehren – Genetisch – Sokratisch – Exemplarisch, Weinheim und Berlin 1968. Wagenschein stellt neun Regeln auf für das genetische Lehren. Er schreibt:"*1.Regel:* (die wichtigste und für alle Fächer gültige):
Nicht immer: *Erst das Selbstverständliche, Einfache (und Langweilige), dann:* allmählich das Schwierige
sondern oft: *Erst etwas Erstaunliches, also schon (doch nicht allzusehr) Kompliziertes, Problematisches vor den Schülern ausbreiten, dann: in diesem Problematischen in produktivem Denken ein Verständlicheres, Gewohntes erkennen lassen, auf dem es 'beruht' (im 'Fremden' einen 'alten Bekannten' wiedererkennen)."* Wagenschein, a.a.O., S. 101 (Hervorh. im Original).
Das, worauf das Fremde oder Besondere beruht, ist das in ihm enthaltene Allgemeine. Die Vielfalt konfluiert in wenigen Grundfiguren, die sich denkend aus der Sache herausarbeiten lassen. Hier begegnen wir der geistigen Übereinstimmung der objek-

Diese Dialektik zeigt sich in vielen Facetten. Zum Beispiel
- in der Universalität der epistemischen Systeme und in ihrer Flexibilität, die es ermöglichen, die allgemeine Vernunft unterschiedlich zu nutzen und so Kulturen verschiedenster Art zu bilden und in der Partikularität beheimatet zu sein oder auch den Wechsel von einer Kultur in die andere zu vollziehen,
- in der Universalität der Distanzierungsvorkehrungen und Distanzierungsmechanismen und der Kulturspezifität der inhaltlichen Füllung (z.B. Geschlechtertrennung),
- im allgemein verbreiteten Quantifizieren und seinen kulturspezifischen Regeln der Anwendung,
- in der universalen Anstrengung, die Integrität des Menschen gegen (universal vorhandene) Bedrohung und Verletzungswünsche zu schützen, und in den kulturspezifischen Schutzvorkehrungen (Normen, Regeln, Schutzzonen, tabuistisch garantierte Ethik, Menschenrechte),
- in den universalen Bemühungen, die Bedürfnisse des einzelnen Menschen und des sozialen Gebildes in sinnvoller Weise auszubalancieren und aufeinander abzustimmen, und den partikularen Formen der Wir-Ich-Balance,
- in dem universalen Muster der traditionalen Vergemeinschaftung und den kulturspezifischen Besonderheiten, die hoch formell und zwingend sein können,
- in den universalen Möglichkeiten des Fremdverstehens, z.B. auf der Ebene der Körpersprache und der Intonationskonturen bei Aufforderung, Bitte, Drohung, Schmerz, Trauer, Tröstung, Warnung und auf der Ebene des künstlerischen Ausdrucks, die mit der archaischen Authentizität Ähnlichkeit hat, und dem Nichtverstehen des Partikularen,
- in der dem Ritual universal eigenen Kraft zu vergemeinschaften und seiner kulturspezifischen Ausgestaltung.

3.3.6.5 Zum Verhältnis von Erzählfigur, Beziehungsstruktur und Körperbild

Sehr vage vermutet wird eine Homologiebeziehung zwischen Erzählfigur, Beziehungsstruktur und Körperbild.

Zu einem ganzheitlichen Körperbild gehören seine Sterblichkeit und Sexualität.

---

tiven Hermeneutik Oevermanns mit der Didaktik Wagenscheins. Vgl. hierzu Teil V. 1. "VERSTEHEN LEHREN" UND METHODISCHES VERSTEHEN LERNEN.

Negativ ausgedrückt lautet die Hypothese:

Es gibt möglicherweise einen Zusammenhang zwischen einem unvollständigen oder verzerrten Körperbild, dem Zerbrechen der Beziehungen, besonders der Primärbeziehungen, und kaputten Erzählfiguren.

Diese Vermutung basiert sowohl auf Analysen im Rahmen dieses Forschungsprojekts als auch auf anderen Fallrekonstruktionen im Forschungspraktikum bei Oevermann.

Implizit ist dieser Zusammenhang auch in der feministischen Forschung thematisiert, die sich mit Problemen junger Mädchen in unserer Kultur auseinandersetzt. Bei pubertierenden Mädchen zeigt sich manchmal die Ablehnung des eigenen Körpers, besonders der Integration des weiblichen Genitalbereiches in das Körperbild.[169]

Die Verleugnung des weiblichen Genitalbereiches ist in der Berberkultur unmöglich.[170] Aischa kommt aus einer intakten traditionalen Vergemeinschaftung und ihre mündlich erzählte Lebensgeschichte ist eine intakte Erzählfigur.

Schluß von Teil III: Krise und Transformation

In der Einleitung fragten wir danach, wie Menschen es schaffen, Transformationsprozesse, ein Leben mit zwei Kulturen und Kulturwechsel zu verkraften, ohne in dem Wirbel aus Kontrastivität, Komplexität und Wandel zu zerfließen, sondern als individuierte Subjekte aus ihm hervorzugehen.

Wir fragten auch, was passiert, wenn Menschen daran zerbrechen.

Die Fallrekonstruktion hat exemplarisch Einblick in die Lebenspraxis einer Migrantenfamilie gegeben. Diese unterscheidet sich nicht grundsätzlich von Lebenspraxis ohne Migration. Immer ist die Gegenwart der Ort der Entscheidung, fließt Vergangenes in Form von Erfahrung und Wissen in die Entscheidungen ein und geht der Mensch in eine offene Zukunft. Dieses Grundmuster von Lebenspraxis kann verzerrt und unkenntlich gemacht sein durch Routinen, Gewohnheiten und Zwänge. Es scheint dann so, als habe alles seine feste Ordnung und verlaufe wie nach einem Programm.

In der Fremde greifen die Routinen nicht, der Spielraum der Alternativen ist ein anderer, die Zukunft erscheint offener, neben dem Neuen wirkt die Herkunftskultur bei den Entscheidungen mit. Das Moment der Entscheidung in der

---

169 Doris Bernstein, Weibliche genitale Ängste und Konflikte und die typischen Formen ihrer Bewältigung, in Psyche 47, 1993, S. 530–554.
170 Siehe TEIL IV. 1.3.2 SCHATZ, PFORTE UND BRÄUTE.

Lebenspraxis wird daher deutlicher sichtbar. Die Normalität ähnelt der Krise. (Strukturalistisch gedacht ist Normalität Krise.)

Die Fallrekonstruktion hat gezeigt, wie Menschen auf Veränderung der Bedingungen antworten: Sie verändern ihr Handeln, suchen nach neuen Problemlösungen und verändern sich selbst dabei mit – was ihnen meist gar nicht bewußt ist. Je nach Situation kombinieren sie den Erfahrungsschatz aus der Vergangenheit mit den Spielregeln der neuen Kultur. Das sind Leistungen, die sie eigenständig vollbringen.

Eine Migrantenfamilie muß bereit sein, sich für das Neue zu öffnen, sonst würde sie scheitern. Rückzug und Einkapselung in das Alte würden zu Isolation führen und wären selbstzerstörerisch. Aber in dieser Öffnung liegt auch das Risiko. Gewohnt an authentische Beziehungen, sind Menschen aus einer archaischen Kultur ungeschützt und kritiklos den Verlockungen und Verlogenheiten unserer Konsum- und Kulturindustrie ausgeliefert. Ihre archaische Autonomie zerbricht.

Lebenspraxis in einer Migrantenfamilie geschieht nicht isoliert. Sie ist verzahnt mit der Praxis anderer. In unserem konkreten Fall mit der Verwandtschaft, mit befreundeten marokkanischen Familien, die in ähnlicher Situation sind, mit deutschen Nachbarn und FreundInnen, mit der Praxis in Schule, Berufsausbildung und Beruf. Fehlt den Zugewanderten die Kindheit in Deutschland, so sind Unsicherheit, Angst und Bedürfnisse nach Hilfe und Schutz und nach Vertrauenspersonen nur allzu verständlich. Im Alltag wissen das viele Menschen aufgrund ihres praktischen Verstehens intuitiv. Die Nachbarin, bei der das Kind Aischa so selbstverständlich in den ersten Monaten in Deutschland den Tag verbrachte und Deutsch lernte, handelte intuitiv in diesem Sinne.[171] Ebenso die Nachbarinnen in der Studie über die türkischen Mädchen von Lena Schaumann u.a. Die Autorinnen ziehen aus dieser Eigenart von Lebenspraxis eine Konsequenz für eine pädagogische Interventionsstrategie:

"Eine wichtige Rolle spielen in dem Interviewmaterial zufällige Hilfen von deutschen, meist älteren Frauen in der Nachbarschaft, die eine Art Mentorenverhältnis zu türkischen Mädchen eingehen, ihnen in den schulischen Anforderungen zur Seite stehen, Vertrauenspersonen darstellen, aber auch sonst immer engere Austauschkontakte mit der türkischen Familie herstellen. Die Parteinahme für das Mädchen, aber auch die zunehmend konkretere Identifikation mit der Sicht auf Probleme mit türkischen Augen lassen diese Frauen zu Freunden der Familie werden.
(...)
Eine organisierte Form der Zuordnung von hilfsbereiten deutschen Frauen zu ausländischen Kindern und Familien könnte der Zufälligkeit dieses Unterstützungsprozesses gegensteuern.

---

171 Vgl. TEIL III. 1.2.2.2 NEBENERGEBNIS.

(...)
Die Entwicklung eines Nachbarschaftshilfekonzepts setzt genauere Untersuchungen zu Motivationen der älteren deutschen Frauen voraus, ebenso die Beschreibung eines Konzeptes der begleitenden Ausbildung."[172]

Ob derartige Hilfen "Zufälligkeit" sind, bezweifle ich. Sie sind ein Indiz für eine Eigenart von Lebenspraxis, nämlich sich am konkreten Leben zu orientieren und sich von ihm leiten zu lassen.

Die Frage ist, ob durch die Umwandlung von Lebenspraxis in sozialpädagogische Intervention und die Institutionalisierung von Hilfe nicht gerade das Kostbarste zerstört wird: die Eigenständigkeit und Konkretheit von Lebenspraxis mitsamt ihren Selbstheilungskräften, ihrer praktischen Vernunft und der Authentizität, welche sich nach Lévi-Strauss "an der Ausdehnung und dem Reichtum der konkreten Beziehungen zwischen den Individuen ermessen läßt."[173] Gerade darin unterscheiden sich nach Lévi-Strauss die sogenannten primitiven Kulturen von modernen Gesellschaften.[174]

---

172 Schaumann, u.a., a.a.O., S. 93f.
173 Lévi-Strauss, Strukturale Anthropologie I, a.a.O., S. 395.
174 A.a.O., S. 391 – 395.

IV. Schatz, Pforte und Puppenspiel

Ein Beitrag zur Frau in der Frauentauschlogik

> Eine gute Frau ist ohne Kopf
> (Flämisches Sprichwort)[175]

Einleitung: Heiratsmarkt mit Bräuten – Was steckt dahinter?

Im Zuge der Arbeitsmigration mit Familiennachzug lernte ich ein mir zuvor unbekanntes Phänomen kennen: die Frau als Braut lebenslänglich und den Heiratsmarkt mit Bräuten.[176] Außer in der Lebenspraxis begegnete es mir in vielen Erzählungen, Romanen und Sachbüchern, geschrieben von Frauen aus muslimischen Ländern, z.b. bei Fatima Mernissi aus Marokko, Assiya Djebar und Khalida Messaoudi aus Algerien und auch in Forschungsberichten deutscher Frauen, z.b. bei Andrea Baumgartner-Karabak und Gisela Landesberger sowie bei Marion Gref.[177]

Die der Sache immanente Eigenlogik wird – so scheint es mir nach jahrelangem Beobachten des Phänomens – nirgendwo beim Namen genannt.

In dieser Studie wird das Phänomen exemplarisch aufgezeigt und analysiert anhand von Protokollen aus der Berberkultur im Rif und aus dem Kontext von Arbeitsmigration der Rifi nach Deutschland.

Zum Verständnis der kulturellen Eigenart einige wenige Anmerkungen:

In der oralen Berberkultur Nordmarokkos gibt es fast keine vom Körper abgelöste Symbolwelt. Nur einige wenige Zeichen – Ursymbole, wie z.B. Kreis, Kreuz und Lebensbaum – werden tradiert in Tätowierungen, Stickereien und

---

175 Mineke Schipper, "Eine gute Frau hat keinen Kopf" – Europäische Sprichwörter über Frauen, München, 1996, S. 57. (Das Buch erschien im April 1996; also nach Abschluß der Interpretationen.) Erklärend zu dem Sprichwort steht folgendes zu lesen: "Eine solche Frau wurde oft ohne Kopf auf Wandtellern abgebildet, sie hieß dann 'Die gute Frau'".
176 Vgl. Ingrid Müller-Münch, Ganz in Weiß mit einer roten Schärpe – ein Bottroper Modellprojekt leistet Hilfe, in: Frankfurter Rundschau vom 17.01.1996, S. 6.
177 Fatema Mernissi, Geschlecht, Ideologie, Islam. München 1987; Djebar, a.a.O.; Andrea Baumgartner-Karabak und Gisela Landesberger, Die verkauften Bräute – Türkische Frauen zwischen Kreuzberg und Anatolien. Reinbek bei Hamburg, 1978; Khalida Messaoudi, Worte sind meine einzige Waffe – Eine Algerierin im Fadenkreuz der Fundamentalisten. Gespräch mit Elisabeth Schemla, München 1995; Marion Gref, Frauen in Algerien – Theorie und Realität, aufgezeigt anhand des Code Algérien de la famille, Köln 1989.

Webearbeiten. Wenn Linguisten – meist aus Algerien – heute das sogenannte Tifinagh-Alphabet als eigene Schrift der Berber zu verbreiten sich bemühen,[178] so hat das in der Lebenspraxis bisher keine Bedeutung.

In einem sozialen Gebilde ohne Schrift stiften und sichern vor allem Face-to-face-Interaktionen den sozialen Lebensraum. Der Mensch steht leiblich im Mittelpunkt. Das wirkt sich auf die Vorstellung vom Körper und die Geschichte des Leibes aus. Beide werden anders sein als in einer Kultur, in der Weltdeutung aus Distanz – auch zum eigenen Körper – geschieht, der Mensch sich überwiegend einer vom Körper abgelösten Symbolwelt widmet und Interaktionen mehr und mehr ohne eine gemeinsame Raum-Zeit-Stelle stattfinden, für die dann allerdings Ersatz geschaffen wird, z.B. beim Briefschreiben durch die Datierung mit Ortsangabe.

Die Ethik einer Kultur gibt Auskunft über die Auffassung vom Körper. In der Rif-Kultur gilt die Ethik der Ehre – auch heute noch. In ihrem Mittelpunkt steht der Körper der Frau, von dessen Verhalten die Ehre der Familie abhängt. Bei sozialem Absturz in die Schande kann die Ehre der Familie nur durch Bestrafung des Mädchens oder der Frau wiederhergestellt werden, schlimmstenfalls durch ihren sozialen – früher auch physischen – Tod.

Forschungsberichte zur Ethik der Ehre gibt es reichlich, sowohl aus ethnologischer, soziologischer und sozialpädagogischer Sicht.[179] Meine These hierzu ist:

Zentral im sozialen Gefüge der Berberkultur ist nicht allein die durch die Oralität bedingte herausragende Bedeutung der Leiblichkeit in Verbindung mit der Ethik der Ehre, sondern auch die Logik des Frauentausches, die im Gegensatz steht zur Logik der Anerkennung der Frau als Person. Beide – das Ethos der Ehre und die Frauentauschlogik – beweisen erstaunliche Resistenz im Transformationsprozeß sowohl in der Herkunftskultur als auch im Kontext von Arbeitsmigration. Die Frauentauschlogik wird durch den Koran gestützt.

Hieraus ergeben sich folgende Fragen:
In welchen Phänomenen zeigt sich die Frauentauschlogik?
Wie wird sie tradiert?
Wie erfolgt Mädchensozialisation im Sinne dieser Logik?
Wie sehen die weiblichen und männlichen Habitusformationen aus?
Handelt es sich um eine Besonderheit der Rif-Kultur?
Was sagen das Alte, das Neue Testament und der Koran dazu?

---

178 Vgl. Revue Tifinagh, Revue mensuelle de culture et de civilisation maghrebine, Rabat Souissi – Maroc, N° 1 Dec. 1993 / Jan. 1994.
179 Z.B. Bourdieu, 1. Teil, 1. Kapitel, Ehre und Ehrgefühl; in: Entwurf einer Theorie der Praxis, a.a.O.; – Jamous, L'Honneur et Baraka, a.a.O.; – Schiffauer, Die Gewalt der Ehre, a.a.O.

Was lehren uns die in mündlichen Erzählungen überlieferten Weisheiten der Rifi diesbezüglich? Antworten auf die erstgenannten Fragen werden im ersten Kapitel mit Hilfe von Materialanalysen gegeben. Der vorletzte Fragenkomplex wird im zweiten Kapitel bearbeitet. Zur Beantwortung der letzten Frage wird der Berberkultur das Wort gegeben: Erzählt wird im dritten Kapitel eine mündlich überlieferte mythenähnliche Geschichte, eine Weisheit. In ihr wird man vieles wiedererkennen, was in dieser Studie phänomenologisch und strukturhermeneutisch erarbeitet wurde. Die Erzählung ist wie ein Spiegel der Berberkultur, in dem Eigenart verdichtet und gesteigert dargestellt ist. Sie erzählt außerdem vom Kampf zweier Logiken – der Logik des Frauentausches und der Logik der Ablösung – und von der Elimination des Vaters, aber ganz anders als in den Mythen vom Vatermord durch den Sohn.

Das Schlußkapitel enthält eine Interpretation der Erzählung und Gedanken zur Weisheit archaischer Kultur und Wissenschaft im Vergleich.

1. Mädchensozialisation und weibliche Habitusformation in der Logik des Frauentausches – Strukturhermeneutische Analyse -

1.1 Material und Vorgehensweise

Zur Datenbasis gehören verschiedene Textsorten: Interview, Beschreibung und in letztere aufgenommene wörtliche Protokolle von Gesprächen. Die Texte wurden nach inhaltlichen Gesichtspunkten ausgewählt, es geht um ein Puppenspiel der Mädchen, den Hymenkomplex und die Verwandtschaftskategorie Braut.
Die Themenausschnitte:
– Puppenszene aus dem Aischa-Interview von 1990, Transkript S. 46[180]
– Puppenszene aus den Marokko-Tagebüchern von Giese und Pieroth, aufgezeichnet am 3.4.94;[181]
– Puppenszene, Erklärung des Hymenkomplexes und der Verwandtschaftskategorie Braut aus einem Marokko-Tagebuch von Schröter, ebenfalls aufgezeichnet am 3.4.94;[182]
– zwei Nachträge im Marokko-Tagebuch von Schröter vom 1.5.94 und vom 10.5.94 in Frankfurt.[183]

---

180 Vgl. Anhang IV.
181 Vgl. Anhang IV.
182 Vgl. ebda.
183 Vgl. ebda.

Interpretiert wird phänomenologisch und strukturhermeneutisch, und zwar in folgender Reihenfolge:

In Kapitel 1.2 wird der Ausschnitt aus dem Aischa-Interview phänomenologisch gedeutet. Ich greife hier auf eine Interpretation zurück, die ich bereits 1990 im Rahmen eines Kolloquiums zu phänomenologisch-ästhetisch orientierter Wahrnehmung und Deutung von Welt bei Professor Dr. Horst Rumpf[184] geschrieben habe. Sie war mein erstes intuitives Herantasten an das Phänomen, das mir im Aischa-Interview zum ersten Mal begegnet ist und von dem ich bis zum 3.4.94 glaubte, es sei einmalig.

In Kapitel 1.3 folgen strukturhermeneutische Interpretationen der Tagebuchaufzeichnungen, wobei ich mich in der Darstellung hier auf die zum Thema gehörenden Analyseteile beschränke. Diese Materialanalysen wurden im Forschungspraktikum bei Professor Dr. Ulrich Oevermann[185] am 10.2.95 begonnen und danach von mir fortgesetzt. Die Ergebnisse werden in einer Strukturhypothese zusammengefaßt.

In Kapitel 1.4 wird nach der Frauentauschlogik im Modernisierungsprozeß gefahndet sowohl in der Herkunftskultur als auch im Migrationskontext. Besondere Aufmerksamkeit wird dem Veränderungsprozeß im Denken der marokkanischen Töchter in Deutschland gewidmet. Er wird exemplarisch aufgezeigt anhand der Puppenszene aus dem Aischa-Interview. Sie wird nun ein zweites Mal interpretiert, diesmal strukturhermeneutisch.

1.2 Mädchenkindheit und Puppenspiel
– erste Annäherung an das Phänomen mit Hilfe eines Themenausschnitts aus dem Aischa-Interview und phänomenologisch orientierter Interpretation –

Und bei uns in Marokko gibt es noch eine Kindheit, die du verbringen kannst; .. hier nicht mehr! Hier sitzt du nur vor der Glotze, .. das ist die einzige Ablenkung, die du kriegen kannst. Dort kannst du kreativ sein. Ich meine früher, .. ich selbst, was ich alles gemacht habe! .. Ich habe meine Barbie-Puppen aus, .. habe ich die echt, .. die also was ich da gemacht habe: .. Ich habe die Sultaninen, oder wie die heißen .. Rosinen habe ich als Brüste genommen und hab' irgendwelche Stäbchen dann so zusammengetan, .. so überkreuz .. und hab' da meine Barbie-Puppen draus gemacht. Ich meine, hier gibt es alles zu kaufen, und das ödet an.

---

184 Prof. Dr. Horst Rumpf, Grundkurs "Phänomenologisch orientiertes Vorgehen in der Erziehungswissenschaft", Fachbereich Erziehungswissenschaften, Johann Wolfgang Goethe-Universität, Frankfurt/Main, Sommersemester 1990.

185 Prof. Dr. Ulrich Oevermann, Forschungspraktikum, Fachbereich Gesellschaftswissenschaften, Johann Wolfgang Goethe-Universität, Frankfurt/Main, Wintersemester 1994f.

Der folgende Text entstand 1990, vor den Marokko-Forschungsreisen und lange vor meinen Versuchen in der objektiven Hermeneutik. Nur das Aischa-Interview lag damals wie ein Schatz in meinen Händen, den ich mit verliebtem Blick – sehend und blind zugleich – betrachtet habe. Damals schrieb ich die folgende Interpretation aus Empathie und in Orientierung an phänomenologisch-ästhetischer Betrachtungweise von Phänomenen.

Ich versuche, mir das Kind vorzustellen:
Es entdeckt in sich den Wunsch, eine Puppe zu haben, sie sich anzufertigen, und zwar eine weibliche Puppe. Niemand hat die Aufgabe oder das Spiel vorgegeben. Niemand hat das Material vorbereitet. Aischa spürt den Wunsch wachsen, sie fühlt das Verlangen nach Erfüllung des Wunsches, sie entwickelt Vorstellungen, Ideen, wie die Puppe sein könnte. Sie weiß bereits um das Vermögen ihrer Hände, entdeckt ihre Geschicklichkeit neu, sucht geeignetes Material aus, wobei die Rosinen sicher kein Zufall sind. Sie holt sie aus der Küche, wohl nicht abgezählt, sondern reichlich, reichlich zum Naschen, hat bei der Herstellung der Puppe die Süße der Rosinen im Mund, genießt während des Gestaltens, genießt das Tun, genießt unbewußt längst versunkenes tiefes Wissen um Wonne, Zufriedenheit und Sattheit. Die Puppe wird ein Symbol dafür, ein Symbol, das Aischa sich selbst herstellt. Mit ihrer Phantasie und mit ihren Händen und sicher mit liebevoller Zuwendung gestaltet sie sich ihr Wunschobjekt. Es muß ein beglückendes Gefühl dabei entstehen und die Sicherheit: So ist es gut. So habe ich es gut gemacht.

Aischa hat nicht eine geschlechtsneutrale Puppe gemacht, sondern eine weibliche. Sie hat dieses Puppenweib mit Süße, Sinnlichkeit und Lust besetzt und damit nicht nur die Puppe gemeint, sondern ihrer bejahenden Zuwendung zum Weiblichen und zu sich selbst Ausdruck gegeben. Was für sie in der Kindheit das Ziel eines Wunsches, Objekt der Zuwendung war, wurde im Erwachsenenleben zum Symbol für erfüllte Kindheit.

Wenn Aischa heute diese Szene als Schlüsselszene erzählt, so bedeutet dies, daß sich in ihr eine bejahende Einstellung zur Weiblichkeit, zur eigenen Geschlechtsidentität entwickelt und erhalten hat. Ein weiblicher Körper, dessen Sinnenhaftigkeit sie mit Augen, Mund und Händen aufgenommen und geformt hat.

Vielleicht liegt in diesen Kindheitserfahrungen ein Schlüssel zu der verborgenen Antwort auf die Frage nach der Herkunft des Selbstbewußtseins der Berberfrauen, das der Stachel für meine erste und anhaltende Irritation und Aufmerksamkeit war und ist. Vielleicht schlummert in dem Selbstbewußtsein eine alte Erinnerung, eine beglückende Bestätigung und Erfüllung aller Wünsche durch die Mutter, eine Erinnerung, aus der Sicherheit gebende Identifikation erwächst.

1.3 Schatz und Pforte, Puppen und Bräute – Strukturhermeneutische Analysen von Aufzeichnungen aus Marokko-Tagebüchern –

Auf unserer Forschungsreise ins Rif besuchte ich am 3.4.94 zusammen mit Aischa, Christiane Giese und Cornelia Pieroth das Haus in Khebdana, in dem Aischa ihre Kindheit verbracht hat. Nach dem Mittagessen dort machten wir einen Besuch bei Verwandten der Aischa-Familie am anderen Ende der weit ausgedehnten Streusiedlung. Der spätere Vergleich unserer Marokko-Tagebücher zeigte, daß die Ereignisse auf dem Rückweg in alle drei Tagebücher aufgenommen wurden. Obwohl die Beschreibungen stark voneinander abweichen, stimmen sie in einer zentralen Aussage überein. In den folgenden Analysen werden die Themenausschnitte aus allen drei Tagebüchern berücksichtigt.

1.3.1 Puppen ohne Kopf

Entsprechend den Prinzipien der Sequenzanalyse der objektiven Hermeneutik, beginne ich voraussetzungslos bei Einsetzen des Themenabschnitts.

Als wir abends zu Aischas Kindheitshaus zurückkehren, schenken uns die Nachbarstöchter Puppen, die sie aus Stäbchen und Stoff gebastelt haben. Die Puppen haben keinen Kopf, tragen lange gegürtelte Kleider, eine ist schwanger, alle haben einen Busen.[186]

Die Mädchen verschenken also weibliche Puppen, bei denen die zu Schwangerschaft und Mutterschaft gehörenden Sexualsymbole deutlich markiert und gleichzeitig verhüllt sind. Das bedeutet: Für die Mädchen ist das Kinderkriegen ein virulentes Thema wie für alle Kinder, besonders dann, wenn sie naturnah leben.

Menschliche Figuren ohne Kopf anzufertigen ist ganz ungewöhnlich, ist doch gerade der Kopf ein Symbol für Menschlichkeit. Ein Blick in die Menschheitsgeschichte, in Kunst und fremde Kulturen, der hier nur angedeutet werden kann, zeigt, daß Darstellungen des Menschen immer mit Kopf sind. Selbst archaische Fruchtbarkeitsidole haben einen, wenn auch oft nur angedeuteten Kopf. Kunst, Skulpturen, bei denen der Kopf in Relation zum Körper kaum ausgeformt ist, gibt es; z.B. sind die Körper bei Henry Moore fast zur Landschaft geworden, der Kopf ist klein und unbedeutend. Bei afrikanischen Holzfiguren sind gerade die Köpfe stark prononciert und herausgearbeitet. Kinder basteln Puppen mit Köpfen, dabei erhält der Kopf ein Gesicht, das zumindest durch ein Auge-Nase-Mund-Schema angedeutet ist. Sie gestalten auch nur Köpfe, z.B. Laternen aus Rüben. Kleinkinder malen Kopffüßler und Figuren mit übergroßen Köpfen.

Drei Lesarten, die sich auf den ersten Blick anbieten entfallen jedoch bei näherem Hinsehen:

---

186 Vgl. Anhang IV, Pieroth, Marokko-Tagebuch April 1994. – Anmerkungen zur Methode: Im Forschungspraktikum am 10.02.95 wies Prof. Oevermann darauf hin, daß der Fall nur anhand der Beschreibung nicht zu rekonstruieren sei. Man brauche ein Foto. Ich erklärte, daß ich das Original bei mir hätte. Wir arbeiteten dann am Text weiter und verglichen nach der Interpretation Beschreibung und Original.

Lesart 1: Die Puppen sind unfertig und zum Weiterbasteln gedacht. Dagegen spricht, daß sie bereits fertig angekleidet sind. In dieser Reihenfolge verfährt ein Kind nicht.

Lesart 2: Der Islam verbietet die Darstellung des menschlichen Gesichts. Gegenargument: Das hat aber nicht dazu geführt, kopflose Figuren zu malen oder zu formen.

Lesart 3: Die Gestaltung des Kopfes war den Kindern technisch zu schwierig. – Die Formung von Brüsten und Neunmonatsbauch und die Anfertigung der Kleider spricht für manuelle Geschicklichkeit und das Vorhandensein von Material, das zur Herstellung von Rundungen geeignet ist.

Berücksichtigt man den Akt des Schenkens, so wird aus der Gabe eine Drohung. Wenn man eine geköpfte Figur ins Haus kriegt, so interpretiert man das normalerweise als Ankündigung einer Mafia: *Du bist demnächst dran*. Eine geköpfte Schwangere zu erhalten, ist "fast eine Herodesdrohung: Alle Schwangere werden demnächst geköpft."[187]

Die *naheliegende Lesart* ist folgende: Hier ist Sinnlichkeit gestaltet und nicht Geist. Der Kopf als Sitz des Geistes entfällt, und der Körper als Mitte der Sexualität und Sinnlichkeit ist ausgeformt. Bezogen auf die Frau bedeutet dies: Frauen verkörpern Sexualität und Sinnlichkeit und nicht Geist. Diese bombastische Lesart jedoch einem Erzeugnis aus Kinderhand zuzuschreiben ist kaum möglich. Sie wäre denkbar als Schema im Kopf des Interpreten. Stimmte die Textwirklichkeit mit der Tatsächlichkeit des Beschriebenen überein, wäre das ein Faszinosum. – Das Protokoll enthält keine weitere Aufzeichnung der Szene.

1.3.2 Schatz, Pforte und Bräute

Sequenzanalyse meines Protokolls:[188]

Nachmittags auf dem Rückweg erklärt Aischa uns die Bedeutung des weiblichen Unterleibs und des Hymens. (Genervt vom allgegenwärtigen Hymenkomplex, rede ich bereits vom Hymen im Gehirn.)

Der Hymenkomplex ist in einer Kultur, in der Sexualität hoch bewertet, aber nur in der Ehe ausgelebt werden darf, wichtig. Dies ist im Islam der Fall. Beide Frauen – Aischa und die Tagebuchschreiberin – haben zu diesem Komplex eine unterschiedliche Einstellung. Während für Aischa das Thema wichtig und erklärungsbedürftig ist, signalisiert die Schreiberin deutlich, daß ihr seine Allgegenwärtigkeit auf die Nerven geht.

---

187 Oevermann, a.a.O.
188 Vgl. Anhang IV, Schröter, Marokko-Tagebuch April 1994.

"Dieser Teil des Körpers", Aischa legt beide Hände ausgestreckt auf ihren Unterleib, "gehört nicht der Frau.

Das ist eine harte Aussage. Der Unterleib der Frau ist ausgegrenzt aus ihrem Körper und erhält besondere Bedeutung. Als Gebärteil gehört er dem Mann und der Familie. In einer Gesellschaft mit Patrilinearität ist er dazu da, die männliche Linie fortzusetzen, gleichzeitig hängt an ihm die Ehre der Familie.

Er gehört der Familie und ist der Schatz der Familie.

Das entspricht genau der Logik des Frauentausches. In ihr konzipiert das Geschlechtsspezifische der Frau – die zur Mutterschaft notwendigen Körperteile, besonders die Gebärmutter – den Tauschwert. Getauscht wird ein Gebrauchswert, und der muß eine bestimmte Verfaßtheit haben: Er muß gebärfähig sein und jungfräulich. Rein ökonomisch betrachtet, macht die Virginität keinen Sinn. Der Gebrauchswert eines Objekts läßt sich am ehesten feststellen durch einen Probelauf, eine "Jungfernfahrt", wie wir in der Seefahrt sagen. Die Forderung nach Jungfräulichkeit verweist auf einen Zusammenhang außerhalb der Gebrauchswertlogik, und zwar auf die komplexe Welt der Gefühle und darin auf jene Gefühle, deren Quelle die körperliche Vereinigung der Geschlechter im Sexualakt ist. Im Bild gesprochen, könnte man sagen: Dieser Strom aus der Welt der Gefühle unterzieht als Gegenbewegung den Hauptstrom, die Logik des Frauentausches. Die Vorstellungen von Virginität, Reinheit und Ehre setzen auf die Authentizität der Gefühle. Konstituiert wird auf diese Weise zwar nicht eine eheliche Reziprozität zwischen Mann und Frau als Person, aber Gefühlsreziprozität und affektive Solidarität.

Das Hymen ist gleichsam die Pforte zu diesem Schatz, zu dem nur einer Zugang hat, der Ehemann.

Die Pforte zu einem Schatz, das ist ein aufschlußreiches Bild. Es enthält genau die Verkopplung der beiden Dimensionen: der Welt der Gefühle und der des Gebrauchswertes. Anders gesagt: In der Metapher vom Hymen als Pforte zu einem Schatz sind die beiden Aspekte – der körperliche Vorgang als Quelle von Gefühlen und gleichzeitig der Gebrauchswert unter der Bedingung des Frauentausches – verknüpft.

Vorstellbar ist, daß in einer sehr archaischen Gesellschaft innerhalb des für die Sexualität reservierten Bereiches körperliche und affektive Solidarität erblühen kann und daß sich daraus Formen der Achtung und des Respekts entwickeln können, die zu einem starken kompensierenden Gegenstrom zur Härte der Logik des Frauentausches anwachsen können. Anders gesagt: Auch in der Welt des

Frauentausches können sich solidarische Gefühle zwischen Mann und Frau entwickeln. Strukturalistisch gedacht heißt das: Der Gebrauchswert Frau hat etwas an sich, das zwingend in die Reziprozität hinüberleitet.

Zur Reinheitsvorstellung gehört in muslimischen Ländern die räumliche Beschränkung der Frau. Die Gleichung von Rein-Sein und Zu-Hause-Sein ist in der Genesis angelegt: im Benjamin-Komplex in der Joseph-Geschichte. Benjamin, der als einziger der elf Brüder Josephs nicht an dessen vermeintlichem Tod, bzw. an seinem Verkauf beteiligt war, war deshalb mit Sicherheit unschuldig, weil er zum Zeitpunkt des Verbrechens zu Hause war.

An dieser Stelle erlaube ich mir einen Seitenblick weg von der Argumentation hin in die Literatur. Das Motiv von Zu-Hause-Sein und Rein-Sein hat Thomas Mann in eine literarische Form gegossen. In der Josephs-Trilogie heißt es:

"Einen gewaltigen Vorzug freilich hatte Benoni vor allen noch lebenden Brüdern, außer, daß er der Jüngste war; und dieser Vorzug mochte für Jaakobs träumerisch-assoziierenden Sinn ein Grund mehr sein, ihn immer zu Hause zu halten; er war zu Hause gewesen, als Joseph umkam in der Welt, und wie wir Jaakob kennen, hatte sich diese Gleichung von Zu-Hause-Sein und von Unschuld, von Ganz-bestimmt-nicht-beteiligt-gewesen-Sein an einer draußen geschehenen Untat in seinem Kopfe symbolisch festgesetzt, also daß Benjamin ständig zu Hause sein mußte, zum Zeichen und Dauerbeweis dieser Unschuld und dafür, daß er allein, der Jüngste, nicht unter den immerwährenden, den immer still nagenden Verdacht fiel, den Jaakob hegte, und von dem die anderen wußten, daß er ihn hegte, zu Recht, wenn auch unrichtig. Es war der Verdacht, daß der Eber, der Joseph zerrissen hatte, ein Tier mit zehn Köpfen gewesen sei; und Benjamin mußte 'zu Hause' sein zum Zeichen, daß es elf Köpfe nun einmal bestimmt nicht gehabt habe."[189]

In der Logik des Frauentausches werden Reinheit und räumliche Beschränkung nur von der Frau erwartet. In dieser Einseitigkeit zeigt sich, daß nicht die Gefühlsreziprozität das Dominante ist, sondern die Logik des Frauentausches. In sie ragt die Naturwüchsigkeit der affektiven Reziprozität hinein, fast wie ein Fremdkörper, den man nicht verleugnen kann und dem Rechnung getragen werden muß. Dies geschieht jedoch nur so weit, daß die Restriktionen nur für Frauen gelten. Dem Mann wird die Polygamie zugestanden, und die Welt draußen steht für ihn offen. Die Gefahr, aus den Reinheitsvorstellungen statt affektiver Solidarität ein Disziplinierungsinstrument für die Frau zu machen, ist im System der Logik des Frauentausches enthalten.

Aufgabe des Mädchens ist es, diesen Schatz zu hüten. Es wird dabei von der ganzen Familie unterstützt. Von klein auf kriegt das Mädchen zu hören, daß es aufpassen müsse, damit bloß nichts kaputt gehe.

---

189 Thomas Mann, Joseph und seine Brüder, Frankfurt am Main 1986, S. 1538, vgl. S. 1637, 1639, 1646, 1671, 1675.

Das Mädchen muß also immer behutsam mit seinem Körper umgehen. Es wird schon früh um seinen Wert und gleichzeitig um seine Verletzbarkeit wissen. Es wird nicht nur sexuellen Kontakten ausweichen, sondern alle Gefahren meiden, von denen es annimmt, daß sie seiner Fragilität und seinem Wert schaden könnten. Mit dieser Aufgabe ist es nicht allein. Mit allen Mädchen und Frauen, die es umgeben, teilt es diese besondere Körperlichkeit. In der Familie wird es von allen in seiner Aufgabe als Hüterin des eigenen Körpers bestätigt und unterstützt. Ständig auf der Hut sein bedeutet, unentwegt selbstdiszipliniert und permanent Fremdkontrolle ausgesetzt, aber auch beschützt sein.

Das muß Auswirkungen auf die Habitusformation haben, nicht nur im Umgang mit der Sexualität, sondern allgemein. Die behütende Art wird sich auf anderes übertragen. Sie könnte zum Habitusprinzip werden und in eine Kultur passen, in der die Frauen – ganz anders als die Männer – eher den zarten, schützenden und pflegenden Umgang mit den fragilen Dingen einüben. Dominant wäre bei ihnen ein Habitus im Sinne von: *Aufpassen, daß nichts kaputt geht.* Kontrastierend dazu würden die Jungen dann sozialisiert als Jäger: *Aufpassen, daß du gut triffst.*

Aus derartigen Habitusformationen folgt zwingend eine spezifische Nähe-Distanz-Regelung, in der immer eine genügend weit gezogene Grenze vorhanden sein muß. Es muß für das Mädchen und die Frau Sicherheitszonen geben. Dies könnte mit der im Aischa-Interview vorkommenden Wortschöpfung "Respektphase" gemeint sein. Damit könnte genau die Distanz bezeichnet sein, die als schützende räumliche Hülle notwendig ist, um den weiblichen Körper für den Jäger unerreichbar werden zu lassen.

Die Textstelle im Aischa-Interview lautet:

"Vor jedem Marokkaner habe ich Angst, in dem Moment, wo er schon ein bißchen marokkanisch aussieht, denke ich mir, nee, jetzt bleibst du cool, jetzt bleibst du clean sozusagen. Nichts dir anmerken lassen, daß du irgendwie qualmst. Auf jeden Fall bleibst du in der Respektphase, daß der dich respektiert."[190]

Ein Verletzen der kulturellen Regeln durch Verlassen der Schutzzone führt zum Verlust des Schutzes: Frau wird vogelfrei.

Einen Sinn macht es, dieses Amalgam aus Distanz und Disziplin, Körperlichkeit und Sinnlichkeit, Kostbarkeit und Zerbrechlichkeit in Verbindung zu sehen mit der Autonomie im Denken der Frauen, die wir im Aischa-Interview und in anderen Materialien gefunden haben. Unter der Bedingung einer Nähe-Distanz-Regelung, die ihm Schutzzonen zusichert, und bei konsequenter Diszipli-

---

190 Aischa-Interview, S. 15.

nierung kann das Mädchen eine spezifisch weibliche Autonomie entwickeln, die so bei europäischen Frauen nicht zu finden ist.

So kann man sich die archaische selbstverständliche Autonomie klarmachen, die sich in der geistigen Haltung der Frauen ausdrückt. Diese Autonomie entwickelt sich bei gleichzeitiger kulturtraditionaler Unterdrückung. Beides läuft vollkommen gleichzeitig nebeneinander her.

Vielleicht bedarf es sogar dieser spezifischen Polarität aus verinnerlichten strengen Ansprüchen der kulturellen Tradition, die zu habituell gewordener Selbstthematisierung und -disziplinierung führen, und gleichzeitig der Sinnlichkeit eines am Körper orientierten Lebens, damit sich Authentizität und disziplinierte Hemmungslosigkeit entwickeln können.

Nach Oevermann wäre diese spezifisch weibliche Form von Autonomie genau das, was Delacroix auf seiner Marokkoreise 1832 so außerordentlich gepackt hat.[191] Ihn habe gerade die Dialektik von Fragilität und Sinnlichkeit und Autonomie fasziniert. Darin habe er eine Form naturnaher Autonomie gesehen, die für einen Künstler natürlich faszinierend sei, weil sie so organnah sei. Das Kunstwerk ist ja ein Amalgam von Sinnlichkeit und Natur, weil es durch die sinnliche Präsenz wirkt, und es ist gleichzeitg höchst abgehoben und hermetisch. "Das Kunstwerk ist so etwas wie eine orientalische Weiblichkeit. Da gibt es Ähnlichkeit."[192]

Wir laufen immer mit dieser Angst herum und träumen sogar davon ... "

Das heißt also: Angst haben vor Verletzung des Hymens und träumen, es könnte kaputt gehen. Vorstellbar ist, daß auch diese Angst habitusformierende Wirkung haben kann. Wer Angst hat, zieht sich zurück von der Welt nach innen. Angst kann lähmend und traumatisierend wirken, besonders dann, wenn das angstauslösende Phänomen kontinuierlich wirkt – wie ein steter Tropfen, der den Stein höhlt. Dies könnte erklären, warum Frauen ihre Grenzen oft viel enger ziehen als notwendig, wie unsere Materialien zeigen. Die kulturtraditionale Beschränkung der Bewegungsfreiheit der Frauen wird nicht nur von außen gefordert, sie kann durch Angst auch von innen erzwungen sein. Diese Angst wird am Erhalt der gleichzeitig schützenden und fesselnden Begrenzungen festhalten.

Angst kann die umgewandelte Libido sein, die nicht abgeführt werden konnte. Unterdrückung und Bedrohung von außen und die Angst im Innern können zum Teufelskreis werden, durch den mit doppelter Macht die traditionale Ordnung gestützt wird. Wer Angst hat, wird sich an die schützende Gemeinschaft klammern und sie mit allen Kräften zu erhalten sich bemühen. Um dies zu

---

191 Oevermann, a.a.O.
192 Ebda.

verdeutlichen, füge ich zwei Aussagen von Frauen ein, die in der Stadt Nador leben, wo Frauen selbstverständlich am Tag (!) auf die Straße gehen können. Diese Zitate sind keine Ausnahmen, sondern typisch für einen Teil der Frauen.

    Suleicha, am 29.3.94: "Nichts passiert, wenn ich hier 'rausgehe, aber ich möchte nicht. Wenn es mir heiß ist, gehe ich auf die Dachterasse."
    Ayada, am 1.4.94: "Die Straße macht mir Angst. Das Schwarze kommt über mich."[193]

Das ist die Kehrseite des Hymenkultes: die ausufernde Angst, die fesselt und Frauen zu scheuen und unscheinbaren Gestalten werden läßt.

Aus gelungener Verarbeitung der Angst können in der Familiengemeinschaft starke Bindungen wachsen, und es kann eine reiche Innenwelt entstehen. In ihrem Haus steht Ayada souverän an der Spitze der Frauenhierarchie und beeindruckt durch ihre Sicherheit.

Als wir durch die Agaven- und Kakteenumrandung den privaten Bereich der Familie K. wieder betreten haben, kommen die Mädchen aus dem Nachbarhaus auf uns zu und schenken uns drei selbst gebastelte Puppen. "Da sind sie ja!" ruft Aischa freudig aus und zeigt uns glücklich die Puppen ihrer Kindheit, von denen sie in ihrem Interview vor fünf Jahren erzählt hat.

Es kann sich also nicht um Puppen handeln, die die Mädchen spontan im Spiel angefertigt haben. Es müssen Puppen sein, die immer wieder in gleicher Weise gebastelt werden, traditional festgeschriebene Puppen, die heute immer noch so gemacht werden, wie es Aischa von früher her kennt.

Alle Puppen sind weiblichen Geschlechts, sie haben Brüste (aus Rosinen?), eine ist schwanger. Über kreuzförmig zusammengebundene halbierte Bambusstäbchen sind mehrere Schichten Stoff gewickelt, am Halsausschnitt drei Stoffschichten in rot, weiß und gelb, sorgfältig übereinander gestuft. Der Bauch ist locker umwickelt, um so fester die Beine, bzw. das eine Bein; es könnte eine Stabpuppe sein. Über den Wickelschichten ein weißes Unterkleid, dann ein rotes Oberkleid, beide lang und seitlich offen, wie Meßgewänder, in Taillenhöhe eine breite, gelbe Schärpe.
"Und der Kopf?" frage ich irritiert. "Sie hat ja keinen Kopf!"
Aischa protestiert energisch: "Aber sie haben doch alle einen Kopf!"
Ich: "Das ist doch der Hals, vielleicht etwas zu dick und zu lang."[194]

---

193 Beide Zitate Schröter, Marokko-Tagebuch.
194 Im Tagebuch von Christiane Giese heißt es: "Die Puppen haben einen Kopf und kein Gesicht." Vgl. ANHANG IV.

Hier wird ein aufschlußreicher Konflikt erkennbar: Die Berberin sagt, es sei ein Kopf, die Europäerin sagt, es sei kein Kopf. Warum ist das so? Wie kommen sie darauf?

Im Okzident wird der Kopf stark betont. Er ist Träger der Physiognomie des individuierten Subjekts. An ihm erkennt man den Menschen als unverwechselbar, als Person. Betrachtet man die Puppe als Repräsentanz einer Person, so hat sie keinen Kopf. Anders ist es, wenn man sie als Typus betrachtet, schematisiert, dann genügt z.b. ein unbearbeitetes Stück Holz als Kopf.

Wir haben nun einen schlüssigen Interpretationskandidaten, das Stichwort ist: Typus – Person. Wer Person denkt, für den fehlt der Kopf, wer Typus denkt, für den ist er vorhanden. Der weitere Verlauf des Textes wird zeigen, ob sich diese Lesart konsistent bestätigt.

Die Lesart Typus – Person paßt zu der Lesart Frauentausch: Wenn Frauen getauscht werden, dann sind sie nur bedingt individuierbar. Gebrauchswert kann man nicht individuieren, das würde Gebrauchswertverlust bedeuten. In der Logik des Frauentausches können Frauen keine individuierten Subjekte sein, und die naturwüchsig vorhandenen Individuationstendenzen müssen abgeschliffen werden. Mit klandestiner Gewalt wird über diesen Typus Puppe das Mädchen dieser Potentiale beraubt und zum Typus Frau gemacht.

Ganz anders als die Frauentauschlogik ist die Logik der Anerkennung der Frau als Person. Die ganze Person schließt den Kopf mit ein, da ist der Geist mitbeteiligt, ebenso der Unterleib, und das Gesicht ist Ausdruck der Persönlichkeit. Die Anerkennungslogik grenzt automatisch die Logik des Frauentausches aus, denn die ganze Person kann nicht Tauschwert sein. Das wäre paradox.

Aischa wehrt sich, man habe schließlich keine Stifte, um Augen, Nase und Mund einzuzeichnen. Das ginge hier nicht.

Aischa kann zwar europäisch denken, aber ihr Protest ist eine Pseudoerklärung. Wenn man keine Stifte hat, dann kann man etwas anderes nehmen. Man hat es nicht für nötig gehalten, nicht gewollt, das ist der Punkt.

Sie habe früher Wollfäden als Haare befestigt.

Haare sind ein erotisches Attribut, kein individuierendes. Das paßt zur Betonung der Sexualsymbole, zur Darstellung der Frau als Typus Gebärmutter.

"Wir nennen die Puppen Bräute. Das sind Bräute."

Das paßt wieder in die Logik des Frauentausches. Braut ist ursprünglich die Frau unter dem Gesichtspunkt des Gebrauchswertes. Deswegen sprechen wir auch vom Brautpreis. Die Braut ist ursprünglich nicht die Geliebte. Im proletarischen Jargon bei uns gibt es davon noch Nachklänge: "Äh, was hast du denn da für 'ne Braut!"

"Und die Schwangere?"
"Sie ist auch eine Braut. Sie sind alle Bräute."
"Müßte sie als Braut nicht jungfräulich sein?"
"Auch die Mutter bleibt in gewisser Weise Braut."
"Und wenn sie zehn Kinder hat?"
"Auch dann.

Die Antworten folgen eine nach der anderen der Logik des Frauentausches. Die Frau, für die ein Brautpreis bezahlt worden ist, bleibt Braut.

Das ist so: Das Mädchen, das heiratet, wird die Frau ihres Mannes. Wenn die Schwiegereltern ihre Schwiegertochter vorstellen, sagen Schwiegervater oder Schwiegermutter: 'Das ist meine Braut', auch wenn sie schon viele Kinder hat. Braut bleibt sie."

Das ist vollkommen richtig in der Logik des Frauentausches, da bleibt sie immer eine gekaufte Frau.

"Und was sagt sie von ihrer Schwiegermutter?"
"Das ist meine Frau."

Diese Logik entspricht der Logik der Verwandtschaftskategorisierung in archaischen Gesellschaften. Erklären kann man das so:
Der Berber der traditionalen Kultur sagt, wenn er seine Frau vorstellt:
        Das ist die Frau meines Hauses.
Oder: Das ist die Mutter meiner Kinder.
Oder: Das ist meine Frau.
Die dritte Version ist wahrscheinlich eine abgekürzte Version der ersten. In der Rede der Schwiegertochter – das ist meine Frau – eine Art Rollentausch zu sehen, sie übernähme die Rolle eines Mannes, ist europäisch gedacht. In archaischen Kulturen ist Familie und Verwandtschaft getrennt. In der Verwandtschaftsorganisation werden Verwandtschaftskategorisierungen gebraucht. Das sind feststehende Kategorisierungen – wie Titel. Sie drücken nicht aus, in welcher Familienbeziehung man zueinander steht. Wenn die Schwiegertochter von der Schwiegermutter sagt: "Das ist meine Frau", so übernimmt sie eine feststehende Kategorie. Sie wiederholt, was der Schwiegervater zur Schwiegermutter sagt. Abgekürzt sagt sie: "Das ist meine Frau" und meint damit: "Das ist die Frau meines Hauses."

"Und vom Schwiegervater?"
"Das ist mein Großer.

Bei uns sagen das die Mütter zu ihrem ältesten Sohn. Dort nicht. Mein Großer bedeutet, das ist der große Mann im Haus.

Wenn die Frau stirbt, sagen wir, daß die Kinder verwaisen, so wie ihr das auch sagt. Wir sagen aber auch, daß der Mann verwaist, weil die Frau auch Mutter des Mannes sein kann. Wir sagen das nicht, wenn der Mann stirbt. 'Die Frau verwaist', das sagen wir nicht, denn der Mann kann nie Vater seiner Frau sein."[195]

Ich vermute, das ist so zu verstehen: Die Frau steigt in der Familienhierarchie auf und ist irgendwann Haushaltsvorstand, Mutter des Hauses. Das ist eine Funktion, eine Kategorie. In dieser Funktion ist sie auch Mutter des Mannes. Innerhalb dieser Logik kann man dann auch sagen, daß der Mann verwaist, wenn seine Frau stirbt. Umgekehrt geht es deshalb nicht, weil die Frau eben immer eine gekaufte Frau – eine gekaufte Fremde – bleibt. Und das dominiert offensichtlich.

Zu diesen Tagebuchaufzeichnungen gibt es zwei Nachträge zur Puppenszene:

Zu Hause in Frankfurt treibt mich die Neugier, und ich öffne vorsichtig die Stoffschichten: Schärpe, Oberkleid, Unterkleid, rotes Band, gelbes Band, weißes Band, darunter liegen in weißem Mull zwei dicke runde Samenkörner. Ich erinnere mich: Solche Körner lagen dort auf der Erde, ich hatte Aischa beobachtet, wie sie versonnen diese Kugeln mit dem Fuß bewegte und stutzte, als wolle sie etwas sagen. Sie zuckte dann einmal leicht mit Kopf und Schulter und schwieg. Dachte sie an Brüste und Rosinen?[196]

Der Körper ist mit großer Sorgfalt gestaltet und bekleidet, wie ein Schatz, den man mit kostbaren Hüllen umgibt.

Meine marokkanische Putzfrau Malika kommt freudig erregt aus meinem Arbeitszimmer zu mir ins Wohnzimmer gestürzt. In der Hand hält sie die Braut, die ich auf ein Bücherregal gelegt hatte.
"Wie kommst du daran? Woher hast du sie? Das sind unsere Puppen! Ich habe sie genauso gemacht. Wir alle. Wir hatten keine anderen. Ich habe noch Wolle so vom Schaf abgezupft für Haare."
"Was habt ihr mit den Puppen gemacht?"
"Gespielt! So, wie die Kinder hier das auch machen, gewiegt, getragen, gefüttert, schlafen gelegt, gestreichelt, ausgeschimpft."
Malika, die zum Stamm der Iquarayen gehört und als Kind am Stadtrand von Nador wohnte, machte die Puppen vor etwa fünfzig Jahren.

---

195 Diese Redeweise kennt man nicht in allen Berberfamilien. Wie weit sie verbreitet ist, kann ich nicht beurteilen.
196 Schröter, a.a.O. Nachtrag vom 1.5.94, vgl. Anhang IV.

Aischa machte dieselben Puppen vor zwanzig bis fünfundzwanzig Jahren. Sie ist aus dem Stamm der Iquebdanen und wuchs in einer Streusiedlung in Khebdana im Ostrif auf. Heute machen die Mädchen auf dem Land ihre Puppen immer noch so. Sie überreichten sie uns als Gabe an den Gast – von Frau zu Frau. Männliche und geschlechtsneutrale Puppen werden nicht gemacht.[197]

Malika erkennt die Puppen wieder. Unsere Puppen, das bedeutet jetzt ganz klar, *unsere Puppen, wie wir sie in unserer Kultur haben*. Hier zeigt sich noch einmal: Die Puppen sind schematisiert. Sie sind nicht eine spontane, freie Erfindung des Kindes, sondern sie sind kulturell vorgeprägt. Sie sind ein Typus. Es gibt gewisse kleine Variationen zum Grundschema, z.B. Wolle vom Schaf für Haare oder Wollfäden für Haare.

Die Mädchen wissen beim Basteln und Spielen nicht, daß sie ein altes kulturelles Schema reproduzieren. Ihr vermeintlich kreatives und spontanes Handeln ist ein hochritualisiertes Spiel. Bis zur Pubertät etwa spielen sie so und üben sich in ihr Erwachsenenleben ein. Es ist ein Einüben in eine Kategorie in der Logik des Frauentausches. Die Begriffe *Rolle* und *Geschlechtsrollenidentität*, die normalerweise sozialwissenschaftlich gebraucht werden, sind hier auch richtig, aber zu unspezifisch. Wenn man von Geschlechtsrollenidentität spricht, so meint man das individuierte Subjekt. In der Logik des Frauentausches gehören Frauen durch ihren Gebrauchswert in eine bestimmte Kategorie. In diese Kategorie müssen sie passen, und das muß eingeübt werden. Zu diesem Einüben gehört ganz wesentlich, daß die naturwüchsig in jeder Existenz schlummernden Individuierungstendenzen abgeschliffen werden.

Psychoanalytisch gesprochen, ist das Puppenspiel der Mädchen Bestandteil des Einübens des Primats der genitalen Organisation auf der Sinnebene in der Latenzphase.

1.3.3 Zusammenfassung des Analyseergebnisses – Strukturhypothese –

Aus der Verwandtschaftskategorisierung spricht die Struktur einer archaischen Ordnung des sozialen Gebildes. Die Regelung des Geschlechterverhältnisses erfolgt nach der Logik des Frauentausches. Die damit verbundenen Reinheitsvorstellungen, die nur für Frauen gelten, passen zur Ethik der Ehre.

Die Frauentauschlogik enthält die Vermischung zweier Welten: der Welt der Ökonomie und jener der Gefühle, die sich zueinander verhalten als kategoriale Ebene und Gegenbewegung. Kategorial hat die Frau durch ihren Gebärteil Gebrauchswert; sie ist dazu da, die männliche Linie fortzusetzen. Diese Härte aus-

---

197 Ebda., Nachtrag vom 10.5.94, vgl. Anhang IV.

gleichend kann sich in der Welt der Gefühle affektive Solidarität und Gefühlsreziprozität entwickeln und ein großes Bedürfnis nach Authentizität der Gefühle.

Die Konzeption von Sexualität gemäß der Logik des Frauentausches hat Auswirkungen auf die Nähe-Distanz-Regulierung, die Habitusformierung und auf das soziale Gefüge. Die Grenzen zwischen den Geschlechtern müssen eindeutig sein, und es muß Schutzzonen für Frauen geben. Der Mann wird den Habitus des Jägers und Beschützers entwickeln, die Frau eine archaische Autonomie oder ein Angsttrauma. Die Komplementarität des Geschlechtlichen wird über den sexuellen Bereich hinaus ausgedehnt auf den psychischen und sozialen, was zu unterschiedlichen Rechten und Pflichten führt – auch mit gesetzlichen Konsequenzen.

Frauentauschlogik bedarf einer spezifischen Mädchensozialisation. Es müssen die naturwüchsig immer vorhandenen Individuationstendenzen abgeschliffen werden, es muß das Einüben in die Kategorie Frau und Einsicht in die Notwendigkeit männlichen Schutzes erfolgen, es muß die Integration des weiblichen Genitale in das Körperbild und dessen Anerkennung als Identität geleistet werden.

Sadaqa und Puppenspiel haben Gemeinsames: Beide sind Ritualisierungen.[198] Sie lassen kaum Eigensinn zu, schleifen Individuationstendenzen ab, vergemeinschaften und stabilisieren die Gemeinschaft, integrieren Außenstehende und vermitteln die Vision von einem unabänderlichen Schicksal: Das ist so, wir sind so.

Das Mädchen wird Braut, und die Frau bleibt Braut.

1.4 Frauentauschlogik und Modernisierung

1.4.1 Frauentauschlogik und Modernisierung im Herkunftsland

Durch Migration und Akkulturation werden zunehmend mehr europäische Puppen – also mit einem Kopf, der ein möglichst individuell gestaltetes Gesicht hat – im Rif verbreitet.[199] Gleichzeitig ist ein sich veränderndes Verhältnis zum ei-

---

198 Zu Ritualisierungen siehe Erik H. Erikson, Kinderspiel und politische Phantasie – Stufen in der Ritualisierung der Realität, Frankfurt/M ¹1978, besonders S.67f.
199 Die Bedeutung von Spielzeug für das Kind kann hier nicht diskutiert werden. Zum Studium des Umgangs von Kindern mit Puppen empfehle ich die kleine phänomenologische Studie von Christian Rittelmeyer, Der Blick der Puppe – Selbstgefühl und soziale Phantasie im Kinderspiel, in: Wilfried Lippitz und Christian Rittelmeyer (Hrsg.), Phänomene des Kinderlebens, Beispiele und methodische Probleme einer pädagogischen Phänomenologie, Bad Heilbrunn/Obb. 1989.- Zur Bedeutung von

genen Gesicht zu beobachten: In manchen Stämmen ließen sich Berbermädchen und -frauen in der Vergangenheit das Gesicht tätowieren, und viele Frauen im mittleren Alter lassen sich heute die Zeichen aus ihrem Gesicht wegoperieren. Früher machten sich Frauen ein Gesicht. Die Tätowierungen könnten ein Mittel gewesen sein, um den Individuationstendenzen einen kulturell zugelassenen Ausdruck zu ermöglichen. Levi-Strauss schreibt:

"Im Denken der Eingeborenen *ist* die Bemalung das Gesicht, oder schafft es vielmehr. Sie verleiht ihm sein soziales Sein, seine Menschenwürde und seine geistige Bedeutung."[200]

Die Abwendung von der gesichtslosen Puppe und vom tätowierten Frauengesicht könnte ein Zeichen sein für den Übergang von archaischen Vorstellungen von Menschenwürde zu modernen.

Erwirbt ein Berbermädchen heute durch Schule und Studium (was nur in einer anderen Kultur und in einer fremden Sprache möglich ist) Wissen und berufliche Qualifikation, so wird das in der Berberkultur nicht als Bruch angesehen und empfunden, sondern als Bereicherung, als Wertsteigerung für die ganze Familie. Die Modernisierungen haben jedoch weder die Ethik der Ehre noch den Geist der Frauentauschlogik beseitigt. Das Mädchen wird Braut, und die Frau bleibt Braut.

In Nador ist das sichtbare Ausscheren aus der alten moralischen Ordnung für Frauen nicht möglich. In meiner Studie über den Raum habe ich gezeigt, daß Frauen vor Einbruch der Dunkelheit nach Hause kommen. Wer dieses Prinzip zu durchbrechen wagt, stößt – wie auch immer – auf männliche Gewalt im Gegenzug. Dazu ein Beispiel, eine Szene mit meiner Freundin Djamila. Sie ist 32 Jahre alt und Juristin. Sie hat in Fes studiert.[201]

Für meinen letzten Abend in Nador haben die Frauen von Mustafas Familie, in der ich mehrere Tage Gast sein durfte, ein großes Essen vorbereitet. Um sie zu erfreuen, esse ich soviel ich nur kann.

Djamila ist auf einer Hochzeit und kommt zu spät nach Hause.

Es ist 20.30 Uhr. Der größte Teil des Essensrituals ist vorbei. Die meisten sind bereits bei den Nachspeisen.

Spielzeug für die Kindheit vgl. Christa Berg, Verändertes Spielzeug – veränderte Kindheit, in: Neue Sammlung Heft 3, 1990, S. 436 – 448 und Sigrid Jürgensen, Spielwaren als Träger gesellschaftlicher Autorität, Frankfurt, Bern 1981.
200 Claude Lévi Strauss, Strukturale Anthropologie I, Frankfurt/Main 1991, S.282 (Hervorhebung im Original).
201 In Fes gibt es zwei Studiengänge für Jura mit unterschiedlicher Gewichtung von Scharia-Recht und bürgerlichem Recht. Djamila hat primär Scharia-Recht studiert.

Djamila kommt, setzt sich dazu, will gerade ein Stück Melone in den Mund schieben, als der Hausherr schon losdonnert. Ich verstehe, daß sie heute nichts in der Küche gearbeitet habe und jetzt nicht an den Eßtisch, sondern in die Küche gehöre. Mit versteinertem Gesicht legt Djamila das Melonenstück zurück, steht wie mechanisch auf, räumt Reste vom Tisch ab und verschwindet damit in der Küche. Ich räume ebenfalls Reste ab, sehr energisch und wütend, wobei wir, der Hausherr und ich, uns anzischen:
"Por qué?
"He comprendido!"
"Que?"
"Todo!"
Tlaytmas, die Frau des Hausherrn, lacht kurz und triumphierend auf. Den Rest des Abends verbringe ich mit Djamila und den beiden Hausmädchen in der Küche. In dem Donner des Vaters steckten noch ein Vorwurf und ein Befehl, die ich nicht sofort verstanden habe: Djamilas Verlobter hat gegen Abend, während sie noch weg war, angerufen: Er fordert von ihr Rechenschaft über ihre Abwesenheit (auch der Verlobte ist Jurist).

Vor uns auf dem Küchentisch liegen die Kostproben marokkanischer Backkunst – Plätzchen, Pralinen, Marzipan –, die Djamila für mich mitgebracht hat. – Das süße Leben der "Bräute". Im Hochzeitskult wird es an jedem Wochenende erneuert.[202]

1.4.2 Frauentauschlogik und Modernisierung im Gastland

Durch den Transformationsprozeß in Folge des Kulturwechsels zerbricht in den Berberfamilien die alte Ordnung. Das Zentrum ihrer Ethik, die Jungfrau und Mutter, wird entwertet. Besonders die Töchter haben neue Wertvorstellungen. Das kann die Familien in Angst und anomischen Zustand versetzen. Männer verlieren ihre Identität. Überflüssig und unerwünscht als Jäger, Besitzer und Beschützer können sie in schwere Krisen geraten. "Dann spielt ihr vegetatives Nervensystem verrückt", so beschreibt es eine marokkanische Studentin aus Frankfurt. Hilflos gegenüber dem Neuen, erscheint ihnen das Alte als einziger Rettungsanker, an den sie sich klammern und den sie den Töchtern aufzwingen wollen. – Die Folgen sind bekannt.[203]

Wie sehen die neuen Denkfiguren bei Mädchen aus?

Zur exemplarischen Beantwortung dieser Frage folgt nun eine zweite Interpretation der Puppenszene aus dem Aischa-Interview – eine strukturhermeneutische Analyse. Die bereits vorliegenden Analyseergebnisse werden berücksichtigt, da sie zum inneren Kontext- und Fallwissen gehören.

Sequenzanalyse:

Und bei uns in Marokko gibt es noch eine Kindheit, die du verbringen kannst;

---

202 Schröter, Marokko-Tagebuch 1993, Eintragung von Sonntag, dem 30.8.93.
203 Siehe TEIL II, 4. BEFREMDUNGEN – SZENEN AUS DEM KONTEXT VON MIGRATION

Die Formulierung, *eine Kindheit verbringen,* verleiht dem Fernen und Vergangenen einen gewissen Glanz, den Schein eines Festes und der Herausgehobenheit aus dem profanen Alltag. Wir sagen zum Beispiel: Wir werden die Weihnachtstage gemeinsam verbringen.

Die Analysen zeigen, daß Mädchenkindheit in einer traditionalen Gesellschaft viel klarer kontrolliert, vorgezeichnet und in ihren Möglichkeiten sehr viel eingeschränkter ist als bei uns. Die Berberinnen sagen selbst: "Die Heirat ist der Weg in die Freiheit."

Die Interviewte verhält sich so, wie Erwachsene sich meist verhalten, besonders dann, wenn sie durch Migration von den Wurzeln der Kindheit weit entfernt sind: Sie idealisiert und mystifiziert. Durch das auf die Zeit hinweisende Adverb noch, in dem die Frage: *wie lange?* mitschwingt, bedeutet die Sequenzstelle: *Woanders* – und dies können wir als auf die Gastkultur bezogen lesen – *gibt es Kindheit nicht mehr.* Die Aussage im Interview ist objektiv falsch und provoziert die Frage, wie die Interviewte zu der Auffassung kommt.

.. hier nicht mehr!

Diese Interpretation von Kindheit in Deutschland ist uns bereits durch die Sprachanalyse bekannt.

Hier sitzt du nur vor der Glotze, .. das ist die einzige Ablenkung, die du kriegen kannst.

Natürlich entfaltet das Fernsehen eine Eigengewalt und einen Sog, aber nicht im Sinne eines Kausalgesetzes und einer Kausaldetermination, deren man sich nicht entziehen könnte. Abschalten und Rausschmeißen ist möglich, und es ist Sache der Autonomie der Individuen und der Familien, dies zu tun oder nicht zu tun, selbst zu entscheiden zwischen Autonomie und Fremdbestimmung. Entfremdung und Fremdbestimmung setzen voraus, daß strukturell Autonomie als Möglichkeit gegeben ist.

Ablenkung – welches Denkmuster zeigt sich hier? Gemeint ist nicht die Ablenkung im Sinne einer kreativen Ablenkung von Streß und Verplanung, sondern Unterwerfung: Es wird auf den Knopf gedrückt und das Leben eingetauscht gegen die Scheinrealität aus der Kultur- und Konsumgüterindustrie. Im Widerstand gegen diese Verdummung müßte man fragen, wie man sich von Ablenkung befreien kann. Und da gibt es unendlich viele Möglichkeiten in unserer Kultur, auch für Kinder. Zum Beispiel einfach diese: Ein Kind hat naturwüchsig Neugier und Fragen ohne Ende, und es ist eine Chance für den Erwachsenen, dem Kind zu folgen, sich von ihm leiten zu lassen und sich mit ihm zusammen geduldig an eine Sache anzuschmiegen.

Die Interviewte benutzt eine Denkfigur, in der das dialektische Verhältnis von Individuum und Gesellschaft auseinandergerissen wird und einseitig auf Gesellschaftskausalität gesetzt wird. Alles, was dem Individuum passiert, ist dann fremdbestimmt. In derartigen Typisierungen wird die Eigenverantwortung umgewälzt auf Fremdbestimmtheit – ein in den Sozialwissenschaften verbreitetes Denkmuster.

> Dort kannst du kreativ sein.

Kreativität hat einen hohen Wert in der okzidentalen Kultur. Bei der Idealisierung der Kindheit in der Herkunftskultur wird nun diese Denkfigur dem Alten und Traditionalen übergezogen. Mystifiziert wird nicht aus der Sicht der Herkunftskultur, sondern die Vergangenheit wird überarbeitet in der Denk- und Habitusstruktur der neuen Kultur. Auch an diesem kleinen Detail, an dieser Umarbeitung, läßt sich Transformation studieren.

> Ich meine früher, .. ich selbst, was ich alles gemacht habe! .. Ich habe meine Barbie-Puppen aus, .. habe ich die echt, .. die also was ich da gemacht habe: .. Ich habe die Sultaninen, oder wie die heißen .. Rosinen habe ich als Brüste genommen und hab' irgendwelche Stäbchen dann so zusammengetan, .. so überkreuz .. und hab' da meine Barbie-Puppen draus gemacht.

Lesen wir die Sequenz nun im Anschluß an die Analyse, so wissen wir, daß es hier um ein kulturell normiertes Spiel geht und nicht um spontan sich äußernde Kreativität eines Kindes, und daß sich das Mädchen – gemäß einem geheimen Lehrplan – spielend in die Kategorie Frau in der Logik des Frauentausches eingeübt hat. Dieses Wissen hat weder das spielende Kind noch die Frau in der traditionalen Kultur noch die Immigrantin mit deutschem Abitur und akademischer Berufsausbildung.

Die Puppenszene im Aischa-Interview vermittelt noch einen anderen Einblick. Auffallend ist, wie die Argumentation zerbricht und in sich widersprüchlich wird: Für die marokkanische Kindheit wird die Unmittelbarkeit des Lebens als positiv herausgestellt, die nicht durch zerstreuende Erfahrungen verschüttet wird. Für die Kindheit in der Gastkultur wird der Mangel an Ablenkung beklagt. Sehr wahrscheinlich spiegelt der Text Alltagsrealität marokkanischer Migrantenfamilien: Flucht vor der Auseinandersetzung mit der fremden Kultur in die Zerstreuung der Bilderwelt. Besonders muslimische Mädchen dürfen sich oft eher die verblödende Scheinwelt aus der Konserve ansehen, als draußen in der Welt leben.

Zusammenfassung:

Zu den neuen Denkmustern im Transformationsprozeß gehören:
- Idealisierung von Mädchenkindheit in der Herkunftskultur,
- Umdeutung der Vergangenheit mit Hilfe von Denkfiguren der neuen Kultur,
- Übernahme von Denkfiguren aus den Sozialwissenschaften.

Verloren geht die archaische Autonomie mit der Konkretheit des Denkens. Einsicht in die Frauentauschlogik und ihre Implikationen ist nicht vorhanden. Die Welt der Gefühle und der Vergemeinschaftung, die sich als Ausgleich zur Härte der Frauentauschlogik entwickeln kann, bleibt eine Verlockung.

2. Frauentauschlogik und Anerkennungslogik im Alten Testament, Neuen Testament und im Koran

2.1 Klärung der Begriffe

In der Sache – Frauentauschlogik und Logik der Anerkennung der Frau als Person – und in der Einschätzung ihrer Verbreitung stimmen viele Ethnologen und Soziologen weitgehend überein. Zwei Beispiele:

Max Weber:
"Der Austausch der eigenen Schwester gegen die Schwester des anderen Teiles dürfte der älteste Sexualkontrakt sein, aus dem dann der Eintausch von ihrer Sippe gegen Naturalien und schließlich die normale Eheform: Der Kauf der Frau entwickelte, der z.B. in Indien ebenso wie in Rom als spezifisch plebejische Form der Eheschließung neben der vornehmen Eheschließung: Raub- oder Sakramentalehe sich behauptete."[204]

Lévi-Strauss:
Nach der Logik des Frauentausches "tauschen die Männer die Frauen aus und nicht umgekehrt."[205]
Die Ehebeziehung "resultiert aus einer Tatsache, die praktisch in allen menschlichen Gesellschaften besteht: damit ein Mann eine Gattin erhält, muß diese direkt oder indirekt von einem anderen Mann abgetreten werden, der in den einfachsten Fällen ihr gegenüber die Position eines Vaters oder Bruders hat."[206]

Genaueres über "Frauentauschkartelle", den Verkauf der Töchter, den Brautpreis, über Diga- und Binaehe und über die Entwicklung zur Monogamie als

---

204 Max Weber, Wirtschaft und Gesellschaft – Grundriß der verstehenden Soziologie, 2.Halbband, Tübingen ⁴1956, S. 428.
205 Claude Lévi Strauss, Strukturale Anthropologie I, Frankfurt/Main 1977, S.62.
206 Lévi-Strauss, Strukturale Anthropologie II a.a.O., S. 99.

Eheinstitution kann man bei Max Weber nachlesen,[207] ebenfalls über Mitgift und vertragliche Absicherungen der Töchter.[208] Die Theorie vom Mutterrecht und die auf ihr basierende sozialistische Lehre von den historischen Entwicklungsstufen der Ehe hält Weber für einen "geistvollen Irrtum".[209]

In der Frauentauschlogik ist der Erwerb der Tochter oder Schwester eines anderen Mannes an Bezahlung gebunden. Die Diskussionen bei uns um den Geldtransfer folgen oft einer Fragestellung, die aus der Logik des modernen Subjekts abgeleitet ist: Wird die Frau verkauft? Ist sie Ware? Ist sie Eigentum des Mannes?

Beim "Heiratsgeschäft" in der Stammesgesellschaft, und darum geht es in unserem Arbeitszusammenhang, handelt es sich nicht um einen Äquivalententausch. Die Frau als Ganze geht nicht in den Besitz des Mannes über, sonst könnte der Mann sie verschenken oder verkaufen wie einen Gegenstand oder eine Sklavin. Das geht nicht. Aber:

Der Mann erwirbt käuflich den "Schatz", den Gebärteil der Frau und den alleinigen Zugang, die "Pforte". Unromantisch gesagt: Er erkauft das Recht auf Sexualität und die Gebärfähigkeit der Frau. Die verheiratete Frau bleibt Bestandteil ihrer Verwandtschaft und geht beim Scheitern der Ehe dahin zurück. Die Obhutsverpflichtung, die engen Bande zwischen Eltern und Tochter und zwischen den Geschwistern bleiben unabhängig von der Heirat bestehen. Für die Eltern-Kind-Beziehung gilt Nichtkündbarkeit. Durch Verheiratung schlummert sie nur, wird aber im Falle des Scheiterns der Ehe reaktiviert.

Die Frau ist teilweise Ware und Besitz, aber es gibt für sie Formen der Absicherung ihres Lebensunterhalts und des Ausgleichs dieser Härte: Mitgift, Brautpreis und Morgengabe. Sie sind dazu da, der Frau ökonomische Sicherheit zu geben für den Fall des Scheiterns der Ehe. Denn: Das Eigentum der Ehe gehört dem Mann, die Ehe ist keine Zugewinngemeinschaft; als Ausgleich hat die Frau eigene Reserven. Der Tausch – Frau gegen Geld – ist kein Äquivalententausch, er ist allerdings mit der Härte der Abhängigkeit der Frau verbunden. Die Frau wird nicht angesehen als Subjekt, das für seinen Lebensunterhalt selbst sorgen kann.

Brautpreis, Mitgift und Morgengabe – die Begriffe werden oft falsch verwendet. Nachfolgend skizziere ich kurz ihre Bedeutung:

Die Mitgift wird der Frau von der "gebenden" Seite mitgegeben. Die Frau kann mit dem Mann regeln, ob etwas Gemeinsames damit gemacht wird.

---

207 Weber, Wirtschaft und Gesellschaft, 1. Halbband, a.a.O., S. 218 – 225.
208 Weber, Wirtschaft und Gesellschaft, 2. Halbband, a.a.O., 428.
209 Max Weber, Wirtschaftsgeschichte – Abriß der universalen Sozial- und Wirtschaftsgeschichte, Berlin ³1958, S. 42 – 44.

Der Brautpreis wird von der die Frau aufnehmenden Deszendenzlinie an die "abgebende" Seite entrichtet. Er muß im Prinzip angelegt werden und muß verfügbar sein, wenn die "gegebene" Frau wieder "zurückgegeben" wird. Dann muß sie davon leben können. Von dem Geld werden deshalb meist langlebige Güter gekauft. Zum Beispiel Schmuck aus Gold oder Silber, aber auch Schafe oder Ziegen.

Die Morgengabe überreicht der Bräutigam der Braut am Morgen nach der Hochzeitsnacht. Bei uns war das besonders in aristokratischen Kreisen eine verbreitete Sitte. Von der nicht verbrauchten Morgengabe wurden oft Klöster oder Kirchen gestiftet.

Der stammesgesellschaftlichen Logik folgend, wird die Frau sich ihren Besitz nie auszahlen lassen, um ihn allein zu verbrauchen. Es ist ungeschriebenes Gesetz, daß ihr Anteil (auch bei Erbschaft) in der Familie bleibt, so wie auch die Obhutspflicht ungeschriebenes Gesetz ist.

Auf der Gefühlsebene sind Frauen auch in archaischen Kulturen immer schon Subjekte, aber nicht Rechtssubjekte, nicht Subjekte im Sinne des ausdifferenzierten individuierten Subjekts. Das kann man zum Beispiel allein schon daran erkennen, daß die Frau in muslimischen Ländern bis heute ihren eigenen Heiratsvertrag nicht allein abschließen darf. Egal ob sie Analphabetin, Richterin oder Professorin ist, die gesetzliche Vorschrift verlangt einen Ehevormund. Für ihn gibt es nur eine Bedingung: Er muß männlichen Geschlechts sein. Ob es ihr Sohn ist, ein Analphabet oder ein Straßenjunge – das ist gleichgültig. Ohne einen männlichen Vormund kann die Frau nicht verheiratet werden.[210] Eine Ausnahme in der arabisch-muslimischen Welt bildet die Rechtslage in Tunesien und bis 1994 im Süd-Jemen, also in der Zeit vor der Wiedervereinigung von Nord- und Süd-Jemen.

Im okzidentalen Rationalismus hat sich die Logik der Anerkennung der Frau als ganze Person durchgesetzt. Nur im Okzident entwickelte sich sehr spät ab dem Hochmittelalter allmählich und mit Rückschlägen in einem teilweise dramatischen Prozeß die institutionalisierte Ehe, die im Prinzip auf der Gleichheit der Partner beruht. An dieser Entwicklung, die mit Blick auf den konkreten Ehealltag als noch nicht abgeschlossen betrachtet werden kann, hat die katholische Kirche mit dem Sakrament der Ehe, das sich die Brautleute wechselseitig spenden, was ohne Anerkennung der Frau als Person und Reziprozität zwischen den Ehepartnern nicht denkbar wäre, einen wesentlichen Anteil.

---

210 Vgl. Marion Gref, Die Eheschließung, in dies., Frauen in Algerien, a.a.O., S. 92 – 104; Khalida Messaoudi, Das "Familiengesetz" – ein Schandgesetz, in dies., Worte sind meine einzige Waffe, a.a.O., S. 73 – 95.

2.2 Prämissen, Quellen, Vorgehensweise

Ich gehe davon aus, daß Frauentauschlogik und Anerkennungslogik tiefreichende Wurzeln in der Geistesgeschichte der Menschheit haben. Der Frauentauschlogik müssen Vorstellungen von Differenz und Hierarchie der Geschlechter zugrundeliegen. Die Frau muß als abhängig *von* Männern gedacht werden, so wie sie auch heute noch in den Gesetzgebungen fast aller arabischer Staaten gesehen wird. Sie ist zum Beispiel im algerischen Familiengesetz, das am 9.6.1984 in Kraft trat, keine eigenständige Person, sondern Tochter *von* ..., Schwester *von* ..., Mutter *von* ... . Zur Anerkennungslogik paßt das nicht. Sie müßte daher andere Wurzeln haben als die Frauentauschlogik: Vorstellungen von der Gleichwertigkeit von Mann und Frau.

Für die Entwicklung im Okzident und Orient sind die heiligen Schriften von herausragender Bedeutung. Ich gehe nun der Frage nach, ob Anerkennungslogik und Frauentauschlogik im Alten Testament, im Neuen Testament und im Koran enthalten sind. Ich habe bei meinen Recherchen mit mehreren Übersetzungen gearbeitet und die Texte miteinander verglichen:

Altes Testament	– Übersetzung von Martin Buber,
	– Jerusalemer Bibel,
Neues Testament	– Jerusalemer Bibel,
Koran	– Übersetzung von Max Henning,
	– Übersetzung von Rudi Paret,
	– Übersetzung von Friedrich Rückert und
	– arabisch-deutsche Ausgabe der Ahmadiyya-Bewegung.[211]

Dabei habe ich festgestellt, daß die verschiedenen Übersetzungen zwar sprachlich voneinander abweichen, inhaltlich jedoch bezüglich unserer Thematik übereinstimmen, ausgenommen eine Besonderheit in Rückerts Koran-Übersetzung, auf die ich später eingehe. Aus Platzgründen kann ich hier die unterschiedlichen Übersetzungen nicht synoptisch nebeneinander stellen. Die Zitate entnehme ich den Übersetzungen, die nach meinem Empfinden im Ausdruck am klarsten und von sprachlicher Schönheit sind. Aus dem Alten Testament zitiere ich, außer in einem Fall, aus der Übersetzung von Martin Buber.[212] Der poetischen Kraft des Korans, seiner Sprachmelodie und seinem Rhythmus kommt die

---

211 Genaue Literaturangaben s. Literaturverzeichnis.
212 Die Zitation der Bibel- und Koranstellen erfolgt – in Abweichung von der bisherigen Vorgehensweise – direkt im Text im Anschluß an die jeweiligen Verse, bzw. Suren: z.B. Gen. 2;7 – 2;8 (Buber), bzw. Sure 4;24 (Henning). Die Angabe in Klammer weist auf die jeweils zugrundeliegende Bibel- bzw. Koranübersetzung hin.

Übersetzung von Friedrich Rückert am nächsten.[213] Rückert hat – im Gegensatz zu den modernen Orientalisten – nicht wörtlich übersetzt, sondern sinngemäß. Sein Ziel war vor allem, das Poetische des Korans in eine andere Sprache zu übertragen, was er nur in der deutschen Sprache für möglich hielt. Rückert hat nicht den ganzen Koran übersetzt, das war auch nie von ihm beabsichtigt. Er hat ausgewählt und zwar gezielt, wie wir weiter unten sehen werden. Liest man Rückerts Übersetzung laienhaft, so fällt dieses Weglassen gar nicht auf, da Rükkert außerdem viele Verse umgestellt, also den Text neu geordnet hat. Er hat dabei u.a. Wiederholungen weggelassen und dem Sinn nach Zusammengehörendes zusammengefügt.

2.3 Frauentauschlogik und Anerkennungslogik im Alten Testament

In den Schöpfungsmythen – Altes Testament und Koran enthalten je zwei verschiedene – wird die Erschaffung der Frau und ihr Verhältnis zum Mann unterschiedlich dargestellt. Die alttestamentliche Exegese stimmt heute darin überein, daß in den beiden Schöpfungsmythen Genesis 1;1 – 2;4A und Genesis 2;4B – 2;25 verschiedene Geschichten zusammenfließen – alte Überlieferungen sowohl aus Israel als auch aus den umgebenden Kulturen und Religionen.

Der erste Mythos erzählt, Frau und Mann seien in gleicher Weise und unmittelbar von Gott nach seinem Bilde geschaffen. Das heißt, Mann und Frau sind gleichwertig und haben die gleiche Würde von Gott erhalten. Beide sind gottähnlich.

"Machen wir den Menschen in unserem Bild nach unserem Gleichnis!
Sie sollen schalten über das Fischvolk des Meeres, den Vogel des Himmels,
    das Getier, die Erde all, und alles Gerege, das auf Erden sich regt.
Gott schuf den Menschen in seinem Bilde,
im Bilde Gottes schuf er ihn,

---

213 Rückert war ein einmaliges Genie: Er war Wissenschaftler und Künstler, verfügte über eine ganz außergewöhnliche Sprachenbegabung und vermochte dies alles zu einer Synthese zu bringen. Nach Annemarie Schimmel gibt es von ihm "poetische(r) Übertragungen aus einem halben Hundert Sprachen" (Annemarie Schimmel, Friedrich Rückert – Lebensbild und Einführung in sein Werk. Freiburg im Breisgau 1987, S. 8). In seiner Koranübersetzung fließen seine für die damalige Zeit außergewöhnlichen Kenntnisse als Orientalist, sein Einfühlungsvermögen in das Arabisch des Korans wie in die Ausdrucksmöglichkeiten einer leicht veralteten deutschen Sprache und seine poetische Kraft zusammen und schaffen ein Werk, das uns die sprachliche Schönheit des arabischen Korans ahnen läßt. Das ist einmalig. Vgl. Annemarie Schimmel (Hrsg.), Friedrich Rückert – Ausgewählte Werke, Erster und Zweiter Band, Frankfurt am Main 1988.

männlich, weiblich schuf er sie.
Gott segnete sie,
Gott sprach zu ihnen:
Fruchtet und mehrt euch und füllet die Erde und bemächtigt euch ihrer!
schaltet über das Fischvolk des Meers, den Vogel des Himmels und alles Lebendige, das auf Erden sich regt!
Gott sprach:
Da gebe ich euch
alles samensäende Kraut, das auf dem Antlitz der Erde all ist,
und alljeden Baum, daran samensäende Baumfrucht ist,
euch sei es zum Essen,
und allem Lebendigen der Erde, allem Vogel des Himmels allem was auf Erden sich regt, darin lebendes Wesen ist,
alles Grün des Krauts zum Essen.
Es ward so.
Gott sah alles, was er gemacht hatte,
und da, es war sehr gut.
Abend ward und Morgen ward: der sechste Tag."
Gen. 1;27 – 1;31 (Buber).

Diese Vorstellung findet in Genesis 4;1 eine Fortsetzung:

"Der Mensch erkannte Chawwa sein Weib,
sie wurde schwanger, und sie gebar den Kajin.
Da sprach sie
Kaniti –
Erworben habe ich
mit i h m einen Mann.
Sie fuhr fort zu gebären, seinen Bruder, den Habel."
Gen. 4;1f (Buber).

Das hebräische Wort *jada^c* (deutsch: erkennen) enthält zwei Bedeutungen, sowohl *sexuell verkehren* als auch *anerkennen als Person*. Es steht hier nicht nur, er schlief mit ihr. *Er erkannte sein Weib* kann als Metapher gelesen werden für die Anerkennung der Frau als Person und für die Reziprozität der Gattenbeziehung. Das Potential dazu ist in der Genesis angelegt, wird aber erst sehr viel später gehoben.

Der zweite Mythos – Genesis 2;7 – 2;24 – erzählt eine andere Schöpfungsgeschichte. Danach wird zuerst der Mann von Gott erschaffen, dann aus ihm – aus seiner Rippe oder Seite – die Frau. Dieser Mythos kann m.E. gelesen werden als Ausdruck der Differenz der Geschlechter in ihrer Würde und der Hierarchie von Anfang an.

"und Er, Gott, bildete den Menschen, Staub vom Acker,
er blies in seine Nasenlöcher Hauch des Lebens,

und der Mensch wurde zum lebenden Wesen.
Er, Gott, pflanzte einen Garten in Eden, Üppigland, ostwärts, und legte darein den Menschen, den er gebildet hatte."

Gen. 2;7 – 2;8 (Buber).

"Er senkte auf den Menschen Betäubung, daß er entschlief,
und nahm von seinen Rippen eine und schloß Fleisch an ihre Stelle.
Er, Gott, baute die Rippe, die er vom Menschen nahm, zu einem Weibe und brachte es zum Menschen.
Der Mensch sprach:
Diesmal ist sies!
Bein von meinem Gebein,
Fleisch von meinem Fleisch!
Die sei gerufen
Ischa, Weib,
denn von Isch, vom Mann, ist sie genommen.
Darum läßt ein Mann seinen Vater und seine Mutter und haftet seinem Weibe an, und sie werden zu Einem Fleisch."

Gen. 2;21 – 2;24 (Buber).

Diese Vorstellung von der hierarchischen Geschlechterordnung wird in der Strafe Gottes nach dem Sündenfall verstärkt.

"Nach deinem Mann sei deine Begier, er aber walte dir ob."

Gen. 3;16 (Buber).

Das Geschlechterverhältnis ist durch Abhängigkeit und Herrschaft bestimmt.
Spätere Texte im Alten Testament lassen deutlich erkennen, daß die Frau teilweise als Ware angesehen wird. Ihr Wert ist ihr Gebärteil, der Preis ist festgelegt und gebunden an das Hymen. Das Heiratsgeschäft ist Sache der Männer. Wer eine Frau heiraten will, muß einen Brautpreis zahlen.

"Wenn jemand eine Jungfrau betört, die nicht verlobt ist, und liegt bei ihr,
nach Brautsatz brautkaufe er sie sich zum Weib.
Weigert sich aber ihr Vater, weigert, sie ihm zu geben,
wäge er Silbergeld dar nach dem Brautpreis der Jungfraun."

Exodus, 22;15 (Buber).

"25 Da antwortete Saul: 'Sagt zu David: Der König fordert keine andere Heiratsgabe als hundert Philistervorhäute, um an den Feinden des Königs Rache zu nehmen.' Dabei gedachte Saul, den David in die Hand der Philister fallen zu lassen.
26 Als nun seine Hofleute dem David diese Worte mitteilten, war David damit einverstanden, des Königs Schwiegersohn zu werden, bevor die Frist abgelaufen sei. 27 Daher machte sich David auf, rückte mit seinen Leuten aus und erschlug zweihundert Philister. Ihre Vorhäute brachte David und legte sie vollzählig dem König vor, um des Königs Schwiegersohn zu werden. Da gab ihm Saul seine Tochter Michal zur Frau."

1. Buch Samuel, 18 (Jerusalemer Bibel)

2.4 Anerkennungslogik im Neuen Testament

Im Neuen Testament habe ich keinen Hinweis gefunden auf Frauentausch, Frauenkauf und Heiratsgeschäft als Männersache. Mann und Frau sind in der Ehe gleichgestellt. Bei Matthäus finden wir dazu einen aufschlußreichen Dialog zwischen Jesus und den Pharisäern, in dem es um die Scheidung geht. Jesus nutzt die Gelegenheit, um die Männer an die Schöpfungsmythen zu erinnern. Dabei trifft er eine Auswahl: aus dem ersten Mythos die Erschaffung von Frau und Mann direkt und in gleicher Weise aus Gott und aus dem zweiten Mythos die Einheit im Fleisch. Von der Erschaffung der Frau aus dem Mann und ihrer Abhängigkeit von ihm und seiner Herrschaft über sie ist nicht mehr die Rede.

> *"Frage wegen der Ehescheidung*
> **19** 1 Als Jesus diese Worte beendet hatte, zog er weg von Galiläa und begab sich in das Gebiet von Judäa jenseits des Jordans. 2 Und große Volksscharen folgten ihm nach, und er heilte sie dort. 3 Da traten Pharisäer an ihn heran, um ihn auf die Probe zu stellen, und sagten: 'Ist es erlaubt, seine Frau aus jedem beliebigen Grunde zu entlassen?' 4 Er aber antwortete und sprach: 'Habt ihr nicht gelesen, daß der Schöpfer sie von Anbeginn an als Mann und Weib geschaffen hat 5 und gesagt hat: 'Deshalb wird ein Mann Vater und Mutter verlassen und seinem Weibe anhangen, und die beiden werden ein Fleisch sein? 6 Also sind sie nicht mehr zwei, sondern ein Fleisch. Was nun Gott verbunden hat, das soll der Mensch nicht trennen.'"
>
> Matthäus

Das heißt: Frau und Mann sind aufgrund ihrer Erschaffung aus Gott von gleicher Würde. Der Willkür des Mannes wird ganz klar eine Absage erteilt. Eine besondere Variante der ehelichen Reziprozität finden wir im ersten Brief an die Korinther von Paulus:

> "**7** 1 Auf euer Schreiben (erwidere ich folgendes): ein Mann tut gut daran, keine Frau zu berühren. 2 Um aber Unzuchtsünden zu vermeiden, soll jeder Mann seine eigene Ehefrau und jede Frau ihren eigenen Ehemann haben. 3 Der Mann leiste seiner Frau die schuldige Pflicht, ebenso aber auch die Frau dem Manne. 4 Die Frau hat kein Verfügungsrecht über ihren Leib, sondern der Mann: ebensowenig hat der Mann ein Verfügungsrecht über seinen Leib, sondern die Frau. 5 Entziehet euch einander nicht, es sei denn mit gegenseitigem Einverständnis auf einige Zeit, um euch dem Gebet zu widmen und um dann wieder zusammenzukommen, damit der Satan euch nicht infolge eurer Unenthaltsamkeit versuche. 6 Das sage ich jedoch als Zugeständnis, nicht als Gebot. 7 Ich wünsche aber, alle Menschen wären wie ich; doch jeder hat seine besondere Gnadengabe von Gott, der eine so, der andere anders."

2.5 Frauentauschlogik im Koran

Der Koran enthält keine Systematik, die unseren üblichen Ordnungsvorstellungen entspricht. Er ist weder inhaltlich noch chronologisch geordnet, sondern nach der Länge der Suren, und in den meisten Suren steht sehr viel Verschiedenes beieinander, Wiederholungen sind nicht selten.
Der Koran enthält ebenfalls zwei Schöpfungsmythen: in 4;1 und 7;189 den einen und in 30;19 den anderen.[214]

"1/1 O Menschen, fürchtet euern Herrn,
Der euch erschuf von Einem
Lebendigen, und von demselben
Schuf sein Gemahl, und von den beiden
Ausstreute Männer viel und Weiber.
O fürchtet Gott, bei welchem ihr einander bittet,
Und ehrt die Blutsverwandtschaft!
Denn Gott ist über euch ein Wächter."
                                Sure 4 (Rückert)

"190. Er ist es, Der euch erschuf aus einem einzigen Menschen, und von ihm machte Er sein Weib, daß er an ihr Erquickung finde. Und wenn er sie erkannt hat, dann trägt sie leichte Last und geht mit ihr herum. Und wenn sie schwer wird, dann beten beide zu Allah, ihrem Herrn: 'Wenn Du uns ein gesundes (Kind) gibst, so werden wir wahrlich unter den Dankbaren sein.'"
                                Sure 7 (Ahmadiyya)

In den Übersetzungen von Henning und Paret ist die arabische Wortkombination *lijaskun ilaiha falam-ma tarasch-schaha* nicht mit e r k e n n e n übersetzt, sondern mit beiwohnen. Wörtlich heißt es: *Wenn er bei ihr wohnt und wenn er sie bedeckt hat.* Rückert hat diesen Vers nicht in seine Auswahl aufgenommen.

Die beiden zitierten Verse stimmen teilweise mit der mythischen Erzählung in Genesis 1;27 – 1;31 überein. Gemeinsam ist, daß Mann und Frau auf dieselbe Weise von Gott erschaffen wurden. Die biblische Vorstellung von der Erschaffung des Menschen unmittelbar aus Gott ist nicht muslimisch. Gott ist im Islam das total Andere. Aus ihm kann kein Mensch direkt hervorgegangen sein. Nach muslimischem Denken muß es zwischen Gott und Mensch im Schöpfungsakt ein Zwischenglied gegeben haben, das hier so genannte *eine Lebendige* oder der

---

214 Die Zählweise der Verse weicht in den verschiedenen Koranübersetzungen manchmal geringfügig voneinander ab. Bei Henning ist die Zählweise von Paret jeweils in der Klammer angegeben.

einzige Mensch.[215] Die Entstehung der beiden Verse fand an verschiedenen Orten und zu verschiedenen Zeiten statt. Nach Nöldecke,[216] der vier Wirkungsperioden Mohammeds unterscheidet, fällt die 7. Sure in die dritte mekkanische Wirkungsperiode, die 4. Sure in die medinensische Periode und ist also der jüngere Text. In der dritten mekkanischen Periode entstanden auch die Verse 19f in Sure 30. Sie sind eine Kurzfassung des Schöpfungsmythos aus Genesis 2;7 – 2;24.

"19. (20) Und zu seinen Zeichen gehört es, daß er euch aus Staub erschaffen hat. Alsdann, siehe, wurdet ihr Menschen, die sich verbreiteten. 20. (21.) Und zu seinen Zeichen gehört es, daß er euch von euch selber Gattinnen erschuf[5], auf daß ihr ihnen beiwohnet, und er hat zwischen euch Liebe und Barmherzigkeit gesetzt."

Sure 30;19f (Henning)

Nach 30;20 ist die Frau aus dem Mann geschaffen. Von Gleichheit ist nicht die Rede, aber von affektiver Rezirpozität. Hier begegnet uns die Denkfigur, nach der in der Welt der Gefühle die Frau immer schon als Person anerkannt ist. In Verbindung mit den beiden anderen Schöpfungstexten kann man m.E. sagen: Die Frau findet als Ehefrau und in der Welt der Gefühle die Anerkennung als Person.

Die hierarchische Ordnung der Geschlechter ist damit nicht aufgehoben. Sie wird in mehreren Koranstellen ausdrücklich festgeschrieben.

"38/34 Die Männer gehen vor den Weibern,
Weil Gott gab Gnadenvorzug einem vor dem andern,
Und auch weil sie aufwenden ihr Vermögen.

---

215 Eine Parallele zu dieser Auffassung finden wir in der koranischen "Weihnachtsgeschichte" in Sure 19, der sogenannten Sure Maria. Danach ist Jesus zwar von der Jungfrau Maria geboren, aber nicht Gottes Sohn. In derselben Sure in Vers 91 – 94 setzt sich der Koran mit dem Glauben der Christen auseinander, wonach Jesus Gottes Sohn sein soll:
"91/88 Doch sagen sie Der Allerbarmer
        Hat einen Sohn! o ungeheure Mähre,
 92/90 Davon die Himmel springen möchten
        Und sich spalten die Erde,
        Und die Berg' einstürzen trümmernd;
 93/91 Daß sie dem Allerbarmer geben einen Sohn!
 ---/92 Nicht kommt es zu dem Allerbarmer
        Zu haben einen Sohn;
 94/93 Denn Niemand ist im Himmel und auf Erden,
        Er komme denn dem Allerbarmer als ein Knecht;" Sure 19 (Rückert).
216 Siehe Wolfdietrich Fischer, Erklärende Anmerkungen zum besseren Verständnis der Koranübersetzung von Friedrich Rückert; in: Der Koran, Übersetzung von Friedrich Rückert, Würzburg 1995, S. 483 – 573.

Ehrbare Frauen aber sind
Gehorsam und bewahren das Geheimnis, weil sie Gott bewahrt.
Doch deren Widerspenstigkeit ihr fürchtet,
Dieselben vermahnet
Und scheidet euch von ihrem Lager,
Und schlaget sie! doch wenn sie euch gehorchen,
Suchet gegen sie keinen Weg!

Sure 4 (Rückert)

Das Grundmuster besteht – wie bei der sadaqa – aus der Verbindung von hierarchischer Ordnung und affektiver Solidarität und Reziprozität.

Dazu noch ein Beispiel, Vers 228 in Sure 2, der von Rückert nicht in seine Koran-Auswahl übernommen wurde.

"228. (228.) Und die geschiedenen Frauen sollen warten, bis sie dreimal die Reinigung gehabt haben, und es ist ihnen nicht erlaubt, zu verheimlichen, was Allah in ihren Schößen erschaffen hat, so sie an Allah glauben und an den Jüngsten Tag. Und geziemender ist es für ihre Eheherren, sie in diesem Zustande zurückzunehmen, so sie sich aussöhnen wollen. Und sie sollen (gegen ihre Gatten) verfahren, wie (jene) gegen sie in Güte: doch haben die Männer den Vorrang vor ihnen; und Allah ist mächtig und weise."

Sure 2, 228 (Henning)

Nach Nöldecke werden die Suren 2 und 4 der medinensischen Periode (622 – 632) zugerechnet, also der letzten Wirkungsperiode Mohammeds. Es ist die Zeit, in der die junge muslimische Gemeinde beginnt, sich gegen die christlichen und jüdischen Gemeinden abzugrenzen, auch durch eine eigene soziale Ordnung. Mohammed selbst versteht sich in der abrahamitischen Tradition stehend und in der Nachfolge des Propheten Jesus. Seine dichten erzählenden Korantexte, z.B. die Josephsgeschichte, setzen die Kenntnis der alten Mythen und biblischen Geschichten voraus. Mohammed ist ein Sozialreformer seiner Zeit. Offensichtlich war es sein Wille, gegen die Willkür der Männer, die Familie zu stärken, den Mann über Verantwortung in die Familie einzubinden und der abhängigen Frau eine gewisse ökonomische und emotionale Sicherheit zu geben.

Texte zur Logik der Anerkennung der Frau als gleichberechtigte und eigenständige Person habe ich im Koran keine gefunden, aber mehrere in der Logik des Frauentausches. Rückert hat keinen dieser Verse in seine Übersetzung aufgenommen. Er hat dieses Weglassen selbst begründet: "Wegen des nicht ansprechenden Inhalts (...)".[217]

---

217 Helmut Bobzin, Friedrich Rückert und der Koran; in: Der Koran – Übersetzung von Friedrich Rückert, Würzburg, S. XXVII.

Frauentauschlogik finden wir im Koran in den Übersetzungen von Henning, Paret und in der deutsch-arabischen Ausgabe der Ahmadiyya, z.B. an folgenden Stellen:

Henning	Paret	Rückert	Ahmadiyya	
2;229	2;229	---	2;230	Loskauf einer Frau
4;24	4;20	---	4;21	Tausch von Frauen
4;28f	4;24f	---	4;26f	Frauenkauf und Morgengabe
4;4	4;4	---	4;5	Morgengabe
60;10	60;10	---	60;11	Frauenkauf und Morgengabe

Nachfolgend hierzu drei Beispiele:

"24.(20) Und so ihr eine Gattin gegen eine andere eintauschen wollt und ihr habt der einen ein Talent gegeben, so nehmt nichts von ihm fort."
Sure 4;24 (Henning).

"28.(24.) Und (verwehrt sind euch) verheiratete Frauen außer denen, die eure Rechte besitzt.[12] Dies ist Allahs Vorschrift für euch. Und erlaubt ist euch außer diesem, daß ihr mit euerm Geld Frauen begehrt zur Ehe und nicht in Hurerei. Und gebet denen, die ihr genossen habt, ihre Morgengabe. Dies ist eine Vorschrift; doch soll es keine Sünde sein, wenn ihr über die Vorschrift hinaus miteinander Übereinkunft trefft. Siehe, Allah ist wissend und weise. 29.(25.) Und wer von euch nicht vermögend genug ist, gläubige Frauen zu heiraten, der heirate von den gläubigen Sklavinnen, die seine Rechte besitzt; und Allah kennt sehr wohl euern Glauben. Ihr seid einer vom andern. Drum heiratet sie mit Erlaubnis ihrer Herren und gebet ihnen ihre Morgengabe nach Billigkeit. Sie seien jedoch keusch und sollen nicht Hurerei treiben und sich keine Geliebten halten."
Sure 4;28 (Henning).

"10 Ihr Gläubigen! Wenn gläubige Frauen als Auswanderer zu euch kommen, dann prüft sie (ob sie auch wirklich gläubig sind)! – Gott weiß (allerdings) besser über ihren Glauben Bescheid (als ihr). – Wenn ihr (auf Grund der Prüfung) festgestellt habt (w. wißt), daß sie (wirklich) gläubig sind, dann schickt sie nicht zu den Ungläubigen zurück. Die gläubigen Frauen (w. Sie) sind diesen (w. ihnen, d.h. den ungläubigen Männern) nicht (zur Ehe) erlaubt, und umgekehrt. Gebt ihnen (d.h. ihren bisherigen, ungläubig gebliebenen Männern) aber, was sie (seinerzeit bei der Eheschließung für die betreffenden Frauen) ausgegeben haben! Und es ist keine Sünde für euch, sie (eurerseits) zu heiraten, wenn ihr ihnen ihren Lohn (d.h. ihre Morgengabe) gebt. Aber haltet nicht an den (ehelichen) Verbindungen mit ungläubigen Frauen fest (da sie euch nach eurem Übertritt zum Islam nicht mehr zur Ehe erlaubt sind)! Verlangt (von den Ungläubigen), was ihr (seinerzeit bei der Eheschließung für die betreffenden Frauen) ausgegeben habt! Und sie (d.h. die ungläubig gebliebenen Männer von gläubig gewordenen Frauen) sollen (im umgekehrten Fall) verlangen, was sie (ihrerseits) ausgegeben haben."
Sure 60;10 (Paret).

Frauentausch und Frauenkauf sind keine Erfindungen des Islam. Sie und der Frauenraub waren zu Mohammeds Zeiten selbstverständlich und der Raub eine Heldentat. Zu Mohammeds 13 oder 15 Frauen aus seiner polygamen zweiten Ehe (die erste Ehe mit Chadidscha war monogam) gehörten auch Frauen aus der Kriegsbeute.[218] Der Koran schafft weder Frauenraub noch Frauentausch, noch Frauenkauf ab, auch gibt es keinen Hinweis auf eine derartige Intention. Er sichert Frauen innerhalb der Frauentauschlogik gegen die Willkür der Männer ab und verschafft ihnen durch Brautpreis, Mitgift und Morgengabe eine gewisse Sicherheit. Die häufigen Forderungen im Koran nach affektiver Solidarität lassen vermuten, daß sie nicht naturwüchsig und selbstverständlich ist. Sie können gelesen werden als Aufforderung zur Anerkennung der Frau als Person – aber nur auf der Ebene der Gefühle. Auf der kategorialen Ebene wird die Vorherrschaft des Mannes befestigt. Der Frauenkauf ist ein Kauf mit Rückgaberecht.

Bringt der Islam den Frauen Befreiung oder Unterdrückung?

Frauen, die in einem sozialen Gefüge leben, das nach der Frauentauschlogik funktioniert, bringt der Islam einen gewissen Schutz vor der Willkür des Mannes und eine gewisse ökonomische Sicherheit. Durch die Forderung nach affektiver Solidarität erhält die Frau Anerkennung als Person auf der Ebene der Gefühle. Aus der Perspektive einer durchrationalisierten Gesellschaft, in der Frau und Mann die gleichen Rechte und Schutzrechte haben, der Mann sich selbst diszipliniert und die Frau sich selbst versorgen kann, ist die Frauentauschlogik ein Anachronismus und ihre Reproduktion Unterdrückung.

2.6 Umgang mit Archaismen

Für den Umgang mit Archaismen hat Mohammed selbst ein überzeugendes Beispiel gegeben. Es geht um die Blutrache, die Vendetta. Der Koran fordert die Wiedervergeltung bei Mord in Sure 2, Vers 173. In seiner Abschiedspredigt im Jahre 632, kurz vor seinem Tod, hebt Mohammed die Blutrache auf mit der Begründung, sie sei ein Teil der überwundenen Heidenzeit.

"173. (178) O ihr, die ihr glaubt, vorgeschrieben ist euch die Wiedervergeltung im Mord:[92] Der Freie für den Freien, der Sklave für den Sklaven, und die Frau für die Frau! Der aber, dem von seinem Bruder etwas verziehen wird, bei dem lasse man Güte walten; doch Entschädigung sei ihm reichlich. 174. Dies ist eine Erleichterung von euerm Herrn und eine Barmherzigkeit. Und wer sich nach diesem vergeht, den treffe schmerzliche

---

218 Vgl. Mernissi, Der Prophet und die unwiderstehlichen weiblichen Reize, in: dies., Geschlecht, Ideologie, Islam, a.a.O., S. 44 – 59, und Rodinson, Mohammed, a.a.O.

Strafe. 175. (179.) Und in der Wiedervergeltung liegt Leben für euch, o ihr Leute von Verstand; vielleicht werdet ihr gottesfürchtig."

Sure 2, Vers 173 – 175 (Henning)

"Wahrlich, alle Dinge aus der Heidenzeit sind nun unter meinen Füßen [ausgelöscht]. Die Blutrache der Heidenzeit ist aufgehoben, und die erste Blutrache, die ich aufhebe, ist das Blut Rabi'a ibn al-Hariths, der bei den Banu Sa'd aufgezogen und von den Hudhail getötet worden war."[219]

Die Beseitigung der archaischen Logik des Frauentausches aus dem muslimischen Recht sollte den Gesetzgebern in der muslimisch-arabischen Welt heute genauso möglich sein[220] und ihnen abverlangt werden, wie die Abschaffung anderer Archaismen durchgesetzt werden konnte, z.b. die Sklaverei, die auch im Koran selbstverständlich ist, eben weil sie in der damaligen Zeit üblich war – allerdings anders als im Okzident. Sklaverei im Islam ist dem Koran nach ein persönliches Verhältnis zwischen dem Herrn und seinem Sklaven, in dem zwar dieser unfrei ist, jener aber für ihn zu sorgen hat. – Eine uns inzwischen bekannte Denkfigur.

Die Gleichberechtigung zu erkämpfen wird für Frauen im Islam noch schwerer sein, als es für Frauen bei uns war, da die Geschlechterhierarchie im Koran, dem göttlichen Gesetz, verankert ist.[221]

3. Der Mythos vom Untergang des Vaters durch die Autonomiebildung der Tochter – Eine Erzählung aus dem Rif –

Erzählt von Mimoun Bouchiki, im Januar 1996 in Nador,
Übersetzung der Tonbandaufzeichnung von Loubna und Louiza Kardal.

Ich erzähle dir ein Märchen. Ich bin zu dir gekommen, um dir ein Märchen zu erzählen.

---

219 Annemarie Schimmel, Und Muhammad ist Sein Prophet – die Verehrung des Propheten in der islamischen Frömmigkeit, München ²1989, S. 238.
220 Vgl. hierzu den Hinweis auf Tunesien und Süd-Jemen in IV. 2. FRAUENTAUSCHLOGIK UND ANERKENNUNGSLOGIK IM ALTEN TESTAMENT, NEUEN TESTAMENT UND IM KORAN, 2.1 KLÄRUNG DER BEGRIFFE.
221 Zum Kampf um Gleichberechtigung bei uns siehe Ute Gerhard, Verhältnisse und Verhinderungen – Frauenarbeit, Familie und Rechte der Frauen im 19. Jahrhundert, mit Dokumenten, Frankfurt am Main 1978. – Im Kapitel "Antifeministische Frauenideologie" (S. 143 – 153) kann man in den Zitaten des Philosophen Johann Gottlieb Fichte, des Pädagogen Joachim Heinrich Campe und des Soziologen Wilhelm Heinrich Riehl viel "Muslimisches" wiedererkennen.

Hähnchen auf Couscous, du ißt den Flügel, und ich esse die Brust.
Es war einmal zur Zeit des Wassers.
Es war einmal ein Mann, der zwei Frauen hatte und mit jeder Frau zwei Kinder gebar, einen Jungen und ein Mädchen.
Die erste Frau ist dann gestorben. Als die zweite Frau übriggeblieben ist, hat sie sich überlegt, wie sie es anstellt, ihren Stiefkindern Probleme zu machen. An einem Abend hat sie Essen gekocht. Sie haben ein Huhn geschlachtet, und sie hat Couscous zubereitet. Sie haben dann zu Abend gegessen. Ihren zwei Stiefkindern hat sie nichts zu essen gegeben, die saßen alleine. Als der Vater sie entdeckte, ist er zu seiner Frau gegangen und hat ihr gesagt, sie solle ihnen doch etwas zu essen machen. Die Frau hat dann Löffel genommen und hat so getan, als würde sie das Geschirr waschen, damit der Mann den Krach hört und dann denkt, daß sie ihnen was zu essen macht, damit er ihr glaubt.
Sie sind dann zu Bett gegangen. Am nächsten Morgen ist sie aufgestanden und hat ihrem Mann gesagt: "Guck, was deine Kinder gemacht haben!" Sie hat vorher das ganze Geschirr kaputt gemacht und alles verwüstet, damit der Mann seine Kinder bestraft, die sie über alles haßt. Er hat seiner Frau geglaubt und hat seine ältere Tochter und seinen Sohn an einen sehr weit weg gelegenen Ort gebracht.
Als sie dort ankamen, hat er sie beauftragt, etwas zu tun, und ihnen gesagt, daß er noch etwas erledigen müsse; er sei in der Nähe: "Bleibt hier, bis ich wiederkomme!" Der Tag ist vergangen, und die Nacht kam; es wurde dämmrig, und der Vater kam immer noch nicht. Der jüngere Sohn sagte dann zu seiner Schwester: "Der Papa ist gar nicht gekommen." Aber die ältere Tochter wußte, daß ihr Vater nie vorgehabt hatte, wieder zu ihnen zurückzukommen; sie wußte, daß er das beabsichtigt hatte, damit ihnen irgendetwas Schlimmes passiert und er sie ein für alle Mal los wäre. Als dann die Dunkelheit kam, brachen sie auf. Sie liefen und liefen und sahen in der Ferne ein Licht, auf das sie dann zugingen. Als sie dort ankamen, fanden sie ein zerstörtes Haus, in dem niemand lebte.
Sie suchten sich eine Ecke aus, die noch gut erhalten war, und setzten sich hin. Es war sehr, sehr kalt. Sie kuschelten sich aneinander, bis es Morgen wurde. Am Morgen dann überlegte sich der Junge, wie sie sich helfen könnten. Er schnitzte einen Pfeil zum Jagen.
Im Wald jagte er damit Hasen und Tauben und brachte sie seiner Schwester.
Auf diese Weise überlebten sie ein ganzes Jahr.
Die Leute von Kariat Arkemane beobachteten, daß in dem verlassenen Haus ein Junge und ein Mädchen ein- und ausgingen. Die Bewohner unterhielten sich über das Haus und die Kinder. Manche kannten sie bereits. Einer der Männer hat sich dann auf den Weg zu ihnen gemacht. Er bot dem Mädchen an, den

Frauen im Stamm bei der Hausarbeit zu helfen und dafür bekäme sie Essen. Das tat sie dann auch.

Amar, ihr Bruder, ging immer noch auf die Jagd. Ein paar Jahre lebten sie in diesen Lebensverhältnissen. Eines Abends saßen sie zusammen, der Kopf ihres Bruders lag auf ihrem Schoß, und sie lauste ihn. Als sie so saßen, erblickte sie etwas Glänzendes auf dem Boden. Sie stand auf und grub mit ihren Fingern und fand dort Geld. Sie grub das Geld wieder ein und lauste ihren Bruder weiter, und sie unterhielten sich bis zum Morgengrauen. Der Bruder stand wie gewöhnlich auf und machte sich auf die Jagd. Nachdem ihr Bruder weg war, grub sie wieder nach dem Geld und fand dort sehr, sehr viel Geld. Sie versteckte es sorgfältig. Als der Bruder wieder heimkam, unterhielten sie sich. Seine Schwester fragte ihn dann: "Amar, was wäre, wenn wir Geld finden würden? Was würden wir damit machen?" Amar antwortete: "Ich würde mir Spielzeug kaufen, ja, Spielzeug."

Ihr wurde dann klar, daß ihr Bruder noch viel zu klein war, um zu wissen, was für einen Wert Geld hat. Also beließ sie es dabei, und sie lebten so wie immer. Sie ging arbeiten, und der Bruder ging auf die Jagd. Es vergingen wieder ein paar Jahre.

Eines Abends fragte sie ihn wieder: "Amar, was wäre, wenn wir Geld finden würden? Was würden wir damit machen?" Amar antwortete darauf: "Wenn wir Geld finden würden, würden wir uns damit Gewehre kaufen, unseren Vater und seine Frau suchen und finden und sie dann umbringen." Ihr wurde wieder klar, daß ihr Bruder noch zu unreif war, und sie beließ es dabei. Es vergingen Tage und es kamen Tage und so vergingen wieder ein paar Jahre. Eines Tages unterhielten sie sich, und sie fragte wieder ihren Bruder: "Amar, was wäre, wenn wir Geld finden würden? Was würden wir damit machen?" Amar antwortete: "Wenn wir Geld finden würden, würden wir uns Schafe, Pferde, Kühe kaufen und gut leben." Ihr wurde klar, daß ihr Bruder erwachsen geworden war. Sie zeigte ihm das Geld, und sie kauften sich Schafe, Kühe, Pferde und alles, was sie brauchten. Sie lebten sehr gut, arbeiteten und waren zufrieden. Es vergingen Tage und es kamen Tage.

Eines Nachmittags klopfte eine Frau an ihre Tür und bat sie um eine Übernachtung. Sie sagten nicht nein, und die Frau übernachtete bei ihnen. Am Morgen dann stand die Schwester von Amar auf, weckte die Frau und sagte ihr: "Wir gehen jetzt arbeiten. Steh jetzt auch auf! Auf Wiedersehen. Gehe jetzt, wenn du was zu tun hast!" Die Frau antwortete: "Nein, ich kann nicht weggehen, ich habe nichts, wo ich hingehen könnte." Die Schwester erwiderte: "Nein, das geht nicht, wir haben dich nur für eine Nacht aufgenommen, also auf Wiedersehen!" Die Frau sagte dann: "Nein, ich werde nicht gehen, ich werde deinen Bruder heiraten." Die Schwester erwiderte: "Nein, mein Bruder ist noch jung und hat keine Erfahrung mit Frauen. Er heiratet nicht. Wenn er heiraten will, dann suchen wir ihm schon eine Frau aus unserem Dorf." Die Schwester drehte sich zu ihrem Bruder und fragte ihn: "Was erzählt diese Frau?" Der Bruder antwortete: "Was sie sagt, das wird auch passieren. Ich werde sie heiraten!" Die Schwester stimmte ihm letztendlich zu, und sie heirateten.

Als sie dann verheiratet waren, sagte die Frau zu Amar, daß seine Schwester sie hassen würde. Tag für Tag setzte sie ihm wegen seiner Schwester zu. Eines Tages kam Amar von der Arbeit nach Hause. Seine Frau wartete schon auf ihn, um ihm zu erzählen, daß seine Schwester unschuldige Schafe umgebracht hätte. Aber Amar hörte gar nicht auf sie; dazu hatte er seine Schwester viel zu gerne. Ein anderes Mal erzählte sie ihm, daß seine Schwester gesagt hätte, wenn sie einen Sohn gebären würde, würde sie ihn umbringen.

Eines Tages holte die Frau von Amar Sembo** und drei Eier. Sie versteckte die Eier mit Schale in dem Sembo und sagte dann zu der Schwester: "Wenn du deinen Bruder liebst, dann schlucke das, ohne zu kauen." Um der Frau zu beweisen, wie sehr sie ihren Bruder liebt, schluckte sie die angeblichen Getreidekugeln.

Es vergingen ein paar Tage und ihr Zustand verschlechterte sich. Sie sah blaß aus und ihr Bauch war aufgebläht. Die Frau ging dann zu Amar und sagte ihm: "Schau mal, deiner Schwester geht es nicht gut. Sie ist schwanger!" Amar stand auf und sah ihre Blässe und den aufgeblähten Bauch. Er konnte es nicht ertragen und ging in die Küche, holte ein Messer und hackte seiner Schwester beide Hände ab. Er nähte ihr ein Kleid aus Ziegenleder. Sie konnte das alles nicht ertragen und lief schließlich davon. Sie nahm ihre Ziegen mit und ging mit ihnen in den Wald.

Es vergingen ein paar Wochen.

Der Hirte des Königs bemerkte eines Tages die Ziegen und ein ziegenähnliches Wesen. Als er das gesehen hatte, ging er sofort zum König, um ihm von diesem Wesen zu berichten. Der König hatte die Idee, der Hirte sollte ein kleines Feuer machen und einen Topf mit Essen daraufstellen und aus der Ferne beobachten.

Als sie dann das Essen gesehen hat, kam sie und aß. Der Hirte erzählte dem König alles. Der König überlegte und meinte: "Es muß ein Mensch sein, denn ein Tier würde kein warmes Essen essen." Der König gab den Befehl, den Menschen einzufangen. Zu seinem Erstaunen war es eine Frau. Sie erzählte dem König, was ihr widerfahren war. Der König nahm sie bei sich auf. Er gab ihr alles, was sie wollte, und heiratete sie letztendlich und lebte mit ihr zusammen.

** Sembo ist eine Zubereitung aus gebratenem Roggen mit Kräutern.

Eines Tages brach der König zu einer Safari auf, aber vorher warnte er sie vor seinen zwei anderen Frauen: "Vertraue ihnen niemals, sonst passiert dir noch etwas." Nachdem der König weg war, besuchten die beiden ersten Frauen die Schwester von Amar. Sie hatten vorher schon versucht, einen Plan auszuhekken, wie sie sie loswerden können, also schmeichelten sie sich bei ihr ein und gingen mit ihr im Garten des Palastes spazieren.

Sie haben ihr in den Weg, den sie immer nimmt, wenn sie die beiden Frauen besucht, ein großes, tiefes Loch gegraben und es dann an der Oberfläche so hergerichtet, daß sie nichts merken würde. Als sie sich dann auf den Weg zu ihnen machte, bemerkte sie das Loch wirklich nicht und fiel hinein.

Es vergingen Tage und es kamen Tage, und sie saß immer noch fest. Sie ernährte sich von einer kleinen Pflanze, die am nächsten Tag immer nachwuchs.

Sie gebar in dem Loch Zwillinge – zwei Jungen. Eines Tages kam der Hirte dort vorbei und hörte Stimmen aus dem Loch. Er fand sie, holte sie heraus und brachte sie wieder in ihren Palast. Aus Angst, von ihr verraten zu werden, schüchterten die beiden Frauen sie ein, indem sie ihr erzählten, daß der König vielleicht nicht glauben würde, daß es seine Kinder sind und sie letztendlich umbringen würde.

Sie aber packte eines Morgens ihre Sachen und verschwand mit ihren beiden Söhnen. Sie lief und lief und wußte gar nicht, wohin. Sie kamen an einem Fluß vorbei, und ihre Söhne hatten Durst. Da sie aber keine Hände mehr hatte, konnte sie ihnen nicht zu trinken geben. Sie wollte es dann mit dem Mund versuchen – das ging auch nicht. Also versuchte sie es mit ihren Armen, damit ihre Kinder wenigstens ein paar Tropfen bekommen. Und wie es Gott wollte, fingen ihre Hände an nachzuwachsen. Es vergingen ein paar Tage, da kam sie zu einem Haus. Einem Haus, in dem alles drinnen war. Es gab alles in diesem Haus, nur einen Besitzer nicht.

Der Hirte der Schafe war das größte Schaf, und der Hirte der Kühe war die größte Kuh.

Sie lebten dort ein paar Monate. Eines Mittags sah sie zwei Männer auf das Haus zukommen. Sie erkannte die beiden Männer und bat sie, da es dunkel geworden sei, bei ihr zu essen und zu schlafen. Sie nahmen die Einladung an. Die beiden Männer erkannten sie nicht, aber sie wußte, daß der eine ihr Ehemann, der König, und der andere Mann ihr Vater war.

In der Küche sagte sie ihren beiden Söhnen, sie sollten sie doch beim Schlafengehen daran erinnern, daß sie ihnen ein Märchen erzählte.

Am Abend dann bettelten die Kleinen um ein Märchen. Die Mutter fing dann an, von ihrem Vater und sich zu erzählen, alles, was sie mit ihrem Vater erlebt hatte. Der Vater im anderen Zimmer hörte ihr zu und erkannte, daß das seine Tochter war. Er schämte sich zu Tode, und die Erde unter ihm öffnete sich und verschlang ihn. Der König wußte nicht, was geschehen war, und hörte zu. Die Mutter erzählte dann den Kindern die Geschichte von sich und von dem König. So fanden sie sich wieder.

Wir sagen: "Ich lief da und da und lief auf einem hohen Berg, am Rande eines Abgrundes, mit einem Esel, der vollgepackt war mit Gurken. Ein bißchen davon esse ich, und ein bißchen davon hebe ich mir auf. Das Kalb hat es mir aufgegessen, und der Knüppel wartet auf das Kalb."

Schluß von Teil IV: Weisheit archaischer Kultur und Wisssenschaft

Die hier vorgestellten Phänomene, Daten und Analysen zeigen: In den Lebensgeschichten der Frauen aus der Berberkultur und deren Transformationsprozeß in die Moderne ist der Widerspruch zwischen Fremdbestimmung und Autonomiebildung zentral. Man kann dem analytisch nachgehen oder sich von der Weisheit der Kultur, die in mündlich tradierten Erzählungen verdichtet ist, belehren lassen. Oder man kann beides miteinander verweben: die Weisheiten und methodisches Verstehen. Der folgende Text ist ein Niederschlag des zuletzt genannten Weges. In der Darstellung beschränke ich mich auf eine Kurzfassung ausgewählter Interpretationsergebnisse zum in IV. 3. erzählten "Märchen":
1. zur Eröffnung,
2. zum Inhalt und
3. zur Beschließung.

1. Zur Eröffnung

Der Erzähler beginnt mit vier Eröffnungsformeln:

Ich erzähle dir ein Märchen. Ich bin zu dir gekommen, um dir ein Märchen zu erzählen.

Diese erste Rahmung ist eine Einleitung zum Erzählen des Märchens, nicht zum Märchen selbst. Mit der Herstellung der Ich-Du-Beziehung wird Sozialität in Form des elementarsten Gegenüber eingerichtet. Gleichzeitig wird mit der Ankündigung des Erzählens von der Alltäglichkeit in die Außeralltäglichkeit des Märchenerzählens übergeleitet. Es wird eine artifizielle Ebene eingerichtet und gemeinsam betreten. Man kann daraus schließen, daß das Erzählen nicht zur alltäglichen Pragmatik gehört, sonst wäre das Einrichten der Erzählsituation nicht nötig.

Hähnchen auf Couscous, du ißt den Flügel, und ich esse die Brust.

Symbolisch wird ein Mahl eröffnet, das Hähnchen geteilt, der Erzähler erhält die Brust und damit das beste Stück. – In einer Kultur, in der die Außenbeziehungen nach dem Freund-Feind-Gast-Schema geregelt sind, ist der Fremde zunächst Feind. Aus diesem Status kann er überwechseln in den Status des Gastes. Der Übergang ist mehr oder weniger ritualisiert, dabei hat das Essen eine wichtige Funktion. Wer einmal mitgegessen hat, der ist Gast, und als Gast erhält er das beste Stück. (Die hochentwickelte Gastkultur hängt mit dem Freund-Feind-Gast-Schema zusammen. Sobald der Fremde zum neutralen Fremden wird, verblaßt die Gastkultur.) Der Erzähler befolgt also symbolisch eine kulturzentrale Regel.

Die zweite Eröffnungsformel läßt außerdem eine Deutung zu bezüglich der kulturellen Relevanz des Erzählens und des Status' des Erzählers. In den mündlich überlieferten Geschichten oraler Kultur ist die Erfahrung von Generationen verdichtet, der Erzähler ist Träger und Vermittler des Kulturgutes, ist Weiser und Erzieher. In der Bewegung des Gebens und Nehmens ist dem Geben der Weisheiten das Nehmen der Brust angemessen. Uns begegnet hier eine elementare Form der Bildung, in der das Wissen quasi freundschaftlich vermittelt wird und dem Vermittler ein hoher Status zuerkannt wird.

Es war einmal zur Zeit des Wassers.

Dieser Teil der Eröffnung verrät den Typ der Erzählung. Es wird sich nicht um ein Märchen handeln, sondern um eine mythenähnliche Geschichte. Der Mythos berichtet immer aus mythischer Vorzeit. Er beschwört oft die bessere Zeit, die es einmal gegeben hat, die Zeit des Wohlergehens, das Paradiesische, die Fruchtbarkeit, die Einheit vor der Entzweiung und in Regionen, die unter Trockenheit leiden, die Zeit des Regens. Nach dieser Formel kann man eine mythenähnliche Erzählung erwarten, die zwar als Märchen von den Übersetzerinnen typisiert worden ist, aber keine Geschichte für Kinder ist, sondern Weisheit für alle vermittelt.

Wenn Mythen auch aus mythischer Vorzeit berichten, so enthalten sie doch Weisheit, die in allen Zeiten von Bedeutung ist.

Es war einmal

Mit diesem letzten Teil der Eröffnung, der dem Märchenschema folgt, beginnt die Geschichte.

Mit Hilfe der vier Eröffnungsformeln wird eine klare Strukturiertheit der Situation erzeugt.

2. Zum Inhalt (ein Aspekt)

In der Erzählung aus mythischer Vorzeit konfligieren zwei Logiken: die Logik des Frauentauschs und die Logik der Ablösung. In der Logik des Frauentausches ist die Frau nicht autonom. Verfügungsrecht über ihren Gebärteil hat nicht sie selbst, sondern der Mann, der es erkauft hat. Sie hat die Aufgabe, die Reinheit ihres Körpers zu bewahren, und die Funktion, die männliche Linie durch Söhne zu verlängern. Die größte Katastrophe ist das Herausfallen aus der Logik. Die Frau, die nicht in dieser Ordnung lebt, ist vogelfrei und kann in Besitz genommen werden.

Die Frauentauschlogik entspringt der Dynamik des universalen Inzesttabus. Zur Vermeidung des Vater-Tochter- und des Bruder-Schwester-Inzests wird die Tochter in eine andere Familie gegeben. Das Mädchen löst sich nicht selbst von der Herkunftsfamilie ab, sondern wird fremdbestimmt abgelöst.

In der Logik der Ablösung erfolgt die Ablösung selbstbestimmt. Die Ablösung führt durch Erschütterung und Krise zu Befreiung von der Fremdbestimmung und zu einem Bildungsprozeß im Sinne von Individuation und Autonomiebildung des auf sich selbst gestellten Subjekts. Das Autonomieproblem muß immer selbst gelöst werden.

Beide Logiken stehen im Widerspruch zueinander.

In der mythischen Erzählung sind in der Lebensgeschichte der Heldin beide Logiken von Bedeutung:

Dreimal wird sie verstoßen: aus den beiden inzestuösen Bindungen zu Vater und Bruder und vorübergehend aus der Ehe. Keine dieser Trennungen ist frei gewählt, alle sind aufgezwungen. Trotz der Fremdbestimmung enthalten sie in sich die Chance der Ablösung und Bewährung. Im Überlebenskampf wird die Frau zu eigenständiger Bewältigung der Probleme und Herstellung von Lebenspraxis gezwungen. Dieser Kampf wird zur Geschichte ihrer Individuation und Autonomiebildung. Als Ergebnis dieses Bildungsprozesses gelingt ihr die erste eigenständige Handlung gegenüber Vater und Ehemann: Sie erzählt frei von Fremdbestimmung und allein aus eigener Entscheidung heraus ihre individuierte Lebensgeschichte. Diese erste autonome Handlung der Tochter führt zur Elimination des Vaters. Nicht der in Mythen unserer Kultur enthaltene Vatermord durch den Sohn beendet die Geschichte, sondern das Scheitern des Vaters und seine Vernichtung durch die Autonomiebildung der Tochter.

3. Zur Beschließung

("Du Kalb" hat im Berberischen die Bedeutung unserer Schimpfwörter "du Rindvieh" und "du Ochse".)

Mit den Worten *wir sagen* wechselt der Erzähler von der mythischen Vorzeit und ihrer Weisheit über in die Gegenwart und das auf Erfahrung gestützte Wissen der Menschen in der geschichtlichen Zeit. Die Beschließung enthält eine Moral, die durch ein Bild ausgedrückt wird: Der Schuldige wird gerechte Strafe erhalten. Diese Moral weckt Hoffnung, ist aber auch zugleich fatalistisch; denn der "Knüppel" schlägt nicht zu, sondern er "wartet". Die Gerechtigkeit wird in unbestimmte Zeit projiziert.

Mythische Erzählungen sind nicht wie Gedichte. Poetik wird in der Regel bei der Übersetzung verändert. Mythen lassen sich übersetzen, ihre Weisheiten in der Übersetzung erhalten und über die Grenzen von Kulturen hinweg verstehen.

Das methodische Verstehen leistet nicht mehr aber auch nicht weniger als eine Übersetzung der alten Weisheiten aus mythischer Erzählform in die Sprache wissenschaftlicher Rationalität. Gelingt die Analyse, dann wird der Inhalt unbeschädigt übertragen.

Vielleicht kann man daraus auf eine gemeinsame Tiefenstruktur von mythischem Denken und wissenschaftlicher Rationalität schließen. Die Erzählung aus dem Rif enthält nicht weniger Klugheit und Vernunft als ein wissenschaftlicher Text.

"Vielleicht werden wir eines Tages entdecken, daß im mythischen und im wissenschaftlichen Denken dieselbe Logik am Werke ist und daß der Mensch allezeit gleich gut gedacht hat. Der Fortschritt – falls dieser Begriff überhaupt angemessen ist – hätte nicht das Bewußtsein, sondern die Welt als Aktionsraum, in der eine mit konstanten Begabungen ausgestattete Menschheit im Laufe ihrer langen Geschichte mit immer neuen Objekten ringen mußte."[222]

---

222 Levi-Strauss, Strukturale Anthropologie II, a.a.O., S. 254.

V. Pädagogische Reflexionen

Evaluation von Forschungsergebnissen und -methoden aus pädagogischer Sicht

> Und doch kann der menschliche Geist nicht anders als immer nach neuen Möglichkeiten tasten.[223]

Einleitung: Das maieutische Prinzip

Das methodische Verstehen fremder Kultur und der Transformationsprozesse durch Einzelfallrekonstruktionen auf der Basis von Protokollen hat gezeigt, daß ein Text ein Schlüssel ist gleichzeitig für das Verständnis der Besonderheit des Falles und für die in ihm enthaltenen allgemeinen Strukturen. Es hat auch gezeigt, daß bereits in einem kleinen sozialen Gebilde eine eigenlogische Welt enthalten ist, deren besondere Gestalt einerseits nur aufgrund der Einbettung in größere soziale Gefüge entstehen kann, andererseits Ausdruck der Persönlichkeit der daran beteiligten Menschen ist.

Seine Einsicht in das Phänomen der im Kleinen enthaltenen großen Welt hat der 1934 jung verstorbene russische Psychologe Lew Semjonowitsch Wygotski im Schlußsatz seines letzten Buches "Denken und Sprechen" so ausgedrückt:

"Das Bewußtsein spiegelt sich im Wort wie die Sonne in einem Wassertropfen. Das Wort verhält sich zum Bewußtsein wie die kleine Welt zur großen, wie die lebende Zelle zum Organismus, wie das Atom zum Kosmos. Das sinnvolle Wort ist der Mikrokosmos des Bewußtseins."[224]

Hinzufügen können wir, daß auch die Welt des subjektiven und objektiven Latenten oder Unbewußten in Texten enthalten ist und aus einem relativ kleinen Textstück sequenzanalytisch herausgearbeitet werden kann.

Das naturwüchsige Verstehen kann die Dialektik von Allgemeinem und Besonderem intuitiv, aber nur diffus spüren. Eher sieht es die Besonderheiten als die darin enthaltenen Aufbaugesetze und das Gemeinsame im Verschiedenen. Das ist verständlich; denn das analytische Verstehen, das dazu notwendig ist, will auf bestimmte Weise gelernt sein, und dazu bedarf es in der Regel der An-

---

223 Hans Zender, Happy New Ears – Das Abenteuer, Musik zu hören, Freiburg im Brsg. 1991, S. 96.
224 Lew Semjonowitsch Wygotski, Denken und Sprechen, Berlin 1964, S. 359.

leitung und des Übens in der Forschungspraxis und der Zeit und also der Entlastung von anderer Praxis. Dieses Verstehen gelingt nur bei äußerster Konzentration auf die Sache oder den Fall. Es verläßt sich auf das Funktionieren eines hermeneutischen Prinzips, demzufolge der Mensch, wenn er sein Denken an die Sache oder den Fall anschmiegt, diese eigenständig denkend mit Hilfe der Sprache aufschließen und Probleme lösen kann.

Oevermann folgend nenne ich dies *das maieutische Prinzip*, wohl wissend, daß es in der Pädagogik zur sokratischen Maieutik unterschiedliche Auffassungen gibt.[225] Dieses Prinzip des Verstehens hat nicht nur Gültigkeit für wissenschaftliches Forschen, etwa nach der Methode der objektiven Hermeneutik. Das kleine Kind beginnt naturwüchsig auf diese Weise die Welt zu erforschen, und Schule kann den Weg des von der Sache geleiteten forschenden Lernens fortsetzen.

Meine Studien enthalten weit verstreut drei Zitate, die nun zusammengefügt werden können:

Schiller an Goethe:
"Ihr beobachtender Blick, der so still auf den Dingen ruht, setzt Sie nie in Gefahr, auf den Abweg zu geraten, in den sowohl die Speculation als die willkührliche und bloß sich selbst gehorchende Einbildungskraft sich so leicht verirrt (...)."[226]

Die Erfahrung einer anderen Kultur ist für Merleau-Ponty ein Erkenntnisinstrument, das dem Forscher ermöglicht, "die Korrelationen einer noch so objektiven Analyse anhand einer wahrhaften Wahrnehmung (zu) überprüfen."[227]

Levi-Strauss:
"Was für Merleau-Ponty eine Erklärung ist, das ist für mich alles in allem eine Problemstellung und die Abgrenzung eines phänomenalen Feldes, von dem aus eine Erklärung zu finden möglich und erforderlich ist."[228]

Grundtugend dieses Verstehensmodus ist die ästhetische Wahrnehmung, also die Öffnung der Sinne für die Phänomene und die Bereitschaft des Menschen, sich ganz ihnen zuzuwenden, ihnen Zeit zu schenken. Diese Art der Wahrnehmung ist auch die Basis des phänomenologischen Vorgehens, wie ich es in meiner Studie Raum – Blick – Körper anzuwenden versucht habe. Eine so verstandene Phänomenologie, die ästhetische Bildung und das maieutische Prinzip lehren im Grunde dasselbe: Um zu verstehen, muß der Mensch sich einlassen auf

---

225 Um einen Einblick in die Maieutik im Rahmen der Pädagogik zu geben, reicht der Platz in einer Fußnote nicht aus. Ich lege im Anhang einen Exkurs zur Maieutik vor, für den ich keineswegs Vollständigkeit beanspruche (vgl. Anhang VI).
226 Vgl. S. 37, FN 38.
227 Vgl. S. 5, FN *.
228 Vgl. S. 26, FN 16.

die Sache und das Denken von ihr leiten lassen. Das kann naturwüchsig geschehen oder methodisch. So oder so ist der ganze Mensch daran beteiligt, und sein Schatz an lebendiger und lebendig gebliebener Erfahrung wird dabei zum Erschließungsinstrument.

Das methodische Verstehen der sozialen Welt ist immer an Protokolle gebunden. Erfolgt die Erschließungs- oder Verstehensarbeit strukturalistisch, etwa nach der Methode der objektiven Hermeneutik, so ist sie nur möglich in der Verzahnung der zu erforschenden Sache mit der Erfahrung des Forschers und gesichertem Wissen. Der Strukturalist muß zunächst Phänomenologe im oben genannten Sinne sein, sonst könnte er seine Arbeit gar nicht erst beginnen oder wäre einer Spekulation ohne Boden ausgeliefert.

Erschließungs- und Verstehensarbeit, die im ästhetischen, phänomenologischen und strukturalistischen Sinne bei der Sache beginnt, prägt. Sie verändert das Denken und die innere Einstellung zur Sache. Folgt man dem Modus des Verstehens im Sinne des maieutischen Prinzips, so braucht man keine speziellen Konzepte und Rezepte für das interkulturelle Lernen; denn fremde Kulturen und Transformationsprozesse auf diese Weise verstehen ist Erkenntnisvorgang und Bildungsprozeß zugleich.

Erkennt man diesen Modus des Verstehens als richtig an, so muß man daraus Konsequenzen ziehen für die Pädagogik, und zwar
- für die Praxis,
- für die Erforschung der Praxis,
- für die Lehrerausbildung.

Es gibt eine Didaktik, die nach dem maieutischen Prinzip konzipiert ist: die Didaktik von Martin Wagenschein. Sie stimmt in ihren Grundzügen mit der Methode der objektiven Hermeneutik überein.

Die folgenden pädagogischen Reflexionen kreisen um das maieutische Prinzip:

Im ersten Kapitel verdeutliche ich meine These von der Übereinstimmung von Wagenschein-Didaktik und objektiver Hermeneutik.

Im zweiten Kapitel zeige ich Umsetzungsmöglichkeiten des maieutischen Prinzips und Anwendungsmöglichkeiten objektiver Hermeneutik in der Pädagogik auf:
- in der Praxis (2.2),
- bei der Erforschung von Praxis (2.3),
- bei der Professionalisierung (2.4).

Die inhaltliche Füllung ist dem deutsch-marokkanischen Migrationskontext und der schulpädagogischen Praxis mit ausländischen Kindern entnommen.

1. "Verstehen lehren"[229] und methodisches Verstehen lernen
   – Zur Übereinstimmung der Didaktik Martin Wagenscheins mit der Methode der objektiven Hermeneutik von Ulrich Oevermann –

These:
Objektive Hermeneutik und Wagenschein-Didaktik stimmen in ihren Grundzügen überein. Dazu gehören:
1. die Grundlagen des geistigen Gebäudes und
2. der Weg zum Verstehen.

Übereinstimmend sind das Menschenbild, die Auffassung vom Bildungsprozeß als Individuierungsprozeß, vom Verstehen als maieutischem Akt, die Anerkennung der Autonomie von Lebenspraxis und die Erkenntnis der Dialektik von Allgemeinem und Besonderem. Unterrichts- und Forschungsmethode erschließen das Konkrete und führen zur Abstraktion seiner immanenten Gesetzmäßigkeiten. Die Übereinstimmung im Denken Wagenscheins und Oevermanns reicht manchmal bis in die Sprache hinein, obwohl beide ihre Unterrichts-, bzw. Forschungsmethode unabhängig voneinander entwickelt haben.

In der Erziehungswissenschaft wurde die Übereinstimmung der Methodologie und der Didaktik bisher nicht beachtet. Würde ihre gemeinsame Logik anerkannt, müßten Lehrerausbildung und -weiterbildung verändert werden. Zentrale Aufgaben wären dann, exemplarisch das methodische Aufschließen von Fallmaterial zu lernen und die Professionalisierung am Fall.

Vorbemerkungen zu Entstehungsgeschichte und Geltungsbereich der Wagenschein-Didaktik

Ausgehend von seinen Erfahrungen als Lehrer im Gymnasium der 50er Jahre und der Lehrerausbildung fürs Gymnasium dieser Zeit entwickelte Martin Wagenschein seine Didaktik. Das Gymnasium war damals eine Eliteschule; nur etwa 2% der Bevölkerung in der BRD machten das Abitur. Der Zugang zum Gymnasium war vielen u.a. durch das Schulgeld, das Eltern – in Hessen nicht – für ihre Kinder zu zahlen hatten, versperrt. Das Gymnasium kostete z. B. 1950 in Nordrhein-Westfalen monatlich DM 24,- Schulgeld, die Realschule DM 18,- und später DM 12,-. Das war in jener Zeit viel Geld und eine für viele unüberwindliche Barriere auf dem Weg zur sogenannten Höheren Schule.

---

[229] Die Überschrift entspricht dem Titel des wichtigsten Buches von Martin Wagenschein. Es erschien erstmals 1968 und wurde mehrfach neu und erweitert aufgelegt. Die zehnte Auflage erschien 1992. Hier wurde folgende Ausgabe verwendet: Martin Wagenschein, Verstehen lehren – Genetisch – Sokratisch – Exemplarisch, Weinheim und Berlin 1968.

Gesellschaftliche Transformationsprozesse verlaufen in der Regel so, daß die unteren Schichten danach streben, sich der Lebensweise der oberen Schichten anzupassen. So ist zu verstehen, daß Elite-Verhalten bezüglich des Bildungsweges der Kinder und damit die Eigenart der Eliteschule sich in den 50er Jahren allmählich auszubreiten begann. Zu dieser Eigenart gehört nach Wagenschein und Rumpf der Stoffterror.[230] Es gab aber auch immer pädagogische Gegenbewegungen, die diesem entgegenwirkten, sei es aus Einsicht in den Bildungsprozeß – so bei Wagenschein – oder einfach deshalb, weil die Menschen in den Schulen unübersehbar und unhintergehbar anderes forderten und Praxis sinnvoll gestalteten.

Wagenschein entwickelte seine Didaktik primär für den mathematischen und naturwissenschaftlichen Unterricht. Ihre Prinzipien haben jedoch, nach Wagenschein, Gültigkeit für Bildungsprozesse allgemein, und ihre Regeln sollten teilweise für alle Fächer gelten.

"*1. Regel* (die wichtigste und für alle Fächer gültige):
Nicht immer: Erst das Selbstverständliche, Einfache (und Langweilige),
   dann: allmählich das Schwierigere,
sondern oft: *Erst etwas Erstaunliches, also schon (doch nicht allzusehr) Kompliziertes, Problematisches vor den Schülern ausbreiten,*
   dann: in diesem Problematischen in produktivem Denken ein Verständlicheres, Gewohntes erkennen lassen, auf dem es 'beruht' (im 'Fremden' einen 'alten Bekannten' wiedererkennen)."[231]

In der Lehrerausbildung und pädagogischen Praxis hat sich die Wagenschein-Didaktik kaum durchsetzen können. Sie wurde weitgehend verdrängt durch die Operationalisierung des Curriculums und durch Individualisierung und Differenzierung als didaktische Prinzipien.

Erläuterung der These:

1. Grundlagen des geistigen Gebäudes der Didaktik und der Methodologie

Allen Vorstellungen von Bildung liegt explizit oder implizit als Bezugspunkt ein Menschenbild zugrunde. Bei Oevermann ist es das "autonom handlungsfähige, mit sich selbst identische Subjekt". Wagenschein hat nicht eine derart prägnante Sprachformel, er benennt einzelne Züge seines Menschenbildes, Züge, die in der oben genannten Formel enthalten sind: die Fähigkeiten zu "morphologischer Betrachtungsweise"[232] – damit sind Sinneswahrnehmung und -erkenntnis ge-

---

230 Horst Rumpf, Die Misere der Höheren Schule, Berlin, Neuwied, 1966.
231 Wagenschein, a.a.O., S. 101 (Hervorh. im Original).
232 A.a.O., S. 28.

meint, besonders die Gestaltwahrnehmung –, zu selbständigem,[233] produktivem und kritisch prüfendem[234] Denken in Verbindung mit "Unterscheidungskraft",[235] "die angeborene Denk- und Lernlust des Kindes"[236] und die "ursprüngliche(n) Lust am Verstehen und gemeinsamer Verständigung".[237]

Übereinstimmend wie das Menschenbild ist auch die Auffassung von Bildung. Wagenschein und Oevermann verstehen Bildung als Individuation, Spaltung als das Gegenteil von Bildung.[238] Im Bildungsprozeß treten Subjekt und Objekt in enge Beziehung. Das Subjekt könne sich nur bilden – individuieren – in der Hingabe an die Sache. Diese Hingabe sei ein aktiver Verstehensvorgang, der sachlich motiviert sein und vom Subjekt selbst vollzogen werden müsse. Ohne diese Arbeit bleibe das Verstehen aus.

"Denn der Lehrende kann dem Lernenden das Verstehen nicht abnehmen oder vormachen. Wirkliches Verstehen ist ein Akt, den der Lernende selbst vollziehen muß; und auch will, vorausgesetzt, daß seine Lust am Verstehen *sachlich motiviert* ist, das heißt, von dem vorgelegten Problem herausgefordert wird."[239]

Der Weg des Verstehens sei ein Erschließungsprozeß. Er führe vom Komplexen zum Einfachen, vom Phänomen zum Begriff. Die Abstraktion – die Formel oder der Begriff – werde aus der Sache entnommen und werde nur verstanden, wenn ihre Genese erfahren worden sei. Für Forschungs- und Unterrichtspraxis bedeutet das dasselbe: Es wird mit Geduld und Konzentration auf die Sache eigenständig denkend deren Struktur, anders gesagt: deren Aufbaugesetz oder innere Logik, herausgearbeitet und begrifflich gefaßt.

Dazu drei Zitate von Martin Wagenschein:

"Wenn wir in flüchtiger Berührung von Stoff zu Stoff eilen, doch so, daß in der Prüfung 'abfragbares Wissen' herauskommt (dazu werden wir Lehrer durch die Situation gezwungen und können im Zustand der Gewöhnung sogar in die Gefahr kommen, es mit 'geistiger Zucht' zu verwechseln), so entsteht ein Wissen, das dann natürlich in kurzer Zeit vergessen ist (was die Schule nicht immer bemerkt, da sie *vorher* prüft). Wenn wir an Stelle dieses flüchtigen Vielerlei (das durchaus in exakten Formen 'durchgenommen' werden kann), an *einer* Stelle bleiben und uns eingraben (der vom 'Betrieb' angesteckte Kritiker meint irrtümlich, das heiße, es sich bequem machen und ausruhen, aber es heißt nur: warten, bis alles klar ist), dann beginnt eine Art des Lernens und Lehrens, die wir

---

233 A.a.O., S. 57.
234 A.a.O., S. 94.
235 A.a.O., S. 51.
236 A.a.O., S. 93.
237 Wagenschein, Die Sprache zwischen Natur und Naturwissenschaft, Marburg 1986, S. 71.
238 Wagenschein, Verstehen lehren, a.a.O., S. 41 und 93.
239 A.a.O., S. 101.

alle kennen und doch den Kindern nicht gönnen. Die Kinder selbst kennen sie sehr wohl, und wir beneiden sie darum: vor der Schulzeit, und auch noch neben ihr, das: <u>Sich-in-eine-Sache-versenken</u>. Das halten wir oft für 'Spiel'. Aber, daß so die eigentliche <u>Arbeit</u> einsetzt, das vergessen wir, obwohl jeder geistige Arbeiter weiß, daß er nur so arbeiten kann."

Zur Gesundung unseres Lehrstils (Hinweis auf das Exemplarische Lehren). In: Gesundes Schulleben, Seite 31. (Heftreihe für Freilufterziehung und Schulgesundheitspflege Nr. 6), März 1957, Brackwede, Bielefelder Straße 2. S. 31.[240]

"Untätiges <u>Hinnehmen</u>[1] <u>ist fruchtlos</u>; er müßte es ergreifen und vorher müßte es ihn ergriffen haben. Er meint also jenes Tiefere, das uns durch den überladenen Lehrplan verwehrt ist, und das allein 'sich lohnt': jenes in der Stille Hin-und-Her-Wenden, und von-allen-Seiten-Betrachten, Sich Aneignen und An-sich-anwachsen-lassen. Mit Luthers Worten: '<u>In seinem Herzen bewegen</u>' (credere = cor dare), ohne das es – selbstverständlich auch in der Mathematik – nicht geht. (22,132.)"

Gegen das Spezialistentum. In: Die Pädagogische Provinz, 1953, Heft 3, S. 132[241]

"... so, daß <u>das Denken der Lernenden dahin geleitet wird, diese Begriffe selbst zu konstruieren</u>. Es wird dann dieselben Stufen durchlaufen, die wir in die Geistesgeschichte eingegraben finden. Und wenn der Schüler seine eigene erste Meinung in Keplers Worten wiedererkennt, so wird er sich dem großen Mann vereint fühlen und mit Achtung die nächsten Stufen mitsteigen bis zu dem glatten und scheinbar planierten Gipfel unseres heutigen Standes. (6, 23).)"

Das exemplarische Lehren als ein Weg zur Erneuerung der Höheren Schule. Verlag Gesellschaft der Freunde des Vaterländischen Schul- und Erziehungswesens, Hamburg, Rothenbaumchaussee 15. – 2. Auflage 1958. 32 Seiten. S. 23[242]

Als kontraproduktiv für das Verstehen wird das flotte Übernehmen von Lernstoff angesehen. Es führe zu Scheinwissen und Scheinbildung und verhindere die Erkenntnis.

Diese Auffassung von Bildung und Verstehen steht in der Tradition der sokratischen Maieutik, der sogenannten Hebammenkunst,[243] mit deren Hilfe die

---

240 Wagenschein, Zur Klärung des Unterrichtsprinzips des exemplarischen Lernens. Eine Auslese aus früheren Arbeiten. S. 13f (Unterstreichungen H.Schröter). Die Literaturangaben, die unmittelbar unter den Zitaten stehen, geben Aufschluß über den Entstehungszeitpunkt und die ursprüngliche Quelle. Sie sind a.a.O., S. 13 – 15 entnommen.
241 A.a.O., S. 14 (Unterstreichung H.Schröter).
242 A.a.O., S. 15 (Unterstreichung H. Schröter).
243 Platon, Theaitetos, in: Gunther Eigler (Hrsg.), Platon, Werke in 8 Bänden, Griechisch und Deutsch, 6. Band, Theaitetos, Der Sophist, Der Staatsmann. Bearbeitet von Peter Staudacher, griechischer Text von Auguste Diès, deutsche Übersetzung von Friedrich Schleiermacher, Wissenschaftliche Buchgesellschaft Darmstadt 1970. Vgl. Zu Maieutik Exkurs im Anhang (VI).

Gehirne von den "Windeiern" aus übernommenem Wissen entbunden und frei werden für die gründliche Arbeit an der Sache.

Analog dem Weg des Verstehens ist der Prozeß der Problemlösung. Auch er führt von der Komplexität des Problems und den unterschiedlichen Perspektiven und Deutungsmustern über die sorgfältige Diagnose dessen, was Sache ist, zur Analyse der Konfliktstruktur und danach zum Entwurf von Konfliktlösungen.[244]

Zentral in Wagenscheins Didaktik und in der objektiven Hermeneutik ist die Dialektik von Allgemeinem und Besonderem. Wenn Wagenschein vom Allgemeinen spricht, nennt er es z.b. das "Elementare",[245] das "Einfache",[246] die "Aufbaugesetze",[247] das "Grundschema".[248] Oevermann spricht von den Gesetzlichkeiten und von den generativen Regeln. Das je einmalige Konkrete wird als Ausformung des Allgemeinen erkannt. Wagenschein:

"(...), wir verfahren also wie in der ursprünglichen Forschung. *Das Seltsame fordert uns heraus, und wir fordern ihm das Einfache ab.*"[249]

Das Allgemeine der objektiven Hermeneutik und der Wagenschein-Didaktik ist kein Deutungsmuster, sondern der Kern der Sache. Es ist "das Einfache", zu dem man sich durch Scheinwissen und Deutungsgewohnheiten hinarbeiten muß. Gerade individuelle und kulturelle Deutungsmuster sind geeignet, die Sache selbst zu verschleiern.

Nun kann man einwenden, daß die Welt der Mathematik und Physik grundverschieden sei von der Welt des Sozialen. Wagenschein selbst sieht das nicht so. Gerade in der Dialektik von Allgemeinem und Besonderem erkennt er Gemeinsames:

"Der Mensch ist in gewissen Grundzügen seines Wesens ebenso beharrlich, wie er wechselnd ist in ihrer Hervorkehrung und eben darüber wieder vergeßlich. Ein bei aller Offenkundigkeit so verborgenes Wesen wie er kann also zweifellos aus der Geschichte beharrlich ihn anwandelnde Wesenszüge ahnend entziffern, sammeln und so seiner säkularen Vergeßlichkeit vorbeugen. Ist das nicht ein fundamentales Ziel des Geschichtsunterrichtes, und gibt es nicht Stoffe, die dafür exemplarisch sein können?"[250]

Ich bin der Auffassung, daß die von Wagenschein genannte Aufgabe des Geschichtsunterrichts auch eine wichtige Aufgabe für kulturübergreifende For-

---

244 Vgl. Teil V. 2.2 DAS MAIEUTISCHE PRINZIP IN DER PRAXIS.
245 Wagenschein, Verstehen lehren, a.a.O., S. 15.
246 Ebda.
247 A.a.O., S. 19.
248 Ebda.
249 Ebda. (Hervorh. im Original).
250 A.a.O., S. 26.

schung und Lernprozesse wäre. M. E. wird gerade die Dialektik von Allgemeinem und Besonderem in erziehungswissenschaftlichen Arbeiten zum interkulturellen Lernen zu wenig thematisiert. Sich selbst und andere, genauer gesagt, das Eigene im Anderen und das Andere im Eigenen verstehen kann man nur, wenn man in dieser Dialektik denkt.
Wagenschein macht aber auch den Unterschied deutlich zwischen Menschenleben und Mathematik. Das dem Menschenleben eigene Besondere sieht er in der Entwicklung. Die individuellen und kulturellen Ausformungen des Allgemeinen sind nicht nur Wiederholungen, sondern auch Prozeß, in dem Neues entsteht.

"Genau so, wie es im Leben des Einzelnen trotz der unaufhörlichen Kette der Rückfälle in das immer gleiche Reagieren eine sinnvolle Linienführung, eine Art Heilsgeschichte geben kann, so fragen wir ja auch in der Geschichte, nicht nur, wie der Mensch immer wieder derselbe ist, sondern auch: wo es mit ihm hinauswill."[251]

In diesem Zitat sehe ich eine weitere Gemeinsamkeit zwischen dem Geist der Didaktik und der Methode der objektiven Hermeneutik: die Anerkennung der Sequenzialität des Lebens in Verbindung mit dem Entscheidungsspielraum des Subjekts an jedem Sequenzknotenpunkt. Die objektiv hermeneutische Analyse schmiegt sich der Sequenzialität des Sprechhandelns an.
Aus dem Feld der Übereinstimmung wähle ich noch eine Komponente aus, die ich für die Pädagogik für besonders wichtig halte: die Auffassung von Lebenspraxis.[252]

Was ist Lebenspraxis?

Ist sie jenes ohnmächtige und der Formung bedürftige Gebilde, das der Anleitung durch Konsum- und Kulturindustrie und durch Sozialwissenschaften, besonders der Erziehungswissenschaft bedarf?
Oder setzen nicht vielmehr diese Mächte an, um die Autonomie von Lebenspraxis zu zerstören, indem sie – sei es durch Life-style oder die Lenkung von Wahrnehmung und Bewußtsein (Ich sage dir, wie du das Bild zu betrachten hast! Wie du über die Sache zu denken hast!) oder durch Erziehungsanleitung (Ich sage dir, wie du dein Kind zu behandeln hast!) unaufhörlich und zunehmend mehr auf die Subjekte einwirken, diese strukturell entmündigend und infantilisierend?

---

251 Ebda.
252 Vgl. Teil V. 2.3.3 STRUKTUREN VON LEHRERHANDELN. Bei den Strukturen von Lehrerhandeln ist die Praxisförmigkeit von besonderer Bedeutung.

Die Antwort eines Wissenschaftlers auf die Frage nach der Eigenart von Lebenspraxis enthält implizit oder explizit sein Menschenbild, sein Selbstverständnis als Wissenschaftler und seine Auffassung vom Verhältnis von Forschung zu Lebenspraxis.

Wagenschein beschreibt intuitiv die Struktur von Lebenspraxis so, wie Oevermann sie in vielen Analysen herausgearbeitet hat. Wagenschein:

"Man erfährt bekanntlich garnichts über sich selber, wenn man darüber nachdenkt, was für einer man eigentlich sein könnte, sondern dadurch, daß man sich in Situationen hineinwagt, die zum Handeln zwingen. Dann erfährt man Wesentliches und meist ganz Unerwartetes über sich, und nachträglich kann man es bedenken und für die Zukunft brauchen."[253]

In diesem Gedanken Wagenscheins sind die Elemente des Oevermannschen Modells von Lebenspraxis enthalten. Nur: Wagenschein denkt an besondere Situationen, die zum Handeln zwingen, im strukturalistischen Denken ist das der Normalfall von Lebenspraxis. Dazu Oevermann:

"Sie wird in der objektiven Hermeutik als <u>widersprüchliche Einheit von Entscheidungszwang und Begründungsverpflichtung</u> gefaßt. Gemeint ist damit, daß jede mit Subjektivität ausgestattete Handlungsinstanz sich in manifesten Krisensituationen, in denen die alten Routinen gescheitert sind, zu einer Krisenlösung entscheiden muß, obwohl geprüfte Begründungen und Argumente noch nicht zur Verfügung stehen. Dennoch aber muß diese Entscheidung mit dem Anspruch auf grundsätzliche Begründbarkeit getroffen werden. <u>Im Vollzug solcher krisenhaften Entscheidungen in eine offene Zukunft konstituiert sich die Autonomie der Lebenspraxis</u>. Die innere Füllung und Bestimmtheit nimmt diese je besondere Autonomie in der <u>Fallstrukturgesetzlichkeit</u> an, die eine objektive Struktur ist und scharf von dem bewußtseinsfähigen Selbstbild einer Handlungsinstanz unterschieden werden muß, mit dem sie faktisch niemals, auch nicht im Idealfalle, zur Deckung gelangt. Die Fallstrukturgesetzlichkeit operiert jenseits des bewußtseinsfähigen Selbstbildes und ist umfassender als dieses."[254]

---

253 Wagenschein, Verstehen lehren, a.a.O., S. 25.
254 Oevermann, Konzeptualisierung von Anwendungsmöglichkeiten und praktischen Arbeitsfeldern der objektiven Hermeneutik. (Manifest der objektiv hermeneutischen Sozialforschung). Unveröffentlichtes Manuskript, Frankfurt am Main, März 1996, S. 11f. Vgl. ders., Das Modell von Lebenspraxis und die Dialektik von Emmergenz und Determination des Neuen. In: Genetischer Strukturalismus und das sozialwissenschaftliche Problem der Erklärung der Entstehung des Neuen, S. 297. In: Stefan Müller-Doohm (Hrsg.), Jenseits der Utopie, Theoriekritik der Gegenwart, Frankfurt am Main 1991, S. 267 – 336.

2. Der Weg zum Verstehen – Grundzüge von Didaktik und Methode

Aus der beschriebenen Grundposition heraus folgt konsequent die Entwicklung einer Didaktik und einer Methode, die auf der Eigenständigkeit des denkenden Subjekts basiert, und die sich der Dichotomisierung von Konkret und Abstrakt, Körper und Geist, Subjekt und Objekt widersetzt. Das Denken schmiegt sich an die Sache an, läßt sich von ihr leiten und bezieht Erfahrung ein.

Als Prinzip kann man die folgende Aufforderung ansehen: "Die Sache muß reden!" fordert Wagenschein,[255] und "Zur Sache!" betitelte Oevermann seinen Vortrag auf der Adorno-Konferenz 1983.[256] Wagenschein spricht, Spranger zitierend, von der "sorgfältige(n) Analyse des in der Erfahrung Gegebenen, das nur durch nachträgliche gedankliche Konstruktion erfaßt" werde.[257] Genau wie Oevermann.

Wagenscheins Didaktik läßt die Lernenden den Weg suchen vom Konkreten zum Abstrakten,[258] vom Problem zum Elementaren,[259] vom Seltsamen zum Einfachen – *"Das Seltsame fordert uns heraus, und wir fordern ihm das Einfache ab."*[260] Das so erreichte fachliche Ziel wird umschrieben als "Ordnung stiften",[261] "Entdeckung des Systems", "Vereinfachen",[262] das "Elementare freilegen".[263]

"Das Elementare ist also ein wichtiges Ziel des Physik-Unterrichts. Es ist jenes Einfache, das 'nicht so einfach' ist, und mit dem die Schule deshalb nicht beginnen kann. Für den Könner das erste, was er 'ansetzt', für den forschenden Neuling das Letzte, das aus der komplexen seltsamen Erscheinung Auszugrabende."[264]

Das stimmt überein mit dem Forschungsweg der objektiven Hermeneutik.

Nach Wagenschein kann das Elementare nur erreicht werden, wenn der Weg mit einer liebevollen Versenkung im Bereich des Konkreten beginnt, sich das

---

255 Wagenschein, Verstehen lehren, a.a.O., S. 61 und ähnlich auf S. 85.
256 Oevermann, Zur Sache. Die Bedeutung von Adornos methodologischem Selbstverständnis für die Begründung einer materialen und soziologischen Strukturanalyse. In: Jürgen Habermas und Ludwig von Friedeburg (Hrsg.): Adorno-Konferenz 1983. Frankfurt am Main 1983, S. 234 – 289.
257 Wagenschein, Verstehen lehren, a.a.O., S. 20.
258 Vgl. a.a.O., S. 81 und 85.
259 A.a.O., S. 15.
260 Ebda. (Kursivdruck im Original).
261 A.a.O., S. 59f, 62, 77.
262 A.a.O., S. 96.
263 A.a.O., S. 20.
264 A.a.O., S. 19.

Denken dort anschmiegt, der Suchende "Mut zur Gründlichkeit"[265] hat – ganz einfach: sich viel Zeit nimmt. Dieser Weg sei "mußefordernd".[266] Mit Picard sagt Wagenschein:

"Der Sinn einer Begegnung aber ist, dem Objekt, das vor einem ist, Zeit, und das heißt Liebe, zu geben."[267]

Mit Simone Weil spricht er von "Einwurzelung",[268] und er meint damit die "schauende, denkende und sprechende Einwurzelung".[269] Auch darin erkenne ich den Weg der objektiven Hermeneutik wieder. Gerade diese Einheit aus lebendiger Erfahrung, Denken und Sprechen ist Basis und Instrument der Methode. Die Muttersprache ist von herausragender Bedeutung im "persönlichen Vorgang einer *Erkenntnis* bestehend aus Suchen, Irren, Finden und in Worte Fassen".[270] Das Kind lernt dabei, sorgsam mit Sprache umzugehen, genau hinzuschauen und präzise zu beschreiben, Fragen zur Sache zu stellen, Eindrücke, Gedanken und Worte in sich zu bewegen, mit anderen zusammen im Gespräch

"ein natürliches Problem aus eigener Kraft vollständig zu klären; (...) Das eigenständige Denken und Sprechen mit Allen führt, unter dem Druck des Problems, zur *Erfindung* der Fachbegriffe und der Fachsprache zuletzt."[271]

Wie für die Didaktik sind auch für die objektive Hermeneutik die Erschließungskräfte von Sprache konstitutiv. Über die Sprachanalyse wird in der objektiven Hermeneutik die Bedeutungsstruktur des Textes rekonstruiert.

Aufgabe des Lehrers ist es, die zu erschließende Sache so auszuwählen, daß Erschließungsprozeß und Bildungsprozeß gleichzeitig stattfinden können. Nach Wagenschein ist das nur möglich, wenn die Sache "fundamentale Erfahrung"[272] zuläßt.

"Fundamental sind solche Erfahrungen, welche die gemeinsame Basis des Menschen und der Sache (mit der er sich auseinander-setzt) erzittern lassen."[273]

---

265 A.a.O., S. 33.
266 A.a.O., S. 55.
267 A.a.O., S. 16.
268 A.a.O., S. 45.
269 A.a.O., S. 53.
270 Wagenschein, Die Sprache zwischen Natur und Naturwissenschaft, a.a.O., S. 71, vgl. S. 77.
271 A.a.O., S. 80 und 81 (Kursivdruck im Original).
272 Wagenschein, Verstehen lehren, a.a.O., S. 22.
273 Ebda.

"Es ist nicht das, was wie das 'Elementare' in der Physik den 'Beobachter' ermächtigt, viele Einzelaufgaben zu lösen, sondern es ist – eine Schicht tiefer – etwas, was den Menschen und sein Fundament *und* die Sache und ihr Fundament – und beides ist untrennbar – erzittern macht."[274]

Als Beispiel nennt Wagenschein die Erfahrung der "*Mathematisierbarkeit gewisser natürlicher Abläufe.*"[275]

Im Sinne Wagenscheins kann man also sagen: Je abstrakter die eigenständig erarbeitete Erkenntnis ist, um so tiefgreifender ist der Bildungsprozeß. Der Begriff springt jedoch nur dann aus der Sache, wenn das Subjekt sich innigst mit ihr beschäftigt hat.

Auf der Ebene der Mathematisierbarkeit begegnen sich Wagenschein-Didaktik und objektive Hermeneutik abermals. Sie sind hier nicht nur am Ziel des Erschließungsprozesses, sondern auch an ihren Wurzeln: Die objektive Hermeneutik ist eine Textwissenschaft, ermöglicht durch die dem Denken und Sprechen wie ein Algorithmus zugrundeliegenden generativen Regeln, z.b. die Regeln der sprachlichen Syntax, die Regeln der Logik und die Regeln der Sozialität. Sie erzeugen die Regelhaftigkeit der Sprache, in deren Spielräumen das Subjekt entscheidet und Sprechhandeln stattfindet. Durch dieselben Regeln ist es dem objektiven Hermeneuten möglich, den Fall zu erschließen und dabei einen der Didaktik Wagenscheins sehr ähnlichen Weg zu gehen.

Zur Anerkennung der Autonomie von Lebenspraxis paßt keine pädagogische Bevormundungshaltung, sondern die Stärkung der Eigenständigkeit des anderen und seiner Autonomie. Der Pädagoge hilft, um sich überflüssig zu machen.

Oevermann und Wagenschein berufen sich in ihren pädagogischen Überlegungen daher auf Montessori:

"'Hilf mir', sagt das Kind, nach *Maria Montessoris* bekanntem Wort, zum Lehrer, 'hilf mir, es von mir aus zu tun', das heißt: *mehr* hilf mir *nicht!*"[276]

Das Wagenscheinsche Unterrichten ist fast identisch mit dem Forschen nach der objektiven Hermeneutik. Wagenschein bezeichnet seinen Lernweg "genetisch-sokratisch-exemplarisch", Oevermann spricht von einem maieutischen Vorgehen. In der Sache stimmt das überein. Beide kämpfen gegen das Scheinwissen, weil es ein die Sache "verdunkelndes Wissen" sei.[277]

---

274 A.a.O., S. 21 (Kursivdruck im Original).
275 Ebda. (Kursivdruck im Original); siehe auch S. 22 und 24.
276 A.a.O., S. 79 (Kursivdruck im Original); siehe auch S. 87.
277 "Verdunkelndes Wissen" ist das Thema des Vortrags von Wagenschein am Hessischen Rundfunk vom 5.7.1965. Dieser Vortrag wurde gedruckt in den Frankfurter

"Man wird dann auch nicht mehr vom 'durchzunehmenden Stoff' sprechen, sondern vom zu 'erschließenden Gegenstand'."[278]

Das sagt Wagenschein, aber es könnte auch Oevermann sein, der das sagt. Der Unterschied zwischen Didaktik und Forschungsmethode liegt in folgendem:

"Für den Lehrer liegt im Dunkeln meist nur, welcher Weg sich ausbilden wird, für die Schüler auch das Ergebnis (sein Ende)."[279]

Für den objektiven Hermeneuten liegt beides im Dunkeln, wenn er auch Regeln für sein Vorgehen hat. Darin zeigt sich sehr schön das Gemeinsame von Lernen und Forschen: Das Forschen nach der Methode der objektiven Hermeneutik ist immer auch ein Lernen. Jedesmal öffnet sich ein neuer Weg und wird eine Sache neu erschlossen. Den Forschenden geht es dabei so, wie es den Lernenden bei der Didaktik Wagenscheins geht: Beide sind Schüler der Sache und Beherrschungsphantasien und Überlegenheitsgesten sind da fremd, eher erzeugt oder verstärkt dieses Vorgehen die Ehrfurcht vor dem Leben und vor der Lebenspraxis.

Die Wagenschein-Didaktik verläßt sich auf den kompetenten Lehrer, der gleichzeitig Komplexität und Einfachheit der Sache im Kopf und die Einsicht in den Fortgang der Interaktion hat, und auf ein hermeneutisches Prinzip, wonach im sachorientierten Gespräch natürliche Phänomene zu erschließen sind.

Die objektive Hermeneutik verläßt sich auf die soziale Kompetenz der Interpreten, durch die eine Bedeutung, die eine Interaktion immer schon hat, mit Hilfe der Sprache denkend herausgearbeitet wird.

Abschließend möchte ich noch auf die Gemeinsamkeit im Denken Wagenscheins, Merleau-Pontys und Oevermanns hinweisen: Die besondere Bedeutung des Miteinander-Sprechens heben sowohl der Didaktiker, der Phänomenologe als auch der Strukturalist hervor. Merleau-Ponty:

"Ein wirkliches Gespräch verschafft mir Zugang zu Gedanken, zu denen ich mich nicht fähig wußte und zu denen ich *nicht* fähig *war*, und manchmal fühle ich, wie man mir *folgt* auf einem Weg, der mir selbst unbekannt ist und den meine Rede, angefeuert durch Andere, gerade erst für mich bahnt."[280]

Die orale Kultur als Erkenntnisinstrument der Schriftkultur.
Das zeigt uns wieder Gemeinsames bei aller Verschiedenheit und Allgemeines im Besonderen über alle kulturellen Grenzen hinweg.

Heften, 21.Jg. 1966, Heft 4, S. 261 – 268. Außerdem hierzu Wagenschein, Verstehen lehren, a.a.O., S. 41 – 54.
278 A.a.O., S. 78, Fußnote 39.
279 Ebda., Fußnote 40.
280 Maurice Merleau-Ponty, Das Sichtbare und das Unsichtbare, München 1986, S. 29.

2. Maieutisches Prinzip und objektive Hermeneutik in der Pädagogik

2.1 Umsetzungs- und Anwendungsmöglichkeiten

Für sachhaltige pädagogische Praxis und Erziehungswissenschaft sind das maieutische Prinzip und die Methode der objektiven Hermeneutik hilfreich auf verschiedenen Arbeitsebenen:
- In der pädagogischen Praxis kann das maieutische Prinzip (nicht die Methode der objektiven Hermeneutik) eingesetzt werden zur Erschließung von Texten und Phänomenen und zur Lösung von Problemen und Konflikten,[281]
- in der Forschung zur Erschließung pädagogischer Praxis, besonders der Strukturen von Lehrerhandeln,[282] und der nachträglichen Evaluation von Konflikt- und Problembewältigung,
- in der Lehrerausbildung zur fallorientierten Professionalisierung,
- in der Lehrerfortbildung zur Analyse und Evaluation von Praxis- und Supervisionsprotokollen,
- im Verhältnis von Erziehungswissenschaft und pädagogischer Praxis zur Überwindung der Kluft zwischen beiden und teilweise vorhandener Hierarchievorstellungen in Verbindung mit Bevormundungs- und Erwartungshaltung und
- im Denken zur Überwindung der Dichotomisierung von Konkretem und Abstraktem, von Sinnlichkeit und Geist.

Das Vorgehen ist im Grunde immer gleich und denkbar einfach: Konzentration auf die Sache, Rekonstruktion des Falles, Analyse der inneren Logik, evtl. Konzeptualisierung veränderter Praxis und deren Evaluation. – Das ist kein Rezept für den konkreten Fall. Was konkret erschlossen wird, dafür gibt es kein Rezept. Das konkrete Erschließen bedarf der Übung in der Forschungspraxis und ist intensive Denkarbeit am Einzelfall. Eine Praxis – egal ob Lebenspraxis, Forschungspraxis oder professionalisierte Praxis – kann man nur in der Praxis lernen.

---

281 Siehe V. 2.2 DAS MAIEUTISCHE PRINZIP IN DER PRAXIS.
282 Siehe V. 2.3.3 STRUKTUREN VON LEHRERHANDELN.

2.2 Das maieutische Prinzip in der Praxis – exemplarisch aufgezeigt –

2.2.1 Fünfstufiges Problemlösungsmuster maieutischer Pädagogik
– in den Erläuterungen mit besonderer Berücksichtigung der Situation marokkanischer Mädchen[283] –

Problemstrukturen müssen in der Praxis in jedem einzelnen Fall konkret erschlossen werden, wenn eine sinnvolle Lösung gefunden werden soll. Im folgenden stelle ich ein einfaches Problemlösungsmuster maieutischer Pädagogik vor, bestehend aus fünf Stufen von den Betroffenen gemeinsam zu leistender fallorientierter Arbeit. In der inhaltlichen Füllung gehe ich auf die besondere Situation marokkanischer Mädchen bei uns ein. Dazu bewegen mich zwei Gründe: zum einen meine eigenen in der schulpädagogischen Arbeit im Umgang mit muslimischen Familien gemachten Fehler, die sich immer zu Lasten der Mädchen ausgewirkt haben, obwohl ich das Gegenteil bewirken wollte, zum anderen die mehrfach an mich herangetragene Bitte marokkanischer Mädchen, auf die schlimmen Folgen, die gutgemeinte pädagogische Interventionen haben können, hinzuweisen. – Die fünf Stufen sind:
1. *Problemdiagnose,*
2. *Erarbeitung der Problemlösung,*
3. *Umsetzung in Praxis,*
4. *Beendigung der pädagogischen Intervention,*
5. *Evaluation der Problemlösung.*

1. Problemdiagnose
– Sich Zeit nehmen – sich zusammensetzen – beschreiben – zuhören – irren – fragen – verstehen –

Die Gruppe oder Schulklasse setzt sich mit der Pädagogin oder dem Pädagogen zusammen, um im Gespräch das Problem zu bearbeiten. Andere Interessen treten zurück. Das Problem wird beschrieben. Daran beteiligen sich alle, indem sie ihre Sichtweise darstellen und ihren Anteil und ihr Interesse am Problem. Unterschiedliche individuelle Gewohnheiten, kulturelle Bräuche und religiöse Pflichten können benannt und erklärt werden. Alle haben das Recht, die eigene Position zu schildern und angehört zu werden. Das Zuhören ist genauso wichtig wie das Beschreiben. Aufgabe der PädagogIn ist es, auf Sachlichkeit zu achten und sie einzufordern.

---

283 Zu marokkanischen Jungen siehe Weigt und Loerke, a.a.O.

Diese Vorgehensweise zeigt allen Beteiligten:
Man nimmt das Problem und die Betroffenen ernst. Man will die Gemeinsamkeit erhalten und stärken. Die Sprache hat Erschließungswert, wenn präzise beschrieben wird.

Das bewirkt: Sensibilisierung für das spezielle Problem und Probleme allgemein, Sensibilisierung für Glaubwürdigkeit des Ausdrucks, Stärkung der Unterscheidungskraft für sachhaltige und für tönende Sprache, Sorgsamkeit im Umgang mit Sprache, Klarheit im Denken.

Berberfamilien haben ein großes Bedürfnis nach Schutz der Diskretheit und Intimität, nach deutlicher Trennung zwischen Privatheit und Öffentlichkeit. Frauen und Mädchen sprechen in gemischtgeschlechtlichen Gruppen nicht über Sexualität. Mädchen verstehen sich in der Regel als Teil ihrer Familie, und das gemeinsame Wohlergehen ist ihnen wichtiger als die Durchsetzung eigener Interessen gegen den Willen der Familie. Sie kämpfen *in* der Familie, nicht *gegen* sie.

2. Erarbeitung der Problemlösung
– Lösungen suchen und entwerfen – vergleichen – entscheiden –
Geduld und Zeit sind notwendig. Unterschiedliche Lösungsvorschläge werden vorgetragen und verglichen. Gesucht wird nach einem Weg, den alle akzeptieren können. Dazu können auch begründete Sonderregelungen gehören.

Dieses Vorgehen verschafft Klarheit über die eigene Position, verdeutlicht die Bereitschaft zu wechselseitigem Verstehen und zu Rücksichtnahme, es stärkt das Selbstvertrauen in die eigene Problemlösungskompetenz und fördert wechselseitiges Vertrauen.

Aus ihrer schnellen Anpassung auf der kognitiven Ebene bei gleichzeitiger sozialer und moralischer Distanz zur neuen Kultur erwachsen Berbermädchen viele innere Konflikte, mit denen sie ganz persönlich umgehen, den Entwicklungsstand der eigenen Familie im Transformationsprozeß berücksichtigend. An diese "Wunde" mögen sie oft gar nicht erinnert werden. Ihre Autonomie besteht in der Herstellung der Balance zwischen Altem und Neuem. Und da leisten sie oft Bewundernswertes. Ein faszinierendes Dokument dieser Arbeit ist der in Anhang V enthaltene Ausschnitt des Aischa-Interviews.

3. Umsetzung in Praxis
– Planen – mit veränderter Praxis beginnen –
Bei der Umsetzung eines Beschlusses in Taten kann sorgfältige Planung und pädagogische Starthilfe nötig sein, manchmal auch Zusammenarbeit mit Eltern.

Man lernt dabei:
Praxis erfordert mehr als Worte. Man muß denken und handeln, Konsequenzen tragen, ist mitverantwortlich für die gemeinsame Sache, macht Erfahrungen des Gelingens und des Scheiterns, lernt aus Fehlern. – Praxis ist nicht berechenbar.

Bei muslimischen Mädchen und ihren Familien ist bei pädagogischen Innovationen und Interventionen mit äußerstem Fingerspitzengefühl vorzugehen. Der Anruf des Lehrers beim Vater und dessen "Aufklärung" sind in der Regel kontraproduktiv. Eine solche Intervention hat zumeist Vertrauensverlust und noch strengere Kontrolle des Mädchens zur Folge. Auch "deutschen Töchtern" in marokkanischen Familien ist die Anerkennung und Geborgenheit in ihren Familien meist mehr wert als die Durchsetzung ihres Eigensinns gegen die Familie. "Ohne meine Familie bin ich nichts," ist die Überzeugung einer zweiundzwanzigjährigen marokkanischen Studentin, die mit sechs Jahren nach Deutschland kam.[284] – Sie ist kein Einzelfall!

4. Beendigung der pädagogischen Intervention
– Die Regel und die Ausnahme –
    Spezifisch pädagogisch ist die Einwirkung auf andere, nicht auf sich selbst. Wichtig bei jeder pädagogischen Intervention ist die Beendigung der Maßnahme, sobald Hilfe nicht mehr erforderlich ist, auch bei marokkanischen Familien. Sie besitzen Lebenserfahrung, sind gewohnt, praktische Probleme eigenständig zu lösen, und verfügen über eigene Problemlösungsstrategien. Die Selbstheilungskräfte in den Familien sind meist größer, als wir uns vorstellen.

Die PädagogIn, die sich aus der pädagogischen Maßnahme "verabschiedet", kann dabei deutlich zu erkennen geben, daß sie Vertrauen in die Selbständigkeit ihrer "KlientInnen" hat. Dieses Vertrauen überträgt sich und stärkt das Selbstvertrauen.

In einem Fall jedoch ist Hilfe sofort, kontinuierlich und auf Dauer notwendig: Wenn Berbermädchen aus eigenem Antrieb, z. B. bei Zwangsverheiratung, die Familie verlassen. Sie brauchen dann Hilfe, Schutz und Geheimhaltung ihres Aufenthaltsortes – wegen der Gewalt der Ehre.

Ich kenne keine Berberfamilie, bei welcher der Weg in die Modernisierung die Veränderung der Moral für die Frau einschließt.

Faustregel: Die PädagogIn verhalte sich wie eine TherapeutIn: Erst sich einschalten, wenn die KlientIn um Hilfe bittet. Das Arbeitsbündnis gemeinsam beenden, sobald die KlientIn alleine zurechtkommt.

---

284 Vgl. III. 3.3.6.1 ZUR WIR-ICH-BALANCE IN TRADITIONALER VERGEMEINSCHAFTUNG.

5. Evaluation der Problemlösung
Dazu gehören die nachträgliche Erörterung der Problemlösung und der praktischen Auswirkungen, der Vergleich mit ähnlichen Problemen und deren Lösung und das Herausarbeiten von bedeutsamem Allgemeinem bei aller Verschiedenheit. Es ist letztlich das, worauf es ankommt, und das, was die Verständigung und die Lösung des Problems möglich macht.
Die Evaluation bewirkt Einsicht in Problemkonstellationen und stärkt die Problemlösungskompetenz.

2.2.2 Von der Perspektive zur Sache – Sieben Aspekte interkulturellen Lernens –

Der Idee von der multikulturellen Gesellschaft sind viele erziehungswissenschaftliche Konzepte zur interkulturellen Pädagogik gefolgt.[285]
Im folgenden skizziere ich sieben Aspekte interkulturellen Lernens. Da die ersten fünf Aspekte oft thematisiert werden, belasse ich es bei der Benennung. Besonders wichtig ist mir der sechste Gesichtspunkt: Die Auseinandersetzung mit der Sache bei Unvereinbarkeit kultureller Vorstellungen und die gesellschaftlichen Konsequenzen. Sie sind besonders für Frauen von größter Bedeutung. Der siebte Aspekt weist auf das hin, was auf Dauer und für die Zukunft für alle entscheidend ist: die Transformationsprozesse, ihre Analyse und Gestaltung.

Sieben Aspekte interkulturellen Lernens

(1) Erfahrung der Begrenztheit, der Vielfalt und Verschiedenheit der Sichtweisen in der eigenen Kultur
  – der Wahrnehmung,
  – der Deutungsmuster;
(2) Einsicht in die Gründe der eigenen Sicht- und Verhaltensweise:
  – kulturelle,
  – soziale,
  – persönliche;
(3) Öffnung für das Fremde:
  – andere Sichtweisen,
  – andere Verhaltensweisen,
  – andere Werte,
  – andere Begründungen;

---

285 Annedore Prengel, Pädagogik der Vielfalt, Opladen ²1995. Siehe auch Fußnote 289.

(4) Verstehensarbeit
- Herausarbeiten von Verschiedenheit,
- Herausarbeiten von Gemeinsamem,
 beides auch in zeitlicher Verschiebung,
- Versuche von Perspektivenwechsel,
- Vermeidung von Bewertung;
(5) Beobachtung und Bearbeitung affektiver Reaktionen bei Befremdungen;
(6) Auseinandersetzung mit der Sache bei Unvereinbarkeit kultureller Besonderheiten.

Eine Kultur ist nicht statisch, und eine konkreten Bedingungen – die sich ebenfalls verändern – angemessene spezifische Ausformung von Kultur kann nicht der höchste Wert sein, den es zu schützen gilt. Was einmal durchaus sinnvoll war, kann es zu späterer Zeit nicht mehr sein. Was an einem Ort lebensnotwendig ist, muß woanders nicht bewahrenswert sein. Kulturen haben ihre Dignität, aber sie sind Menschenwerk und daher kein Paradies. Das Ziel, Gerechtigkeit herzustellen, hat jede Kultur, aber es gelingt allen nur teilweise.

Stammeskultur, segmentäre Gesellschaftsordnung, Frauentauschlogik, Ethik der Ehre, kulturtraditionale Unterdrückung von Minderheiten und Frauen, die männliche Habitusformation des Jägers, Besitzers und Beschützers und die weibliche vom Typus Gebärmutter sind in einer Gesellschaft gleichberechtigter Individuen überholt, unerwünscht und nicht schützenswert. Der kulturellen Tradition der genitalen Verstümmelung der Frau, die in Frankreich, wie Schuluntersuchungen zeigen, nun auch kein Einzelfall mehr ist, kann man doch nur den Kampf ansagen. Die Struktur einer Interaktion, die objektiv Gewalt ist, kann z. B. im magisch-religiösen Denken über kulturelle Deutungsmuster als Opfer, Reinigung, Sühne, Kreuzzug usw. legitimiert werden. Dadurch ändert sich aber die Interaktion nicht. Sie bleibt Gewalt und kann in einer demokratischen Gesellschaft nicht toleriert werden.

Ein anderes Problemfeld entsteht durch unterschiedliche Rechtsauffassungen. Auf der Scharia basierende Rechtsvorstellungen sind teilweise mit unserer Rechtsordnung nicht vereinbar. Islamisches Recht geht nicht von der Gleichheit und Gleichberechtigung der Menschen aus, sondern von der Differenz der Geschlechter, die als so fundamental angesehen wird, daß sich daraus andere Rechte für den Mann und für die Frau ableiten lassen und außer in Tunesien in allen muslimischen Ländern abgeleitet werden. Das kann für uns einfach nicht mehr zur Debatte stehen.[286]

---

286 "Aus islamischer Sicht wird die Frau gegenüber dem Mann zwar nicht diskriminiert, weil nach islamischem Recht Ungleiches ungleich und Gleiches gleich behandelt

Will man unter gegenwärtigen Bedingungen bei uns mit Menschen aus aller Welt zusammenleben und nach gleichem Recht für alle streben, dann können "Multikulturalität" und der Perspektivismus nicht die letzte Antwort und die Lösung von Problemen sein. Dann muß man gemeinsam, was nun Sache ist, betrachten und analysieren mit dem Ziel, den Menschen vor Gewalt von Menschen zu schützen. Anderenfalls würde man besonders den Immigrantinnen, die aus Ländern mit kulturtraditionaler Unterdrückung der Frau kommen, einen schlechten Dienst erweisen.[287]

(7) Wahrnehmung und Analyse der Transformationsprozesse der ImmigrantInnen und der gemeinsamen Veränderungsprozesse. Sie sind auf Dauer von größerer Bedeutung als kulturelle Besonderheit.

In den Teilen II, III und IV dieser Studie sind zu den sieben Aspekten Basismaterialien und Interpretationen enthalten, die in pädagogischer Praxis eingesetzt werden können. In der Lebenspraxis und der schulpädagogischen Praxis gibt es reichlich authentische Lernsituationen, und die Bearbeitung eigener Erfahrung greift meist tiefer und wirkt daher nachhaltiger als vermittelte Erfahrung.

2.3 Objektive Hermeneutik und Erforschung von schulpädagogischer Praxis
– exemplarisch aufgezeigt –

2.3.1 Erfahrungshintergrund und Zielvorstellung

Durch die Immigration hat die Komplexität schulpädagogischer Praxis zugenommen. War sie bisher in der Grundschule am größten aufgrund der diffusen Lehrer-Kind-Beziehung, so ist sie in den letzten zwanzig Jahren durch die große Zahl der Seiteneinsteiger besonders in der Mittelstufe stark angewachsen. Durch den Zustrom von Kindern und Jugendlichen aus achtzig oder hundert verschiedenen Ländern mit noch mehr verschiedenen Muttersprachen wurden Lehrerinnen und Lehrer vor neue Aufgaben gestellt.[288]

---

wird. (...) die westliche Theorie leugnet rechtsrelevante Unterschiede zwischen Mann und Frau grundsätzlich, während der Islam diese Fiktion nicht ganz mitvollzieht." Murad Hofmann, Der Islam als Alternative, München 1993, S. 159. Vgl. hierzu IV. 2.6 UMGANG MIT ARCHAISMEN und Fußnote 221, S. 181.

287 J. Klüver, Multikulturelle Gesellschaft – Ein Begriff, mit dem ich nichts anfangen kann. In: Interkulturell, Jg. 1994, Heft 3/4, S. 119 – 127.

288 Siehe z.B.: Karin Hilgers und Ingeborg Krause, Sozialökologie in der Pädagogik – Qualitative Untersuchung zur Verbesserung der Bildungsbeteiligung benachteiligter

Auf die veränderte Praxis reagierten Erziehungswissenschaftler schnell mit Beobachtung, Kritik und einer Flut von Konzepten zum interkulturellen Lernen. Das Spektrum der Beurteilung der Praxis reicht von Anerkennung bis zu zynischer Abwertung und Etikettierung mit dem Vorwurf des Rassismus und der Vorstellung von der Notwendigkeit der "Praxisanleitung" durch Wissenschaft.[289]

In den unterschiedlichen und widersprüchlichen Aussagen zu schulpädagogischer Praxis allgemein sehe ich ein Indiz für eine bisher unzureichende Analyse des Strukturproblems und der Komplexität von Lehrerhandeln. Diese methodisch zu erschließen halte ich für eine wichtige Aufgabe für die Zukunft. Folgt man dabei der Methode der objektiven Hermeneutik, so müßte man "natürliche" Protokolle[290] aus der Praxis sammeln, Einzelfälle rekonstruieren und strukturhermeneutisch analysieren. Das ist intensive und zeitaufwendige Arbeit. Sie würde zum besseren Verstehen der Sache beitragen.

Derartige Forschung kann ich im Rahmen dieses Projektes nicht leisten, auch nicht beginnen. Da mir jedoch viel an der Sache liegt, werde ich einen Anstoß in Richtung Strukturanalyse schulpädagogischer Praxis geben.

Zu diesem Zweck habe ich acht kleine Praxisprotokolle aus meiner eigenen Schulpraxis mit ausländischen Kindern und Jugendlichen, die als sogenannte Seiteneinsteiger in unsere Schulen kommen, ausgewählt. Es sind keine "natürlichen" Protokolle, darin steckt aus objektiv hermeneutischer Sicht schon der erste Mangel, und ich führe auch hier keine strukturhermeneutische Analyse vor; dies ist der zweite Mangel. Ich zeige an den Texten Strukturen auf, die in Analysen von "natürlichen" Protokollen erarbeitet wurden.

In Ausnahmesituationen erkennen wir Fallstrukturen eher als im Alltäglichen. Die Strukturen, die sich in der Seiteneinsteigerklasse zeigen, gelten m. E. nicht nur für diese besondere pädagogische Situation, sondern für Lehrerhandeln allgemein.

Die Strukturlogik schulpädagogischer Praxis hat mit bürokratischer und technokratischer Logik nichts gemeinsam und kann mit von dort entnommenen

---

(ausländischer) Kinder am Beispiel von Seiteneinsteigern und marokkanischen Kindern in der Förderstufe, Frankfurt/Main, Bern, New York 1995.
289 Z.B.: Isabell Diehm, Erziehung in der Einwanderungsgesellschaft – Konzeptionelle Überlegungen für die Elementarpädagogik, Frankfurt am Main 1995. Frank Olaf Radtke, Interkulturelle Erziehung – Über die Gefahr eines pädagogisch halbierten Anti-Rassismus; Antrittsvorlesung an der Johann Wolfgang Goethe-Universität 23.05.1995. FABER-Thesenpapier, in: Diether Hopf und Heinz-Elmar Tenorth, Migration und kulturelle Vielfalt – Zur Einleitung in das Themenheft; in: ZfPäd 40. Jg. 1994, Heft 1, S. 6. FABER ist die Abkürzung für das DFG-Schwerpunktprogramm "Folgen der Arbeitsmigration für Bildung und Erziehung". Vgl., a.a.O., S. 5.
290 Vgl. Anmerkung zum Begriff "natürliche" Protokolle in I. 2. DATENBASIS, S. 21, FN 6.

Modellen nicht angemessen erfaßt werden. Für geeignet halte ich Modelle und Begriffe, die in der Forschungspraxis bei Oevermann auf der Basis von Materialanalysen entwickelt wurden. Mit ihnen läßt sich im Bereich Pädagogik gut arbeiten. Ich verwende einige dieser Modelle bei der Strukturbestimmung.

Ein Modell in der Soziologie bedeutet nicht, daß die Praxis dem Modell vollkommen entspricht. Das Modell ist ein Instrument, mit dessen Hilfe sich der Einzelfall bestimmen läßt am Abstand zwischen Realität und Modell.

Im folgenden Text stelle ich zuerst meine acht kleinen Praxisprotokolle vor, danach benenne und erkläre ich einige Strukturen schulpädagogischer Praxis. Jedes Teilergebnis wird im Hinblick auf die besondere Situation in Schulklassen mit neu hinzugekommenen ausländischen Kindern spezifiziert.

2.3.2 Acht Praxisprotokolle: Arbeit in einer Seiteneinsteigerklasse im Schuljahr 1986/87

Eine Klasse mit Seiteneinsteigern

Wir saßen in der Keramikwerkstatt und formten Gefäße und Tiere.

Elif, Ahmed und Seher	Türkei	Muttersprache Türkisch
Asmaa	Marokko, Rif	Rif-Berberisch
Mohammed	Pakistan	Urdu
Khalid	Marokko	Arabisch
Ahmed und Abdelhamid	Marokko	Rif-Berberisch
Fousia	Marokko, Mittlerer Atlas	Schlöh-Berberisch
Latif und Ömer	Türkei	Kurdisch
Lazim	Kozovo	Gegisch
Tabassim	Pakistan	Bengali
Genet	Eritrea	Tigre

Plötzlich hob einer an mit einem zaghaften Singsang, fast alle Köpfe hoben sich, die Augen blickten erst erstaunt und dann freudig. Eine zweite Stimme sang zögernd mit, dann eine dritte, und bald füllte ein einstimmiges Rezitieren in arabischer Sprache den Raum.

Wir waren die Fremden:

Anna und Francesco aus Italien und katholisch, Daniel aus Eritrea und koptischer Christ, Sprache Beja, und ich, die Lehrerin, als einzige deutsch sprechend und konfessionslos.

Ich ahnte, es konnte nur die erste Sure des Korans sein, al-fatiha, die Eröffnende. Es war mein erstes Erlebnis mit der umma, der Gemeinschaft der Muslime über alle Grenzen hinweg.

Sie waren im Alter von 9 bis 15 Jahren und alle erst wenige Wochen in Deutschland. Auswahlkriterium des Schulamtes: woanders nicht integrierbar. Ein Schuljahr lang würden wir zusammen arbeiten mit dem utopischen (?) Ziel: Übergang in eine dem Alter entsprechende Regelklasse. Der Lernort war ideal: Ernst-Reuter-Schule I, ausgestattet mit Werkstätten für Metall, Holz, Keramik und Fahrräder, mit Fotolabor, Garten, Schwimmbad, Sporthallen und -platz, Küche und Nähraum und gelegen in einem Park. Alles war für sie neu. Beim Kennenlernen der Dinge und dem Erlernen der Fertigkeiten und Techniken sollten sie gleichzeitig die Sprache lernen. So war es mein Plan. Ein großer Klassenraum mit Regalen für Dinge, Bilder und Bücher und daneben ein kleiner mit alten Schreibmaschinen waren unser eigenes Revier, in dem wir ungestört arbeiten und spielen konnten. Mittags mußte ich sie drängen, nach Hause zu fahren.

Die folgenden acht Protokolle beziehen sich auf diese Klasse.

Asmaa

Einige Tage nach Beginn des Schuljahres kam Asmaa zu uns. Ich sah sie zum ersten Mal in der großen Pause, als ich, umgeben von ein paar Kindern, auf den breiten Eingangsstufen des an einer Längsseite des Schulhofs gelegenen Gebäudes stand. Aus dem Verwaltungsgebäude, das den großen Hof in zwei Hälften teilt, kam sie an der Hand ihres Vaters auf mich zu. Beide waren ernst und wirkten auf mich sehr fremd. Sie war "mein" erstes Berberkind.

Zu meinem Erstaunen sprach der Mann fließend und fehlerfrei deutsch. Er erklärte mir, er sei aus Nador in Nordmarokko, stellte mir seine 9jährige Tochter Asmaa vor, die er mir nun anvertrauen wolle, sie sei noch nie allein bei Fremden gewesen und auch noch nie in einer Schule, denn sie wohnten in einem Gehöft im Gebirge, weitab von einer Stadt. Auf meine Frage, woher er so gut deutsch spreche, lächelte er sich bedankend und erklärte mir, er wäre einer der ersten gewesen, die vor 18 Jahren mit Arbeitsvertrag nach Deutschland kamen. "Seit vier Wochen endlich ist nun meine Frau mit den Kindern da, Asmaa ist die älteste." Warum erst jetzt, fragte ich, es werde schwer sein für das Kind, so spät in eine deutsche Schule einzusteigen. Deshalb mache er sich auch Sorgen, aber es wäre nicht anders möglich gewesen. Jahrelang habe er sich um die Nachzugsgenehmigung bemüht, viermal sei der Antrag abgelehnt worden, weil die Wohnung zu klein war. Es sei nicht leicht gewesen, eine Wohnung zu finden, er sei mehrmals umgezogen, aber jedesmal wäre die Wohnung für die inzwischen gewachsene Familie zu klein gewesen. Jedesmal seien die Beamten mit dem Zollstock durch alle Ecken gekrochen. "Das war so demütigend."

Dann sprach er lange und ruhig mit dem Kind. Die Pause war längst zu Ende. "Meine" Kinder standen alle um uns herum auf der Treppe. Ich vereinbarte mit dem Vater einen Termin fürs Abholen. Er sprach wieder mit dem Kind, verabschiedete sich und ging über den langen Hof zum Ausgang. Asmaa sah ihm stumm nach und dabei geschah Schreckliches: Sie versteinerte gleichsam, und aus dem Stein rollten dicke Tränen. Dabei verlor sie die Stimme – für sechs Monate.

Schweigend machte sie von nun an alles mit. An ihrem Verhalten sah ich, daß sie sehr viel verstand und schnell lernte. Ihre Schrift war wohlgeformt. Über ihre Bilder wunderten wir uns alle: Mit Wasserfarben malte sie senkrechte Streifen dicht nebeneinander, wählte sorgfältig zarte Farben aus und reinigte den Pinsel nach jedem Streifen. Ihre Bilder kamen mir vor wie ein Schleier vor einem Geheimnis.

Nach einem halben Jahr etwa sprach sie das erste Wort, flüsternd, der erste Versuch in der fremden Sprache. Dann las sie leise, besser als die anderen. Als sie anfing zu erzählen, veränderten sich ihre Bilder. Sie malte Wiesen mit Blumen und Bäumen und Menschen und Häuser. Ihrem Vater wurde sie zur Lehrerin im Lesen und Schreiben. Sie hatte Freundinnen in der Klasse, eine Türkin und das Mädchen aus Eritrea, und bald telefonierten sie nachmittags miteinander.

Am Ende des Schuljahres lasen wir von Peter Härtling: Ben liebt Anna. Versunken saß sie über den Bildern. "Die Anna sieht so aus wie die Asmaa," meinten die anderen, "sie hat auch so einen schwarzen Zopf." "Anna ist so wie ich," sagte Asmaa, "sie kommt aus Polen und ich aus Marokko – das ist dasselbe."

Zum neuen Schuljahr stand der schwere Wechsel bevor: Übergang in eine Regelklasse in der zum Wohnbezirk gehörenden Schule. Asmaa kam in die Karmeliterschule. Ich sah sie nur noch selten.

Zwei Jahre später, als ich dort Studentinnen im Schulpraktikum betreute, traf ich sie. "Ich will jetzt hier bleiben. Lange wollte ich nach Marokko zurück. Aber das hat sich geändert. Die Schule ist schwer, aber ich habe Hilfe, und ich will lernen."

Zwei Jahre später: "Ich mache jetzt den Hauptschulabschluß. Dann will ich den Realschulabschluß machen und danach eine Lehre als Arzthelferin. Wenn ich das geschafft habe, rufe ich Sie an."

Neulich rief sie mich an.

Fousia

Mein zweites Berbermädchen war die 10jährige Fousia aus dem Mittleren Atlas. Sie fiel auf durch ihre Lebendigkeit und Lebensfreude und war bald in der ganzen Schule bekannt und beliebt. Sie lernte spielend leicht, war wie ein Schwamm. Alles, was ich sagte, erklärte, zeigte, sog sie auf und sprach nach wenigen Monaten fast fließend deutsch. "Wie lernst du das so schnell?" fragte ich, und sie lächelte schelmisch und sagte: "Ich mache es einfach so wie du."

Immer kam sie morgens zu spät, weil sie ihren kleinen Bruder noch versorgen und in den Kindergarten bringen mußte. Meine Proteste bei den Eltern nutzten da nichts. Sie müßten beide früh zur Arbeit und könnten das nicht ändern. In der Projektwoche brachte Fousia den Dreijährigen nachmittags mit in die Schule, versorgte ihn liebevoll, und beide waren offensichtlich glücklich dabei.

Einmal, als alle in eine Schreibarbeit vertieft waren, huschte sie blitzschnell zu mir, die ich Klassenbucheintragungen erledigte, legte die Arme um meinen Hals, flüsterte mir ins Ohr: "Ich liebe Dich", war genauso schnell wieder auf ihrem Platz und blickte vor sich aufs Papier. Fragend sahen die anderen auf. War was? Was ist los? Fousia hielt den Kopf gesenkt, blickte mich kurz an und behielt ihr Geheimnis.

Ihr kleines Geheimnis, ihr großes versteckte sie auch vor mir. Davon erfuhr ich erst einige Monate später.

Fousia kam in die fünfte Klasse der Ernst-Reuter-Schule II. Ausgerechnet ihr gelang der Wechsel nicht. "Hol' mich hier 'raus! Ich verstehe hier nichts. Es ist hier zu laut, die Jungen sind schrecklich. Ich halte das nicht aus!" Ich versprach ihr, sie jede Woche einmal zu besuchen. Es wurde nicht besser. Eines Morgens kam ich in der großen Pause umsonst an unseren Treffpunkt. Fousia war seit ein paar Tagen verschwunden.

Abends ging ich zu den Eltern. Fousia sei endgültig wieder in Marokko. Das Mädchen habe sie enttäuscht. Sie hätten doch so viel für sie getan. Sie seien gar nicht die Eltern, nur entfernt mit ihr verwandt und hätten sie als ihr Kind ausgegeben, damit sie nach Deutschland hätte kommen können. Zum Dank hätte sie nur den Kleinen versorgen müssen. Das sei doch nicht viel. Nun habe sie in einem Kaufhaus gestohlen, dreimal Sachen, die sie alle reichlich hätte, Socken und eine kurze Hose. Zur Strafe lebe sie nun wieder im Gebirge bei ihren zehn Geschwistern und dem kranken Vater. Nein, einen Brief schicken könne ich nicht, da gäbe es keine Adresse, auch keine Straße und Telefon schon gar nicht. Aber wenn ich unbedingt schreiben wolle, nähmen sie den Brief mit bei der nächsten Reise. "Erzählen Sie bloß niemand etwas davon, sonst kriegen wir noch Probleme. Sie sind die einzige, die das weiß."

Elif, Ahmed und Seher,

drei Geschwister aus Südostanatolien. Solange das Kindergeld auch für im Ausland lebende Kinder gezahlt wurde, hatten sie mit Mutter und Großmutter davon leben können. Von ihrem Gehöft bis zum nächsten Dorf brauche man vier Stunden, und der Weg durchs Gebirge sei für Kinder zu gefährlich, sagte mir der Vater. Als das Kindergeldgesetz geändert wurde, beantragte er den Nachzug.

Die Figuren, die sie anfangs malten, hatten Ähnlichkeit mit den Kopffüßlern unserer Vierjährigen: Riesige Köpfe, ein winziger Körper mit Armen und Beinen. Darauf schrieben sie in großen Druckbuchstaben ihren Namen. "Das bin ich!" verkündete Ahmed jedesmal stolz.

Einmal, beim Malen mit Wasserfarben, stieß Ahmed sein Wasserglas um, und die Brühe ergoß sich teilweise in seine Schultasche und teils auf den Boden. Blitzartig stürzten die Schwestern mit Taschentüchern und Tafellappen auf die Pfütze, schüttelten die Tasche aus und fingen an, jedes einzelne Teil zu säubern, während Ahmed mit verschränkten Armen an der Fensterbank lehnte, zusah und schallend lachte. Nur mit großer Mühe gelang es mir, die Mädchen wegzuziehen und Ahmed ans Putzen zu bringen. Offensichtlich unglücklich darüber war nicht er, sondern das waren die Mädchen – als hätte ich sie enteignet.

Elif ist 15 Jahre alt, und ihre Hände sehen abgearbeitet aus, rauh und rissig. Wenn wir ins Schwimmbad gehen, sitzt sie auf den gefliesten Bänken am Rand und schaut sehnsüchtig zu. Ihr 13jähriger Bruder und die 10jährige Schwester toben im Wasser und lernen bald schwimmen. Eines Tages bringt Anna aus Apulien ihr den Badeanzug ihrer Mutter mit. Nach einigem Zögern geht Elif, von den Mädchen gedrängt und ermutigt, mit zur Anprobe. Er paßt. Da sie zum ersten Mal ins Wasser geht, stelle ich den regulierbaren Fußboden hoch. Im flachen Wasser freut sie sich wie ein kleines Kind, und die anderen freuen sich mit. Am nächsten Tag fehlt sie, und der Bruder gibt mir ein ärztliches Attest: Krankmeldung für drei Tage. Als Elif wiederkommt, hat sie Blutergüsse im Gesicht und am Ohr und im Mundwinkel verschorfende Wunden. Wie auswendig gelernt sagt sie, ein Junge habe auf der Straße etwas von ihr gewollt, sie habe sich gewehrt, da habe er sie geschlagen. "Mein Vater schlägt mich nie." Seher und Ahmed stehen schweigend neben ihr. Wie beiläufig frage ich Seher, als ich einen Moment mit ihr alleine bin: "Hat Elif zu Hause erzählt, daß sie mit schwimmen war?" Seher schüttelt den Kopf. "Du?" Sie schüttelt wieder den Kopf. "Ahmed?" Sie dreht sich um und geht. Beim nächsten Schwimmen wollte Anna Elif den Badeanzug schenken. Elif nahm ihn nicht an.

Ein Dialog zwischen Seher und mir:
"Machen wir noch einmal Fotos? Oder neue Abzüge?"
"Du hast doch von allen Bildern Abzüge bekommen."

"Ich brauche noch Fotos für meine Mutter. Ich will sie ihr mitbringen. Im Sommer fahren wir zu ihr."
"Ihr lebt doch zusammen in Frankfurt. Wie soll ich das verstehen?"
"Wir haben zwei Mütter: eine deutsche und eine türkische. Unsere richtige Mutter lebt in der Türkei zusammen mit den Omas."
"Ist eure deutsche Mutter eine Deutsche?"
"Nein, die deutsche Mutter ist auch türkisch."

Ali

Eines Tages brachte ich eine Trommel mit und stellte sie zu den anderen Dingen, die sich bei uns ansammelten und allmählich beschriftet wurden. Ali, 14, aus Marokko zögerte nicht lange und fing an zu trommeln. Die Rhythmen waren unwiderstehlich und versetzten uns in Schwingung. Erst nur die Hände und Füße, dann den ganzen Körper. Elif begann, einfache Schrittfolgen zu tanzen. Wir bildeten zögernd eine Kette und folgten ihren Bewegungen. Wie eine Schlange bewegten wir uns um die Tischgruppen, bildeten dann einen Kreis, der sich nach einer Weile wieder öffnete, zur Schlange wurde, die sich wieder zum Kreis schloß. Es waren nordafrikanische Rhythmen, die uns bewegten und die ich kennenlernte:

–	–	I	–	I				
dum	dum	tak	dum	tak				Baladi
–	I	–						
dum	tak	dum						Ayub
–	I	–	–	I				
dum	tak	dum	dum	tak				Saidi
–	–	I	–	–	I			Saudi
I	I	–	I	I	–			Melfuf
–	II	–	I	–	II	–	I	Masmodi

Bald wurde unser Klassenraum in den Pausen zum Tanztreff für viele aus der Schule. Wir waren nicht mehr isoliert, sondern Anziehungspunkt.

Genet und Daniel

Anfangs war die 12jährige Genet, ein muslimisches Mädchen, das einzige eritreische Kind in der Klasse. Nach ein paar Wochen kam ein zweites zu uns: Daniel, ebenfalls zwölf, ein koptischer Christ. Wie immer war ich auch diesmal froh, wenn wenigstens zwei Kinder aus demselben Land zusammen waren. Ich war in dem Glauben, das könne das Fremdsein mildern und Nähe stiften. Das war sicher gut gemeint, aber erwies sich mehrmals als Irrtum. Nachdem ich gelernt hatte, daß arabische und Berberkinder aus Marokko sich sehr fremd sein können und ihre Sprachen nicht verstehen, ebenso wie Berberkinder aus dem Rif und solche aus dem Mittleren Atlas, oder Kurden und Türken, beobachtete ich nun, daß nach meinem froh gestimmten Miteinander-Bekanntmachen sowohl Genet als auch Daniel nur einen kurzen Satz sagten, den ich nicht verstand, und von da an einander mieden.

Beide waren Flüchtlingskinder, und ihre Eltern waren im Krieg. Beide waren allein geflohen. Daniel hatte der Krieg überfallen, als er die Schafe hütete. Beide waren tagelang "nur immer weiter gelaufen". Sie hatten in Lagern gelebt und in Deutschland Geschwister wiedergefunden.

Latif und Ömer

Die Brüder waren vierzehn und zehn, kamen vom Land "weit hinter Erzurum", und der Kleine war dem Großen, der sehr ehrgeizig war, bald überlegen. Einmal kamen sie zu mir, und der Große sagte:
"Unsere Mutter möchte die Schule gern kennenlernen."
"Sie kann jederzeit zu uns kommen."
"Sie fährt nicht allein mit der U-Bahn und kann auch kein Deutsch."
"Dann bringt sie doch morgens mit und mittags fahrt ihr zusammen nach Hause."
Zwei Wochen später kam sie gegen zehn mit ihrem Mann, und sie setzten sich zu uns. Nach dem Unterricht spazierten wir durch das Schulgelände, die Eltern, Latif, Ömer und ich. Als wir im Kreis stehend uns verabschiedeten, sagte der Vater:
"Sie kann auch ein bißchen deutsch," und blickte seine Frau ermutigend an. Die Jungen schwiegen. Sie legte ruhig ihre Hand auf seine Schulter und sagte:
"Mein Mann, meine Sonne!"
Fröhlich und winkend gingen sie danach zum Ausgang der Schule.

Elternabend

Zum ersten Elternabend in der Seiteneinsteigerklasse lud ich – wie gewohnt – schriftlich ein. Außerdem forderte ich die Kinder an den Tagen davor auf, ihre Eltern an den Termin zu erinnern. Auf diesem Weg lud ich die Mütter mehrfach besonders ein. Ich bereitete mich sorgfältig vor. Dazu gehörte der Entwurf eines Informationsblattes, das ich von ausländischen Schülern und Schülerinnen der Schule in die Landessprachen "meiner" Kinder übersetzen ließ.

Am Elternabend kamen alle Kinder mit ihren Vätern oder ihrem männlichen Vormund. Die Mütter, so sagte man mir, seien zu Hause bei den anderen Kindern. Da die Väter Arbeitsmigranten waren und schon mehrere Jahre in Deutschland lebten, war die Verständigung hinreichend möglich. Ich versuchte, ihnen unsere gemeinsame Aufgabe verständlich zu machen: Vorbereitung der Kinder auf eine ihrem Alter entsprechende Regelklasse. Zur Verdeutlichung unserer Arbeitsweise machte ich mit ihnen einen Rundgang durch die Schule. Um die Sache abzurunden, verteilte ich das Informationsblatt, indem ich den sprachlich passenden Text vor jeden Vater auf den Tisch legte. Dabei fiel mir auf, daß sie sich anders verhielten, als ich es gewohnt bin. Auf meine Aktion reagierten sie so, als ob sie nicht stattfände. Genauer gesagt, sie reagierten gar nicht darauf. Niemand blickte auf das Papier oder berührte es. Ich regte an, sich den Text anzusehen und, falls vorhanden, Fragen zu stellen.

Asmaas Vater brach das Schweigen. "Unsere Kultur hat keine Schrift, und in einer Fremdsprache habe ich nicht lesen und schreiben gelernt," sagte er ernst und leicht verlegen. Dabei wanderte sein Blick von Gesicht zu Gesicht, und die anderen nickten.

Das war in zweiundzwanzig Jahren im Schuldienst mein erster Elternabend mit Vätern. Lesen konnte keiner, aber es war für sie selbstverständlich, sich um den Bildungsweg ihrer Kinder persönlich zu kümmern.

2.3.3 Strukturen von Lehrerhandeln

Zur Eigenart schulpädagogischer Praxis gehören:
- Offenheit und Krisenhaftigkeit,
- "Entscheidungszwang und Begründungsverpflichtung",[291] (Oevermann)
- Fallverstehen unter erschwerten Bedingungen,
- "die widersprüchliche Einheit aus diffuser und spezifischer Sozialbeziehung" (Oevermann) und "der strukturlogische Widerspruch von Autonomiebildung und Stellvertretung" (Oevermann),
- Selbstheilungskräfte von Praxis und
- das Strukturproblem: Praxis im Widerspruch zwischen Autonomie und Fremdbestimmung.

---

291 Entscheidungszwang und Begründungsverpflichtung sind die beiden Komponenten des Modells von Lebenspraxis, das Oevermann entwickelt hat. Vgl. hierzu Teil V. 1. "VERSTEHEN LEHREN" UND METHODISCHES VERSTEHEN LERNEN.

Offenheit und Krisenhaftigkeit

Die pädagogische Situation ist nicht reduzierbar auf das Herstellen und den Erhalt von Routinen und nicht standardisierbar. Bedeutsamer als die eingespielten und entlastenden Gewohnheiten – ohne die Schulpraxis nicht möglich wäre – sind die Offenheit und Krisenhaftigkeit im Hier und Jetzt der Praxis. Das erkennen wir z. B. ganz einfach daran, daß ein anderer Lehrer zur selben Zeit mit derselben Klasse, demselben Fach und Thema von der ersten Minute an bis zum Ende des Unterrichts eine andere Wirklichkeit gestalten würde und daß sich diese in einer anderen Klasse vom selben Lehrer nicht reproduzieren läßt. In diesem Sinn kann man sagen: Die Krisenhaftigkeit ist der Normalzustand schulpädagogischer Praxis.

Jede PraktikerIn macht immer wieder die irritierende Erfahrung, daß sie bei der Übernahme einer neuen Klasse, eines Kurses wieder neu anfängt beim Durchdenken der Unterrichtsgestaltung – auch wenn sie schon zwanzig Jahre im Schuldienst ist.

In Klassen mit Kindern aus fremden Kulturen verschärft sich die Krisenhaftigkeit, da noch mehr unbekannte Faktoren mitspielen: Sprachschwierigkeiten, fremde Wertorientierungen und Deutungsmuster, andere Gefühlswelten und Empfindlichkeiten. Die Vermittlung kultureller Basistechniken (Lesen, Schreiben, Rechnen) an nicht alphabetisierte Jugendliche – also jenseits der für den Erwerb sensiblen Entwicklungsphasen im Kindesalter – erhöht das Risiko des Einsatzes und erfordert Kreativität beim Suchen und Erproben neuer Wege. Oft haben die Lehrerin oder der Lehrer keine Erklärung für das, was ihre Sinne ihnen mitteilen. Das Aushalten von Fremdheit kann zu einer neuen Erfahrung werden. Sie verschont jedoch nie vor dem Entscheidungs- und Handlungszwang. Um so bohrender stellen sich dann die Fragen: Warum ist das so? Habe ich mich angemessen verhalten? Wie hätte ich es anders machen können? Wird meine Unterrichtsmethode zum Erfolg führen oder zum Scheitern? Und mit diesen Fragen steht man in der Regel ganz alleine da.

"Entscheidungszwang und Begründungsverpflichtung"

Lehrerhandeln ist eine Praxis und läßt sich bestimmen mit dem von Oevermann entwickelten Modell von Lebenspraxis, bestehend aus den Elementen "Entscheidungszwang und Begründungsverpflichtung". Das bedeutet konkret: Sind die Lehrerin und der Lehrer erst einmal auf dem Schulgelände oder erst recht im Unterrichtsraum, stehen sie kontinuierlich unter dem Zwang, pädagogisch sinnvoll zu entscheiden und zu handeln. In der lückenlosen Verkettung von Entscheidungen und Handlungsschritten entsteht Praxis. Dessen sind sich die praktisch Handelnden in der Regel nicht bewußt im Prozeß des Handelns, sonst wären sie nicht mehr handlungsfähig. Nur befreit vom Druck der Praxis läßt sich in der Muße der Forschungssituation, die lückenlose Sequenzialität der Praxis aus natürlichen Protokollen rekonstruieren und bewußt machen.

Trotz des Entscheidungszwangs ohne Bedenkzeit ist Praxis nicht willkürlich und zufällig, und es ist auch nicht gleichgültig, welcher Handlungsschritt vollzogen wird. Die Begründung für die Entscheidung kann im Moment des Vollzugs nicht ausbuchstabiert werden. Dennoch wird so gehandelt, daß man nachträglich dafür eine vernünftige Begründung geben könnte. Eine praktische Vernunft ist hier wohl im Spiel. Die Quellen für das schnelle, intuitive Entscheiden und Handeln sind praktische Erfahrung, Wissen und Fallverstehen (s. u.). Aus ihnen emergiert autonome Praxis.

In Schulklassen mit Kindern aus verschiedenen Kulturen ändert sich an dieser Praxisgrundfigur nichts. Sie zeigt sich deutlicher. Wir erkennen sie z. B. ganz einfach in folgendem: Selbst wenn sich die Lehrerin sprachlich nicht mit den Kindern verständigen kann und ihr diese fremd sind, kann sie nicht sagen: "So, ich muß erst mal eure Kultur studieren, eure Muttersprache kennenlernen und erziehungswissenschaftliche Konzepte zum interkulturellen Lernen lesen, danach machen wir dann weiter." Sie muß sofort und kontinuierlich praktisch vernünftig handeln. – Zu jeder Praxis gehören Gelingen und Scheitern.

Fallverstehen unter erschwerten Bedingungen

Gelingen oder Scheitern pädagogischer Praxis hängen wesentlich mit der Qualität des Fallverstehens zusammen. "Fall", im Sinne der objektiven Hermeneutik, ist in der pädagogischen Praxis vieles und sehr verschiedenes: das Kind, die Klasse, die Eltern, das Kollegium, die Schulorganisation, Lerninhalte, Konflikte, Unterrichtsmethode usw. Ordnen läßt sich das Viele in drei Gruppen: die sinnlich wahrnehmbare Welt, die psychischen Tatsachen, die materiell zum Ausdruck kommen (die Tränen Asmaas), und die sozialen Tatsachen, zu denen die institutionellen Vorgaben und die Organisation von Schule, auch das objektiv Latente, z.B. der geheime Lehrplan, die Strukturen von Lehrerhandeln und andere Interaktionsstrukturen gehören.

Die LehrerIn ist fast nie mit nur einem Fall konfrontiert, sondern gleichzeitig mit einer Vielzahl von Fällen, die sich überlagern und wechselseitig beeinflussen. Vergangenheit, Gegenwart und Zukunft verschachteln sich ineinander. Im Hier und Jetzt konfluiert und konfligiert so vieles gleichzeitig, daß die PädagogIn ihre praktische Arbeit aufgeben müßte, würde sie versuchen, all dies auszudifferenzieren.

Schulpädagogische Praxis erfordert schnelles, intuitives, abgekürztes Fallverstehen – eine unglaublich komplexe Leistung, die die ForscherIn, wenn sie fallrekonstruktiv arbeitet, bewundert. Verständlich wird ihr dabei der Erschöpfungszustand, in dem sich die PraktikerIn nach sechs Stunden befindet. Daß Fallverstehen unter derart erschwerten Bedingungen überhaupt möglich ist, spricht für das Vorhandensein eines naturwüchsig vorhandenen Talents zum Fallverstehen.

Beim Umgang mit Menschen aus fremden Kulturen stößt das naturwüchsige und auf Erfahrung in der eigenen Kultur basierende Fallverstehen auf deutliche Grenzen. Wenn auch ein Minimum an Verständigung immer möglich ist, so bewahrt doch nur Wissen – zumindest über fremdkulturelle Gerechtigkeitsentwürfe in Verbindung mit kulturspezifischer Regelung der Sexualität – vor Fehleinschätzung und unangemessenem Handeln, wie es im Fall Elif passiert ist. Das war ein Fehler, aus dem zwar die Beteiligten viel gelernt haben, das junge Mädchen aber mußte allein und ungeschützt die Folgen tragen.

Das Wissen über fremde Kulturen muß ergänzt werden durch ein Wissen über Verhalten in Umbruchphasen und Transformationsprozessen. Sowohl anomische Zustände bei kulturellem Umbruch als auch Bestrebungen, Abweichungen zu bestrafen, um die alte Ordnung wiederherzustellen, können mit Gewalt verbunden sein – viel mehr als im Zustand der Ordnung, sei es nun die alte oder die neue. Gründlich diskutiert werden muß, wie Mädchen und Frauen vor kultur- und umbruchspezifischen Varianten männlicher Gewalt geschützt werden können.

"Die widersprüchliche Einheit aus diffuser und spezifischer Sozialbeziehung" und
"der strukturlogische Widerspruch von Autonomiebildung und Stellvertretung"

Zunächst eine kurze Erläuterung zu den Begriffen. Die Denkfigur der "widersprüchlichen Einheit" übernehme ich von Oevermann:

"Den Ausdruck 'widersprüchliche Einheit' setze ich immer dann ein, wenn soziale Gebilde in ihrer Eigenart und Strukturiertheit u.a. dadurch gekennzeichnet werden können, daß sie durch Strukturelemente konstitutiv ausgezeichnet sind, die in der Relation eines logischen Widerspruchs zueinander stehen und gleichzeitig gilt, daß die Auflösung dieses logischen Widerspruchs, etwa in einer ideologiekritischen einfachen Operation, das Gebilde als solches zerstört. Und drittens, (...), daß das Gebilde in genau dieser Eigenschaft eine nicht substituierbare soziale Funktion erfüllt."[292]

---

[292] Ulrich Oevermann, Professionalisierungstheorie I, unveröffentlichtes Vorlesungsmanuskript, Universität Frankfurt am Main, Sommersemester 1990, S. 39f; vgl. auch III. 1.2.2.1 ERGEBNIS: INDIVIDUELLE FALLSTRUKTUR AISCHAS, S. 95, FN 113.

Die Begriffe "spezifisch" und "diffus" kommen bereits in der Parsonschen Theorie vor, werden von Oevermann übernommen, aber abgewandelt gebraucht. Parson interpretiert diffuse Beziehungen auch als Rollenbeziehung, nach Oevermann ist das ein Widerspruch in sich. Ich verwende die Begriffe so wie Oevermann: Spezifische Beziehungen sind Rollenbeziehungen, diffuse Beziehungen nicht, sie schließen die ganze Person ein.[293]

Das pädagogische Handeln in der Schule besteht aus Elementen spezifischen, hochformalisierten Handelns einerseits und andererseits aus Elementen diffusen Handelns, wie sie eigentlich nur in der Primärbeziehung zwischen Eltern und Kind oder in der Paarbeziehung vorkommen. Je jünger das Kind ist, um so stärker ist der Anteil der diffusen Beziehung. Die Lehrerin wird zur Mutter, und es finden Übertragungen statt. Erst im weiteren Verlauf der Schulzeit lernt das Kind allmählich, Rollen stabil zu halten, und kann aus dem Verhältnis persönlicher Abhängigkeit zu autonomem Handeln übergehen. Die Lehrerin befindet sich in einem strukturellen Widerspruch: Als Mutter-Lehrerin ist sie als ganze Person dem Kind in seiner Ganzheit zugewendet, als Teil der Institution hat sie weitgehend vorgeschriebene Aufgaben zu erfüllen und unterliegt administrativer, bürokratischer, kollegialer und elterlicher Kontrolle. In der diffusen Beziehung handelt sie ganzheitlich, in der rollenförmigen übt sie eine Funktion aus.

In diese widersprüchliche Einheit ist ein weiterer Strukturwiderspruch eingelagert: Autonomiebildung beim Kind bei gleichzeitiger Stellvertretung. Während die Lehrerin die Autonomiebildung fördert, handelt sie stellvertretend für das Kind. Mit diesem strukturellen Widerspruch läßt sich nur sinnvoll umgehen, wenn Stellvertretung und Hilfe nur soviel und solange angeboten werden, wie sie das Kind braucht. Seiner wachsenden Selbständigkeit muß die Lehrerin ihr Handeln anpassen mit dem Ziel, sich überflüssig zu machen.

Bei Kindern der ersten Generation ausländischer Eltern können sich die Widersprüche verschärfen. Da die Eltern ihren sonst üblichen Anteil bei der Einführung der Kinder in die Kultur oft nicht übernehmen können, werden Lehrpersonen noch mehr zur helfenden Mutter. Die Beziehung zwischen Lehrer oder Lehrerin und Kind kann stärker und länger als sonst eine diffuse Sozialbeziehung sein und damit auch in noch größeren Konflikt geraten mit den Zwängen der Institution. Daraus können dann sprezifische Ablösungsprobleme erwachsen, wie wir sie bei Fousia gesehen haben, die aufgrund ihrer besonderen Situation mehr als alle anderen die Lehrerin als Mutter ansah. Für Fousia war das Verhältnis zu ihrer Lehrerin ganz und gar nicht nur eine befristete Arbeitsbeziehung.

---

293 Ders.: Professionalisierung der Pädagogik – Professionalisierbarkeit pädagogischen Handelns, Transkription eines Vortrages am Institut für Erwachsenenbildung der Freien Universität Berlin, 1981, S. 26f.

Daher hätte ein allmählicher Ablösungsprozeß stattfinden müssen, dessen sinnvolles Ende – die Autonomie des Handelns beim Kind – nur die Lehrerin und das Kind selbst hätten bestimmen können. Stattdessen war die Beziehung bürokratisch beendet worden und die Ablösung folgenschwer für das Kind mißlungen. Pädagogische Praxis kann in einer Rollenbeziehung nie vollständig aufgehen.

Selbstheilungskräfte von Praxis

Pädagogische Praxis emergiert aus Fallverstehen, pädagogischer Erfahrung und Wissen in Verbindung mit Berufsethik. Die je konkreten Probleme und die festgeschriebenen Aufgaben erfordern meist unmittelbare Lösungen, die mitgeprägt sind von der Persönlichkeit des Praktikers, besonders dem Ausmaß seiner Kreativität. Bei Bewährung können sie sich stabilisieren und zu entlastenden Routinen werden, solange nicht andere neue Probleme zu Öffnung und neuen Lösungen zwingen oder die Lust zur Erprobung von Neuem das Alte besiegt. Die Orientierung am Fall, die Verstehensbemühungen, das Ergebnis des Handelns – sei es Gelingen oder Scheitern – machen aus Schule einen Lernort für alle – auch außerhalb des Curriculums.

Was bewirkt diesen Lernimpuls?

Er wird ausgelöst durch eine Eigenart der Realität, die nicht so antwortet, wie wir sie hypothetisch konstruieren, sondern so, wie sie ist. Ein falscher hypothetischer Wirklichkeitsentwurf, z.B. die Fehleinschätzung einer Klasse oder der moralischen Vorstellungen einer muslimischen Familie, scheitert an den "brute facts"[294] der Realität. Darin liegen die Selbstheilungskräfte von Praxis begründet. Sie fordern zur Korrektur des Denkens heraus. Lehren ist immer auch lernen.

Das Strukturproblem: Praxis im Widerspruch zwischen Autonomie und Fremdbestimmung

Institutionalisierte Bildung ist ein Widerspruch in sich. Einerseits gehören zum fallbezogenen pädagogischen Handeln Autonomie und Eigenverantwortung, andererseits kann sich kein Lehrer und keine Lehrerin den Forderungen und Zwängen der Administration und Bürokratie und dem Druck des Arbeitsmarktes entziehen. Lehrerhandeln balanciert zwischen Fremdbestimmung und Eigenverantwortung. Strukturell droht immer die Entmündigung.

---

294 Peirce, a.a.O.; siehe Teil I, S. 28, FN 19.

2.4 Objektive Hermeneutik und Professionalisierung von Lehrerhandeln
– Perspektive für die Zukunft –

Die Arbeit des Lehrers und der Lehrerin ist bei uns gesellschaftlich und im Leben jedes einzelnen von großer Bedeutung. In der pädagogischen Praxis wird die Forderung nach Professionalisierung des Lehrerhandelns immer häufiger und präziser gestellt. Gefordert wird zum einen die methodische Analyse von Praxis, um von verbreiteten Klischees wegzukommen hin zur Erkenntnis der Eigenart heute zu leistender Arbeit, und zum anderen die Neuordnung der Lehrerausbildung und der Fort- und Weiterbildung mit der Überwindung des Grabens zwischen pädagogischer Praxis und Erziehungswissenschaft.[295]

Die verbreitete Unzufriedenheit hat unterschiedliche Gründe. Mir scheint, daß diese trotz ihrer Verschiedenheit sehr oft eines gemeinsam haben: Sie liegen auf der Strukturebene. Strukturprobleme in der Pädagogik nehmen mit der Verwissenschaftlichung der Inhalte und der Ausbildung zu. Es sind Probleme, die sich lösen ließen. – Ich erläutere das:

Das Strukturproblem hat sich mir in der Forschungspraxis bei Analysen von "natürlichen" Protokollen aus der Lehrerausbildung, von Schulbüchern und pädagogischer Fachliteratur gezeigt.

Zum Beispiel zeigte sich bei der Nachbesprechung von Unterricht große Unsicherheit und Unklarheit bezüglich der Analyse der Interaktion. Anstelle methodischer Erschließung der Protokolle gab es diffuses Reden über Eindrücke und Empfindungen, ergänzt mit Versatzstücken aus den Sozialwissenschaften. Nicht aufgeschlossen wurden die Konflikte, die aus der Gleichzeitigkeit von spezifischer und diffuser Beziehung entstanden. Unsicherheit und Fehleinschätzung zeigten sich im Umgang mit dem Strukturwiderspruch von Autonomie und Fremdbestimmung: Was wirkliche Zwänge sind, was mit Engagement und Arbeit verändert werden könnte, wo Freiheitsräume für Handeln sind und es Gestaltungsmöglichkeiten gibt, wo man Verantwortung übernehmen kann und wo-

---

[295] Dieter Wunder, Thesen zur Neubestimmung der Aufgaben des Lehrerberufs; in: Holger H. Lührig (Hrsg), Zweiwochendienst – Ausgabe Bildung, Wissenschaft, Kulturpolitik; 10. Jg. 1995, Nr. 16-17, S. 9f. Hannegret Biesenbaum, Bundesschulkonferenz 1995 – die Not treibt uns zusammen, Erziehung und Wissenschaft, Zeitschrift der Bildungsgewerkschaft GEW, 47. Jg. 1996, Heft 1, S. 19. GEW-Arbeitsgruppe "LehrerInnenbildung", GEW-Entwurf "Zur Reform der LehrerInnenbildung", Diskussionspapier vom 08.02.96, GEW-Hauptvorstand, Frankfurt 1996. Dazu: Helga Ballauf, Schlüsselproblem der Bildungsreform; in: Erziehung und Wissenschaft, 47. Jg, 1996, Heft 3, S. 21f. Bärbel Schubert, Rückenwind für den Verbund von Theorie und Praxis; in: Erziehung und Wissenschaft, 47. Jg. 1995, Heft 11, S. 6 – 10.

für man sich nicht die Verantwortung zuschieben lassen muß, bleibt häufig unklar, und das wirkt lähmend.

In Schulbüchern und Fachliteratur mit wissenschaftlichem Inhalt kann man die Struktur der Selbstdarstellung von Wissenschaft und der Deautonomisierung der Subjekte in der Zielgruppe finden.

Ein Folgeproblem ist die Zunahme unauthentischer Rede, die an Stelle von Sachhaltigkeit Versatzstücke aus den Sozialwissenschaften enthält.

Professionalisierung kann nur gelingen, wenn sie auf der inhaltlichen und auf der Strukturebene ansetzt. In der Lehrerausbildung ist für die fachliche Qualifikation selbstverständlich, daß sie wissenschaftlichem Standard genügen muß. Auf der Strukturebene ist das, wenn ich nicht irre, nicht so. Dies ist um so erstaunlicher, da doch die Strukturebene das ureigene Feld pädagogischen Handelns ist, da es sich immer auf andere richtet und nicht auf sich selbst einwirken will. Pädagogik müßte das allergrößte Interesse an der Erforschung der Strukturebene, an geeigneten Forschungsmethoden und entsprechender Ausbildung haben.

Wenn ich nicht irre, ist dafür die objektive Hermeneutik geeignet. Für sie ist eine nicht-pädagogisierende Haltung gegenüber Praxis charakteristisch.

"Der objektive Hermeneut weiß genau, daß er nichts anderes tut, als unter der privilegierten Voraussetzung der Praxisenthobenheit, d.h. ohne Zeitdruck, mikrologisch detailliert Zusammenhänge zu studieren, die der Praktiker gestaltrichtig intuitiv in einer gemessen daran unglaublichen Geschwindigkeit und Treffsicherheit erfassen können muß, und er bewundert, je länger er sein Geschäft betreibt, die Reichhaltigkeit der Strukturen, die er analysiert, und die Klugheit der Praxis, die sie produziert, ohne auch nur einen Augenblick daran zu zweifeln, daß die kritische Distanz seiner Analysemethode mit der Befähigung für das Tun, das er untersucht, absolut nichts zu tun hat. Deshalb auch verbindet sich ihm die Kritik seines analytischen Urteils wie selbstverständlich mit dem Respekt vor der Wirklichkeit gestaltenden Praxis."[296]

Professionalisierung auf der Strukturebene beinhaltet m.E. vier Aufgaben:
(1) das methodische Herausheben der Struktureigenschaften pädagogischer Praxis und Ausbildung,[297]

---

[296] Ulrich Oevermann, Struktureigenschaften supervisorischer Praxis – exemplarische Sequenzanalyse des Sitzungsprotokolls der Supervision eines psychoanalytisch orientierten Therapie-Teams im Methodenmodell der objektiven Hermeneutik; Manuskript S. 104f., Fachbereich Soziologie, JWG-Universität Frankfurt am Main. Veröffentlicht in: Benjamin Barde und Dankwart Mattke (Hrsg.), Therapeutische Teams, Göttingen 1993.
[297] Horst Wollenweber, Das Berufsbild des Lehrers als Grundlage der Lehrerausbildung; in: Pädagogische Rundschau, 50. Jg. 1996, Heft 2, S. 265 – 276.

(2) eine den Strukturen pädagogischer Praxis angemessene Lehrerausbildung am Fall,

(3) Supervision und strukturhermeneutische Analyse von Supervisionsprotokollen im Rahmen der Fort- und Weiterbildung, besonders zur Vermeidung der Wiederholung eingeschliffener Fehler,

(4) das Erlernen einer strukturhermeneutischen Methode, zum Beispiel der objektiven Hermeneutik, in der Forschungspraxis, zumindest für diejenigen, die später ausbilden wollen.

In der neuen Prüfungsordnung für die Allgemeine Prüfung in Erziehungs- und Gesellschaftswissenschaften für die Lehrämter sind im Bereich Grund-, Haupt-, Realschulen und Gymnasien einerseits weder die Strukturebene noch Forschungsmethoden ein Thema, andererseits ist sie so allgemein gehalten, daß man sie inhaltlich damit füllen könnte.[298]

Wie kann man professionalisieren?

Professionalität erwirbt man nicht nur durch Aneignung von Fachliteratur, sondern vor allem über Praxis und die nachträgliche Erschließung von Praxis, wie es in der Psychoanalyse und der Medizin mit der Ausbildung am Fall üblich ist. Für die Erschließung der Strukturebene von Praxis braucht man geeignete Forschungsmethoden, wie zum Beispiel die objektive Hermeneutik. Über sie verfügt in der Regel in der Praxis niemand, auch nicht über die Zeit, die man braucht, um sie in der Forschungspraxis zu lernen. Das kann nur, wer vom Praxisdruck entlastet ist: der Forscher. Daraus folgt: Praxis und Erziehungswissenschaft müssen verzahnt sein, wenn Professionalisierung von Lehrerhandeln gelingen soll. Die Zusammenarbeit von pädagogischer Forschung und Praxis ist auf vielerlei Weise denkbar und möglich. Hier nur einige Anregungen dazu:

Erste Phase der Lehrerbildung

Die Aneignung von Lernstoff tritt zurück zugunsten eines forschenden Lernens am Fall. Dabei wird gleichzeitig eine Sache erschlossen und eine Methode der Erschließung gelernt. Das Datenmaterial in Form von "natürlichen" Texten wird von den Studenten und Studentinnen aus eigener Praxis, etwa aus dem Schulpraktikum, mitgebracht. Es können Protokolle von Unterrichtsstunden, Konferenzen, Unterrichtsbesprechungen usw., aber auch Erlasse, Beschlüsse, Stundenpläne u.a. sein. Auch die Analyse von erziehungswissenschaftlichen Texten ist aufschlußreiches Material für die Forschungspraxis.

---

[298] Verordnung über die Ersten Staatsprüfungen für die Lehrämter, vom 3. April 1995, GVBl. II 322 – 111; in: Gesetz und Verordnungsblatt für das Land Hessen, Teil I, 1995, Nr. 12.

Neuer Prüfungsschwerpunkt ist dann das Fallverstehen, das sich konkret anhand der Interpretation eines "natürlichen" Protokolls zeigt.

Zweite Phase der Lehrerbildung

AusbilderInnen erhalten die Möglichkeit, in Fortbildung Methoden zur Erschließung von Praxisprotokollen zu erlernen. Sie arbeiten zusammen mit ReferendarInnen in Forschungsgruppen an der Universität, in denen Fallmaterial analysiert wird. Auch MentorInnen sollte die Möglichkeit gegeben werden, sich an der Forschungspraxis zu beteiligen. Die Leitung derartiger Gruppen müßten Personen übernehmen, die Erfahrung in der Anwendung von Erschließungsmethoden haben.

In Prüfungsgesprächen wird die Interpretation von Fallmaterial wichtiger Bestandteil. Der Stoff verliert an Bedeutung.

In der Weiterbildung

In zeitlich größeren Abständen wird das methodische Erschließen von eigener und fremder Praxis fortgesetzt. Bei Supervision sollten auch Supervisionsprotokolle methodisch analysiert werden.

Qualifikation für die Ausbildung von Lehrerinnen und Lehrern

Erfahrung in Praxis und Kompetenz in der Erschließung der Strukturebene erhält als Kriterium bei der Auswahl der Personen für die Lehrerausbildung größeres Gewicht.

Das alles erscheint auf den ersten Blick utopisch und als zusätzliche Belastung im überfüllten Stundenplan der Lehrerausbildung. Das Gegenteil ist der Fall. Wie wir aus der sokratischen Maieutik wissen, ist Voraussetzung der gründlichen Arbeit an der Sache das Entbinden von "Windeiern" aus den Gehirnen;[299] dazu gehört der flott übernommene Lernstoff. Gründliche Arbeit an einer Sache strahlt aus. Wer gelernt hat, nach der Methode der objektiven Hermeneutik Texte zu erschließen, hat neu zu lesen gelernt. Diese neue Art zu lesen macht das viele und daher zeitaufwendige flüchtige Lesen überflüssig.

Ein Leitgedanke der Professionalisierung von Lehrerhandeln am Fall könnte daher die alte Weisheit sein: Weniger ist besser als viel.

---

299 Vgl. Teil V. I. "VERSTEHEN LEHREN" UND METHODISCHES VERSTEHEN LERNEN, *1.Grundlagen des geistigen Gebäudes der Didaktik und der Methodologie.* Siehe auch Anhang VI, Exkurs zur Maieutik.

Schluß von Teil V: Lernen von archaischer Kultur?

Eine meiner vielen Fragen, die mich bei meiner Begegnung mit der traditionalen Berberkultur beschäftigte, war die Frage, ob unsere hochentwickelte Gesellschaft von archaischer oraler Kultur etwas lernen könne. Meine Neugier auf dieses Fremde wurde geweckt und wach gehalten durch die Autonomie im Denken, die Authentizität des Ausdrucks und die eigenständige Gestaltung von Lebenspraxis, die ich dort vorgefunden habe. Ich habe dabei gelernt, daß dazu weder Schule noch Wissenschaft nötig sind.

Vielleicht ist es die Achtung vor der Eigenständigkeit der Praxis, der Konkretheit des Denkens und – damit verbunden – die Authentizität des Ausdrucks, worin wir uns belehren lassen können für den Widerstand gegen moderne subtile Formen der Entmündigung der Menschen und für den schwierigen Balanceakt pädagogischer Professionalität, bestehend aus Wissenschaftlichkeit auf der Ebene der Inhalte und Methoden und Stärkung der Autonomie auf der Ebene der Struktur.

"Wir haben nicht die Absicht, uns dem Paradox auszuliefern und die ungeheure Revolution, die durch die Erfindung der Schrift eingeleitet worden ist, negativ zu beurteilen. Aber es ist unerläßlich, sich darüber klar zu werden, daß sie der Menschheit etwas Wesentliches entzogen hat in der gleichen Zeit, in der sie ihr so viele Wohltaten brachte.[9] Eine richtige Einschätzung des Verlustes der Autonomie, der sich aus der Ausdehnung der indirekten Nachrichtenformen ergeben hat (Buch, Fotografie, Presse, Radio und so weiter), fehlt bis heute (...)."[300]
"Die Nachwelt wird zweifellos sagen, daß der bedeutendste Beitrag der Anthropologie zu den Sozialwissenschaften die (übrigens unbewußte) Einführung der Hauptunterscheidung zwischen zwei Modalitäten der sozialen Existenz gewesen ist: eine Lebensweise, die ursprünglich als traditionell und archaisch wahrgenommen wurde und die vor allem zu den authentischen Gesellschaften gehört; und Formen neueren Datums, wo der erste Typ sicherlich vorhanden ist, wo aber unvollkommene und unvollständige authentische Gruppen innerhalb eines viel weiteren Systems, auf dem das Siegel der Nichtauthentizität liegt, organisiert sind."[301]

---

300 Levi-Strauss, Strukturale Anthropologie I, a.a.O., S. 392.
301 A.a.O., S. 393f.

Arabesken

Sinnliche Repräsentanz muslimischen Philosophierens, objektiver Hermeneutik, Wagenscheinscher Didaktik und Weg für das Lernen und Forschen über kulturelle Grenzen hinweg.

Zwei Ausdrucksmittel islamischer Kunst sind die arabische Schrift und die Arabeske. Aus wenigen Grundfiguren werden unzählige verschiedene kalligraphische und ornamentale Gebilde von strenger Gesetzlichkeit und Repetition entworfen. Dabei können zwei oder mehrere verschiedene selbständige ornamentale Systeme ineinander verwoben sein zu einer komplexen Ordnung. Diese muslimische Kunst ist vergleichbar einem Algorithmus, der aus einfachen Grundformen, Aufbaugesetzen folgend, Besonderheit in Vielfalt erzeugt.[302]

Wir unterscheiden die floralen Arabesken, arabisch: tauriq, Gewebe aus Kurven, von den polygonalen Arabesken, arabisch: tastir, strenge Muster aus Geraden.

Arabeske 2.9[303] *Grundfigur 2.1*[304]

---

302 Vgl. Johann Christoph Bürgel, Ekstase und Ordnung. In: du – Die Zeitschrift der Kultur, 1994, Heft 7/8 Doppelnummer, Islam – Die Begegnung am Mittelmeer, S. 76 – 81.
303 Karl Gerstner, Du sollst dir kein Bildnis machen. In: du – Die Zeitschrift der Kultur, 1994, Heft 7/8 Doppelnummer, Islam – Die Begegnung am Mittelmeer, S. 105.
304 Ebda.

Die polygonale Arabeske ist Ausdruck muslimischer Philosophie, wonach die Vielfalt auf das Einfache zurückzuführen ist, der Mikrokosmos dem Makrokosmos entspricht und das Denken die Bewegung vom Vielen zum Einen anstrebt. Den sie Betrachtenden zeigt sich die Arabeske stets zuerst als kunstvoll dichtes Gewebe, dessen Schönheit Staunen und Bewunderung zu wecken vermag. Ihre Schönheit beruht auf der Synthese von Sinnlichkeit und Ordnung. Grundform und Konstruktionsgesetz der Arabeske bleiben dem flüchtigen Blick verborgen, letzteres auch dem ästhetischen Blick. Dieser jedoch wird die innere Logik des Gebildes ahnen und wird den analytischen Geist antreiben, sie zu erforschen. Für ihn gibt es nur einen Weg, der zum Gelingen führt, und dieser Weg ist von der Sache selbst vorgezeichnet. Nur wer den Linien der Arabeske ohne Abweichungen folgt, kann Grundfigur und Aufbaugesetzlichkeit erkennen. Man lernt dabei, an der Sache zu bleiben, nicht nur in diesem Fall, sondern grundsätzlich, und den Verlockungen der Abweichung und den Operationen der Verstellung des Erkenntnisweges zu widerstehen. So gesehen kann die Arabeske als sinnliche Repräsentanz muslimischer Philosophie, objektiver Hermeneutik und Wagenscheinscher Didaktik verstanden werden und als wegweisend für interkulturelles Verstehen.

Literatur

Adorno, Theodor W.: Die Aktualität der Philosophie. 1931. In: ders: Gesammelte Schriften I – Philosophische Frühschriften, Suhrkamp, Frankfurt am Main 1973, S. 325 – 344.

Alix, Christian: "Pakt mit der Fremdheit?" Interkulturelles Lernen als dialogisches Lernen im Kontext internationaler Schulkooperationen. Verlag für interkulturelle Kommunikation (Forschungsreihe: Erziehung und Gesellschaft im internationalen Kontext; 7), Frankfurt am Main 1990.

Allert, Tilman: Familie und Milieu – Die Wechselbeziehung von Binnenstruktur und Außenbeziehung am Beispiel der Familie Albert Einsteins. In: Thomas Jung und Stefan Müller-Doohm (Hrsg.): 'Wirklichkeit' im Deutungsprozeß – Verstehen und Methoden in den Kultur- und Sozialwissenschaften. Suhrkamp, Frankfurt am Main 1993, S. 329 – 357.

Apitzsch, Ursula: Jugendkultur und Ethnizität. In: Rainer Brähler und Peter Dudek (Hrsg.), Fremde – Heimat. Neuer Nationalismus versus interkulturelles Lernen – Probleme politischer Bildungsarbeit. Verlag für interkulturelle Kommunikation, Frankfurt am Main 1992, S. 153 – 183.

Aufenanger, Stefan und Lenssen, Margit (Hrsg.): Handlung und Sinnstruktur: Bedeutung und Anwendung der objektiven Hermeneutik. Kindt, München 1986.

Ballauf, Helga: Schlüsselproblem der Bildungsreform. In: Erziehung und Wissenschaft 47. Jg, 1996, Heft 3, S. 21f.

Barde, Benjamin und Mattke, Dankwart (Hrsg.): Therapeutische Teams. Vandenhoeck und Ruprecht, Göttingen 1993.

Bastian, Till und Hilgers, Micha: Kain – Die Trennung von Scham und Schuld am Beispiel der Genesis. In: Psyche 44. Jg. 1990, Heft 12, S. 1100 – 1112.

Baumgartner-Karabak, Andrea; Landesberger, Gisela: Die verkauften Bräute – Türkische Frauen zwischen Kreuzberg und Anatolien. Rowohlt-Taschenbuch-Verlag, Reinbek bei Hamburg 1978.

Beck, Gertrud und Scholz, Gerold: Beobachten im Schulalltag – Ein Studien- und Praxisbuch. Cornelsen Skriptor, Frankfurt am Main 1995.

Bender-Szymanski, Dorothea und Hesse, Hermann-Günther: Migrationsforschung – eine kritische Analyse deutsch-sprachiger empirischer Untersuchungen aus psychologischer Sicht. Böhlau-Verlag, Köln, Wien 1987.

Berg, Christa: Verändertes Spielzeug – veränderte Kindheit. In: Neue Sammlung, 30. Jg. 1990, Heft 3, S. 436 – 448.

Bernstein, Doris: Weibliche genitale Ängste und Konflikte und die typischen Formen ihrer Bewältigung. In: Psyche 47. Jg. 1993, Heft 6, S. 530 – 554.

Betz, Otto und Martens, Ekkehard: Methodisch-mediales Handeln im Lernbereich Philosophie – Religion. In: Enzyklopädie Erziehungswissenschaft, Bd. 4. Klett-Cotta, Stuttgart 1985, S. 209 – 229.

Bibel, siehe unter D -> Die Bibel und Die Schrift.

Biesenbaum, Hannegret: Bundesschulkonferenz 1995 – die Not treibt uns zusammen, Erziehung und Wissenschaft, Zeitschrift der Bildungsgewerkschaft GEW, 47. Jg. 1996, Heft 1, S. 19.

Blumenberg, Hans: Wirklichkeitsbegriff und Wirklichkeitspotential des Mythos. In: Manfred Fuhrmann (Hrsg.): Terror und Spiel – Probleme der Mythenrezeption. Poetik und Hermeneutik IV. Wilhelm-Fink-Verlag, München 1971, S. 11 – 66.

Bobzin, Hartmut: Friedrich Rückert und der Koran. In: *Der Koran*, Übersetzung von Friedrich Rückert. Ergon, Würzburg 1995, S. VI – XXXIII.

Bourdieu, Pierre: Entwurf einer Theorie der Praxis auf der ethnologischen Grundlage der kabylischen Gesellschaft. Suhrkamp, Frankfurt am Main 1976. Titel der Originalausgabe: Esquisse d'une Théorie de la Pratique, précédé de trois études d'éthnologie kabyle, Genf 1972.

Brähler, Rainer und Dudek, Peter (Hrsg.): Fremde – Heimat. Neuer Nationalismus versus interkulturelles Lernen – Probleme politischer Bildungsarbeit. Verlag für interkulturelle Kommunikation, Frankfurt am Main 1992.

Brose, Hanns-Georg und Hildenbrand, Bruno (Hrsg.): Vom Ende des Individuums zur Individualität ohne Ende. Leske und Budrich, Opladen 1988.

Bürgel, Johann Christoph: Ekstase und Ordnung. In: du – Die Zeitschrift der Kultur. 1994, Heft 7/8 Doppelnummer. Islam – Die Begegnung am Mittelmeer, S. 76 – 81.

Coseriu, Eugenio: Sprachkompetenz – Grundzüge der Theorie des Sprechens. Herausgegeben und bearbeitet von Heinrich Weber. Tübingen 1988.

Coulmas, Florian: Über Schrift. Suhrkamp, Frankfurt am Main 1981.

Crapanzano, Vincent: Die Hamadsa – Eine ethnopsychiatrische Untersuchung in Marokko. Übersetzung von Susanne und Ulrich Enderwitz. Klett-Cotta, Stuttgart 1981. Titel der Originalausgabe: The Hamadsha – A Study in Maroccan Ethnopsychiatry. University of California Press, Berkeley, Los Angeles, London 1973.

Der Koran, Übersetzung von Max Henning. VMA Verlag, Wiesbaden o.J.

Der Koran, Übersetzung von Rudi Paret. Kohlhammer, Stuttgart, Berlin, Köln ^{5}1989.

Der Koran, Rudi Paret: Kommentar und Konkordanz. Mit einem Nachtrag zur Taschenbuchausgabe. Kohlhammer, Stuttgart, Berlin, Köln [4]1989.

Der Koran, Übersetzung von Friedrich Rückert. Ergon, Würzburg 1995.

Der Heilige Qur-ân: Arabisch und Deutsch. Herausgegeben unter der Leitung von Hazrat Mirza Bashir-ud-Din Mahmud Ahmad (Ausgabe der Ahmadiyya). Verlag: Der Islam, Zürich [2]1959.

Dersch, Dorothee: Transformation und Autonomie. Dissertation am Fachbereich Soziologie der Johann Wolfgang Goethe-Universität, Frankfurt am Main 1996, noch nicht veröffentlicht.

Deutsche Gesellschaft für die Vereinten Nationen e.V. (Hrsg.): Weltbevölkerungsbericht 1993. Das Individuum und die Welt: Bevölkerung, Migration und Entwicklung in den neunziger Jahren. Bonn 1993.

Diehm, Isabell: Erziehung in der Einwanderungsgesellschaft. Konzeptionelle Überlegungen für die Elementarpädagogik. IKO-Verlag für interkulturelle Kommunikation, Frankfurt am Main 1995.

Die Bibel: Die Heilige Schrift des Alten und Neuen Bundes. Deutsche Ausgabe mit den Erläuterungen der Jerusalemer Bibel. Herausgegeben von Diego Arenhoevel, Alfons Deissler, Anton Vögtle. Herder, Freiburg, Basel, Wien [2]1969.

Die Schrift: Aus dem Hebräischen verdeutscht von Martin Buber und Franz Rosenzweig. Lizenzausgabe für die Deutsche Bibelgesellschaft. Stuttgart, 1992, 10. verbesserte Auflage der neubearbeiteten Ausgabe von 1954.

Djebar, Assia: Die Schattenkönigin. Aus dem Französischen von Inge M. Artl, Unionsverlag Zürich 1991. Titel der Originalausgabe: Ombre Sultane. Verlag J.C. Lattès, Paris 1987.

Eigler, Gunther (Hrsg.): Platon, Werke in 8 Bänden. Griechisch und Deutsch, 6. Band, Theaitetos, Der Sophist, Der Staatsmann. Bearbeitet von Peter Staudacher, griechischer Text von Auguste Diès, deutsche Übersetzung von Friedrich Schleiermacher. Wissenschaftliche Buchgesellschaft, Darmstadt 1970.

Elias, Norbert: Über den Prozeß der Zivilisation – Soziogenetische und psychogenetische Untersuchungen, Band I und II. Suhrkamp, Frankfurt am Main 1976.

–: Wandlungen der Wir-Ich-Balance. In: Ders: Die Gesellschaft der Individuen. Suhrkamp, Frankfurt am Main 1987.

Elwert, Georg und Giesecke, Michael: Technologische Entwicklung – Schriftkultur und Schriftsprache als technologisches System. In: Technik und sozialer Wandel – Verhandlungen des 23. Deutschen Soziologentages in Hamburg 1986. Campus, Frankfurt am Main, New York 1987.

Enderwitz, Susanne: Der Schleier im Islam. In: Feministische Studien, 2. Jg. 1983, Heft 2, S. 95 – 112.

Erikson, Erik H.: Kinderspiel und politische Phantasie – Stufen in der Ritualisierung der Realität. Übersetzt von Hilde Weller. Suhrkamp, Frankfurt am Main ¹1978. Titel der Originalausgabe: Toys and Reasons – Stages in the Ritualisation of experience. New York 1977.

Fischer, Wolfdietrich: Erklärende Anmerkungen zum besseren Verständnis der Koranübersetzung von Friedrich Rückert. In: Der Koran, Übersetzung von Friedrich Rückert. Ergon, Würzburg 1995, S. 483 -573.

Foucault, Michel: Überwachen und Strafen – Die Geburt des Gefägnisses. Übersetzt von Walter Seitter. Suhrkamp, Frankfurt am Main 1977. Titel der Originalausgabe: Surveiller et punir – La naissance de la prison. Edition Gallimard, Paris 1975.

Fritsch, Ursula: Tanz, Bewegungskultur, Gesellschaft. Verluste und Chancen symbolisch-expressiven Bewegens. Afra-Verlag, Frankfurt am Main und Griedel 1988.

Fuhrmann, Manfred (Hrsg.): Terror und Spiel – Probleme der Mythenrezeption. Poetik und Hermeneutik IV. Wilhelm-Fink-Verlag, München 1971.

Garz, Detlef; Kraimer, Klaus (Hrsg.): Brauchen wir andere Forschungsmethoden? Beiträge zur Diskussion interpretativer Verfahren. Scriptor, Frankfurt am Main 1983.

–: Die Welt als Text. Theorie, Kritik und Praxis der objektiven Hermeneutik. Suhrkamp, Frankfurt am Main 1994.

Gauger, Hans-Martin und Heckmann, Herbert (Hrsg.): Wir sprechen anders – Warum Computer nicht sprechen können. Eine Publikation der Deutschen Akademie für Sprache und Dichtung. Fischer-Taschenbuch-Verlag, Frankfurt am Main 1988.

Geertz, Clifford: Dichte Beschreibung – Beiträge zum Verstehen kultureller Systeme. Übersetzt von Brigitte Luchesi und Rolf Bindemann. Suhrkamp, Frankfurt am Main 1987.

–: Religiöse Entwicklungen im Islam – Beobachtet in Marokko und Indonesien. Übersetzt von Brigitte Luchesi. Suhrkamp, Frankfurt am Main 1988. Titel der Originalausgabe: Islam observed – Religious Development in Morocco and Indonesia. The University of Chicago Press 1968.

Gellner, Ernest: Leben im Islam – Religion als Gesellschaftsordnung. Aus dem Englischen übersetzt von Susanne und Ulrich Enderwitz. Klett-Cotta, Stuttgart, 1985. Titel der Originalausgabe: Muslim Society. Cambridge University Press 1981.

Gerhard, Ute: Verhältnisse und Verhinderungen – Frauenarbeit, Familie und Rechte der Frauen im 19. Jahrhundert. Mit Dokumenten. Suhrkamp, Frankfurt am Main 1978.

Gerstner, Karl: Du sollst dir kein Bildnis machen. In: du – Die Zeitschrift der Kultur, 1994, Heft 7/8 Doppelnummer: Islam – Die Begegnung am Mittelmeer, S. 102 – 107.

Gesetz und Verordnungsblatt für das Land Hessen Teil I, 1995, Nr. 12.

GEW-Arbeitsgruppe "LehrerInnenbildung": GEW-Entwurf "Zur Reform der LehrerInnenbildung", Diskussionspapier vom 08.02.96, GEW-Hauptvorstand, Frankfurt am Main 1996.

Giere, Jaqueline: Fremdsein – Fluch oder Chance. In: Institut für Sozialarbeit und Sozialpädagogik. 1988, Heft 1, S. 67 – 75.

Giese, Christiane: Frauenleben und Frauenkultur im Islam exemplarisch dargestellt am orientalischen Tanz und die Relevanz für nicht-islamisch sozialisierte Frauen. Unveröffentlichte Diplomarbeit am Fachbereich Erziehungswissenschaften der Johann Wolfgang Goethe-Universität, Frankfurt am Main 1993.

–: Marokko-Tagebuch 1994. Unveröffentlicht.

Giordano, Christian; Schiffauer, Werner; Schilling, Heinz; Welz, Gisela und Zimmermann, Marita (Hrsg.): Kultur anthropologisch – Eine Festschrift für Ina-Maria Greverus. Institut für Kulturanthropologie und Europäische Ethnologie der Universität Frankfurt am Main 1989.

Gref, Marion: Frauen in Algerien – Theorie und Realität, aufgezeigt anhand des Code Algérien de la famille. Pahl-Rugenstein-Verlag (Pahl-Rugenstein-Hochschulschriften Gesellschafts- und Naturwissenschaften, 267: Frauenstudien 12), Köln 1989.

Habermas, Jürgen und von Friedeburg, Ludwig (Hrsg.): Adorno-Konferenz 1983. Suhrkamp, Frankfurt am Main 1983.

Hall, Edward T.: Die Sprache des Raumes. Übersetzung von Dr. Hilde Dixon. Pädagogischer Verlag Schwann, Düsseldorf 1976. Titel der Originalausgabe: The Hidden Dimension. 1966.

Heiler, Friedrich: Die Frau in den Religionen der Menschheit. De Gruyter, Berlin und New York 1976.

Herzog, Max und Graumann, Carl Friedrich: Sinn und Erfahrung – Phänomenologische Methoden in den Humanwissenschaften. Asanger, Heidelberg 1991.

Hilgers, Karin und Krause, Ingeborg: Sozialökologie in der Pädagogik – Qualitative Untersuchung zur Verbesserung der Bildungsbeteiligung benachteiligter (ausländischer) Kinder am Beispiel von Seiteneinsteigern und marokkanischen Kindern in der Förderstufe. Europäische Hochschulschriften, Reihe 11, 626. Verlag Peter D. Lang, Frankfurt am Main, Bern, New York 1995.

Höll, Rosemarie: Die Stellung der Frau im zeitgenössischen Islam – Dargestellt am Beispiel Marokkos. Verlag Peter D. Lang, Frankfurt am Main, Bern, Cirencester/U.K. 1979.

Hofmann, Murad Wilfried: Der Islam als Alternative. Eugen-Diederichs-Verlag, München ²1993.

Hopf, Diether und Tenorth, Elmar: Migration und kulturelle Vielfalt – Zur Einleitung in das Themenheft. In: Zeitschrift für Pädagogik 40. Jg. 1994, Heft 1, S. 3 – 7.

Ibrahim, Ezzedin und Johnson-Davies, Denys: Vierzig heilige Hadite. Aus dem Arabischen von Ahmad von Denffer. Herausgegeben vom Verein zur Verbreitung der islamischen Kultur. Amt für Bau von Moscheen und islamische Projekte, o.O., o.J.

Jaffé, Aniela (Hrsg.): Erinnerungen, Träume, Gedanken von C.G.Jung. Freiburg im Breisgau ⁷1990.

Jamous, Raymond: Honneur et Baraka – Les structures sociales traditionelles dans le Rif. Editions de la Maison des Sciences de l'homme, Paris 1981.

Jorkowsky, Renate: Spezifische Probleme ausländischer Mädchen in der deutschen Schule. Sonderreihe Heft 23, Hessisches Institut für Bildungsplanung und Schulentwicklung (HIBS), Wiesbaden 1986.

Joseph, Roger und Joseph, Terri Brint: The Rose and the Thorn. Semiotic Structures in Marocco. University of Arizona Press, 1987.

Jürgensen, Sigrid: Spielwaren als Träger gesellschaftlicher Autorität. Frankfurt am Main, Bern 1981.

Jung, Thomas und Müller-Doohm, Stefan (Hrsg.): 'Wirklichkeit' im Deutungsprozeß – Verstehen und Methoden in den Kultur- und Sozialwissenschaften. Suhrkamp, Frankfurt am Main 1993.

Kleist, Heinrich von: Über die allmähliche Verfertigung der Gedanken beim Reden, Kleine Schriften: Kunst und Weltbetrachtung. Die Bibliothek deutscher Klassiker, Band 26. Hanser, München, Wien 1982.

Klüver, J.: Multikulturelle Gesellschaft – Ein Begriff, mit dem ich nichts anfangen kann. In: Interkulturell, Jg. 1994, Heft 3/4, S. 119 – 127.

Kohlberg, Lawrence: Stufe und Sequenz: Sozialisation unter dem Aspekt der kognitiven Entwicklung. In: ders.: Zur kognitiven Entwicklung des Kindes – Drei Aufsätze. Aus dem Englischen von Nils Thomas Lindquist. Suhrkamp, Frankfurt am Main 1974, S. 8 – 255. Originaltitel dieses Aufsatzes: Stage and Sequence: The Cognitive-Developmental Approach to Socialization. In: David A. Goslin (Ed.), Handbook of Socialization Theory and Research, Kap. 6, S. 347 – 480. Chicago 1969.

Kohli, Martin und Robert, Günther (Hrsg.): Biographie und soziale Wirklichkeit. Metzler, Stuttgart 1984.

Koran, siehe unter D → Der Koran
Kutschmann, Werner: Der Naturwissenschaftler und sein Körper, Suhrkamp, Frankfurt am Main 1986.
Lacoste-Dujardin, Camille: Mütter gegen Frauen – Mutterschaft im Maghreb. Aus dem Französischen von Uta Goridis. eFeF-Verlag, Zürich ^{1}1990. Titel der Originalausgabe: Des mères contre les femmes (In d. dt. Ausgabe o.J. und o.O.).
Landesversicherungsanstalt Schwaben; Bundesbahnversicherungsanstalt; Bundesknappschaft; Bundesversicherungsanstalt für Angestellte; Seekasse (Hrsg): Merkblatt zum Abkommen über Soziale Sicherheit zwischen der Bundesrepublik Deutschland und dem Königreich Marokko. Augsburg 1986.
Landmann, Michael: Elenktik und Maieutik – Drei Abhandlungen zur antiken Psychologie. Bonn 1950.
Leber, Martina und Oevermann, Ulrich: Möglichkeiten der Therapieverlaufsanalyse in der objektiven Hermeneutik. Eine exemplarische Analyse der ersten Minuten einer Fokaltherapie aus der Ulmer Textbank ("Der Student"). In: Detlef Garz, Klaus Kraimer (Hrsg.): Die Welt als Text. Theorie, Kritik und Praxis der objektiven Hermeneutik. Suhrkamp, Frankfurt am Main 1994, S. 383 – 427.
Lévi-Strauss, Claude: Strukturale Anthropologie I. Übersetzt von Hans Naumann. Frankfurt am Main 1977. Titel der Originalausgabe: Anthropologie structurale. Paris 1958.
–: Strukturale Anthropologie II. Übersetzt von Eva Moldenhauer, Hanns Henning Ritter und Traugott König. Frankfurt am Main 1992. Titel der Originalausgabe: Anthropologie structurale deux. Paris 1973.
–: Begegnungen mit Merleau-Ponty. In: Alexandre Métraux und Bernhard Waldenfels: Leibhaftige Vernunft – Spuren von Merleau-Pontys Denken. München 1986, S. 29 – 36.
Lippitz, Wilfried und Rittelmeyer, Christian (Hrsg.): Phänomene des Kinderlebens. Beispiele und methodische Probleme einer pädagogischen Phänomenologie. Klinkhardt-Verlag, Bad Heilbrunn/Obb. 1989.
Loska, Rainer: Lehren ohne Belehrung – Leonard Nelsons neosokratische Methode der Gesprächsführung. Klinkhardt, Bad Heilbrunn 1995.
Ludin, Josef H.: Zwischen Allmacht und Hilflosigkeit. Über okzidentales und orientales Denken. In: Merkur 47. Jg. 1994, Heft 5, S. 404 – 412.
Lurija, Alexander R.: Gehirn in Aktion – Einführung in die Neuropsychologie. Deutsch von Alexandre Métraux und Peter Schwab. Rowohlt, Reinbek bei Hamburg 1992. Orig. Moskau 1973.

–: Die historische Bedingtheit individueller Erkenntnisprozesse. Aus dem Russischen übersetzt von R. Semmelmann, R. Sailer, P. Schmuck. VCH Verlagsgesellschaft, Weinheim 1986. Originalausgabe Moskau 1974.

–: Romantische Wissenschaft – Forschungen im Grenzbezirk von Seele und Gehirn. Übertragen und mit Anmerkungen versehen von Alexandre Métraux. Rowohlt, Reinbek bei Hamburg, 1993. Titel der Originalausgabe: Etapy projdennogo puti – Nautschnaja awtobiografija. Moskau 1982.

Lurija, Alexander R. und Judowitsch, F. Ja.: Die Funktion der Sprache in der geistigen Entwicklung des Kindes. Schwann, Düsseldorf 1970. Titel der Originalausgabe: Speech and the Development of Mental Processes in the Child. London 1959.

Mann, Thomas: Joseph und seine Brüder. S.Fischer-Verlag, Frankfurt am Main 1986.

Mehlem, Ulrich: Der Kampf um die Sprache – die Arabisierungspolitik im marokkanischen Bildungswesen (1965 – 1980). Sozialwissenschaftliche Studien zu internationalen Problemen 138. Saarbrücken 1989.

Merleau-Ponty, Maurice: Die Struktur des Verhaltens. Aus dem Französischen übersetzt und eingeführt durch ein Vorwort von Bernhard Waldenfels. Walter de Gruyter, Berlin, NewYork 1976. Titel der Originalausgabe: La Structure du comportement. Presses Universitaires de France, Paris 1942.

–: Phänomenologie der Wahrnehmung. Aus dem Französischen übersetzt und eingeführt durch eine Vorrede von Rudolf Boehm. Walter de Gruyter, Berlin 1965. Titel der Originalausgabe: Phénoménologie de la Perception. In der Reihe Bibliothèque des Idées, Verlag Gallimard, Paris 1945.

–: Vorlesungen I. Aus dem Französischen übersetzt und eingeführt durch ein Vorwort von Alexandre Métraux. Walter de Gruyter, Berlin, New York 1973. Erschienen in der Reihe: *C.F. Graumann (Hrsg.)*: Phänomenologisch-psychologische Forschungen, Bd. 9.

–: Das Auge und der Geist – Philosophische Essays. Herausgegeben und übersetzt von Hans Werner Arndt. Felix-Meiner-Verlag, Hamburg 1984. Titel der Originalausgabe: L'Œil et L'Esprit. Editions Gallimard Paris 1964.

–: Von Mauss zu Claude Lévi-Strauss. In: Alexandre Métraux und Bernhard Waldenfels (Hrsg): Leibhaftige Vernunft – Spuren von Merleau-Pontys Denken. Wilhelm-Fink-Verlag, München 1986, S. 13 – 28.

–: Das Sichtbare und das Unsichtbare – gefolgt von Arbeitsnotizen. Herausgeben und mit einem Vorwort versehen von Claude Lefort. Aus dem Französischen übersetzt von Regula Giuliani und Bernhard Waldenfels. Wilhelm-Fink-Verlag, München 1986. Titel der Originalausgabe: Le Visible et L'Invisible – suivi de notes de travail par Maurice Merleau-Ponty. Editions Gallimard, Paris 1964.

Mernissi, Fatema: Geschlecht, Ideologie, Islam. Aus dem Französischen von Marie Luise Knott und Brunhilde Wehinger. Frauenbuchverlag, München 1987.

–: Der politische Harem – Mohammed und die Frauen. Aus dem Französischen von Veronika Kabis-Alamba. Dagyeli, Frankfurt am Main 1989. Titel der französischen Ausgabe: Le harem politique. Albin Michel, Paris 1984.

–: Die Angst vor der Moderne – Frauen und Männer zwischen Islam und Demokratie. Aus dem Französischen von Einar Schlereth. Luchterhand-Literaturverlag, Hamburg, Zürich 1992.

–: Die vergessene Macht – Frauen im Wandel der islamischen Welt. Aus dem Französischen und Englischen von Edgar Peinelt. Orlanda Frauenverlag, Berlin 1993.

–: Der Harem in uns. Herder, Freiburg, Basel, Wien 1994. Titel der amerikanischen Originalausgabe: Dreams of trespass – Tales of a harem girlhood. Addison Wesley, New York u.a. 1994.

Messaoudi, Khalida: Worte sind meine einzige Waffe – Eine Algerierin im Fadenkreuz der Fundamentalisten. Gespräch mit Elisabeth Schemla. Aus dem Französischen von Uli Aumüller und Tobias Scheffel. Verlag Antje Kunstmann, München 1995. Titel der Originalausgabe: Une Algerienne debout. Flammarion, Paris 1995.

Métraux, Alexandre; Waldenfels, Bernhard (Hrsg): Leibhaftige Vernunft – Spuren von Merleau-Pontys Denken. Wilhelm-Fink-Verlag, München 1986.

Müller-Münch, Ingrid: Ganz in Weiß mit einer roten Schärpe – ein Bottroper Modellprojekt leistet Hilfe. In: Frankfurter Rundschau vom 17.01.1996, S. 6.

Oevermann, Ulrich: Zur Analyse der Struktur von sozialen Deutungsmustern. Unveröffentlichtes Manuskript, 25. Jan. 1973.

–: Professionalisierung der Pädagogik – Professionalisierbarkeit pädagogischen Handelns. Unveröffentlichte Transkription eines Vortrags am Institut für Erwachsenenbildung der Freien Universität Berlin, Sommersemester 1981.

–: Zur Sache. Die Bedeutung von Adornos methodologischem Selbstverständnis für die Begründung einer materialen und soziologischen Strukturanalyse. In: Jürgen Habermas und Ludwig von Friedeburg (Hrsg.): Adorno-Konferenz 1983. Suhrkamp, Frankfurt am Main 1983, S. 234 – 289.

–: Hermeneutische Sinnrekonstruktionen: Als Therapie und Pädagogik mißverstanden, oder: Das notorische strukturtheoretische Defizit pädagogischer Wissenschaft. In: Garz, Detlef und Kraimer, Klaus (Hrsg.): Brauchen wir andere Forschungsmethoden? Beiträge zur Diskussion interpretativer Verfahren. Scriptor, Frankfurt am Main 1983, S. 113 – 155.

–: Kontroversen über sinnverstehende Soziologie. Einige wiederkehrende Probleme und Mißverständnisse in der Rezeption der 'objektiven Hermeneutik'. In: Stefan Aufenanger und Margit Lenssen (Hrsg.): Handlung und Sinnstruktur: Bedeutung und Anwendung der objektiven Hermeneutik. Kindt, München 1986, S.19 – 83.

–: Eine exemplarische Fallrekonstruktion zum Typus versozialwissenschaftlicher Identitätsformation. In: Hanns-Georg Brose und Bruno Hildenbrand (Hrsg.): Vom Ende des Individuums zur Individualität ohne Ende. Leske und Budrich, Opladen 1988, S. 243 – 286.

–: Professionalisierungstheorie I. Unveröffentlichtes Vorlesungsmanuskript, Johann Wolfgang Goethe-Universität Frankfurt am Main, Sommersemester 1990.

–: Genetischer Strukturalismus und das sozialwissenschaftliche Problem der Erklärung der Entstehung des Neuen. In: Stefan Müller-Doohm (Hrsg.): Jenseits der Utopie. Theoriekritik der Gegenwart. Suhrkamp, Frankfurt am Main 1991, S. 267 – 336.

–: Die objektive Hermeneutik als unverzichtbare methodologische Grundlage für die Analyse von Subjektivität. Zugleich eine Kritik der Tiefenhermeneutik. In: Thomas Jung und Stefan Müller-Doohm (Hrsg.): 'Wirklichkeit' im Deutungsprozeß – Verstehen und Methoden in den Kultur- und Sozialwissenschaften. Suhrkamp, Frankfurt am Main 1993, S. 106 – 189.

–: Struktureigenschaften supervisorischer Praxis. Exemplarische Sequenzanalyse des Sitzungsprotokolls der Supervision eines psychoanalytisch orientierten Therapie-Teams im Methodenmodell der objektiven Hermeneutik. In: Benjamin Barde und Dankwart Mattke (Hrsg.): Therapeutische Teams. Vandenhoeck und Ruprecht, Göttingen 1993.

–: Konzeptualisierung von Anwendungsmöglichkeiten und praktischen Arbeitsfeldern der objektiven Hermeneutik. (Manifest der objektiv hermeneutischen Sozialforschung). Unveröffentlichtes Manuskript, Frankfurt am Main, März 1996.

Oevermann, Ulrich; Allert, Tilman; Kronau, Elisabeth u. Krambeck, Jürgen: Die Methodologie einer "objektiven Hermeneutik" und ihre allgemeine forschungslogische Bedeutung in den Sozialwissenschaften. In: Hans-Georg Soeffner (Hrsg.): Interpretative Verfahren in den Sozial- und Textwissenschaften. Metzler, Stuttgart 1979, S. 353 – 433.

Ostersetzer, Vera: Samira – ein marokkanisches Mädchen in Deutschland. Aus dem Alltag eines Frankfurter Schülerladens. Scriptor, Königstein/Ts. 1981.

Otto, Gunter und Schulz, Wolfgang (Hrsg.): Enzyklopädie Erziehungswissenschaft Band 4. Klett-Cotta, Stuttgart 1985.

Özakin, Aysel: Die Leidenschaft der Anderen. Roman. Aus dem Türkischen von Hanne Egghardt. Luchterhand Literaturverlag, Hamburg, Zürich 1992.
Parin, Paul: Der Widerspruch im Subjekt – Ethnopsychoanalytische Studien. Europäische Verlagsanstalt, Hamburg, Neuauflage 1992.
Park, Robert E: Human Migration and the Marginal Man. In: The American Journal of Sociology. 33, May 1928, S. 881 – 893.
Peirce, Charles Sanders: Lectures on Pragmatism – Vorlesungen über Pragmatismus. Hamburg 1973.
Picht, Georg: Kunst und Mythos. Mit einer Einführung von Carl Friedrich von Weizsäcker. Klett-Cotta, Stuttgart, Studienausgabe 3. Aufl. 1990.
Pieroth, Cornelia: Marokko Tagebuch 1994. Unveröffentlicht.
Platon: Theaitetos, Der Sophist, der Staatsmann. In: Gunther Eigler (Hrsg.), Platon, Werke in 8 Bänden, Griechisch und Deutsch, 6. Band. Bearbeitet von Peter Staudacher, Griechischer Text von Auguste Diès, deutsche Übersetzung von Friedrich Schleiermacher. Wissenschaftliche Buchgesellschaft, Darmstadt 1970.
Prengel, Annedore: Pädagogik der Vielfalt – Verschiedenheit und Gleichberechtigung in Interkultureller, Feministischer und Integrativer Pädagogik. Leske und Budrich, Opladen ^{2}1995.
Radtke, Frank-Olaf: Interkulturelle Erziehung – Über die Gefahr eines pädagogisch halbierten Anti-Rassismus. Antrittsvorlesung an der Johann Wolfgang Goethe-Universität Frankfurt am Main, 23.05.1995. Eigendruck: JWG-Universität, Fachbereich Erziehungswissenschaften, Themenbereich "Migration und Minderheiten". Frankfurt am Main 1995.
Rodinson, Maxime: Mohammed. Aus dem Französischen von Guido Meister, C.J. Bucher, Luzern und Frankfurt am Main 1975. Titel der französischen Originalausgabe: Mahomet. Editions du Seuil, Paris 1979.
Roth, Gerhard: Das Gehirn und seine Wirklichkeit – Kognitive Neurobiologie und ihre philosophischen Konsequenzen. Frankfurt am Main 1995.
Roth, Heinrich und Blumenthal, Alfred (Hrsg): Auswahl. Grundlegende Aufsätze aus der Zeitschrift Die Deutsche Schule. Schroedel, Hannover 1965.
Rudow, Bernd: Die Arbeit des Lehrers. Zur Psychologie der Lehrertätigkeit, Lehrerbelastung und Lehrergesundheit. Verlag Hans Huber, Bern, Göttingen, Toronto u. Seattle 1994.
Rückert, Friedrich: Ausgewählte Werke – Erster und Zweiter Band. Herausgeben von Annemarie Schimmel. Insel-Verlag, Frankfurt am Main 1988.
Rumpf, Horst: Die Misere der Höheren Schule. Luchterhand, Berlin, Neuwied, 1966.
–: Die sokratische Prüfung – Beobachtungen an platonischen Frühdialogen. In: Zeitschrift für Pädagogik, 13. Jg. 1967, Heft 4, S. 325 – 345.

–: Erkenntnisse lassen sich nicht weitergeben wie Informationen – Über Wahrheitsfähigkeit und die Aneignung von existentiell bedeutsamem Wissen. In: Existenzwissen. Frankfurter Hefte extra, 5, 1983.
–: Mit fremdem Blick – Stücke gegen die Verbiederung der Welt. Beltz, Weinheim, Basel 1986.
–: Belebungsversuche – Ausgrabungen gegen die Verödung der Lernkultur. Juventa, Weinheim, München 1987.
–: Didaktische Interpretationen. Beltz, Weinheim, Basel 1991.
–: Die Fruchtbarkeit der phänomenologischen Aufmerksamkeit für Erziehungsforschung und Erziehungspraxis. In: Max Herzog und Carl Friedrich Graumann: Sinn und Erfahrung – Phänomenologische Methoden in den Humanwissenschaften. Asanger, Heidelberg 1991, S. 313 – 335.
–: Mit allen Sinnen lernen? Vorschläge zur Unterscheidung. In: Musik und Bildung, 26. Jg. 1994, Heft 2, S. 5 – 9.
–: Gegen den Strom der Lehrstoff-Beherrschung. In: Neue Sammlung, 35. Jg. 1995, Heft 1, S. 3 – 18.
–: *und Schröter, Hiltrud*: Arabesken – Forschungsbericht zum interkulturellen Verstehen im deutsch-marokkanischen Kontext. Phänomenologische und rekonstruktionslogische Studien. Frankfurt am Main 1996, nicht veröffentlicht.
Sacks, Oliver: Der Mann, der seine Frau mit einem Hut verwechselte. Deutsch von Dirk van Gunsteren. Rowohlt, Reinbek bei Hamburg 1990. Titel der Originalausgabe: The Man who Mistook His Wife For a Hat. Summit Books / Simon & Schuster, New York 1985.
Sartre, Jean-Paul: Das Sein und das Nichts – Versuch einer phänomenologischen Ontologie. Deutsch von Hans Schöneberg und Traugott G. König. Rowohlt, Reinbek bei Hamburg 1991. Titel der Originalausgabe: L'étre et le néant – Essai d'ontologie phénoménologique. Librairie Gallimard, Paris 1943.
Schaumann, Lena; Haller, Ingrid; Geiger, Klaus F.; Hermanns, Harry: Lebenssituation und Lebensentwürfe junger türkischer Frauen der zweiten Migrantengeneration, Forschungsbericht. Herausgegeben von der Bevollmächtigten der Hessischen Landesregierung für Frauenangelegenheiten, Wiesbaden 1988.
Schelkle, Karl Herrmann: Der Geist der Braut. Frauen in der Bibel. Patmos, Düsseldorf 1977.
Schiffauer, Werner : Die Gewalt der Ehre – Erklärungen zu einem türkisch-deutschen Sexualkonflikt. Suhrkamp, Frankfurt am Main 1983.
–: Personalität, Individualität, Subjektivität – Zum Wandel des Selbstverständnisses bei Arbeitsmigranten. In: Christian Giordano, Werner Schiffauer, Heinz Schilling, Gisela Welz und Marita Zimmermann (Hrsg.): Kultur an-

thropologisch – Eine Festschrift für Ina-Maria Greverus. Institut für Kulturanthropologie und Europäische Ethnologie der Universität Frankfurt am Main 1989, S. 29 – 55.

Schimmel, Annemarie: Friedrich Rückert – Lebensbild und Einführung in sein Werk. Herder-Taschenbuch-Verlag, Freiburg im Breisgau 1987.

–: *(Hrsg.)*: Friedrich Rückert – Ausgewählte Werke, Erster und Zweiter Band. Insel-Verlag, Frankfurt am Main 1988.

–: Und Muhammad ist Sein Prophet – Die Verehrung des Propheten in der islamischen Frömmigkeit. Diederichs, München ^{2}1989.

–: Der Islam – Eine Einführung. Reclam, Stuttgart 1990.

Schipper, Mineke: "Eine gute Frau hat keinen Kopf" – Europäische Sprichwörter über Frauen. Aus dem Niederländischen von Jörg Schilling und Rainer Täubrich. Deutscher-Taschenbuch-Verlag, München 1996. Titel der niederländischen Originalausgabe: Een goede vrouw is zonder hoofd. Uitgeverij Ambo, Barn 1993.

Schlieben-Lange, Brigitte: Traditionen des Sprechens – Elemente einer pragmatischen Sprachgeschichtsschreibung. Kohlhammer, Stuttgart, Berlin, Köln, Mainz 1983.

–: Die Folgen der Schriftlichkeit. In: Gauger und Heckmann (Hrsg): Wir sprechen anders – Warum Computer nicht sprechen können. Eine Publikation der Deutschen Akademie für Sprache und Dichtung. Fischer-Taschenbuch-Verlag, Frankfurt am Main 1988.

Schröter, Hiltrud: Marokko Tagebücher 1989, 1993, 1994. Unveröffentlicht.

–: *und Rumpf, Horst*: Arabesken – Forschungsbericht zum interkulturellen Verstehen im deutsch-marokkanischen Kontext. Phänomenologische und rekonstruktionslogische Studien. Frankfurt am Main 1996, nicht veröffentlicht.

Schubert, Bärbel: Rückenwind für den Verbund von Theorie und Praxis. In: Erziehung und Wissenschaft, 47. Jg. 1995, Heft 11, S. 6 – 10.

Schülein, Johann August: Symbiotische Beziehungen und gesellschaftliche Entwicklung. In: Psyche, 43. Jg. 1989, Heft 11. S. 1007 – 1028.

Schütz, Alfred: Der Fremde. In: Gesammelte Aufsätze, Band 2. Nijhoff, Den Haag 1982, S. 53 – 69.

Schütze, Fritz: Die Technik des narrativen Interviews in Interaktionsfeldstudien – dargestellt an einem Projekt zur Erforschung von kommunalen Machtstrukturen. Arbeitsberichte und Forschungsmaterialien Nr. 1 der Universität Bielefeld, Fakultät für Soziologie 1977.

–: Biographieforschung und narratives Interview. In: Neue Praxis, 13. Jg. 1983, Heft 3, S. 283 – 293.

–: Kognitive Figuren des autobiographischen Stegreiferzählens. In: Kohli, Martin und Robert, Günther (Hrsg.): Biographie und soziale Wirklichkeit. Metzler, Stuttgart 1984.

–: Das narrative Interview in Interaktionsfeldstudien: erzähltheoretische Grundlagen. Studienbegleitbrief der Fernuniversität – Gesamthochschule Hagen, 1989.

Simmel, Georg: Exkurs über den Fremden. In: Soziologie. Untersuchungen über die Formen der Vergesellschaftung. Duncker & Humblot, Berlin 1958. Unveränderter Nachdruck der 1923 erschienenen 3. Auflage, S. 509 – 515.

Soeffner, Hans-Georg (Hrsg.): Interpretative Verfahren in den Sozial- und Textwissenschaften. Metzler, Stuttgart 1979.

Stadt Frankfurt am Main, Amt für multikulturelle Angelegenheiten (Hrsg.): Nicht-Deutsche in einer deutschen Großstadt – Über die Entwicklung der ausländischen Populationen in Frankfurt am Main. Frankfurt am Main ²1995.

Straus, Erwin: Vom Sinn der Sinne – Ein Beitrag zur Grundlegung der Psychologie. Springer, Berlin, Heidelberg, New York ²1978.

Strauss, Anselm: Grundlagen qualitativer Sozialforschung – Datenanalyse und Theoriebildung in der empirischen soziologischen Forschung. Aus dem Amerikanischen von Astrid Hildenbrand. Wilhelm-Fink-Verlag, München 1991.

Streek-Fischer, Annette: Entwicklungslinien der Adoleszenz – Narzißmus und Übergangsphänomene. In: Psyche, 48. Jg. 1994, Heft 6, S. 509 – 528.

Todorov, Tzvetan: Die Eroberung Amerikas – Das Problem des Anderen. Aus dem Französischen von Wilfried Böhringer. Suhrkamp, Frankfurt am Main 1985. Titel der Originalausgabe: La conquête de L'Amérique – La question de L'autre. Editions du Seuil, Paris 1982.

Varela, Francisco J.; Thompson, Evan; Rosch, Eleanor: Der mittlere Weg der Erkenntnis. Die Beziehung von Ich und Welt in der Kognitionswissenschaft – der Brückenschlag zwischen Theorie und menschlicher Erfahrung. Aus dem Amerikanischen von Hans Günter Holl. Scherz, Bern, München 1992. Titel der Originalausgabe: The Embodied Mind. Massachusetts Institute of Technology 1991.

Verein zur Verbreitung der islamischen Kultur. Amt für Bau von Moscheen und islamische Projekte (Hrsg): Ibrahim, Ezzedin und Johnson-Davies, Denys: Vierzig heilige Hadite. Aus dem Arabischen von Ahmad von Denffer. O.O., o.J.

Verordnung über die Ersten Staatsprüfungen für die Lehrämter, vom 3. April 1995, GV-Bl. II 322 – 111. Gesetz und Verordnungsblatt für das Land Hessen Teil I, 1995, Nr. 12.

Wagenschein, Martin: "Verdunkelndes Wissen". Vortrag im Hessischen Rundfunk vom 5.7.1965. Abgedruckt in den Frankfurter Heften 21. Jg. 1966, Heft 4, S. 261 – 268.

–: Vielwisserei Vernunft haben nicht lehrt. In: Heinrich Roth und Alfred Blumenthal (Hrsg): Auswahl. Grundlegende Aufsätze aus der Zeitschrift Die Deutsche Schule. Schroedel, Hannover 1965, S. 6 – 12.

–: Zur Klärung des Unterrichtsprinzips des exemplarischen Lehrens. In: Heinrich Roth und Alfred Blumenthal (Hrsg): Auswahl. Grundlegende Aufsätze aus der Zeitschrift Die Deutsche Schule. Schroedel, Hannover 1965, S. 13 – 26.

–: Mathematik aus der Erde. In: Heinrich Roth und Alfred Blumenthal (Hrsg): Auswahl. Grundlegende Aufsätze aus der Zeitschrift Die Deutsche Schule. Schroedel, Hannover 1965, S. 27 – 31.

–: Verstehen lehren – Genetisch – Sokratisch – Exemplarisch. Beltz, Weinheim und Berlin 1968.

–: Ursprüngliches Verstehen und exaktes Denken, Band II. Klett, Stuttgart 1970.

–: Die Sprache zwischen Natur und Naturwissenschaft. Rede anläßlich der Preisverleihung der Henning-Kaufmann-Stiftung zur Pflege der Reinheit der deutschen Sprache im Jahre 1985 an Martin Wagenschein. Mit einer Laudatio von Hartmut von Hentig. In: Jahrbuch 1985 der Henning-Kaufmann-Stiftung zur Pflege der Reinheit der deutschen Sprache. Herausgegeben im Auftrag des Vorstandes von Ulrich Knoop und Heinz-Günter Schmitz. Jonas-Verlag, Marburg 1986.

Waldenfels, Bernhard: In den Netzen der Lebenswelt. Frankfurt am Main 1985.

Waltner, Peter: Migration und soziokultureller Wandel in einer nordmarokkanischen Provinz – Strukturelle und kulturelle Aspekte der Aus- und Rückwanderung marokkanischer Arbeitskräfte vor dem Hintergrund von Unterentwicklung und wiedererwachtem islamischem Selbstbewußtsein. Eine empirische Untersuchung. Kirchentellinsfurt 1988.

Weber, Angelika in Zusammenarbeit mit MitarbeiterInnen des Amtes für Multikulturelle Angelegenheiten in Frankfurt: Zur soziokulturellen Situation der Marokkanerinnen und Marokkaner in Frankfurt am Main. Oktober 1992.

Weber, Heinrich (Hrsg.): Eugenio Coseriu, Sprachkompetenz – Grundzüge der Theorie des Sprechens. Tübingen 1988.

Weber, Max: Wirtschaft und Gesellschaft – Grundriß einer verstehenden Soziologie. Mit einem Anhang: Die rationalen und soziologischen Grundlagen der Musik. 4. neu herausgegebene Auflage, besorgt von Johannes Winckelmann. 1. und 2. Halbband, J.C.B. Mohr (Paul Siebeck), Tübingen 1956.

–: Wirtschaftsgeschichte – Abriß der universalen Sozial- und Wirtschaftsgeschichte. Aus den nachgelassenen Vorlesungen. Herausgegeben von Prof. S. Hellmann und Dr. M. Palyi. 3. durchgesehene und ergänzte Auflage, besorgt von Dr. Johannes F. Winckelmann. Duncker & Humblot, Berlin 1958.

Weigt, Claudia und Loerke, Beate: Junge Marokkaner zwischen Schule, Betrieb und Konstabler Wache. Verlag Dietmar Klotz, Eschborn bei Frankfurt am Main 1994.

Willmann, Otto: Didaktik als Bildungslehre nach ihren Beziehungen zur Sozialforschung und zur Geschichte der Bildung. Herder, Freiburg und Wien 1957.

Wollenweber, Horst: Das Berufsbild des Lehrers als Grundlage der Lehrerausbildung. Prof. Dr. Hans-Karl Beckmann zum 70. Geburtstag. In: Pädagogische Rundschau, 50. Jg. 1996, Heft 2, S. 265 – 276.

Wunder, Dieter: Thesen zur Neubestimmung der Aufgaben des Lehrerberufs. In: Holger H. Lührig (Hrsg): Zweiwochendienst – Ausgabe Bildung, Wissenschaft, Kulturpolitik. Zweiwochendienst-Verlag-GmbH Köln, in Verbindung mit der Gesellschaft für Chancengleichheit e.V. Bonn. 10. Jg. 1995, Nr. 16-17, S. 9f.

Wygotski, Lew Semjonowitsch: Denken und Sprechen. Herausgegeben von Johannes Helm, übersetzt von Gerhard Sewekow. Mit einer Einleitung von Thomas Luckmann. Akademie-Verlag (Lizenzausgabe), Berlin 1964. Erstpublikation der russischen Originalausgabe: Moskau 1934.

Yalniz, Rabia: Über den Schleier. Ein Plädoyer für den Schleier. Verlag: Der Islam, Frankfurt am Main ⁴1993 (Broschüre).

Zender, Hans: Happy New Ears – Das Abenteuer, Musik zu hören. Herder, Freiburg, Basel und Wien 1991.

Periodika

du – Die Zeitschrift der Kultur, 1994, Heft 7/8.
Erziehung und Wissenschaft, 47. Jg. 1996, Heft 1.
Erziehung und Wissenschaft, 47. Jg, 1996, Heft 3.
Erziehung und Wissenschaft, 47. Jg. 1995, Heft 11.
Feministische Studien, 2. Jg. 1983, Heft 2, S. 95 – 112.
Frankfurter Rundschau vom 17.01.96, S. 6.
Frankfurter Hefte 21. Jg. 1966, Heft 4, S. 261 – 268.
Frankfurter Hefte extra, 5, 1983.
Informationsdienst zur Ausländerarbeit. Hrsg. und Verlag: Institut für Sozialarbeit und Sozialpädagogik, 1988, Heft 1, S. 67 – 75.
Interkulturell. Forum für Interkulturelle Kommunikation, Erziehung und Beratung, Jg. 1994, Heft 3/4, S. 119 – 127.
Merkur, 47. Jg. 1994, Heft 5, S. 404 – 412.
Musik und Bildung, 26. Jg. 1994, Heft 2, S. 5 – 9.
Neue Praxis, 13. Jg. 1983, Heft 3, S. 285 – 293.
Neue Sammlung, 30. Jg. 1990, Heft 3, S. 436 – 448.
Neue Sammlung, 35. Jg. 1995, Heft 1, S. 3 – 18.

Pädagogische Rundschau, 50. Jg. 1996, Heft 2, S. 265 – 276.
Psyche, 43. Jg. 1989, Heft 11, S. 1007 – 1028.
Psyche, 44. Jg. 1990, Heft 12, S. 1100 – 1112.
Psyche, 46. Jg. 1992, Heft 2, S. 710 – 729.
Psyche, 47. Jg. 1993, Heft 6, S. 530 – 554.
Psyche, 48. Jg. 1994, Heft 6, S. 509 – 528.
Revue Tifinagh, Revue mensuelle de culture et de civilisation maghrebine, Rabat Souissi – Maroc, N° 1 Dec. 1993 / Jan. 1994.
Zeitschrift für Pädagogik, 13. Jg. 1967, Heft 4. S. 325 – 345.
Zeitschrift für Pädagogik, 40. Jg. 1994, Heft 1.
Zweiwochendienst, 10. Jg. 1995, Nr. 16-17, S. 9f.

Anhang I

Interviewauszug, erster Abschnitt, (Teil III, Kap. 1)

Tonband 1, Seite 1.

A: Ja, .. soll ich anfangen? Also, mhm .. ich bin erst mal, .. ja, ich bin jetzt 22 Jahre alt und bin im April 67 geboren, das heißt, ich werde jetzt schon wieder 23 (lachen) und ja, ich bin mit sechs Jahren, also 1973 bin ich hergekommen. Also in Marokko hat es mir zum Teil .. im nachhinein, wenn ich jetzt darüber nachdenke, fand ich es sehr schön, meine Kindheit sehr schön, weil ich im Freien aufgewachsen bin. Und .. wir haben also wirklich unser Brot sogar in Lehm, so in 'nem Lehmöfchen gebacken, und irgendwo war das, also ich war wirklich mit der Natur eins, wenn man so sagen darf. .. Autos hast du nur hin und wieder mal gesehen, und wenn, dann war das ein Ereignis, und sonst bin ich eigentlich nie in Großstädten gewesen und so. Na ja, und dann hat man uns gesagt, weil mein Vater war schon hier, und der wollte uns nachholen, und dann waren wir ganz aufgeregt, meine Mutter als auch ich. Na ja, und dann kam dieser wundervolle Tag, an dem ich jetzt hierherfliegen sollte. .. Das bin ich dann auch. .. Mir war schlecht, ich habe gekotzt, (lachen) und ja, und dann bin ich hier angekommen, und es war wirklich so, daß ich mhm ja, 'ne ganz andre Welt. Es war schwarz und weiß, es war so viele Autos, Flugzeuge, und ich meine, Flugzeuge, ich hab' die noch nie gesehen gehabt. Ich habe noch nie in meinem Leben ein Flugzeug gesehen gehabt. Und dann saß ich drin und dann dieser riesengroße Flughafen in Frankfurt und ich so klein und überhaupt, ich kam mir da echt wie so eine Ameise vor. .. Na ja, und dann sind wir hier angekommen, und also die Nachbarn wußten schon, daß wir kommen, also von meinem Vater her, und die haben uns auch wirklich, die waren echt total neugierig. Damals waren hier in der Umgebung noch sehr wenig Ausländer da, und da war ich wirklich 'ne Attraktion. Ganz dunkel und ganz dunkelhaarig, also wirklich alles dunkel an mir. Klein und, ich meine, munter war ich auch dazu. Also, das war natürlich auch noch ganz gut. Und da hat mich jeder wirklich willkommen geheißen, gehießen, na ja, und das war so, daß wir uns recht gut eingelebt haben zum Teil. Die Nachbarn, die waren wirklich so lieb und so nett, und die wollten alle, alle wollten mir Deutsch beibringen. Und dann haben sie mir alles Mögliche gezeigt. Und wirklich, die, ich habe echt die ganze Zeit bei den Nachbarn verbracht und habe so unwahrscheinlich schnell Deutsch gelernt. Und meine Mutter hat sich so langsam auch so ein bißchen gemacht. Ich weiß nicht, .. ich würde meine Mutter doch für unsere Verhältnisse, .. für die Verhältnisse auch in dieser Generation, für eine emanzipierte Frau halten. Die sich dann auch gleich aufgetan hat und also nicht einsperren ließ, .. ist dann auch mal in der Stadt 'rumspaziert mit mir und ein bißchen Frankfurt kennengelernt, und ich habe dann ein paar Freunde gekriegt, also auch nur Deutsche. .. Und na ja, das ging dann halt ganz gut. Ich bin dann in die Schule. Erst mal war ich in der Vorklasse, und dann bin ich in die Schule gekommen, in die Grundschule; das ging auch recht gut. Und nach einer gewissen Zeit habe ich mich auch so als eine sehr gute Schülerin entpuppt und hab' auch so das beste Zeugnis gehabt und so (flüstert), das habe ich gar nicht so richtig mitgekriegt, aber irgendwie war das schon so. Na ja, und dann hab' ich, bin ich ins Gymnasium 'rüber und ja und dazu gesagt, .. irgendwie das einzige, was für mich, .. also, was ich wollte, so von meiner Mutter sozusagen motiviert, war Schule .. eine schulische Karriere machen, ja? Für uns, in unserer Umgebung gab es sehr wenig Mädchen, in Marokko gab es sehr wenig Mädchen, die in die Schule gegangen sind; und wenn, dann sind sie grade bis zur Grundschule, und danach hätten sie dann in die Großstadt gehen müssen. Das war einfach zuviel!

Anhang II

Interviewauszug: Rückkehrsequenz (Teil III, Kap. 2.5)

Tonband 1, Seite 2, Ende

I: Und wenn du zurückgehst nach Marokko, gehen deine Eltern dann eigentlich mit?
A: Meine Mutter meint, sie wartet ja nur auf mich.
I: Ihr habt dann alle vor, schon wieder zurückzugehen?
A: Ja, sie warten alle nur auf mich. .. Also ja, ich sage mir mein Gott, warum wartet ihr auf mich? Wenn ihr wollt, könnt ihr wieder zurückgehen. .. Aber, dich können wir doch nicht alleine lassen! Würdest du denn hier alleine bleiben, meint meine Mutter.

Anhang III

Tagebuchauszug: Sadaqa (Teil III, Kap. 3)

Marokko-Tagebuch Schröter 1994:

        Unser letzer Abend in Nador 6.4.1994
                    "sadaqa"
             – Feier für eine Tote –

Innerhalb von 40 Tagen nach einem Sterbefall "muß" (Aischa) die Trauerfeier stattfinden.
Heute ist der 40. Tag nach dem Tod der Mutter von Aischas Vater. In diesem Jahr ist es schon die dritte sadaqa in der Familie. Zuerst starb der Vater, wenige Tage danach die Mutter von Aischas Mutter, dann die Mutter des Vaters.
Die Überführung von im Ausland Verstorbenen nach Marokko ist bei Berbern üblich. Als Grund geben sie den Seelenfrieden des Toten an, den dieser nur dort finden könne und nicht hier, in der Erde der Christen, obwohl, so heißt es dann einschränkend, Allah ja eigentlich überall in der Natur sei.
Die Einladung an uns zur Teilnahme an der Feier erfolgte durch Aischa bereits mehrmals in Deutschland. Sie freut sich, daß wir dabei sein können, besonders daß wir den Trauergesang, der von einer Gruppe von Frauen angestimmt wird, miterleben werden.
Von den Vorbereitungen habe ich nur eins mitbekommen: Zufällig traf ich Aischas Mutter am Souk, als gerade ein ganzer Hammel und zwei große Fleischpakete in den Kofferraum ihres Autos geladen wurden. Ich: "Ist das für heute abend? Zerlegt ihr ihn selbst? Ich könnte das gar nicht. Soviel Fleisch essen wir in einem ganzen Jahr nicht." Fatima lachte: "Das ist doch nicht viel, das geht doch bei einem Essen weg." Dann stieg sie vorn links ein und kutschierte souverän nach Hause, die Frau, in deren Zimmer im Lehmhaus in Khebdana – ohne Strom und fließendes Wasser – wir vor einigen Tagen gesessen haben. Dort lebte sie vor gut zwanzig Jahren, vor ihrer Deutschland-Zeit.

Am frühen Abend gehen wir mit Aischa zum Haus der Verstorbenen. Wir tragen Djellabas – für langes Sitzen sind sie am bequemsten und außerdem schön.
Ich: "Wie viele werden kommen?"
Aischa antwortet etwa so: Es kommt die Cousine aus ... mit ihrer Mutter, die Tante von ..., die Nichte aus ..., die Nachbarin von ...
Ich, sie unterbrechend: "Ich meine, wie viele?"

Aischa: Da kommt die Schwester von ... mit ihrem Mann, der ein Cousin ist von ...
Ich unterbreche wieder: "Aber ich wollte nur wissen wie viele!"
Aischa; "Ach, du meinst die Zahl! So etwa sechzig. Es ist eine kleine Feier diesmal. Wir haben erst vorgestern eingeladen und nur den engsten Kreis. Die Kölner sind ja zum Teil erst vorgestern gekommen, zum Beispiel meine Mutter und Djamila. Andere, die im Ausland leben, können nicht dreimal in so kurzer Zeit kommen."
Ich: "Warum hast du mir nicht gleich die Zahl genannt?"
Aischa: "Wir zählen Menschen niemals. Das wäre ein übles Vergehen. Wenn man zum Beispiel Gäste hat und den Tisch decken will, zählt man nie die Menschen. Man blickt in den Raum, schätzt und greift reichlich Gläser und Tassen und stellt sie auf den Tisch. Da bleibt dann immer was übrig. Nie werden Menschen gezählt! Das verstößt gegen ihre Würde!"

Die Rifi verwenden keine Zahlwörter aus der berberischen Sprache. Meist kennen sie diese auch nicht. Numerale haben sie von den Arabern übernommen. Ist ihnen das Zählen nicht überhaupt fremd? Wer von den Älteren weiß schon sein Alter? So sagte zum Beispiel Tante Louiza, als wir sie nach ihrem Alter fragten, sie sei geboren am Tag des Stiefkindes, und das sei der Tag nach dem Fest am Ende des Ramadan. Auf meine Frage nach der Zahl ihrer Lebensjahre zuckte sie mit den Schultern.
Als wir das Haus der Verstorbenen erreichen, legt sich meine Erinnerung vom vergangenen Sommer wie ein Schleier aus Bildern um mich: die schwache, schöne alte Frau, der Aischa so ähnelt ... das Bett mit den beiden in weiße Spitze und Duft gehüllten Omas mit den Babys dazwischen, ihre spielenden Hände ... die Frauen auf dem Boden um das Bett herum sitzend und liegend ... Aischas traurige Worte: Wir werden doch nicht mehr lange beisammen sein können.
Es waren die Tage der Bundestagsdebatten über die Pflegeversicherung, die man hier über Satellitenfernsehen mitbekam, nach deren Sinn man mich fragte und zu denen ich auf Unverständnis und Entsetzen stoßende Antworten gab.

Im Erdgeschoß bereiten junge Frauen in mehreren Räumen das Essen vor, der erste Stock ist Frauenetage, im zweiten versammeln sich die Männer. Sie trauern getrennt – Männer und Frauen – ähnlich den Regeln der Geschlechterordnung bei Hochzeiten.

Die Begrüßungen erfolgen einzeln, von Frau zu Frau: lange Blicke – fragend, lächelnd, suchend, rätselnd -, Wangenküsse rechts und links, "Slema" – Frieden. Die Zwiesprache von Augen und Mimik setzt sich fort, als ich stumm zwischen ihnen sitze, manchmal eine Berührung mit der Hand, die Nähe herstellt und in mir das Empfinden: Ich gehöre dazu – trotz aller Fremdheit. Nach einer vorläufigen Versammlung im Begrüßungszimmer (?) werden wir in einen anderen Raum gebeten. Er ist – wie die meisten Räume hier – länglich, mit Polsterbänken an allen Wänden entlang, in der Mitte runde Tische aneinandergereiht. Wir fremde Frauen setzen uns zusammen an eine Schmalseite des Raumes, ans Fenster, Aischa und Djamila neben uns. Vor mir breitet sich ein fremdes Geschehen aus: Frauen in farbigen, teils bestickten Gewändern, die Gesichter ein Spiegel der Schatten- und Sonnenseiten des Lebens: Verwitterungsspuren, Strenge, Herrschaft und Ohnmacht, Stolz, Leid. Wenig Kinder – sich reibungslos einfügend, still, einzeln zwischen den Erwachsenen sitzend oder auf einem Schoß. Die Frauen sprechen miteinander, laut immer nur eine, für alle vernehmbar, auffallend die erwiderte Aufmerksamkeit. Es gibt herausragende Rednerinnen, aber auch andere, die immer schweigen. Gesprochen wird über die Verstorbene. Die Frauen greifen aus ihrem persönlichen Erinnerungsschatz eigene Erlebnisse mit der Verstorbenen auf und beschreiben sie. So entsteht ein mosaikartiges Bild der Toten, das nun in die Reihe der Ahnen, die hier von großer Bedeutung sind, gerückt wird.

Einige Frauen fallen mir besonders auf: eine liebevoll umsorgte zitternde Alte. Eine sehr selbstbewußt und besonders aufrecht sitzende und gleichzeitig in sich gekehrte Frau in der Mitte einer Langseite. Sie kennt kein Lächeln, ihre Worte sind sehr gefragt, immer wieder wird sie angesprochen. Eine Frau im Blumenkleid erscheint mir wie das personifizierte Leid. Zwei Frauen, ich nenne sie "Päpstinnen", mit hartem Kontrollblick und ohne Milde in ihren Zügen. Ich vermute in ihnen rigide und gefährliche Kontrollinstanz – weiblich besetzte Inquisitionsgerichte.

Bei Aischa und Djamila suche ich nach Orientierungshilfe.

Die zitternde Alte? "Sie hat Parkinson und dreißig Geschwister, alle vom selben Vater. Sie ist Hassans Mutter."

Die "Aufrechte"? "Sie ist die Vorsängerin. Sie ist leider heute allein gekommen, die Gruppe hat sich aufgeteilt, weil heute mehrere Trauerfeiern stattfinden."

Das "Blumenkleid"? "Sie ist eine der Frauen von Hassan, die, mit der er verheiratet wurde, als er noch ganz jung war, und die er nie geliebt hat."

Die zweite Frau? "Das ist die große Liebe. Sonst hätten sie das nicht gemacht. Die Frauen sind Cousinen. Als Kinder haben sie zusammen gespielt. Sie leben nun zwanzig Kilometer voneinander entfernt, und er pendelt von Nacht zu Nacht, von Frau zu Frau, von Kindern zu Kindern, wie der Koran es verlangt."

Die "Päpstinnen"? "Ich hasse sie! Warum fragst du gerade nach ihnen? Sie liegen immer auf der Lauer, um Stoff für üble Nachrede zu finden. Sie können dich ruinieren."

Die Stille neben mir? "Sie ist unsere Halbschwester, eine von fünf Kindern aus der ersten Ehe meines Vaters. Sie hat keinen Mann."
Ihre Mutter? "Sie sitzt der Sängerin gegenüber."
Das ist Kautar, die Frau, die ihre fünf Kinder nicht verlassen hat und dem Mann nicht nach Deutschland gefolgt ist, die geschieden ist und erlebte, daß ihre Mitfrau ihre vier Kinder aus erster Ehe in Marokko ließ, zu dem Mann nach Deutschland zog, dort ihren beiden jüngsten Kindern Schule und Ausbildung ermöglichte und allmählich die Familie wieder zusammenführte unter neuen Lebensbedingungen. Beide Frauen sprechen mehrmals miteinander – diagonal über den halben Raum hinweg – ruhig, ernst, auch lächelnd. Dabei gehört ihnen die Aufmerksamkeit der anderen. Wechselt diese über zu einem anderen Dialog, so verändert sich auch Kautar, ihre Haltung, ihre Mimik, ihre Hände, ihre Augen. Vermeintlich unbeobachtet zerbricht die kontrollierte Präsentation, sie erschlafft.

Als die Männer mit dem Gesang beginnen, gehen wir mit Aischa und Djamila auf die Männeretage. Wir setzen uns im Treppenhaus in die Nähe der geöffneten Wohnungstür. Unsere Anwesenheit wird bemerkt, aber nicht sonderlich beachtet. Litaneienähnlicher Gesang aus kräftigen Stimmen schallt uns entgegen. Manchmal läuft ein Mann in die Küche und holt ein Tablett mit Getränken: Limo und Cola. Ist auf der Männerebene heute Kampfpause? ...
Ich beobachte seltene Bewegungen einzelner Männer zur Straße, seltenere von Frauen aufs Dach. Kleine Fluchten? Zigarettenpausen?
Meine Wahrnehmung verbindet sich mit dem im Rif Gelernten: "Sotra" ist das wichtige Wort, das bedeutet: Wenn du schon meinst, sündigen zu müssen, dann tue es heimlich, "im Schutz von Gott", sagten Aischa und Tlaytmas heute. Der Koran sei so ausgelegt worden: Sündigen solle man nicht öffentlich, wenn man anders nicht könne, seien Übertretungen erlaubt, aber nur heimlich. Man bittet Gott dann um Verzeihung und Schutz. Wird eine Sünderin ertappt, so sagen die Rifi: "Jetzt hat sie sich entblößt, hätte sie sich nicht schützen können?!" Man sündigt gegen die Gemeinschaft, verletzt sie dadurch und wird von ihr bestraft, schlimmstenfalls fallengelassen. Die Gemeinschaft ist oberste Straf- und Kontrollinstanz, rigide und orthodox. Allah wird dagegen als verstehender, verzeihender und schützender Vater imaginiert.

Nach dem Gesang essen die Männer. Frauen aus der Kochzone und ein Mann laufen und bringen auf großen Tellern die Speisen, köstlich und dekorativ angerichtet.

Danach bei den Frauen das gleiche Programm:

Die Vorsängerin beginnt mit kräftiger Stimme und alle Frauen stimmen ein. Litaneienähnlicher Gesang, teilweise Wechselgesang zwischen einer Längsseite des Raumes und der anderen, Texte in Berbersprache und Arabisch, kein Textblatt, keine Noten, alles ist wie selbstverständliches Gebrauchsgut vorhanden. Keine Verlegenheit, kein Zögern, Sicherheit. Einfache Melodien, die in mich eindringen, harmonisch, ohne die Zwischentöne der arabischen Musik. Beim Ausklingen öffnen sich die Hände und werden wie eine Schale vor der Brust gehalten, dazu eine leichte, langsame Verneigung. Mir erscheint alles perfekt. Aber die Vorsängerin signalisiert deutlich Unzufriedenheit und ermahnt mehrmals zu besserem Gesang.

Totenlieder

Wenn nicht meine Augen wären,
wenn nicht mein Mund wäre,
wenn nicht meine Hände wären,
wenn nicht meine Ohren wären,
würde ich ruhigen Gewissens in mein Grab gehen.

(Berberisch)

Was soll ich tun, mein lieber Gott,
die Nacht allein in meinem Grab verbringen,
ohne meinen Vater,
ohne meine Mutter
und ohne Licht auf mir?
Was soll ich nur tun,
nur mit meinen Taten und Gott allein?

(Arabisch)

Dann das Essen. Dicht beisammen sitzen wir um einen großen runden Teller. Wie immer auch die Rituale, die in mir Assoziationen an biblische Zeiten und katholische Liturgie hervorrufen:
- Händewaschung mit silbernem Geschirr,
- Brechen und Verteilen des Brotes,
- Essen mit drei Fingern der rechten Hand und mit Hilfe des Brotes,
- Eintunken des Brotes in die Sauce.

"Wir sind die richtigen Moslems, nicht wie die Araber, denn wir schätzen das Brot, es hat einen besonderen Wert." Dies sagt die Großmutter von Elias, der uns auf dem Arm seiner jugendlich-schönen Mutter vorgestellt wurde. Was haben Moslems mit dem Brotkult zu tun? Gehört er nicht ins Christentum? frage ich mich. Und als ich bei dem Namen Elias stutze, weil er mich an jüdisch-christliche Zusammenhänge erinnert, die aber hier niemand kennt, bekommen wir folgende Erklärung für die Namensgebung: "Als das Kind noch nicht geboren war, kam im Traum ein junges Mädchen zu mir und sagte, das Kind solle Elias heißen. Und da haben wir es so genannt." Dies sagte die Oma des Kindes, die Frau mit dem eintätowierten Lebensbaum auf der Stirn und dem Kreuz auf der rechten Wange.

Ist es da ein Wunder, wenn sich dabei mein Zeitsinn zersetzt, meine Raumordnung ins Wanken gerät, Emmaus, Nador, Abendmahl und Trauerfeier, alltägliche Essensrituale und liturgischer Kult sich vermischen und nach zwei Wochen die eigene Gedankenordnung anfängt, in der Weise durcheinander zu geraten, daß ich mich frage, ob hier Zeiten und Räume ineinanderfließen oder nur in meinem Gehirn, ob der Nebel aus Zeit und Raum nur ein Produkt unseres "normalen" Denkens ist – und eigentlich gar nicht existiert. Eine Zivilisationsleistung von fragwürdigem Wert? Bliebe ich hier, so wüßte ich wohl auch bald nicht mehr, in welchem Äon ich lebe und wieviel Jahre ich zähle. Wozu auch?

Nach einem herzlichen Abschied verlassen wir die Frauen.
Aischas jüngster Bruder, der uns die Haustür aufhält, dem B. mit freundlichen Worten aber vergebens die Hand zum Abschied entgegenstreckt, würdigt sie keines Blickes. Ich gehe mit "Tschüß" an ihm vorbei. Gern würde ich jetzt zu Fuß zum Hotel gehen, aber Fahren ist für uns eingeplant. Der Arrogante (War er arrogant? Handelte er nicht einfach so, wie es sich hier gehört? Er ließ die Frau, die raucht, Alkohol trinkt, Leggings trägt, zwei Kinder hat und nicht verheiratet ist, fallen.) öffnet uns die Tür seiner neuesten Mercedes-Luxus-Limousine, und wir gleiten mit kaum vernehmbarem Surren durch Nador. Auch das ein fremdes Gefühl. Unterwegs sagt er: "Das ist der Unterschied zwischen euch und uns: Wir sind immer eine Gemeinschaft."

Im Schutz des Mannes erreichen wir unser Hotel. Wir sind in einem Land, in dem die Menschenrechte der westlichen Kultur für Frauen nicht gelten. Unser Beschützer ist Marokkaner und Deutscher.

Anhang IV

Interviewauszug: Puppenszene (Teil IV, Kap. 1)

A: .. Und bei uns in Marokko gibt es noch eine Kindheit, die du verbringen kannst; .. hier nicht mehr! Hier sitzt du nur vor der Glotze, .. das ist die einzige Ablenkung, die du kriegen kannst. Dort kannst du kreativ sein. Ich meine früher, .. ich selbst, was ich alles gemacht habe! .. Ich habe meine Barbie-Puppen aus, .. habe ich die echt, .. die also was ich da gemacht habe: .. Ich habe die Sultaninen, oder wie die heißen .. Rosinen habe ich als Brüste genommen und hab' irgendwelche Stäbchen dann so zusammengetan, .. so überkreuz .. und hab' da meine Barbie-Puppen draus gemacht. Ich meine, hier gibt es alles zu kaufen, und das ödet an.

Tagebuchauszüge aus drei Marokko-Tagebüchern (Teil IV, Kap. 1)

Als wir abends zu Aischas Kindheitshaus zurückkehren, schenken uns die Nachbarstöchter Puppen, die sie aus Stäbchen und Stoff gebastelt haben. Die Puppen haben keinen Kopf, tragen lange gegürtelte Kleider, eine ist schwanger, alle haben einen Busen.

Pieroth, Marokko-Tagebuch, 03.04.1994.

Als wir vom Weg aus auf das Grundstück der Verwandten einbiegen, stehen schon einige Kinder da und sehen uns entgegen. Sie haben uns während unserer Abwesenheit Puppen gebastelt: zwei kleine Stöckchen zum Kreuz gebunden, mit Stoffetzen bekleidet. Die Puppen haben einen Kopf und kein Gesicht.

Giese, Marokko-Tagebuch, 03.04.1994.

Nachmittags auf dem Rückweg erklärt Aischa uns die Bedeutung des weiblichen Unterleibs und des Hymens. (Genervt vom allgegenwärtigen Hymenkomplex, rede ich bereits vom Hymen im Gehirn.) "Dieser Teil des Körpers", Aischa legt beide Hände ausgestreckt auf ihren Unterleib, "gehört nicht der Frau. Er gehört der Familie und ist der Schatz der Familie. Das Hymen ist gleichsam die Pforte zu diesem Schatz, zu dem nur einer Zugang hat, der Ehemann. Aufgabe des Mädchens ist es, diesen Schatz zu hüten. Es wird dabei von der ganzen Familie unterstützt. Von klein auf kriegt das Mädchen zu hören, daß es aufpassen müsse, damit bloß nichts kaputt gehe. Wir laufen immer mit dieser Angst herum und träumen sogar davon ... "

Als wir durch die Agaven- und Kakteenumrandung den privaten Bereich der Familie K. wieder betreten haben, kommen die Mädchen aus dem Nachbarhaus auf uns zu und schenken uns drei selbst gebastelte Puppen. "Da sind sie ja!" ruft Aischa freudig aus und zeigt uns glücklich die Puppen ihrer Kindheit, von denen sie in ihrem Interview vor fünf Jahren erzählt hat.
Alle Puppen sind weiblichen Geschlechts, sie haben Brüste (aus Rosinen?), eine ist schwanger. Über kreuzförmig zusammengebundene halbierte Bambusstäbchen sind mehrere Schichten Stoff gewickelt, am Halsausschnitt drei Stoffschichten in rot, weiß und gelb, sorgfältig übereinander gestuft. Der Bauch ist locker umwickelt, um so fester die Beine, bzw. das eine Bein; es könnte eine Stabpuppe sein. Über den Wickelschichten ein weißes Unterkleid, dann ein rotes Oberkleid, beide lang und seitlich offen, wie Meßgewänder, in Taillenhöhe eine breite, gelbe Schärpe.
"Und der Kopf?" frage ich irritiert. "Sie hat ja keinen Kopf!"
Aischa protestiert energisch "Aber sie haben doch alle einen Kopf!"
Ich: "Das ist doch der Hals, vielleicht etwas zu dick und zu lang." Aischa wehrt sich, man habe schließlich keine Stifte, um Augen, Nase und Mund einzuzeichnen. Das ginge hier nicht. Sie habe früher Wollfäden als Haare befestigt. (...)

"Wir nennen die Puppen Bräute. Das sind Bräute."
"Und die Schwangere?"
"Sie ist auch eine Braut. Sie sind alle Bräute."
"Müßte sie als Braut nicht jungfräulich sein?"
"Auch die Mutter bleibt in gewisser Weise Braut."
"Und wenn sie zehn Kinder hat?"
"Auch dann. Das ist so: Das Mädchen, das heiratet, wird die Frau ihres Mannes. Wenn die Schwiegereltern ihre Schwiegertochter vorstellen, sagen Schwiegervater oder Schwiegermutter: 'Das ist meine Braut', auch wenn sie schon viele Kinder hat. Braut bleibt sie."
"Und was sagt sie von ihrer Schwiegermutter?"
"Das ist meine Frau."
"Und vom Schwiegervater?"
"Das ist mein Großer. – Wenn die Frau stirbt, sagen wir, daß die Kinder verwaisen, so wie ihr das auch sagt. Wir sagen aber auch, daß der Mann verwaist, weil die Frau auch Mutter des Mannes sein kann. Wir sagen das nicht, wenn der Mann stirbt. 'Die Frau verwaist', das sagen wir nicht, denn der Mann kann nie Vater seiner Frau sein."

Schröter, Marokko-Tagebuch, 03.04.1994

Nachträge zur Puppe

Zuhause in Frankfurt treibt mich die Neugier, und ich öffne vorsichtig die Stoffschichten: Schärpe, Oberkleid, Unterkleid, rotes Band, gelbes Band, weißes Band, darunter liegen in weißem Mull zwei dicke runde Samenkörner. Ich erinnere mich: Solche Körner lagen dort auf der Erde, ich hatte Aischa beobachtet, wie sie versonnen diese Kugeln mit dem Fuß bewegte und stutzte, als wolle sie etwas sagen. Sie zuckte dann einmal leicht mit Kopf und Schulter und schwieg. Dachte sie an Brüste und Rosinen?

Schröter, Marokko Tagebuch, Frankfurt, 01.05.94

Meine marokkanische Putzfrau Malika kommt freudig erregt aus meinem Arbeitszimmer zu mir ins Wohnzimmer gestürzt. In der Hand hält sie die Braut, die ich auf ein Bücherregal gelegt hatte.
"Wie kommst du daran? Woher hast du sie? Das sind unsere Puppen! Ich habe sie genauso gemacht. Wir alle. Wir hatten keine anderen. Ich habe noch Wolle so vom Schaf abgezupft für Haare."
"Was habt ihr mit den Puppen gemacht?"
"Gespielt! So, wie die Kinder hier das auch machen, gewiegt, getragen, gefüttert, schlafen gelegt, gestreichelt, ausgeschimpft."
Malika, die zum Stamm der Iquarayen gehört und als Kind am Stadtrand von Nador wohnte, machte die Puppen vor etwa fünfzig Jahren.
Aischa machte dieselben Puppen vor zwanzig bis fünfundzwanzig Jahren. Sie ist aus dem Stamm der Iquebdanen und wuchs in einer Streusiedlung in Khebdana im Ostrif auf.
Heute machen die Mädchen auf dem Land ihre Puppen immer noch so. Sie überreichen sie uns als Gabe an den Gast – von Frau zu Frau.

Männliche und geschlechtsneutrale Puppen werden nicht gemacht.

Schröter, Marokko-Tagebuch, Frankfurt, 10.05.94

Anhang V

Interviewauszug, Beantwortung der letzten Frage (Teil III, 1.2.2 und Teil V, 2.2.1)

Tonband 2, Seite 2.

I: Und was mich noch zuallerletzt noch, auch die letzte Frage ist, dir stellen will, mich interessieren würde, du hast fast alles, was du erzählt hast, ziemlich selbstverständlich erzählt in dem Sinn, daß es ziemlich locker war und so. Und aus dir ist praktisch auch nicht herausgekommen, ob du überhaupt gelitten hast, um deine Ziele zu erreichen, weil bei dir hört sich das alles so an, als hättest du alles rosarot schon gehabt ..
A: Nein, habe ich nicht!
I: .. ja, ob du praktisch psychisch ziemlich stark angegriffen worden bist, ja, bei deiner Durchsetzungskraft, bei deiner Familie, in der Gesellschaft, in der du bist, und überall.
A: Rosarot war es nicht, keinesfalls. Nein, das ist jetzt nur rosarot, nachdem ich wirklich jahrelang gekämpft habe und mir sozusagen den Respekt vor der Familie verschafft habe und das Vertrauen. Das Vertrauen, das sie in mich 'reinsteckten, habe ich zwar vorher auch irgendwie gehabt, aber nicht so. Ja, es war so, daß ich mit Zwölffingerdarmgeschwür und allem Möglichen drum und dran im Krankenhaus gelegen hab', und es hat mich schon mitgenommen. Also schon vor allem, ich habe oft geflennt und geweint und, also wirklich, wo ich echt wirklich kaputt war und gedacht habe jetzt, ich kann nicht mehr. Und wo ich auch schon manchmal gedacht habe, ich heirate. Ich heirate, dann habe ich meine Ruhe. Aber es ist so, daß als Kind, von klein auf bei mir das so war, daß meine Mutter wollte, daß ich lerne, also nicht unbedingt gleich heirate. Das ist schon mal was, das ist schon so ein rosa Schleier schon mal da ist, es ist schon Schleier von rosa Hauch, da ist, also ich dann irgendwie es doch nicht so schwer habe. Es ist nur so, daß ich zu der Zeit, wo ich eben auch so mich, ja, mich um andere Sachen bemüht habe, Typen, um mein Amüsement, daß ich damals ja, damals es wirklich sehr schwer hatte, mit meiner Familie auszukommen, weil die mich nicht, so, sie wollten mich nicht so, sie wollte mich nicht so, wie ich war und haben echt wirklich nur versucht, mich zu ändern und eh .. ich habe ja, wie schon gesagt, also, ich war wirklich sehr temperamentvoll und habe dann einmal nur geschrieen und gesagt: Nein, das lasse ich mir einfach nicht gefallen! Die haben mir schon oft vorgehalten, irgendwelche Mädchen, und das hat mich immer sehr fertig gemacht. In dem Moment, wo sie gesagt haben, guck' dir das Mädchen von dem und dem an, und guck' mal das Mädchen von dem und dem an. Da habe ich mir gedacht: Nee, das ist zuviel, das ist einfach zuviel! Das hat mich sehr

gekränkt, weil ich gedacht habe: Was wollt ihr denn eigentlich, ich bin eure Tochter, ja? Ich bin diejenige, um die ihr euch bemühen sollt! Ich meine, wenn ihr mich nicht wollt, dann tut es mir leid. Dann tauscht mich doch ein! Habe ich immer gesagt. Irgendwo, also, ich habe jahrelang, ja, jahrelang mit den Argumenten, mit diesen Vorwürfen leben müssen und habe mich insofern nicht unterkriegen lassen, weil ich gesagt habe: Nee, ich mach' das, was ich will, und sonst gar nichts! Es ist nur im nachhinein, wenn ich darüber nachdenke, oder nicht im nachhinein, sondern im Vergleich zu anderen Familien. Und ich meine, ich kenne einige hier, die Mädchen haben in meinem Alter und so; die schon verheiratet sind und Kinder haben, und so, und die hatten es sehr, sehr schwer. Und im Vergleich zu ihnen hatte ich es leicht. Und das haben die auch immer gesagt, ja? Schon alleine, daß ich immer mit meinen Freundinnen 'rausgehen durfte, sei es auch nur auf den Spielplatz, die ganze Zeit spielen, ja? Wir haben bis um zehn Uhr abends 'rumgespielt. Das war schon wieder ganz was anderes. Das war einfach eine Ausnahme, in dem Fall. Und dadurch, daß auch meine Mutter auch recht emanzipiert war, und meine Brüder mir viele Freiheiten geschenkt haben, gegeben haben und mich nicht eingeschlossen haben, hatte ich es schon leichter, als andere Mädchen, ja? Aber das hat mir dann auch wieder zu bedenken gegeben, nachdem ich diese Pubertätsphase hinter mir gehabt habe, wo ich denke, das sind so Konflikte, die wirklich viele haben, seien es auch Deutsche, die wirklich auch sehr frei sind, daß die irgendwo den, wo die Generationen in Konflikt kommen. Denke ich mir halt. Das war einfach normal. Und danach, wie schon gesagt, das hat mir sehr gut geholfen, daß ich diese schlechten Erfahrungen gemacht habe mit diesen Typen, sonst wüßte ich nicht, wie ich jetzt geendet hätte. Vielleicht wäre ich jetzt nicht so doll 'raus, und meine Familie wäre nicht so stolz auf mich. Vielleicht hätte ich auch irgendwie was gemacht, was nicht so toll gewesen wäre. Aber dadurch, daß ich eben diese schlechten Erfahrungen gemacht habe, und daß ich irgendwo, ja, wenn ich mal sagen darf, schnell zu Bewußtsein gekommen bin, habe ich es verhindern können, daß es zu weit ausartet. Und ich habe es nur noch zu der besseren Seite lenken können. Aber ich habe viel opfern müssen. Und das dazu gesagt, ich habe viel, viel opfern müssen. Ich habe zum Beispiel, wenn mich meine Freundinnen gefragt haben: Kommst du mit, da und da hin? Hab' ich zum Teil, es war wirklich so, wehmütig mußte ich dann immer sagen: Nein, ich gehe nicht mit! Und irgendwo wollte ich dann gar nicht, daß sie mich fragen, weil ich einfach nicht wissen wollte, wo sie hingehen, ja? Und das waren so Opfer, die ich gebracht habe, die wirklich mich auch, wo ich dann wirklich auch geheult habe und gesagt habe: Nein, warum denn, wieso denn, warum bin ich anders? Warum läßt man mich nicht einfach nicht so, wie ich möchte, grade im Moment? Ja, und dann habe ich das, also, ich habe nicht so sehr leiden müssen unter familiären Zwängen, oder

so, sondern unter dem, was ich durch meinen Ehrgeiz geopfert habe. Und das war viel, viel mehr! Und zum Teil, ich meine, schon alleine aus dem Grund, daß ich jetzt, ich meine, seit fünf Jahren solo bin, das ist schon happich. Also, ich muß sagen, ich habe auch überhaupt kein Verlangen. Das ist recht gut. Ich habe jetzt, das ist so, die erste Zeit war sehr schwierig für mich, weil ich gemerkt habe: So Aischa, du mußt jetzt, wenn du 'nen Weg folgen möchtest, wenn du nicht heiraten möchtest, auch, deiner Familie keine Schande machen möchtest, und so Sachen. Also, ich meine, diese Schande wird ja immer ganz groß geschrieben bei uns, dann mußt du schon so auf einiges verzichten. Und ich verzichte, ich habe angefangen zu verzichten. Schon alleine aus, ich habe schon manchmal so Sachen nicht mehr gefragt, so Klassenfahrten. Ich durfte, mein Vater weiß von einer Klassenfahrt, weiß der immer noch nicht, daß ich da mit war. Die waren grad zu der Zeit in Marokko, hat sich gut getroffen; meine Mutter wußte es, hat es mir erlaubt, mein Vater wußte es nicht, der hat es nicht erfahren. Der weiß es bis jetzt nicht. Ich bin da eine Woche auf Klassenfahrt gewesen.
Und ich meine, das sind so Sachen, die .. oder dann kamen so andere Klassenfahrten auch so im älteren Stadium, wo zwar, wo ich genau wußte, ich hätte mitgehen können, auch so Studienfahrt, da war ich, das war auch kein Problem, ich bin nach .... gefahren an die Nordsee, das war auch kein Problem. Also eine Vertrauensbasis, 'ne Vertrauensbasis war da, und das war die Hauptsache. Es gibt so Sachen, wo ich es nicht übertreiben möchte. Zum Beispiel die letzte, letztendlich die Fahrt nach, die Abschlußfahrt vorm Abi nach Paris. Da habe ich gar keinen mehr gefragt. Weil ich einfach keine Probleme haben wollte, ja? Weil ich mir gedacht habe, vielleicht kriege ich Probleme. Für mich sind es schon Probleme, wenn man mich nur ein bißchen schief anguckt. Das ist für mich schon zuviel! Weil, ich will einfach nicht! Ich will mich einfach aus dem Ganzen heraushalten. Weil, mein Leben ist insofern nicht leicht. Ja, weil ich, manchmal kriege ich schon so ein bißchen Sehnsucht nach irgendso 'nem, ja, nach 'nem Partner, nach irgendwelchen Erlebnissen. Aber dann sage ich mir einfach, ja, ganz dramatisch und tragisch ausgedrückt: Du mußt halt Opfer bringen, das machst du halt auch, ja? Und dann so Paris habe ich dann einfach nicht mehr angesprochen. Ich habe dann auch gesagt, das ist mir auch so dann zu teuer. Vor allem weil, das Geld nehme ich dann und fahre in meine Heimat zurück, das war mir dann wichtiger, verstehst du? Und es gab ein paar Sachen, wo ich dann einfach abgeschätzt habe, ist mir das wichtiger oder nicht oder ist das so wichtig, daß ich mir dadurch irgendwelche schlechten Wörter, sei es auch nur eben dieser schiefe Blick, ja? Daß ich mir das sozusagen .. muß ich das ertragen? Lohnt es sich dafür? Und ich habe gemerkt, so ein paar Sachen, dafür lohnt es sich nicht. Wenn es sich für irgend etwas lohnt, dann bin ich auch hingegangen, dann hab' ich es auch gemacht. Das waren so wenige Sachen, die .. ich meine schon allein,

wenn man sich vorstellt, meine Mutter hat .. ich habe mal in meinem kleinen Zimmerchen gequalmt, ja, in meiner Mansarde und bin dann 'runtergegangen, ich doofe Kuh, und hab' vorher nicht die Zähne geputzt oder so, und hab' mich nicht einparfümiert, ja? Und bin 'runtergegangen, und meine Mutter war alleine, wir waren alleine im Moment mit meiner Schwester, und da hat sie es an mir gerochen. Und das war für sie der Weltuntergang! Das war einfach der Weltuntergang! Das war für sie, für sie ist es genauso schlimm, als hätte sie jetzt erfahren, daß ich jetzt einen Freund habe, verstehst du? Weil für meine Mutter, sie hält immer so große Stücke von mir. Das ist schon übertrieben. Ich meine, daß sie mich wirklich schon so darstellt, als wäre ich wirklich der absolute, ja, die absolute Frau, die keusche Frau, nicht? Und die es auch nicht schafft, ja, die es auch schafft, irgendwie gar nicht so was Verdorbenes in Anführungsstrichen, mehr nach Jungs und so. Ich lästere auch viel über Jungs, dazu gesagt. Ich lästere unwahrscheinlich viel über Männer. Dadurch kriegt sie auch schon so ein bißchen so: Ach, so kannst du doch die Männer nicht hassen, meint sie doch dann. Und dann meine ich, ja, ja, wenn es ein Typ ist, der mich dann versteht, dann ist es schon wieder was anderes. Aber das sind so Sachen, da hat sie das gemerkt, und die war mir zwei Tage lang böse, sehr sehr böse, und ich mußte ihr beibringen, und ich habe echt nächtelang mit ihr gesprochen, und sie hat mich angehört! Und das ist schon etwas, was ich unwahrscheinlich an ihr schätze. Ja, das tue ich ihr unwahrscheinlich hoch anrechnen, daß sie überhaupt zugehört hat. Weil sie gesagt hat, Frauen, die rauchen, das sind verdorbene Frauen. Das sind Frauen, die sich 'rumtreiben, und so. Und ich habe ihr versucht zu erklären: Mama, du kennst mich doch! Ich treibe mich nicht 'rum! Ich bin immer noch zu Hause. Das einzige, was für mich wichtig ist, ist meine Schule. Ihr wißt auch genau, warum mir das wichtig geworden ist. Weil ich, ich meine, ich hab' mich darauf konzentriert, weil ich nichts anderes hab', auf das ich mich konzentrieren kann. Oder zumindest, was mir irgendwo ja mein Ziel näher kommen läßt. Und dann hab' ich, und sie hat mich dann angehört, und ich habe gesagt: Ja, Mama, wenn ich qualme, dann qualme ich nur in meinen eigenen vier Wänden, und es ist so, daß es niemand mitkriegt. Und sie hat gemeint, wenn das die Marokkaner erfahren würden, dich sehen würden, daß du rauchst, oh mein Gott! Das wäre ja wirklich .. und alle denken die ganze Zeit von dir, du wärst ein so braves Mädchen und überhaupt! Und du würdest dich um so was überhaupt nicht kümmern. Also ich meine, das gehört alles zu der Kategorie Rauchen, Trinken, Ausgehen, Discos, und so, Männer. Das gehört in eine Kategorie. In die andere Kategorie gehört Schule und keusch sein und brav und so weiter. Und bis ich ihr endlich, echt, ich hab' versucht: Guck mal, du kennst mich, du kennst mich doch jetzt langsam. Du weißt doch, daß ich nirgends hingehe, daß ich nicht, ich würde doch nie im Leben auf offener Straße qualmen. Das würde ich doch nie tun und so Sachen! Und so nach zwei Tagen kommt sie dann zu mir und hat mich umarmt, ja, und hat mich gebeten, es nie wieder zu machen, ja, und das habe ich ihr dann versprochen. Und dann schon allein, verstehst du, so eine marokkanische Mama, ja, daß die dir sozusagen verzeiht. Eine Tochter, die raucht, das ist einfach unvorstellbar für uns! Also, ich kann mir nicht vorstellen, wenn das irgendwie herausgekommen wäre bei den Nachbarn da drüben, die Mutter hätte sie totgeschlagen. Ich schwöre es dir, blau! Meine Mutter hat nicht einmal, sie saß nur da, war hilflos und war fertig. Ich meine, das sind so Sachen, die .. das sind schon kleine Konflikte, die dann auftreten. Aber manchmal bin ich ganz froh, daß sie es erfahren hat, daß ich es gemacht habe, sozusagen. Vor allem finde ich es toll, sie redet immer noch, sie ist wahnsinnig stolz auf mich! Trotz daß sie weiß, daß ich so was tue. Und manchmal denke ich mir, ich kann es mir manchmal vielleicht sogar leisten, mehr zu tun, als ich mir manchmal eingestehen möchte oder eingestehen kann. Daß sie manchmal vielleicht so Sachen auch akzeptiert wie Freund haben und so Sachen. Mit Sicherheit sogar, denke ich manchmal. Solange ich weiß, was ich tue, das heißt, solange sie weiß, daß ich verantwortungsvoll handele. Verantwortungsvoll handele, also ich kann ihnen nur zeigen, daß ich verantwortungsvoll bin, indem ich erstens schon so ein bißchen, ja, eben ja, eben auf einiges verzichte, wie Ausgehen und so Sachen und Freund vor allem! Darauf verzichte ich erst 'mal. Ich kann mir das im Moment nicht genehmigen, ich denke, sie wäre jetzt nicht einverstanden damit. Aber so, nach einer gewissen Zeit, wenn ich meinen Beruf habe, dann denke ich mir, so alt, daß sie sagt, so ist .. sie sagt jetzt schon: Das ist dein Leben, was du machst! Aber ich denke, das dauert noch ein bißchen, bis ich einiger... noch ein bißchen ausgereifter bin, bißchen reifer geworden. Weil, ich halte mich immer noch nicht .. wenn man mir sagt, bist du eine Frau oder Mädchen, dann sage ich immer: Äh, mmh, ja, so ein Mittelding! Ich bin kein Mädchen mehr und noch keine Frau. Oder, ich fühle mich nicht noch als keine Frau. Das geht nicht! Weil für ein Frau muß ich schon noch etwas .. . Ja, junge Frau ist schon wieder besser! Aber das sind so Sachen, die, denke ich, schon ganz wichtig sind.

I: So, Aischa, ich bedanke mich ganz herzlich bei dir. Das Interview war ziemlich aufschlußreich, und es hat mich auch gefreut, daß du ziemlich viel von dir selbst erzählt hast, ohne daß ich intervenieren mußte oder so, daß du praktisch nicht wußtest, wo du wieder anfangen mußtest oder, wo du was weitererzählen kannst. Und das fand ich toll!

Anhang VI

Exkurs: Maieutik aus der Sicht von Pädagogen (Teil V, Einleitung)

Maieutik (griech.: μαιευτικη τεχνη), d.h. Hebammenkunst, nennt Platon (427 – 347 v. Chr.) die Gesprächsführung des Sokrates (ca. 470 – 399). In Platons Buch "Theaitetos" führt der junge Mathematiker Theaitet mit Sokrates einen Dialog über diese Hebammenkunst.

Die Pädagogik hat viele Bilder des Sokrates und seiner Gesprächsführung entworfen. In ihnen spiegeln sich pädagogische Ideen und Richtungen. Es scheint so, als suchten und fänden die Bildproduzenten trotz der Verschiedenheit ihrer Theorien in Sokrates ihr großes Vorbild und ihren großen Vorläufer.

Otto Willmann (1839 – 1920) unterscheidet den Sokrates der Maieutik und den platonischen Sokrates der Heuristik.

"An Sokrates' Namen ist die Kunst des Findenmachens geknüpft, die er selbst als eine geistige Entbindungskunst, Mäeutik, μαιευτικη, bezeichnet. Er veranlaßt den Mitunterredner, sich über einen Gegenstand auszusprechen, versetzt sich in dessen Gedankenkreis und führt die unbestimmten schwankenden Vorstellungen, die er dort vorfindet, über sich hinaus, so daß sie zu Einsichten und Überzeugungen werden[1]. Doch ist sie bei dem historischen Sokrates noch keine eigentlich didaktische Methode, sie dient nicht dazu, eine erworbene Erkenntnis anderen zu vermitteln, sondern dazu, Erkenntnis erst zu gewinnen; der Meister ist selbst noch ein Suchender, und er geht, indem er finden macht, darauf aus, selbst zu finden; er steht erst an der Schwelle der organischen Betrachtung, und es sind darum nicht genetische Reihenfolgen, denen er nachspürt, sondern nur analytische und zum Teil auch synthetische Vermittelungen, und zwar werden vorzugsweise Definitionen und Generalisationen gefunden."[305]

Dieser Sucher konnte nicht zum Vorbild des großen Didaktikers werden. Also schuf Willmann noch ein zweites Sokratesbild, den platonischen Sokrates der Heuristik, mit dem er sich identifizierte:

"Erst Platon entwickelt mit der organischen Weltansicht zugleich die heuristische Methode, deren Meisterstücke er jedoch pietätsvoll seinem Lehrer zu eigen gibt. Der platonische Sokrates sucht nicht mehr selbst, sondern ist im Besitz der Prinzipien, aus denen er das Gegebene will erkennen machen; er leitet den Mitunterredner auf ein festes Ziel, aber läßt ihn den Ausgangspunkt bestimmen, die ersten Schritte tun, auf die Schwierigkeiten der Sache stoßen, das Verlangen nach deren Lösung empfinden; diese Lösung gewährt dann

---

305 Otto Willmann, Didaktik als Bildungslehre nach ihren Beziehungen zur Sozialforschung und zur Geschichte der Bildung. Freiburg und Wien 1957, S. 493.

das allgemeine Prinzip, von welchem das spezielle Problem nur eine Anwendung ist; das Suchen macht der Entwickelung Platz, die nicht selten in der begeisterten Verkündigung der geschauten Wahrheit, dem Widerspiel des zweifelnden Spürens, ihren Abschluß findet."[306]

Der Sokrates der Maieutik wurde Vorbild in der Reformpädagogik, die die Schule erneuern wollte. An die Stelle des Dozierens trat das gemeinsame Suchen, besonders im Gespräch. Rumpf beschreibt die Begeisterung für Sokrates und seine Gesprächsführung so:

"Daß Sokrates seine Zeitgenossen und vor allem die jungen Leute Athens unablässig ins Gespräch gezogen hat, statt ihnen einfach eine philosophische Lehre vorzutragen, veranlaßte Herman Nohl zu folgender Erläuterung des Satzes von Paul Oestreich, Ziel der Erziehung sei der suchende und schöpferische Mensch: 'Man kann diese Lösung die sokratische nennen, denn sie ist durch Sokrates zuerst als pädagogische in die Welt gekommen'[3]. Die sokratische Frage zielt nach Nohl darauf ab, im Gesprächspartner die 'schöpferische Kraft des Menschen, der allen höheren Gehalt immer schon in sich hat'[4] zu erwecken und ihm 'diesen Gehalt bewußt zu machen'[5]. Es nimmt dann nicht wunder, wenn ein so profilierter Streiter für die Erneuerung der Schule aus dem Gespräch wie Berthold Otto von Theodor Schwerdt in seiner 'Kritischen Didaktik' mit dem lapidaren Satz charakterisiert wird: 'Der alte Sokrates erscheint bei Otto erneuert'[6]"[307]

Rumpf unternimmt 1967 im o.g. Aufsatz einen Angriff auf das reformpädagogische Sokratesbild. Anhand der frühen Sokratesdialoge mit Charmides und Hippokrates zeigt er auf, daß die Gesprächsführung des Sokrates Destruktion und Zerstörung bewirkt und gerade nicht zur Ermutigung und Unterstützung des Schülers in seiner geistigen Tätigkeit beiträgt. Sokrates lasse dem jungen Mann keinen geistigen Spielraum, sondern zwinge ihm durch Suggestionsfragen die bereits vorher fixierten Antworten auf. Dieses Verfahren habe jedoch auch einen Erkenntniswert für den Schüler. Er erkenne sein übernommenes Wissen als Scheinwissen und erreiche den Zustand des Wissens des Nichtwissens. Rumpf zieht den Schluß:

"'Sokratisch' wäre demnach eine Art des Lehrens zu nennen, die nicht Wissen vermitteln, sondern Wissen prüfen will. Ihr ärgster Feind, ihr eigentlicher Feind ist nicht das Nichtwissen, sondern das Scheinwissen; die Atmosphäre, in der solches Lehren gedeiht, ist eine Atmosphäre der Kritik, des Zweifels, des prinzipiellen Mißtrauens gegenüber allem, was die Welt für unzweifelbar und selbstverständlich hält – eine Atmosphäre der Kritik, die das Vage, Eingebildete, Vorschnelle, Undurchdachte von Scheinkenntnissen zu zersetzen bereit ist. Dieser Sokrates blieb in der pädagogischen Diskussion der letzten Jahrzehnte unbekannt und unerkannt. Das läßt vermuten, daß man die sokratischen Faktoren

---

306 Ebda.
307 Horst Rumpf, Die sokratische Prüfung – Beobachtungen an platonischen Frühdialogen. In: Zeitschrift für Pädagogik, 13. Jg. 1967, Heft 4, S. 325 – 345.

des Mißtrauens gegenüber dem Selbstverständlichen, der Kritik des Überlieferten und der Zerstörung von Scheinkenntnissen unterschätzt hat.

Unsere Vorstellung dessen, was Lehren ist, könnte sich vielleicht an den genannten Qualitäten des sokratischen Gesprächs bereichern. Es scheint, daß die Theorie der Lehre und des Unterrichts hier Gesichtspunkte findet, die sie seither zu ihrem Schaden vernachlässigt hat. In einem Zeitalter der multiplizierten Informationen über alles Erdenkliche werden wir nicht zufällig aufmerksam[56)] auf die sokratische Lehrer-Leidenschaft, dem 'Frost der Nachschwätzerei' (Lichtenberg)[57)] zu wehren, dem die jungen Menschen unablässig ausgesetzt sind und dem sie, von ihren Lehrern und Erziehern ohne Hilfe gelassen, oft genug erliegen. Das Sokratische an Sokrates wäre unter diesen Verhältnissen einer genaueren Erkundung wert."[308]

Dieses Bild des sokratischen Gesprächs stimmt überein mit der von Sokrates selbst vorgenommenen Erklärung der Maieutik im Dialog mit Theaitet, in dem er seinem Schüler zur "Entbindung" der "Windeier" aus dem Kopf verhilft, damit er diesen frei habe zum Denken.

Martin Wagenschein veröffentlicht 1968 sein Buch "Verstehen lehren". Der Physiker und Pädagoge stellt eine Unterrichtsmethode vor, die er "genetisch – sokratisch – exemplarisch" bezeichnet.

"Wenn man nach einer einzigen Bezeichnung sucht, ist es mit dem Wort *Genetisch* am ehesten getroffen. Es ist in dieser Dreiheit führend:

Genetisch

genetisch-sokratisch-exemplarisch

Es gehört zur Grundstimmung des *Pädagogischen* überhaupt. Pädagogik hat mit dem Werden zu tun: mit dem werdenden Menschen und – im Unterricht, als Didaktik – mit dem Werden des Wissens in ihm. Die sokratische Methode gehört dazu, weil das Werden, das Erwachen geistiger Kräfte, sich am wirksamsten im Gespräch vollzieht. Das *exemplarische* Prinzip gehört dazu, weil ein genetisch-sokratisches Verfahren sich auf exemplarische Themenkreise beschränken muß und auch kann. Denn es ist – ich sage nicht 'zeitraubend' sondern – 'muße-fordernd' und deshalb von hohem Wirkungsgrad."[309]

"Was Bildung auch sei, sie verträgt sich nicht mit Spaltung. Für sie muß Fortschritt ein besonnenes Fortsetzen der ursprünglichen Naturerfahrung bedeuten, nicht ein Fortlaufen vor ihr. In diesem Sinne ist Bildung ein *genetischer* Prozeß. Auf seine Auslösung in ihm selber hat jeder ein Anrecht."[310]

---

308 A.a.O., S. 344f.
309 Martin Wagenschein, Verstehen lehren – Genetisch – sokratisch – exemplarisch, Weinheim und Berlin 1968, S. 55.
310 A.a.O., S. 41.

Wagenscheins Didaktik ist auf das Aufschließen der Sache gerichtet und das Erkennen des Allgemeinen im Besonderen. Der Weg dorthin führt von der naturwüchsigen Wahrnehmung und der dem Kind gemäßen Beschreibung in der Muttersprache allmählich hin zu Abstraktion und Formel.

Das pädagogische Interesse an der Maieutik war nach dem Aufsatz von Rumpf verstummt. Es scheint nun neu zu erblühen: Rainer Loska schreibt 1994 in seiner Dissertation "Lehren ohne Belehrung – Leonard Nelsons neosokratische Methode der Gesprächsführung":

"Ziele der Arbeit. Für die als sokratisch bezeichnete Lehrart setzten sich in der Neuzeit vor allem reformorientierte Autoren ein. Sie verbanden ihr Lob für die sokratische Methode mit der Kritik an einer Lehrart, die den Schüler passiv hält. Die Problemgeschichte der sokratischen Methode läßt sich über weite Teile als eine von den Polen 'maieutisches Vorgehen' und 'bloße Wiedergabe eines gelernten Textes' bestimmt darstellen (Kap.2). Erst Leonard Nelsons Erneuerung der sokratischen Methode, die der besseren Kennzeichnung wegen als *neosokratisch* bezeichnet wird, schuf die Grundlagen für einen wahrhaft maieutischen Unterricht, wie er selbst von der Sokratesgestalt des Platon nicht verwirklicht wird. (Kap. 4 und 5)."[311]

Bei Loska, der akribisch die Geschichte der sokratischen Methode in der Pädagogik nachzuzeichnen sucht, fällt auf, daß die Auffassung von Rumpf nicht aufgenommen ist, auch nicht im Literaturverzeichnis.

In der Enzyklopädie der Erziehungswissenschaft, Band 4, Methoden und Medien der Erziehung und des Unterrichts, wird die sokratische Methode in der Abhandlung von Otto Betz und Ekkehard Martens im Lernbereich Philosophie – Religion thematisiert. Da heißt es:

"Nur so viel wissen wir von (Platons) Sokrates sicher, daß er seine Gesprächspartner in ein Gespräch über alltägliche Fragen verwickelte und ihnen dabei klarmachte, daß sie über die dabei leitenden Vorannahmen nichts wüßten, wie er selber jedoch auch nicht. Ob aber seine 'Hebammenkunst' nicht Manipulation und seine 'Aporie' nicht Ironie war, ist umstritten. Die Lösung, Sokrates habe in Platons Frühdialogen vor allem die Rolle eines von Platon gelenkten Vorbereiters eines 'Ideenwissens' gespielt, ist ebenfalls umstritten und vielleicht sogar falsch".[312]

---

311 Rainer Loska, Lehren ohne Belehrung – Leonard Nelsons neosokratische Methode der Gesprächsführung. Dissertation Universität Erlangen-Nürnberg 1994, Bad Heilbrunn 1995, S. 12.
312 Otto Betz und Ekkehard Martens, Methodisch-mediales Handeln im Lernbereich Philosophie – Religion. In: Enzyklopädie Erziehungswissenschaft, Bd. 4, Stuttgart 1985, S. 216.

In Abgrenzung zum sophistischen Lehrverfahren beschreiben die Autoren Züge der sokratischen Methode. Zusammenfassung: Ausgegangen würde von einer konkreten Problemsituation, z.b. den brüchig gewordenen Tugenden der Polis. Problemort und Lernort seien eine Einheit. Bei der Methode des 'Rechenschaftgebens' werde die Argumentationstechnik der Sophisten übernommen. Auf diese Weise werde das Wissen des Nichtwissens der leitenden Vorannahmen des Denkens und Handelns bewiesen. Die Selbsttäuschung werde abgebaut. Das Wissen des Sokrates bestehe aus einem praktischen Können, zu dem 'begrifflich-argumentative Fähigkeiten' gehörten. Das Nichtwissen des Sokrates drücke die Weigerung aus, Wissen in endgültigen Sätzen zu fixieren und instrumentell verfügbar zu machen. Das Buch werde deshalb abgelehnt. Philosophie vollziehe sich im Dialog, dabei käme es zu plötzlichen Einsichten. Begründet werde die Herkunft dieser Einsichten mit der Anamnesislehre. Das mache Lernprozesse notwendig. Entmythologisiere man die Anamnesislehre, so reiche die Annahme, daß der Mensch allein schon durch das Sprechenlernen über Wissen verfüge, das zur Entfaltung zur Verfügung stehe. Es könne durch Erfahrung, Dialogpartner und 'Texte aus der Tradition' erweitert werden.

Nach Betz und Martens ist die "Bewegung des sokratischen Dialogs" in der Folgezeit erstarrt und abgelöst worden durch ein "rationalistisches Systemwissen". Erst Kant habe das Wissen als Produkt wieder mit dem Wissen als Methode verbunden.

Ergänzung aus der Philosophie: Michael Landmann, Elenktik und Maieutik:

"Auf der Suche nach Wissen gelangt man zum Wissen des Nichtwissens und dieses wird zur Triebfeder neuer Wissenssuche."[313]

"Der negativen Vorbereitung folgt in ihr die positive Bemühung um das Wissen. Oder besser: Elenktik und Maieutik sind beides nur Aspekte derselben Methode. Als Maieutik aber hat sie vor allem ihre Berühmtheit erlangt. In der Antike wurde sogar der Geburtstag des Sokrates am Geburtstag der Geburtshelferin Artemis gefeiert".[314]

"In der Tat: neben das unbewußte Nichtwissen tritt hier noch das unbewußte Wissen, und wie jenes, so soll auch dieses ins Bewußtsein gehoben werden. Es ist, als ob Nichtwissen und Wissen am gleichen Ort schliefen. Nun wird das Nichtwissen geweckt. Und nun weckt es seinerseits das Wissen. Mit dem Bewußtsein des Nichtwissens zugleich wird uns das Bewußtsein verliehen, daß wir ein unbewußtes Wissen als verborgenen Schatz in uns beherbergen, und so der Impetus entzündet, diesen Schatz zu heben."[315]

---

313 Michael Landmann, Elenktik und Maieutik – Drei Abhandlungen zur antiken Psychologie, Bonn 1950, S. 35.
314 A.a.O., S. 37.
315 A.a.O., S. 38.

Außenansicht eines typisch berberischen Wohnhauses, Foto: Christiane Giese, 1994

Der Innenhof eines typisch berberischen Wohnhauses, Foto: Cornelia Pieroth, 1994

Zu Gast in einer Berberfamilie in einem alten Berberhaus, Foto: Christiane Giese, 1994

Typischer Lehmofen, in welchem Brot gebacken wurde
Foto: Irmgard Trost, 1989

*Drei Generationen einer Berberfamilie ohne Arbeitsmigration nach Europa
Foto: Irmgard Tròst, 1989.*

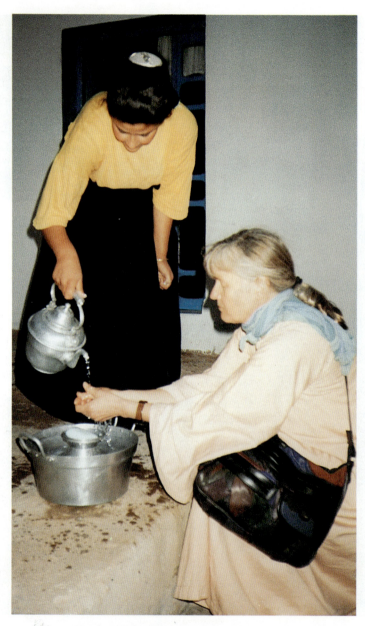

Händewaschung im Innenhof des Wohnhauses einer Berberfamilie
Foto: Bettina Elpers, 1994

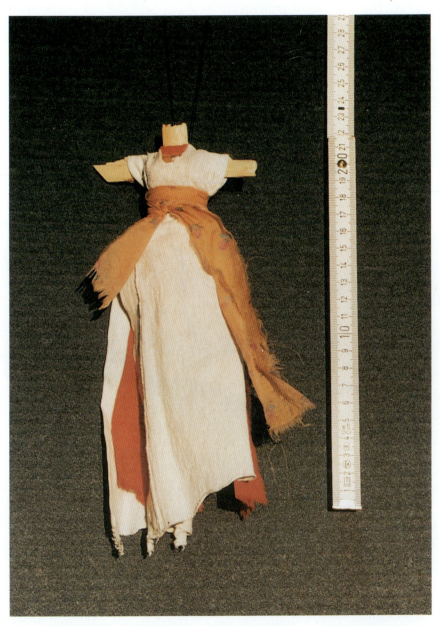

*Eine der im Text beschriebenen Puppen, angefertigt und geschenkt 1994.
Foto: Barbara Wirkner, 1996*

Berberin aus dem Rif mit Gesichtstätowierung, Foto: Louiza Kardal, 1993